はじめて学ぶ物流

秋川卓也・大下　剛 著

有斐閣ブックス

はしがき

　この文章を執筆している現在（2023年8月），「物流の2024年問題」がマスコミで話題となっています。同問題は，働き方改革の一環で2024年にトラックドライバー（以下，ドライバー）の時間外労働の上限が年960時間に制限されることで輸送力不足が発生し，モノが届かなくなる危険性があるという問題です。このように物流がマスコミで騒がれるのは，東日本大震災で物流が麻痺したとき以来かもしれません。東日本大震災は突然の出来事でしたが，物流の2024年問題はそうではありません。働き方改革関連法は5年前の2019年から順次施行されており，自動車運転業務に対する施行には5年間の猶予がありました。やっと政府も本腰を入れようとしていますが，施行までに1年を切っており，それまでに問題が解決することは難しいのかもしれません。

　しかし，2024年に間に合わないとしても，ドライバーの待遇改善はあきらめてはなりません。他産業の時間外労働が年720時間を上限とするなか，年960時間（月平均で80時間）というのは，実は「過労死ライン」といわれています。過労死を引き起こすかもしれない労働時間でも「足りない」というのが，業界の現状なのです。ドライバーの健康問題はもちろんのこと，過労で交通事故が増加するリスクもあります。くだんの労働時間規制が要求するのは「あたりまえ」のことなのです。

　では，具体的にどうすればよいのでしょうか。重ねて申し上げますが，ドライバーの待遇改善は避けて通れません。その資金を得るために，多くの企業が商品を値上げしています。つまり，消費者の負担で解決しようとしているわけです。しかし，歴史的な物価高に直面している現在，消費者にとっても，これ以上に負担が増えるのはきついですよね。消費者の負担を軽くする方法はないのでしょうか。

　その可能性は，物流の2024年問題を「物流の問題」としてとらえ直すことにあります。えっ，「『物流の』って最初に書いてあるでしょ」って。確かに字面ではそうです。しかし，言葉どおりに理解されているとは限りません。待遇だけを問題とするのであれば，それは「輸送の問題」であって「物流の問題」ではありません。「輸送＝物流」ではないのです。物流は生産と消費をつなげる仕組みであり，輸送はそれを実現する「手段」にすぎません。輸送は物流か

らの要請に基づいて商品を運びますので，輸送側が運ぶ貨物内容や輸送のタイミングを自由に選ぶことはできません。事実，トラック輸送の積載効率に大きな改善余地があることが統計からわかっています。荷物が十分に積載されないまま，今もトラックは走っているのです。ドライバーに空気を運ばせている，今の物流に問題があるのは間違いないでしょう。

　解決方法が物流の見直しにあるならば，物流に対する正確な理解が必要です。物流を「モノの流れ」と考え，「物流＝輸送」ととらえているうちは，物流は良くなりません。輸送の生産性向上は，物流に対する理解にかかっているといっても過言ではないと思います。物流を正確に理解する人が増えれば増えるほど，問題解決の道筋は明確になるはずです。

　本書の発刊が物流問題の注目される時期に重なったのは偶然にすぎませんが，本書を通じて一人でも多くの方に物流を理解してもらうと同時に，本書の存在が問題解決の一端でも担えれば，筆者にとって望外の喜びです。本書は物流論の初学者を対象としています。主に学生が読むことを前提とはしていますが，物流に関心のある方ならば誰でも予備知識なしに読むことのできるように配慮いたしました。

　今，「入門書の割には本が厚いな」って突っ込んだ読者の方（あるいは書店で買おうか迷っている方），ちょっと待ってください。確かに，入門書といえば，「手軽さ」が売りのような感じがしますね。しかし，初めて何かを学ぶ際に，教える側には説明をみっちりしてもらいたいですよね。何事も最初が肝心です。ですから，本書の説明がなるべく言葉足らずにならないように心がけた次第です。その結果，1章当たりの分量がそれなりのボリュームになりました。

　さらに学ぶべきトピックも充実させています。学習領域の一端だけを示して，深く学ぶきっかけを与えるだけで完結する入門書も少なくありません。そのような割り切りを否定するわけではないのですが，本書では初学者を卒業するまで責任をもちたいと考えました。ですから，本書は物流論のトピックをある程度網羅するような構成になっています。なかには一読しただけでは理解できないトピックがあるかもしれません。その場合は，インターネットや他の文献を調べたり，周りの人と意見交換したりする，教科書を越えた学習の機会にしてみてください。多面的な学習が初学者卒業の近道になるはずです。

　入門書らしからぬ本書のボリュームは，むしろ入門書としてあるべき機能を追求した結果の産物であると，ご理解いただけると幸いです。

共同執筆者である千葉商科大学の大下剛先生とは，当時まだ先生が物流業界におられた 2009 年に共同で論文を執筆した以来のお付き合いです。今回は教科書の共同執筆になりましたが，仕事の早い大下先生が仕事の遅い筆者を引っ張る構図は相も変わらずでした。二人の分担を記すと，第 1〜3 章，第 10 章，第 11 章第 2 節，第 12 章，第 13 章第 2 節，第 14 章第 1 節・第 3 節・第 4 節4.1 は大下先生が，序章，第 4〜9 章，第 11 章第 1 節，第 13 章第 1 節，第 14章の残りは秋川が主に担当しました。互いの担当分について忌憚のない意見を交わし，1 つの著作物として整合性が保てるように心を砕いた次第です。

　本書が企画されたきっかけは，勤務先（日本大学商学部）の同僚である金雲鎬先生からお誘いをいただき，末席ながら『流通と商業データブック──理論と現象から考える』（2022 年に有斐閣から発刊）の執筆に参加させていただいたことです。そのときに担当編集者であった有斐閣書籍編集第 2 部の柴田守氏から，「以前から，物流論の概説書を刊行できないものかと思案していたので，執筆くださいませんか」というご提案をいただいたのでした。コロナ禍で，社会の仕組みと同様，大学での仕事が一変する苦しいなかでの執筆となりました。しかし，柴田氏と，同じく有斐閣書籍編集第 2 部の得地道代氏からは，オンラインの打ち合わせにもかかわらず，毎回激励いただいたおかげで，何とか最後まで責務を果たすことができた次第です。また，本書の執筆では数多くの文献を参考にしましたが，その渉猟に日本大学図書館商学部分館の職員の方々にご尽力をいただきました。最後に，本書の執筆にご協力をいただいた皆さまにこの場を借りて，心より感謝申し上げます。

　　　2023 年 8 月 13 日

　　　　　　　　　　　　　　　　　著者を代表して　秋　川　卓　也

著者紹介

秋 川 卓 也（あきかわ たくや）

専修大学大学院商学研究科博士課程修了，博士（商学）

現職：日本大学商学部准教授（専攻：物流論，ロジスティクス，サプライチェーン・マネジメント）

主要著作：

「SCM 部門と場の展開についての考察——食品メーカーの事例調査から」『経営情報学会誌』16(4)，1-18 頁，2008 年；「プライベートブランドのサプライチェーン・マネジメント——セブンプレミアムの事例考察から」（共著）『一橋ビジネスレビュー』61(2)，144-156 頁，2013 年；「S&OP の実現要因——カルビーの事例考察から」『流通研究』17(1)，1-21 頁，2014 年；「基礎自治体における緊急支援物資ロジスティクスの準備実態に関する調査研究」『日本物流学会誌』27，123-130 頁，2019 年；「ラストマイル配送のコストと価値」『日本物流学会誌』31，137-144 頁，2023 年

担当：序章，第 4 章〜第 9 章，第 11 章（共著），第 13 章（共著），第 14 章（共著）

大 下 剛（おおした たけし）

明治大学大学院商学研究科博士後期課程修了，博士（商学）

現職：千葉商科大学サービス創造学部准教授（専攻：ロジスティクス論）

主要著作：

『オムニチャネル小売業のロジスティクス統合』同友館，2021 年；「物流事業者の多角化と 3PL 市場の参入に関する実証研究」（共著）『日本物流学会誌』18，137-144 頁，2010 年；「物流に対して競争政策がもたらす影響に関する研究」『消費経済研究』10，81-90 頁，2021 年；「トラック輸送産業におけるトラックドライバー職選択理由に関する考察」『日本物流学会誌』30，75-82 頁，2022 年；「産業組織論に基づく宅配便市場における価格設定に関する考察」『消費経済研究』12，67-79 頁，2023 年

担当：第 1 章〜第 3 章，第 10 章，第 11 章（共著），第 12 章，第 13 章（共著），第 14 章（共著）

目　次

序　章　物流を学ぼう ———————————————— 1

1. 物流って何？ ………………………………… 1

2. とりあえずの物流の定義 …………………… 3

3. 物流を学ぶ「はじめの一歩」………………… 4

4. 物流論を学ぶ意義 …………………………… 6

5. 本書のねらいと構成 ………………………… 10

第1部　物流の実際——まずは概観を知る

第1章　物流を支える輸送機関 ———————————— 14

はじめに　14

1. 各輸送手段の特徴 …………………………… 15
   1.1　トラック輸送　16
   1.2　鉄道輸送　17
   1.3　船舶輸送　18
   1.4　航空輸送　20
   1.5　複合一貫輸送　22

2. 輸送モードの選択 …………………………… 23
   2.1　輸送モードの比較基準　23
   2.2　自家輸送と営業輸送　25

3. 貨物輸送の現状 ……………………………… 28
   3.1　貨物輸送トン数　28
   3.2　貨物輸送トンキロ数　28

おわりに　31

コラム 1-1　自動運転　17

コラム 1-2　物流業界のドローン活用　21

第2章　物流施設の種類と役割 ———————————— 33

はじめに　33

1. 物流施設の種類と役割 ……………………… 34
   1.1　倉庫の役割　34
   1.2　物流センターの役割　35

    1.3　物流センターの類型　37

    1.4　ターミナルの役割　39

    1.5　その他の物流施設　40

2.　物流施設の立地 ･････････････････････････････････････ 42

    2.1　物流施設の立地基準　42

    2.2　立地条件の変化　44

3.　倉庫業の法律と料金 ････････････････････････････････ 45

    3.1　倉庫業法　45

    3.2　倉庫業の料金設定　47

おわりに　48

コラム 2-1　物流不動産と物流 REIT　36

コラム 2-2　物流センター化する小売店舗　41

コラム 2-3　地域に喜ばれる物流施設　42

コラム 2-4　施設配置の手法　44

第 3 章　物流の活動 ──────────── 50

はじめに　50

1.　物流活動の種類 ･･････････････････････････････････････ 51

    1.1　輸　送　52

    1.2　保　管　54

    1.3　荷　役　56

    1.4　包　装　62

    1.5　流通加工　66

    1.6　情報の処理と伝達　67

2.　活動間にあるトレードオフ ･････････････････････････ 69

コラム 3-1　最後の自動化問題──ピース・ピッキングの自動化　61

コラム 3-2　包装における環境対応　64

コラム 3-3　物流は 6 活動が適切か　68

第 2 部　物流とは何か──歴史ストーリーから学ぶ

第 4 章　「物流」の誕生 ──────────── 72

はじめに　72

1.　分業は物流の母 ･･････････････････････････････････････ 73

    1.1　分業社会の誕生　73

    1.2　分業と物流　74

2. 誰のための物流か ……………………………………………… 76
   2.1　モノの流れと物流　76
   2.2　商流と物流　77

3. 航海の歴史と物流の「栄華」 …………………………………… 78
   3.1　大航海時代と物流　78
   3.2　物流の大衆化　80

4. アメリカにおける「物流」の概念化 …………………………… 82
   4.1　「物流」概念の誕生　82
   4.2　物流概念の普及と発展　83

コラム 4-1　「商品」とは　75

コラム 4-2　物流は保険・会計・会社制度の発展に関わっていた！　79

第5章　「物流」の発展と葛藤 ──────────────── 87

はじめに　87

1. 「物的流通」の普及 …………………………………………… 87
   1.1　流通技術専門視察団の派遣　87
   1.2　「物的流通」の誕生　88
   1.3　物流技術の発展　91
   1.4　民間主導による物流の導入　93

2. 物流における多面的展開と軋轢 ……………………………… 95
   2.1　物流の戦略性と顧客サービス　95
   2.2　生産のグローバル化と物流　100
   2.3　規制緩和と物流政策　102
   2.4　物流と環境問題　106

3. 物流概念の整理と定義 ………………………………………… 107

コラム 5-1　ロジスティクスと SCM　97

第3部　物流ネットワークの構造を知る

第6章　システムとしての物流 ──────────────── 114

はじめに　114

1. 物流における「システム」 …………………………………… 115
   1.1　システムとは　115
   1.2　システムのサブ機能　117
   1.3　時間的機能（在庫機能）　118
   1.4　集散機能　122

2. 物流のパフォーマンス …………………………………………………… 129
  2.1 コスト要因 130
  2.2 サービス要因 134
  2.3 コスト要因とサービス能力の関係 136

コラム 6-1 物流論における「システム」とは 116

コラム 6-2 大数の法則と在庫の関係 128

第7章 物流ネットワークの基本構造 ——————————— 139

はじめに 139

1. 供給者側の視点に基づく物流ネットワーク構造 ………………… 140
  1.1 デカップリング・ポイント 140
  1.2 プル型とプッシュ型 143
  1.3 物流の2種類の性質 145
  1.4 トレードオフの克服 146

2. 消費者側の視点に基づく物流ネットワーク構造 ………………… 149
  2.1 品揃え位置の違い 149
  2.2 2つの物流の特性比較 151

3. 物流拠点視点に基づくネットワーク構造 ………………………… 154
  3.1 デカップリング・ポイントが先行するケース 154
  3.2 品揃え機能が先行するケース 155

コラム 7-1 延期の原理と投機の原理 144

第8章 物流ネットワークにおける情報 ——————————— 157

はじめに 157

1. 物流における「情報」の意義 ……………………………………… 157
  1.1 情報の定義 157
  1.2 支援物資の物流と情報 158
  1.3 情物分離とは 159

2. 情物分離の意義と課題 ……………………………………………… 161
  2.1 情物分離の課題——情報の粘着性 161
  2.2 情報の粘着性の克服 164

3. 物流情報のデジタル化 ……………………………………………… 167
  3.1 デジタル化とは 167
  3.2 記録の課題 168
  3.3 データ保存の課題 172
  3.4 伝達の課題 173
  3.5 変換の課題 174

4. 物流の構造と情報の関係 ・・ 177
   4.1 プル型物流と情報 177
   4.2 プッシュ型物流と情報 178
   4.3 多層プル型物流とその問題 180
   4.4 チェーン別物流と情報 184

コラム 8-1 倉庫管理システム（WMS）176

第9章 物流ネットワークの分離と統合 ———————— 186

はじめに 186

1. 大航海時代における商人と輸送の分離 ・・・・・・・・・・・・・・・・・・・・・・・・・・・ 187

2. 商物分離の意義と条件 ・・ 188
   2.1 商物分離の意義 188
   2.2 商物分離の条件 191
   2.3 商物分離の利点 193

3. 商流と物流の統合 ・・ 194
   3.1 対立と調整 195
   3.2 部門間のインターフェース 198
   3.3 調整行動を成功させるために 207

コラム 9-1 ダイナミック・プライシングと物流 204

コラム 9-2 物流における「場」 209

第4部 物流を管理する

第10章 物流の経営管理とオペレーション管理 ——————— 212

はじめに 212

1. 需要予測 ・・・ 213
   1.1 需要予測の実施 214
   1.2 需要予測の活用 216

2. 在庫管理 ・・・ 216
   2.1 適正在庫量の決定 217
   2.2 在庫コントロール 219

3. 輸送管理 ・・・ 223
   3.1 輸送体制の構築 224
   3.2 輸送ルート計画と統制 224

4. 物流コスト管理 ・・ 225
   4.1 物流コストによる統制 226
   4.2 カイゼン活動 229

コラム 10-1　在庫管理の発注点と発注量の考え方　220

コラム 10-2　EIQ 分析　223

第 11 章　物流のデザイン —————————————— 231

はじめに　231

1.　ケース①：コンビニの物流　……………………………… 232
　　1.1　コンビニ物流の概観　233
　　1.2　コンビニの戦略要素と物流　235
　　1.3　求められる物流サービスとトレードオフ　236
　　1.4　実現されたイノベーション　237

2.　ケース②：インターネット通販の物流　…………………… 241
　　2.1　EC 市場の拡大　241
　　2.2　インターネット通販物流の概観　243
　　2.3　インターネット通販に重要な物流活動　244
　　2.4　求められる顧客サービスとトレードオフ　246
　　2.5　物流イノベーション　249

コラム 11-1　小売業者の「傲慢」と消費者の「わがまま」　240

コラム 11-2　ネットスーパーの普及　247

コラム 11-3　ワークマンの EC 店頭受取り一本化　248

第 5 部　物流の広がり

第 12 章　物流の外部化と物流業界の発展 ——————————— 254

はじめに　254

1.　サードパーティ・ロジスティクス（3PL）……………… 255
　　1.1　3PL 概念の登場　255
　　1.2　企業の物流システムと物流業者の関係　256
　　1.3　3PL の発展要因　257
　　1.4　3PL ビジネスの特徴　258
　　1.5　物流事業者の 3PL 事業展開　260
　　1.6　荷主企業と 3PL 事業者のパートナーシップ　261

2.　宅配便　………………………………………………… 262
　　2.1　宅配便の歴史　262
　　2.2　宅配便市場の推移　263
　　2.3　宅配便の輸送ネットワーク　263
　　2.4　宅配便の成長要因　266

3.　物流共同化　…………………………………………… 267
　　3.1　物流共同化の事例①──ビール業界　267

    3.2　物流共同化の事例②──加工食品業界　268

    3.3　物流共同化の類型と効果　269

4. 外部化の類型 ･･･ 271

コラム 12-1　「ハブ・アンド・スポーク」に関する有名な逸話　266

コラム 12-2　物流業界のデジタル・トランスフォーメーション　270

第13章　グローバル化の進展と物流 ─────────── 274

はじめに　274

1. 生産地と物流の関係 ･･･････････････････････････････････ 275

    1.1　物流のグローバル化とは　275

    1.2　生産国決定の要因　276

    1.3　生産国と物流の関係　278

    1.4　物流のグローバル段階と問題　282

2. 貿易実務 ･･ 286

    2.1　取引条件　286

    2.2　国際輸送の実務　288

    2.3　通　関　293

コラム 13-1　製造加工による物流サポート機能　280

コラム 13-2　新型コロナウイルスが航空貨物輸送に与えた影響　292

第14章　SDGsと物流 ─────────────────── 296

はじめに　296

1. CO$_2$ 問題と物流 ･･････････････････････････････････････ 297

    1.1　物流における CO$_2$ 問題の現状　297

    1.2　物流の CO$_2$ 対策　299

2. 廃棄物問題と物流 ･････････････････････････････････････ 303

    2.1　廃棄物を作り出す存在としての物流　303

    2.2　リサイクルの担い手である物流　307

3. 物流の働き方改革 ･････････････････････････････････････ 308

4. ラストマイル問題 ･････････････････････････････････････ 310

    4.1　宅配クライシス問題　310

    4.2　買い物弱者問題　314

5. 物流の危機対応 ･･･････････････････････････････････････ 317

    5.1　事業継続計画とは　317

    5.2　物流 BCP の内容と現状　318

6. 女性の活躍と物流 ･････････････････････････････････････ 322

コラム 14-1　EV トラックの導入　302

コラム 14-2　不在再配達の削減へ　313

参考文献一覧　325
索　　引　335

物流を学ぼう

1.　物流って何？

　皆さん，「物流」と聞いてどのようなイメージをもたれますか。荷物を運んで道路を疾走するトラックでしょうか。自宅まで荷物を運んでくれる宅配ドライバーの人でしょうか。はたまた，川に浮かんだ桃太郎の桃のごとく（？），商品が消費者に向けてさらさらと流れていく様子を思い描くかもしれません。

　これらは個人的なイメージである限りは，間違いであるとは申しません。しかし，どれも物流ではない，とここで断言いたします。「えっ，物流って『モノの流れ』じゃないの!?」と思った読者の方もいらっしゃるでしょう。そうですね，そのように教える人もいます（困ったことに）。でも，この本書では，**物流は「物的流通」の略語として扱います**。「それは何だ？」「初めて聞いた！」と思っている読者もいらっしゃると思います。しかし，『広辞苑（第6版）』にも「物的流通の略」って，ちゃんと書いてあります。決して専門家の独りよがりではないのです。

　「じゃ，モノの流れじゃなくて何なのさ？」という声が聞こえてきそうですね。実はそれこそが本書で答えたい問いの1つなのです。**物流は，人の意図と創意工夫，努力によって構築される「システム」の一種です**。「モノの流れ」は物流というシステムの対象ということになります。物流という字面から，川の流れのように（という曲が昔ありましたね），勝手に商品が消費者に流れてくるようなイメージをもたれやすいです。それが「欲しい商品が当たり前に届く」と考える風潮を形作る原因にもなっています。しかし，「欲しい商品が当たり前に届く」ようになって，まだそんなに年月が経っていません。諸説あるでしょうが，日本でそのようになったのは戦後からずいぶん経ってのことといえます。人類史においては「商品が届かない」時代のほうが圧倒的に長かった

のです。世界にはそのような地域がいまだ多く存在します。

　しかし，一時的でありますが，皆さんも「欲しい商品が届かない」経験をしたことがあるのではないでしょうか。そうです。新型コロナウイルスの感染拡大や東日本大震災などのような非常事態のときですね。このとき，多くの商品がお店から消えました。実は，筆者の1人（大下）は，2011年に起きた東日本大震災のときに，物流の専門家として被災地に入って支援物資の物流拠点の構築支援をした経験があります。地震が起きてからおよそ1週間後には，全国から物資が届き，自衛隊や民間企業による輸送支援もなされました。さらには，行政やボランティアの人々だけでなく，被災者自らも救援物資の活動に協力を申し出てくれました。物資，輸送手段，人手と必要な資源が揃いました。しかし，それでも支援物資は被災者にうまく届かず，拠点で山のように積まれて滞ってしまいます。それはなぜか。そこに物資を扱うシステム，すなわち「物流」がなかったからなのです。

　支援物資の物流には，到着した物資を受け取る，作業がしやすいように整理・保管する，被災者から要望を聞いて拠点に伝達する，要望に基づいて物資をピッキングして仕分けする，車両やドライバーを手配する，配送ルートを設定する，物資を車両に積み込む，在庫状態を把握して補充注文を行うなど，さまざまな作業が必要となります。環境と条件を踏まえたうえで，こうした作業を効率的に行う方法と手順を考え，それに対して効果的に資源を割り当てるためには専門知識がいります。当時，こうした物流知識を有する専門家が現地に存在しなかったのです（ですから派遣されたわけです）。実は，このような問題は東日本大震災が初めてではありません。1995年の阪神・淡路大震災や2004年の新潟県中越地震でも同様のことが起きています。同じことを繰り返したという事実から，根底に物流知識に対する軽視があったといっても言いすぎではないでしょう。

　ここまでの話で，物流は「モノの流れ」ではなく「システム」であるということにこだわった理由について理解してもらえたのではないでしょうか。商品は勝手に皆さんの手元には届きません。物流というシステムとそれを実現する資源（マンパワー，機械，インフラなど）が必要です。近年，オンライン・ショッピングで「送料無料」が謳われていますが，あれは配送のコストが0になることを意味するのではありません。配送コストを別途請求しない，つまり商品価格に転嫁しているだけなのです。離れた場所にある生産者から商品が届けられるためには，物流というシステムが必要となるのです。

2. とりあえずの物流の定義

　とりあえず，ここでは物流を以下のように簡単に定義しておきます。第2部でもっと細かい定義の話をしますが，それまでの間は以下の定義を念頭に読み進めてくれればOKです。

　物流とは，生産された商品を消費者に利用可能な状態にさせるシステム（仕組み）である。

　この定義を理解するために1つひとつの単語に注目してみましょう。

　まずは「生産」です。**生産は物流には属しません。**さらに「生産された商品」は完成品に限定しません。半製品や部品も属します。工場加工される工業品だけにも限定しません。農業，林業，漁業，鉱業のような自然資源も含まれます。そのような広義の生産で生み出されて取引される有形財が，物流の対象となります。

　さらに「消費者」も広義のとらえ方をします。一般的には，最終的に商品を消費し，利用する人間を指します。つまり，生活者である皆さんのことを意味します。しかし，この定義では再販売や再加工を目的として利用する，いわゆる産業財利用者も含みます。したがって，物流は最終消費者のためだけでなく，製造業者や流通業者のためのものでもあるということになります。また，生産（者）と消費（者）が分離していることを前提としていることにも留意してほしいです。言い換えれば，**分離した生産と消費をつなぐことが，物流の社会的な意義となります。**

　次に「利用可能な」は，英語でいうと available に相当します。商品が利用可能な状態であることを名詞形であるアベイラビリティ（availability）で表現することもあります。「利用可能な状態」という遠回りの表現ではなく，「届けられること」と表現してもよいのですが，なぜそうしないのでしょうか。それは，ここでは利用者の立場に立った見方をとっているからです。確かに物流を実行する側の立場においては「消費者に商品を届ける」という表現がしっくりとします。しかし，物流は消費者の視点からすれば，消費者が有する本質的な欲求に則った，定義のような表現のほうが正しいといえるでしょう。したがって，この定義は顧客志向に基づいているともいえます。また，物流には「利用

可能な状態にさせる」という明確な目的がある点も注目してください。ただ漫然とモノが動いているだけでは「物流」とはいえないのです。

　最後に「システム」についてです。システムは理解が難しい概念です。考え方も論者によって異なります。システムについての説明は第6章で行いますが，本書を読み進めるにあたって，目的や機能をもった「仕組み」という理解でOK です。仕組みですから，トラックや船のような輸送（手段）そのものは物流ではありません。輸送は旅客も運ぶことからもわかるように，物流とは独立した存在です。物流という仕組みを実現する「手段」となります。また，高品質の輸送手段があれば物流も自動的によくなるとは限りません。仕組みを生かす「構造」がカギを握ります。この点は第3部で詳しくお話しましょう。

3.　物流を学ぶ「はじめの一歩」

　図1は，物流や流通の一般的な教科書で示されそうな，消費者までのモノ（商品）の流れです。「どこかで見たことがあるなあ」と感じている読者も多いのではないでしょうか。また，先に申し上げたとおり，モノの流れが物流ではありません。しかし，物流の対象ではあります。まず，この図について考えることで，物流を学ぶ「はじめの一歩」を踏み出しましょう。

　まずこの図から学んでほしいことは，**消費者にモノが届くまでいくつもの段階を経由する**ということです。中を抜いて直接届けたほうが単純で手っ取り早く，安上がりにみえるかもしれません。しかし，それは逆です。適度に段階を経由したほうが物流は効率的になります。とくに，図にある「物流センター」は，「センター」と呼ばれるだけあって，物流において大きな役割を担っています。実際には，消費者に届くまでに要する時間において商品が流れている（輸送している）時間よりも，物流センターのような物流拠点でとどまっている（保管されている）時間のほうが長かったりします。商品が物流センターのような段階を経由し，とどまらなければならない理由は，本書で学んでほしいトピックの1つです。

　図にあるトラックや船の輸送も重要な段階です。**輸送コストは物流コストのなかで最も大きな割合を占めます**。島国である日本においては，海を越える国際輸送では船舶，陸続きの国内輸送ではトラックが主役となり，その使い分けが比較的明瞭です。それでも時にはトラックと船のどちらでも輸送可能な場合もあります。どちらを選ぶかで物流のコストやサービスが変わるだけでなく，

図1　一般的な教科書で示されるモノ（商品）の流れ

| 海外工場 | ➡ | 船　　舶 | ➡ | 港　　湾 | ➡ | 大型トラック | ➡ | 物流センター | ➡ | 中小型トラック | ➡ | 店　　舗 |

物流の仕組みや環境負荷も大きく変わります。輸送選択も本書で学んでほしいトピックの1つです。

　一方で，説明のために単純化しているので仕方のないところもありますが，図には現実に照らすと大きな間違いがいくつかあります。どこが間違いなのか，少しの時間，図を眺めて考えてみてください。

　それでは正解を申します。

　まずは流れの「向き」です。使用したモノは回収されて再利用やリサイクルに回されることも少なくありません。そうした場合，消費者から生産者に向けてモノが流れるということになります。必ずしも消費者がモノの流れの終着点になるとは限りません。こうした逆の向きの流れについて考えることも物流論には必要なのです。

　第2に，モノの流れは店舗では終了しない，ということです。「消費者に利用可能な状態にさせる」というのであれば，店舗から先の消費者を流れに含めないといけませんね。店舗や最終拠点から消費者までの区間を「ラストマイル」と呼びます。ラストマイルは，宅配需要が急激に増加してドライバーが不足した問題，あるいは小売店舗の減少で買い物弱者が増えた問題において近年注目されています。こうした問題は，物流が店舗まで届ければよしとして，ラストマイルを無視し続けてきたことのつけが回った結果でもあります。こうした新しい課題に対応するために，物流と物流論は日々変化していく必要があります。

　最後に，モノの流れは一直線でない，ということです。実際は生産者の手を離れた商品は，どこかの段階で他の生産者が生産した商品と合流します。その後，複数の納品先に仕分けされて散らばっていきます。こうした集合と離散を何度も繰り返すのです。したがって，流れを俯瞰的にみた場合，その形態は一直線ではなくネットワーク（網状）となります。

　生活者はさまざまな商品を消費します。しかし，一生産者はそのごく一部の種類の商品しか生産できません。大量生産のために製品ラインを絞る必要があるからです。たとえば，消費者が晩御飯にカレーを作りたいと買い物に出かけ

ます。高度成長期以前（1970年代前半まで）であれば，商店街に行って野菜は青果店で，肉は精肉店で，お米は精米店で買うことになるでしょう。国民的テレビ番組である『サザエさん』では，そのような買い物方法を見ることができますね。でも，今ではそのような方法で買い物をする人は少数派でしょう。スーパーでまとめ買いするはずです。スーパーであれば，生鮮食品やお米をまとめて買えるだけでなく，複数メーカーのカレー・ルーを比較して選ぶこともできますし，食品以外の日用雑貨品だってついで買いできます。

　現代の消費者は便利なまとめ買いを好みます。また，提供される商品は国内だけなく多様な国や地域で生産されています。したがって，世界各地に散らばる生産者から商品を集めて，それらを仕分けして消費者に提供する仕組みが必要となります。その場合，モノの流れの形状は広大で複雑なネットワークになるはずです。昨今の物流では，この複雑なネットワークを御することが求められるのです。しかし，複雑であるからこそ，物流を学ぶおもしろさと意義があるともいえます。本書では，物流を「ネットワークを御する仕組み」と考えて学んでいきます。

4. 物流論を学ぶ意義

　これまでの説明で本書を通して知ってもらいたいことは，何となくでも理解してもらえたのではないでしょうか。しかし，「複雑なモノの流れを御する知識なんて別にいらない」と考える読者もいるでしょう。確かにスマートフォンの構造を知らなくても問題なく利用できるように，物流の中身を知らなくても物流の恩恵は受けられます。物流業界に入りたい（もしくはすでに入っている）人だけ，物流論を勉強すればよいというご意見もあるでしょう。

　では，一般の大学生が物流論を学ぶ意義は何なんでしょうか。といっても，よく考えたら何も物流論だけの問題ではないですよね。哲学や経済学を知らなくたって，問題なく生活できますし，人生をエンジョイできます。世の中には「絶対知らなきゃいけない学問」なんてものは存在しません。だからって，「大学で学ぶことは無駄だ」なんて思わないでください（巷にいますね。そういう大人）。大学で学問を学ぶことは，得た知識が直接利用できなくても，尊い価値があるのです。なぜならば，そこで得た考え方は他の分野でも応用可能だからです。たとえば，哲学で学んだ愛の定義，経済学で学んだ需要と供給の関係は他の分野でも応用可能です。知識の応用は学問領域を軽く超えていきます。勉

表1　営業担当者と物流の関係

誰に	新規顧客であれば，新しい配送方法を考えなくてはいけない。既存顧客であれば，輸送の積載率（運べる限度量に対して実際に運んだ量の割合）が上がり，まとめて運ぶことができるので，商品当たりの物流コストが下がる可能性も。
どの商品を	重量や容積などの商品特性が物流コストに影響。積載率を考慮して，トラック・ロード（トラック１台分をまとめた貨物）やコンテナ・ロード（コンテナ１本分をまとめた貨物）を満たすかが基準。
どこに	納品先までの輸送距離が輸送コストに大きく影響。また，地域によって物流の能力やコストの水準が異なる。
いつ	運賃や人件費が高騰する繁忙期に発送が集中すれば，物流コストは上昇する。販売量が大きく変動せず，運ぶ量が期を通じて平準化されると物流コストを抑えやすい。
どのように	短い納期の約束であれば積載率が低くなったり，割高の高速輸送手段を用いたりするために物流コストが上りやすい。また，一括ではなく小分けにして納品する場合も輸送回数が多くなるので，物流コストが上がりやすい。

強すればするほど，考え方の引き出しは多くなって賢くなるのです。したがって，学問ごとに学ぶ意義を説明する義務なんてないのかもしれません。日本では，「大学の勉強は抽象的で意味がない！」という意見も少なくないのですが，抽象論であるからこそ，応用の可能性が広がるということを理解してもらいたいのです。

　しかしながら，何かと忙しい現代人は学習する時間が限られるということも理解できます。人生は有限です。できれば，実生活で直接活きる知識を学習したいですよね。ですので，以下では物流業界をめざしていない読者に向けて，知識として物流を学ぶ意義を３つの視点から披露したいと思います。

　(1)　ビジネス・シーンにおいて

　運送会社や倉庫会社のような物流関連会社や，製造業や流通業の物流部門の入職をめざす方（あるいはすでに従事している方）であれば，物流論を学ぶ意義については説明するまでもないでしょう。では，他の業務に従事したい（している）人にとって，物流論で得る知識は「使えない」ものなのでしょうか。この問いについては，はっきりと「NO」といえます。

　たとえば，営業に従事している人の視点から考えてみましょう。

　営業担当者の評価は，売上高や粗利益への貢献によって決まるのが一般的です。しかし，２つの数字以外にも営業担当者の活動は企業の業績に大きな影響

を与えています。実は，営業担当者が誰に，どの商品を，いくつ，いつ，どこに，どのように販売したかで，その会社の物流コストが大きく変わります（表1）。

　いくら売上高や粗利益が増えても，それ以上に物流コストをかけてしまっては会社の業績に貢献したとはいえません。営業担当者は最低限度の物流知識を有して顧客と交渉すべきことが理解できると思います。

　同様のことは他の業務の担当者にもいえます。生産に従事する人間であれば，どのタイミングで生産するかによって在庫の保管コストが大きく変わることを知っておくべきです。また，製品の開発や設計に従事する人間であれば，製品の形状や重量が輸送や保管のコストに影響を与えること，マーケティングに従事する人間であれば，広告やプロモーションの時期や内容によって需要変動の波が決まり，事前に構えておくべき物流のキャパシティの大きさが決まることを知っておくべきでしょう。

　このように物流は会社のなかのさまざまな業務に関係しており，その関係によって会社全体の物流コストが変わります。**物流コストは物流の担当者の努力だけでは下げることはできず，関連する業務の担当者の協力が不可欠なのです。**認識不足で全社的な協力が得られず，他社にコスト面で後れをとるということもよくあります。**物流の知識は物流の担当者だけがもてばいいということではないのです。**

　(2)　日常生活において

　現代人はさまざまな商品を利用して生活しています。先にお話したとおり，その商品は物流を通して消費者の手に渡ります。しかし，何でもそうですが，それが当たり前の存在となると特別な意識を向けることはなくなります。物流が世間でとかく意識されるのは，異常事態のときだけといっても過言ではないでしょう。

　新型コロナウイルス感染拡大が始まったとき，さまざまな商品が店頭から消えました。たとえばマスクです。これは急激な需要増加に生産が追いつかなかったことが原因です。しかし，同じく店頭からなくなったトイレット・ペーパーはどうでしょうか。感染が始まったと同時に買い占めが発生しました。しかし，コロナの感染が拡大しても，生活シーンでトイレット・ペーパーの必要性は増したのでしょうか。変わりませんよね（理由はわかりますよね？）。

　一方，供給はどうでしょうか。当時「中国で生産されるから輸入がストップする」という噂が発生しました。でも，これは嘘（デマ）です。トイレット・

ペーパーの主な原料は国内で出る古紙です。さらに，製品としてのトイレット・ペーパーはかさ（容積）が大きいため，海外生産で節約できる生産コストよりも，輸入で必要となる輸送コストのほうが勝ってしまいます。したがって，トイレット・ペーパーは国内の製紙工場で生産されるのが一般的なのです。物流についてちょっとした知識があれば，このようなデマに惑わされないはずです。デマに踊らされた人が買占めを行い，それにつられてまわりの人にも買占めが広がってしまいました。

　では，国内には十分な在庫が保管されていたにもかかわらず，なぜすぐに店頭で商品が補充されなかったのでしょうか。これも先に話したトイレット・ペーパーの物流特性に原因があります。トイレット・ペーパーはかさが大きいため，店では大量保管できませんし，トラックも一度にたくさん運べません。折しも深刻なトラックドライバー不足の問題も重なりました。トイレット・ペーパーは安価なため，給料や運賃を上げてトラックドライバーやトラックを臨時で確保することもできません。その結果，店頭の販売スピードに輸送による店頭補充が間に合わないことで店頭の品薄が続きました。その事態がさらに消費者の危機感を煽り，買占め行動を長引かせ，品薄に拍車をかけるという負のスパイラルに陥ったのです。

　消費者やマスコミに正確な物流知識があったならば，このような「茶番劇」は起きなかったはずです。消費者がデマに惑わされずに必要なときに買うという，いつもの行動ができていれば，このような問題は起きなかったといえます。おもしろい（といったら不謹慎ですが）もので，同様のトイレット・ペーパーの買占め騒動は，オイルショックや東日本大震災のときも発生しています。そのときに反省して物流の正確な知識をもてば，歴史を繰り返すことはなかったでしょう。

　このほかにも，物流は食品ロスや買い物弱者の発生にも大きく関わっています（☞第14章）。さらには，コロナ禍において物流能力が低下したことが物価上昇の一因となってしまいました。物流は生活に深く根差しているわけですから，**物流の知識が生活問題の解決に導くこともあると思います。**

(3)　国際情勢の理解において

　物流の知識が国際情勢の理解にも役立つ，といったら驚くかもしれません。しかし，世界史に詳しい方は同意してくれるのではないでしょうか。大航海時代においては，船舶輸送での遠隔地交易が可能となって多様な地域との文化交流が盛んとなりました。物流のカバーできる地域が拡大すれば，その地域の経

済も拡大します。つまり，物流の発展が社会や経済のダイナミズムを決めてきたといっても過言ではないのです。

物流の視点が国際情勢の理解に役立つ好例を示しましょう。中国の海洋進出についてです。なぜ，中国は東シナ海の尖閣諸島や南シナ海の南沙諸島の「領有権」にこだわるのでしょうか。その理由は複数あると思いますが，その1つに周辺の海域が中国にとって重要な貿易航路であることがあげられます。巨大な陸上面積を有する中国ですが，望む大洋は太平洋しかありません。2つの諸島は，中国からみれば太平洋への路を阻む邪魔な存在にみえるのです。世界貿易の9割以上が船舶輸送に依存しています。もしこの航路が閉鎖されれば，輸出入がストップして中国経済は大混乱するでしょう。閉鎖が長期化すれば経済や国民生活は大打撃を被るはずです。中国は航路の安全性を保障したいがために，領有権に対する強引な主張を止めないのです。

地理的な条件によって国際政治や国際経済を考える学問を地政学といいます。社会や経済のグローバル化が進む現在，世界を見る視点として地政学が注目されています。上述の考察も地政学的な見方に基づく見解です。**地政学の理解には物流の知識が欠かせません**。物流の知識を習得することで地政学の見方が鍛えられて，国際情勢を見る目も養うことができるのです。グローバル人材の重要さが問われて日が経ちますが，グローバル教育を標ぼうする大学は国際物流を学ばせる機会を用意する必要があると思います。しかし，残念ながら，実際にはそのように考える大学はほとんどないのが現状なのです。

5. 本書のねらいと構成

本書を手にしたほとんどの読者が，物流論を勉強した経験をお持ちでないと思われます（何せ，本書のタイトルが「はじめて学ぶ物流」ですからね）。高校で物流について学ぶ機会はありませんし，大学でも物流と名のつく科目はかなり少ないのが現状です。

何事も，知らない分野を勉強するときはちょっと心配になりますよね。しかし，ご安心ください。本書は初学者でも理解できるようにいろんな配慮がなされています。本書で物流論を学ぶにあたり，予備知識は必要ありません。

第1部では，物流を現象面（実際に知覚できるところ）から説明していきます。物流を形作る輸送手段や拠点，そしてそこで実際に行われる活動について言及します。人間の情報能力は視覚に依存する割合が大きいので，できる限り，視

覚的な確認もしてもらいたいです。物流についての知覚イメージを先に得てもらうことで，先の内容理解が容易になるはずです。ありがたいことに，物流の営みは視覚で確認しやすいです。物的流通の原語は physical distribution です。physical（物理的）なものですので，対象を空間や物量として知覚できます。

　第2部では，歴史学習を通じて物流が存在する意味に対する理解を深めます。なぜ，歴史なのか。昨今の歴史ブームにあやかった，というわけではありません。物流は「無」から発生したものではありません。背景に何らかの社会経済的な要因があります。ある要因が物流を変化させるという因果関係が，時を経て何重にも複雑な形で積み重なり，その結果として物流論は多義的に形成されました。今ではその理解が一筋縄ではいかない「集合知のモンスター」となっています。しかし，歴史を学ぶことでこの問題は解決できます。複雑な因果関係をいったんひもといて丸裸にし，時系列順に1つひとつの因果関係の理解を積み重ねていきます。そうした理解の積み重ねの先に物流論に対する総体としての理解に行き着くことができます。歴史を「追体験」することで効率的に物流論を理解しようという試みです。

　さらに，第3部では，可能な限り論理的かつ体系的に物流の構造を解説しています。それまでに得た基礎知識に基づいて物流の構造体系に迫ります。「なぜ，そのような構造なのか」という問いを常に続けて説明しています。ここでの学習目標は，実際の物流構造（たとえば，コンビニの物流構造）がなぜそのような形で構造化されているのかを説明できる力を得ることにあります。また本書は，高度教育としての一環として論理思考の訓練機会になるような内容もめざしています。とくに第3部は物流知識に関心のない学生さんであっても，知的刺激を与える内容になっていると思います。

　第4部では，物流の管理について説明します。物流管理については多数の書籍がありますので，詳細はそちらに譲ります。本書ではそのエッセンスをコンパクトに説明し，物流管理に関する基本的な知識の習得をめざします。また，これまでの総まとめとして，第3部までの知識を多数応用する形で物流のデザインについて，事例を用いて説明します。

　第5部は「物流の広がり」と題して，物流について多様な角度から議論していきます。ここでは物流の最新トピックが中心となります。物流の外部化，物流のグローバル化，SDGs（持続可能な開発目標）との関係など，多数の最新トピックを紹介していきますので，楽しみにしていてください。

物流の実際

──まずは概観を知る──

　第 1 部では，物流を実際に知覚できる，輸送手段，物流拠点，物流活動について紹介していきます。人間の理解は視覚に依存する割合が大きいので，できる限り文中で図や写真を使って説明します。知覚イメージを先に得てもらうことで，第 2 部以降の内容理解が円滑になるはずです。イメージの獲得と並行して，基本となる専門用語の習得もここでの目的となります。数多くの専門用語が出てきます。もし，文中の説明だけでは物足りなく感じたら，インターネットで検索してみてください。

物流を支える輸送機関

学 習 目 標

○物流における輸送の役割を理解する。

○輸送における4大輸送手段の特徴について知る。

○1つの輸送手段のなかでも複数の輸送方法があることを知る。

○輸送手段選択の難しさを理解する。

はじめに

　私たちは日常生活のなかで，小売店に買い物に出かけたり，インターネット通販を利用して商品を購入したりします。喉が渇いたら，コンビニエンス・ストアでペットボトル飲料を手に入れることができます。それでは，店頭にあるペットボトル飲料はどこから来たのでしょうか。コンビニエンス・ストアの場合，物流センターから納品される場合がほとんどです。小売業の物流センターには卸売業者や製造業者の物流センターから商品が納品されます。製造業者の物流センターにはペットボトル飲料の製造工場で完成した製品が届けられます。さらにペットボトル飲料の原材料は……と考えると，何度も輸送が繰り返されて，私たち消費者は商品を手にできることがわかります。

　最近では，衣料品をインターネット通販で購入する人も増えています。自宅に届く荷物は，インターネット通販事業者の運営する物流センターであったり，ECモールが運営する物流センターから宅配便で送られてきたりするのではないでしょうか。いま，皆さんが着ている服のタグを見て生産国を調べてみてください。衣料品はアジア諸国での生産が中心です。海外で生産された製品は，海上輸送で日本の港に運ばれ，その後トラックに積み替えて物流センターまで納品されるといったように，非常に長い旅路を経ています。

　生産する場所と消費する場所のギャップが大きくなればなるほど，輸送の活躍の場が広がるといえます。このような生産地と消費地の間のギャップを流通

論では空間的ギャップ（空間的懸隔）といいます。この空間的ギャップの架け橋になることが，物流における輸送の主な役割になります。

一方，自宅での家庭菜園のように，自宅で栽培してそのまま家庭で調理して食べる場合，生産する場所と消費する場所は同じになります。このように空間的ギャップが存在しない自給自足の生活の場合，輸送の存在意義はほとんどなくなります。しかし，家庭内での生産自給率がほぼゼロに等しい現代社会において，輸送の存在意義がなくなることはないでしょう。むしろ，**海外生産が当たり前となった昨今，空間的ギャップは拡大する一途であり，それに合わせて輸送の存在意義も大きくなり続けているのです**（☞第 4 章）。

このように，私たち消費者の快適な日常生活は輸送によって支えられています。輸送は，私たちの生活に欠かせないインフラストラクチャー（インフラ）の 1 つです。しかし，序章でも述べたように，輸送＝物流ではありません。輸送は物流を成立させるための重要な手段であり，物流だけに依存しない自立した存在です。その証拠に物流とは関係のない輸送も存在します。たとえば，建設現場への道具の搬入や転居に伴う引っ越し輸送がそうです。これらは生産と消費の間のギャップを架橋する輸送活動ではありません。しかし，輸送は物流の実現にとって不可欠な手段であり，物流を理解するうえで輸送の知識は必須です。本章では，皆さんにとって身近な存在であり，かつ物流に欠かせない輸送についてしっかりと学びたいと思います。

1. 各輸送手段の特徴

輸送とは「ある地点から他の地点へ移動させること」（日本規格協会編 [2022] 22 頁）を意味します。移動させる対象が人の場合は旅客輸送，貨物の場合は貨物輸送に分類されます。本書では，とくに断りがなければ輸送を後者の貨物輸送の意に限定して使用します。

似た言葉として，運送・運輸・運搬などがあります。運送は「自動車での輸送を意味する」という説もあるようですが，法律上では自動車以外でも使用されています。法律では輸送よりも運送を好む傾向があります。運輸も大きな違いはありませんが，交通インフラや業界という大きな視点で輸送を語るときに用いる傾向があるようです。一方，運搬は倉庫などの限られた場所内での移動を指す傾向がありますので，これは第 3 章で紹介する荷役に属します。本書では，固有名詞やすでに浸透されている専門用語以外は，輸送・運送・運輸をす

べて輸送と統一して表現します。

　一口に輸送手段といっても，トラック・鉄道・船舶・航空といった多様な手段があります。ほかにも，ヘリコプターやドローン，馬車や牛車，歩荷，パイプラインなど多様な輸送手段がありますが，日本においては，ほとんどの貨物輸送をトラック・鉄道・船舶・航空が担っています。したがって，この４つを日本における主要な輸送手段と考えてください。ちなみに，物流業界では，貨物の輸送手段を輸送モード（transportation mode）ということもあります。

　ここからは，トラック・鉄道・船舶・航空の４大輸送モードについて説明します。輸送モードについてはインターネットで公開されている画像や動画を確認するのも理解の早道です。適切な画像や動画を探す際は，輸送モード名に"貨物"という単語を加えて AND 検索するといいでしょう（例：航空＋貨物）。

1.1　トラック輸送

　陸上輸送の中心を担うのが貨物自動車，主にトラックです。**トラック輸送の長所は柔軟な輸送ができる点にあります**。道路があれば，どこへでも行けるトラックは，ドア・ツー・ドア（door to door）と呼ばれる輸送が可能です。また，種類が豊富なことも大きな長所です。表１にあるように車両総重量や最大積載量に基づく分類だけでなく，特定貨物に限定する**専用車**（例：ダンプ車，タンクローリー車など）の種類も豊富です。けん引車（トラクター）と荷台（トレーラー）が分離でき，別々に運用できるセミトレーラーも人気があります。最近では，大型トラックの後ろにさらにトレーラーを連結して輸送力を高めたダブル連結トラックの導入が始まっています。

　1950 年代の日本は，のちに述べる鉄道と内航海運が輸送モードの中心でした。鉄道が輸送モードの中心であった時代，鉄道は大運送と呼ばれました。一方で，トラック運送業者は荷主に付随して荷主と鉄道の駅間輸送を担うのみで小運送と呼ばれ，中小零細規模の事業者しか存在しませんでした。

　その後，第二次世界大戦を経て高度経済成長期に入った日本では，道路網が整備されました。同時に産業の中心が第一次産業・第二次産業から第三次産業へ移り，産業構造が重厚長大型から軽薄短小型に移行したために，運行ダイヤに縛られずドア・ツー・ドア輸送できるトラック輸送の需要が高まったのです。

　以降，輸送の中心を担ってきたトラック輸送ですが，**近年では貨物を運ぶトラックドライバーの不足が社会問題になっています**。EC 市場が拡大すれば，それに伴い宅配需要も増加します。輸送の需要増加に対応するためにはトラッ

表 1　運転免許制度に基づく自動車の車両総重量および最大積載量の区分

種　　類	普通（小型）	準中型	中　　型	大　　型
車両総重量	3.5 t 未満	7.5 t 未満	11.0 t 未満	11.0 t 以上
最大積載量	2.0 t 未満	4.5 t 未満	6.5 t 未満	6.5 t 以上

注：上記の区分は 2017 年に改正された道路交通法に基づく。

クドライバーの増加が有効ですが，労働力人口が減少する日本では，大幅な増加は見込めません。将来，物流がボトルネックとなって，商品を入手できない社会になってしまうかもしれません。私たち消費者が生活に必要な商品を入手するには，サプライチェーン全体の物流活動が安定的かつ円滑に行われる必要があります。

コラム 1-1　自動運転

　トラックドライバー不足への対策の 1 つとして，自動運転技術の活用があげられます。長距離を走行する大型車では先頭車両は有人で運転して，後続は無人で先頭車両を追尾しながら走行する隊列走行があります。2018 年に初めて高速道路で実証実験が行われて以降，実用化に向けた取組みが進んでいます。2021 年に発表された総合物流施策大綱では，高速道路での自動運転レベル 4（走行ルートなど特定条件下で完全な自動運転）の実現を 25 年以降にめざすとされています。

　また，配送でも自動運転ロボットが導入されています。神奈川県藤沢市，愛知県名古屋市，北海道石狩市，茨城県つくば市などで実証実験が行われてきました。2022 年には，自動配送ロボットを活用した配送サービスの普及をめざすロボット・デリバリー協会が発足しました。いつか自宅でロボットから荷物を受け取る日が来るかもしれません。

1.2　鉄 道 輸 送

　鉄道も陸上輸送を担います。大量の貨物を長距離で輸送できる輸送モードです。国内における鉄道貨物輸送の大部分を担っている JR 貨物では，26 両が車両の最大編成数とされています。これは 10 t トラック 65 台分に相当するそうです。ちなみに，国内最速の貨物車両は，東海道線を走るスーパーレールカーゴとされます。最高時速が 130 km であり，東京―大阪間を約 6 時間で移動します。

　第二次大戦後も鉄道は輸送モードの中心でしたが，その後トラックの利用が増えたために，シェアを落としていきます。鉄道輸送が主流であった時代は，

貨物列車（写真提供：日本貨物鉄道株式会社）

12 フィート・コンテナ（同左）

石炭や石油といったエネルギー資源を輸送するための貨車を一車単位で貸し切る車扱いが中心でした。しかし，現在はコンテナ輸送が増えています。鉄道コンテナのサイズは，12 フィート・コンテナ（写真参照）で，日本独自の仕様になっています。

　前述したように，日本では日本貨物鉄道株式会社，通称 JR 貨物が鉄道による貨物輸送の中心的存在です。ただし，JR 貨物は旅客を担う JR 各社から線路を借りて使用しています。その結果，旅客優先の鉄道ダイヤが組まれるため，貨物輸送のダイヤが組みにくいという問題点があります。

　また，鉄道輸送は駅と駅の間の輸送になります。駅といっても皆さんが通学・通勤で使う駅（いわゆる旅客駅）とは異なります。貨物を専用に扱う駅で，貨物駅や貨物ターミナル駅（大型で中心的な貨物駅）といわれます。貨物駅は国内に 241 駅（2022 年 4 月 1 日現在）あります。日本では鉄道輸送の輸送分担率は下がっています。この傾向は海外でも同様ですが，アメリカのような大陸国では日本よりもシェアは高く，いまだに存在感を示しています。

1.3　船舶輸送

　四方を海に囲まれた日本では，船舶は重要な輸送モードです。**船舶を使用した海上輸送は，最大の輸送力を有する輸送モードです。**したがって，輸送モードのなかで重量当たりの運賃が最も低いという利点をもちますが，一方で**輸送スピードは遅いという弱点があります。**船種や重量にもよりますが，コンテナ船の場合，平均 20 ノット程度（時速約 40 km 程度）で運行します。また，港間（port to port）の輸送に限定されます。鉄道輸送と同様に，環境負荷が小さいため，近年注目を浴びている輸送モードです。

　船積港および陸揚港のいずれもが本邦内，日本でいえば日本国内で行われる

海上輸送は**内航海運**と呼ばれます。日本史を学ぶと，江戸時代に日本近海を周回する菱垣廻船や樽廻船が登場したと思いますが，これは本格的な内航海運の走りといえます。

さらに，石炭がエネルギーの中心であった明治時代以降，内航海運での石炭輸送が活発に行われて

海上コンテナ船（写真提供：Ocean Network Express Pte. Ltd.）

きました。戦後，石油が日本のエネルギーの中心になった後も，内航海運はエネルギー資源の輸送を担いました。

現在の内航海運では，鋼材や原料，自動車の輸送が中心です。これらは輸送品目に応じた専用船で運ぶのが一般的で，**不定期船**（トランパー）が中心になります。そのなかでも，粉粒体（穀物や鉱石など）や液体などを包装しないで大量輸送する貨物，いわゆる**ばら貨物**（バルクカーゴ）を専用に運ぶ船舶を**ばら積み船**（バルクキャリア，バルカー）といいます。

一方で，**定期船**（ライナー）には，コンテナ船やRORO船があります。コンテナ船は船舶用に規格化されたコンテナ（☞第13章）を積載します。コンテナはクレーンを使用して船舶からトレーラーに積み替えられるので，コンテナのままで目的地まで輸送できる利便性があります。コンテナは密に積み重ねることができるので，一度に輸送できる貨物量を多くできます。

RORO船は，ロールオン・ロールオフの頭文字で，トラックやトレーラーが車両ごと乗り込める船舶です。車両を運転して，船舶に乗り降りできるので，クレーン等による荷役作業は不要です。ただし，コンテナ船と比較すると，車両のスペースが必要となるので一度に輸送できる貨物量は少なくなってしまいます。ちなみに，コンテナ船はクレーンを使って荷降ろしするので，リフトオン・リフトオフと呼ばれ，略して**LOLO船**と表現される場合もあります。

コンテナ船は内航海運だけでなく，海外との貿易に使用されるため，世界中で流通できるようISO規格に則っています。代表的なコンテナ・サイズは，20フィート・コンテナと40フィート・コンテナです。表2は日本の主な港のコンテナ取扱量です。こちらは内航海運だけでなく，海外との貿易による取扱量も含んでいます。大都市圏近隣の港の取扱貨物量が多くなっているのがわかります。近年におけるコンテナ船の大型化は目覚ましく，最近では20フィー

表2　コンテナ取扱貨物量上位10港ランキング（2021年速報値）

順位	所在地	港湾名	港湾別のコンテナ取扱貨物量（2021年速報値）		
			(A) { = (B) + (C)} コンテナ 取扱貨物量 （TEU）	(B) 外貿コンテナ （TEU）	(C) 内貿コンテナ （TEU）
全　国　計			22,461,899	17,910,912	4,550,987
1	東京都	東　京	4,862,844	4,325,957	536,887
2	神奈川県	横　浜	2,861,197	2,571,553	289,644
3	兵庫県	神　戸	2,823,680	2,144,608	679,072
4	愛知県	名古屋	2,725,597	2,539,538	186,059
5	大阪府	大　阪	2,425,638	2,128,090	297,548
6	福岡県	博　多	957,051	814,998	142,053
7	沖縄県	那　覇	592,926	80,168	512,758
8	静岡県	清　水	562,610	447,317	115,293
9	福岡県	北九州	497,536	428,811	68,725
10	北海道	苫小牧	320,658	212,833	107,825

出所：国土交通省港湾局計画課，令和4年9月30日プレスリリース。

ト・コンテナ2万本以上を積載できる巨大なコンテナ船も就航しています。

　ちなみに，内航海運に対して，海外との貿易に供する海上輸送を**外航海運**といいます。日本の貿易輸送の99％以上（重量ベース）が外航海運で運ばれているといわれますが，その詳細は第13章で説明します。

1.4　航空輸送

　航空による輸送は，圧倒的な輸送スピードが特徴です。貨物機であっても旅客機と同じ，ボーイングやエアバスなどのジェット機が導入されることも珍しくなく，その場合は旅客機と同等の速度を確保できます。航空輸送の利用が「時間を買う」と表されるのは，他の輸送モードと比較にならないほどのスピードを有するからです。

　一方で，**積載量は限られます**。最新型の大型貨物機でも最大積載量は100 t超が限度のようです。一度に運べる量が限られるので，重量当たりの運賃が他の輸送モードと比較して高くなってしまいます。そのため，高い輸送コストで

航空貨物輸送① (写真提供：日本貨物航空株式会社)

航空貨物輸送② (同左)

も採算がとれる，半導体などの電子部品や生鮮品といった高付加価値商品の輸送が中心になります。また，船舶と同様に，空港間の輸送に限られます。

　航空輸送のコストは確かに高いですが，それに見合った対価があります。第3章で説明するように物流活動は輸送だけではありません。**輸送スピードが速くなれば保管期間を短くできるので，在庫費用や倉庫費用を削減できます。**輸送費用にだけ着目すると航空輸送はきわめて高コストに感じますが，他の費用の減少をもたらす場合があります。このように1つの費用で判断せず，物流全体で発生する費用に着目するトータルコスト・アプローチの視点に立ち，航空輸送の費用だけではなく，物流活動間のコスト・トレードオフを考慮した輸送モード選択の重要性が認識されるようになり，航空輸送利用も進みました。

　航空輸送には貨物機（フレーター）を利用する場合と，旅客機の手荷物搭載スペースであるベリーを使用する場合があります。コンテナは航空機に効率よく搭載されるため航空貨物専用となっています。旅客機のベリーを利用した輸送は，各航空路線の朝一番の便と最終便に人気が集まる傾向にあります。たとえば，早朝に漁で水揚げされた新鮮な魚介類を朝の第一便で輸送して，その日のうちに飲食店で提供する，どうしても当日中に届けなければならない貨物を最終便で輸送するといったニーズがあるのです。

　日本は国土が広くありません。したがって，国内の航空輸送利用は限定的で，北海道と関東，関東と九州といった路線が中心になります。

コラム 1-2　物流業界のドローン活用

　物流業界でもドローン輸送について検討が進んでいます。日本郵便は2016年からドローン配送の実験を開始しています。2017年に長野県伊那市，18年に福島県南相馬市・双葉郡浪江町，20年と21年に東京都奥多摩町と取組みを着実に

進めています。2022年12月には，三重県熊野市で郵便局から往復6km弱のドローン配送を試みました。2023年にドローン配送の実用化がめざされていると報道されています。

　セイノーホールディングスは，インターネット通販の購入者がドローン配送を選択すると，自宅近くのドローン・スタンドに置き配してくれるサービスを提供しています。一方で，楽天グループもドローン配送に積極的です。2021年には千葉市でマンションの屋上にドローン配送する実証実験を行いました。

　ドローンの性能とコスト・パフォーマンスは日々向上しており，実現化のめどが立ったといえます。しかし，それでも残された問題があります。第1に，安全性の問題です。衝突や落下によって人に危害を与える可能性はゼロではありません。第2に，運用コストの問題です。運航管理者（運転者ではありません）が必要なので人件費も必要ですし，バッテリー交換のコストもかかります。第3に，料金の問題です。日用品の配送に対して利用者が高い物流費を負担するのを期待できないでしょう。そうなるとドローン配送事業は赤字続きとなり，行政などからの助成金なしでは継続できない事業となる可能性もあります。実用化と実現化には大きな違いがあるのです。

　ただし，ドローンの発展は道半ばです。イノベーションを成功させるうえで大事なのは多くの問題に直面しても，あきらめずに試行錯誤し続けるということです。ドローンのポテンシャルが花開いて，輸送モードにドローンも加わる日が来ることを期待したいところです。

（参考文献）『日経ロボティクス』2023年3月号。

1.5　複合一貫輸送

　中短距離（数百km以内）の陸続きによる輸送であれば，トラックで輸送を完結できます。しかし，それ以外の長距離輸送や陸続きでない輸送の場合は，複数の輸送モードを組み合わせる必要があります。このように輸送貨物の単位（ユニット）を組み替えることなく複数の輸送機関を組み合わせて行う輸送を複合一貫輸送といいます。

　島国である日本では，国外輸送は必然的に複合一貫輸送に頼らざるをえませんが，国内輸送でも複合一貫輸送になるときがあります。たとえば，関東から北海道に輸送する場合です。北海道と本州は，いうまでもなく陸続きではありません。本州－九州間や本州－四国間とは異なって，陸橋やトンネルで道路が連続していません（鉄道は青函トンネルで連続しています）。したがって，海峡を越えるためには，複数の輸送手段を組み合わせるしかありません。選択肢としては以下が考えられます。

○トラック⇒カーフェリー⇒トラック

○トラック（セミトレーラー）⇒RORO船⇒トラック（セミトレーラー）

○トラック⇒鉄道（JR貨物）⇒トラック

○トラック⇒航空⇒トラック

どの選択肢が適しているかは，貨物の特性だけでなく，荷主が負担可能なコストや求めるサービス内容によって異なります（この点に関連した議論は次節で行います）。

先ほど，輸送貨物を組み替えないことが複合一貫輸送の条件であるとしましたが，物流施設（☞第2章）での作業をスピーディなものにするため，取り扱う輸送貨物の単位を1つにまとめることが重要になります。複数の貨物をコンテナやパレットなどで1つの単位にまとめた貨物をユニットロード（☞第3章，第5章，第6章）といいます。**ユニットロード化は，複合一貫輸送の実現を決める大きな要因となります。**

2. 輸送モードの選択

2.1 輸送モードの比較基準

どの輸送モードにも個性があり，スピードや最大積載量などに一長一短があります。残念ながら，現在の科学技術レベルでは「どこでもドア」のような万能な輸送手段は存在しません。個々の特性を踏まえつつ条件に合った輸送手段をそのつど選ぶ必要があります。

それでは，どのような基準で輸送手段を選択したらよいでしょうか。まず，地理的条件は絶対にクリアしなくてはいけません。道路が連続していなければトラック輸送はできませんし，水（海や河川）と港がないところで船は使えません。また，運ぶ量（輸送量）も重要です。輸送量に対して大きすぎず，小さすぎない，適切な輸送モードを選択しなくてはいけません。さらに，以下にあげる基準を考慮する必要があります。

最初に，**輸送スピード**です。私たち消費者がインターネット通販で商品を購入する際に，「早く欲しい」と思う場合もあるでしょう。最近では翌日配達どころか，当日配達の物流サービスもあります。注文がされてから商品が納品されて消費者（利用者）の手に届くまでの時間を**注文リードタイム**ないしは**納品リードタイム**といいます。買い手が望むリードタイムで商品を納品すべく，輸送モードが選択されます。

次に，輸送コストです。輸送の効率は「規模」と「距離」で決まります（Bowersox et al., 2002）。規模とは，運ぶ貨物の規模です。同じ A 地点から B 地点へ貨物を運ぶ際に，荷台に 1 個だけ貨物を積む場合と 100 個積む場合で全体のコストは変わるでしょうか。輸送部分に着目すれば，ほとんどコストは変わりません。A 地点から B 地点へ輸送するための総費用が 1 万円であれば，荷台に 1 個しか貨物を積載しなければ，個当たり輸送コストは 1 万円です。しかし，荷台に 100 個積むことができれば，個当たり輸送コストは 100 円になります。1 個当たりの輸送コストで比較すれば 100 分の 1 のコストで輸送できるのです。輸送の規模が大きくなればなるほど，重量当たりの輸送コストは小さくなります。ちなみに，運動エネルギーは速度の 2 乗に比例します（速度を 2 倍にする必要な運動エネルギーは 4 倍になります）ので，輸送スピードを高めようとすると輸送コストは急激に増加します。輸送コストは，一般的に輸送スピードとトレードオフの関係にあるのです。また，規模の経済性と同様の論理で，輸送の距離が長くなればなるほど，距離当たりの輸送コストは小さくなります。

また，柔軟性も重要です。柔軟性とは，顧客の要望やイレギュラーのトラブルに応じて対応できるサービス能力の幅を意味します。たとえば，荷主が希望する時間や場所で発着ができたり，天候が悪化しても止まらず運行できたりする能力です。

最後に，安全や環境です。いくら速い輸送スピードでも，法律に違反したスピードでの輸送は許されません。また，輸送途上で事故が起こっては，まったく意味がありません。近年では，運輸部門の排出する CO_2 に注目が集まっています。産業全体のなかでも，輸送は CO_2 の排出量が多い分野です。輸送コストが低いからといって，環境に悪い輸送手段を選択していいのかという問題もあります。

以上の各基準をもとに輸送モードを比較したのが，表 3 です。

船舶や鉄道は，大量輸送に向いた輸送モードであるのがわかります。ただし，いずれも基本的には，輸送ダイヤに則った輸送サービスです（例外もあるので後述します）。したがって，タイムリーな納品をしたい場合には不向きです。一方で，貨物の小口化が進むと小回りが利き，ドア・ツー・ドア輸送が可能なトラックの利用は便利です。重厚長大型産業から軽薄短小型産業への経済シフトがトラック輸送の需要を高めました。一方で航空はとにかく時間価値が高い，高速輸送に大きな価値をもつ貨物に向いた輸送モードになります。近年では，環境負荷に与える影響も重要な判断基準になっています。

表3　輸送モードの特徴比較

輸送モード	地理的条件	輸送力	輸送スピード	輸送コスト	柔軟性	環境負荷
船　　舶	航路が確保できる。港が使える。	特大	△	◎	△	◎
鉄　　道	同規格の軌道が連続している。	大	○	○	△	◎
航　　空	航空路が確保できる。空港が使える。	小	◎	△	○	△
トラック	道路が連続している。	中	○	○	◎	△

　輸送モードの選択に絶対の正解はありません。以上の基準が荷主の要求を満たすかどうかを試行錯誤したうえで決定されます。

2.2　自家輸送と営業輸送

　輸送方法の選択は，4つの輸送モードから1つを選べば終わりではありません。図1のように，各輸送モードのなかにも，輸送方法が複数に分類されるからです。分類には①～③の3つの分岐があります。

　最初に，①の自家輸送と営業輸送の分岐です。生産者や流通業者のような商品の所有者（荷主）は，自ら輸送を行うことも可能です。このような輸送方法を自家輸送といいます。たとえば，荷主自らトラックを調達（購入やリース）して，自分が所有する貨物を輸送する場合は自家輸送になります。また，（とくに船舶輸送の場合）自家輸送を行う者をプライベート・キャリア（private carrier）と呼ぶこともあります。購入価格が手ごろな自動車についてはよくみられる手段ですが，巨額の投資が必要な鉄道や航空などの他の輸送モードで選択されるのは比較的少数といえます。以下，輸送モードごとに簡単に現状を説明しましょう。

　　○船舶の場合，自己保有の船は自社船という言い方がされています。利用する代表的な業界として，エネルギー業界や素材業界があります。また，海運会社では，自社船だけでなく傭船（借り受けする船舶）を使うことも多いようです。

　　○鉄道の場合，自社設置する鉄道として専用鉄道があります。工場，鉱山，倉庫などの敷地と一般貨物鉄道をつなぐ引き込み線として利用されるのが一般的ですが，利用はかなり減っています。

　　○航空の場合，自社保有機による輸送はかなりまれです。しかし，最近ではアメリカで Amazon が自社輸送のために貨物機を購入したのが注目を集

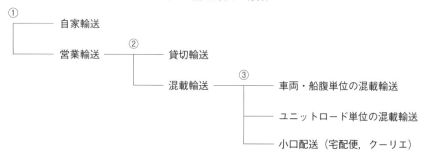

図1　輸送方法の分類

① ── 自家輸送
　└─ 営業輸送 ──② ── 貸切輸送
　　　　　　　　 └─ 混載輸送 ──③ ── 車両・船腹単位の混載輸送
　　　　　　　　　　　　　　　　 ├─ ユニットロード単位の混載輸送
　　　　　　　　　　　　　　　　 └─ 小口配送（宅配便，クーリエ）

めました。

○自動車の場合，自家用車または自家用自動車と呼ばれます。他の輸送モードに比べて購入価格が手ごろなので，自家用車は営業用車両よりも数は多いです。ただし，国土交通省の自動車統計輸送調査によれば，2021年度に自家用車による輸送が国内全体の貨物量に占める割合は，トン基準で33.1％，トンキロ基準で12.3％にしかすぎません。

　自家輸送は，医薬品のように緊急出荷が必要なビジネスの場合に選択される例もありますが，基本的には安定的に大口の貨物を確保できる場合に使用される方法です。貨物量を確保できなければ輸送効率は高まらず，コスト・パフォーマンスが悪くなるからです。その場合，他人の需要に応じて有償で貨物を運送する営業輸送を選択することになります。営業輸送を行う者はコモン・キャリア（common carrier）と呼ばれますが，商法においては運送人といいます。さらに，運送人と契約を結んで運送を委託する者を荷送人，引き渡し先として指定された者を荷受人と呼びます。この三者の関係で営業輸送は成り立っています。営業輸送は輸送手段を所有しているからといって許可なく行うことはできません。たとえば，自家用車で知り合いの荷物を輸送して運賃をもらうのは違法となります。輸送モードごとの事業関連法によって規制されています。

　次に，その営業輸送を2つに分けると，②の貸切輸送と混載輸送の分岐になります。この違いは皆さんがよく乗るバスで考えてみるとわかりやすいでしょう。バスには，1台ごと貸し切って好きな時間で好きな場所に移動できる貸切バスと，行き先と時間は事前に決められていますが，比較的低料金で利用できる乗合バスがあります。バスが運ぶ人（旅客）を貨物に変えて考えてもらえると，②の違いが理解できます。荷主が単独で輸送手段を貸し切って行う輸送が貸切輸送で，複数の荷主の貨物を混載して運ぶ輸送が混載輸送となります。貸

切輸送の柔軟性は高いですが，一定の貨物量がないと採算があいません。一方，混載輸送は柔軟性は低いですが，貨物量にあった運賃が適用されます。

　貸切輸送は自家輸送と同様に，大口の貨物が確保できる場合に有利で，必要なタイミングで利用（スポット利用）できるので，貨物の需要が安定的か否かは問われません。貸切運賃の算定方法には，主に輸送距離に基づく距離制と貸切時間に基づく時間制があります。一方，混載輸送は小口貨物に適しています。混載輸送の運賃は，パレットやケースなどの貨物単位で算定する個建て運賃となります。

　最後に，③の3種の混載輸送に分ける分岐です。混載輸送を行う単位による違いに基づきます。輸送モードごとに営業輸送の現状をみていきましょう。

○船舶の場合，海上運送法や内航海運業法などで規制されます。貸切船は先に紹介した不定期船とも呼ばれます。定期船は船腹単位の混載用船であり，前述のように，コンテナ船とRORO船があります。ユニットロード単位の混載輸送として，1つのコンテナに複数荷主の貨物を混載するLCL（less than container loadの略）があります。また，港内での営業輸送は港湾運送事業者や海運貨物取扱業者が担います。

○鉄道の場合，鉄道事業法や鉄道営業法で規制されます。編成あるいは車両での貸切が可能です。編成での貸切として有名な列車として，トヨタ自動車の部品輸送専用列車TOYOTA LONGPASS EXPRESSがあります。前述のように，鉄道もコンテナ輸送を行います。

○自動車の場合，道路運送法や貨物自動車運送事業法で規制されています。混載輸送として特別積合せ（通称「特積み」）があります。決まった拠点とルートを経由するので，路線便とも呼ばれています。宅配便（☞第12章）も特別積合せ事業に属します。ちなみに事業に供する自動車は緑ナンバー（軽貨物は黒ナンバー）です。

○航空の場合，航空法で規制されます。航空もコンテナやパレットでの混載輸送が行われています。前述したベリーも混載輸送に属します。また，小口貨物の輸送サービスを提供する業者も多いです。

　図1にある3つの分岐を説明してきました。輸送利用者は，このなかから適切な輸送方法を選択することになります。図1には5つの選択肢がありますが，上にいくほど柔軟性が高く，下に行くほどコスト面で手ごろであるため，柔軟性とコストがトレードオフの関係になっています。これらの基準が荷主の要求を満たすのかという判断のもと，選択がなされます。

3. 貨物輸送の現状

3.1 貨物輸送トン数

　ここまで説明した輸送モードは日本国内でどの程度利用されているでしょうか。図2のグラフは各輸送モードにおける国内貨物の輸送トン数の合計を表しています。縦軸が輸送トン数です。輸送では運んだ重さを基準とするので，単位は1000トンになっています。1987（昭和62）年，2010（平成22）年に数字の算出法が変更になっているため，この部分の数値には連続性がないので，注意してください。

　輸送量は経済動向と関連するため，全体の輸送トン数は景気がいいと増加して，景気が悪くなると減少する傾向があります。また，輸送分担率を表す図3から，ほとんどが自動車，すなわちトラックによる輸送で占められることもわかります。全体に対する分担率でみると，1960年頃は鉄道も一定程度の割合を占めています。しかし，その比率はどんどん小さくなり，現在では，自動車が9割以上を占めています。これは，先に説明した産業の中心が第一次産業・第二次産業から第三次産業に，重厚長大型から軽薄短小型に移行する時代に，自動車の有する柔軟性が発揮されたのが大きな理由となります。また，こうした産業構造の変化が，国内経済の低成長化や産業の空洞化と相まって，輸送トン数が1990年代を頂点にしてなだらかに減少していった原因にもなりました。

3.2 貨物輸送トンキロ数

　輸送は運ぶ量だけではありません。距離も大事です。たとえば旅客輸送で考えると，自宅から学校や会社に1人で行くのと海外旅行に1人で行くのを，同じ1人と数えて輸送の大きさが同じであると考えるのは，実態と離れている気がします。人の移動量を表す指標としても旅客数と旅客人キロという概念が用いられます。後者は旅客人員に平均移動距離を乗じて算出します（田邉[2017]）。物流でも同じ考え方で，輸送トン数と輸送キロ数を掛け合わせたトンキロという概念が用いられます。

　図4は国内における各輸送モードの輸送トンキロ数です。単位は100万トンキロです。図2で示した国内貨物の輸送トン数と比較してみてください。トラックの比率が最も高いのは変わりませんが，内航海運の存在感が高まります。図5にあるトンキロを基準にした輸送の分担率をみると，トラックが5割を超

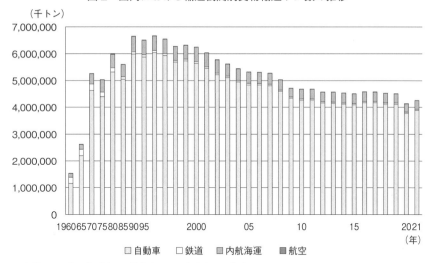

図2　国内における輸送機関別貨物輸送トン数の推移

出所：国土交通省「交通関係基本データ」をもとに作成。

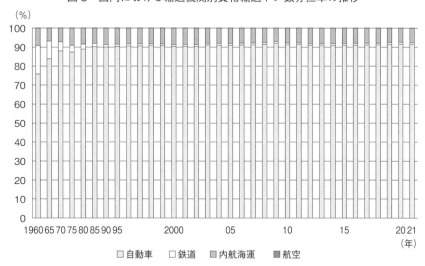

図3　国内における輸送機関別貨物輸送トン数分担率の推移

出所：図2に同じ。

えているものの，内航海運も約4割を占めています。

　なぜ，トンキロ数では内航海運の存在感が大きくなるのでしょうか。それは，内航海運（を含む自動車以外の輸送モード）は，基本的に長距離輸送に使用され

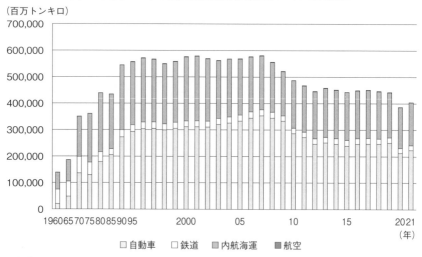

図4　国内における輸送機関別貨物輸送トンキロ数の推移

（百万トンキロ）

□自動車　□鉄道　■内航海運　■航空

出所：図2に同じ。

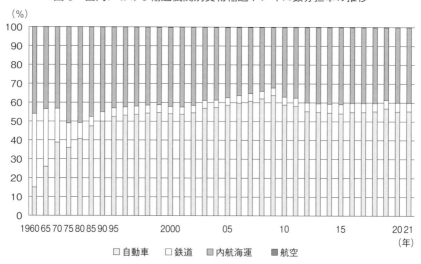

図5　国内における輸送機関別貨物輸送トンキロ数分担率の推移

（％）

□自動車　□鉄道　■内航海運　■航空

出所：図2に同じ。

る傾向が強いからです。船舶は港間しか移動できず，貨物を荷主から集めたり，荷主に直接届けたりすることはできません。それを行えるのは自動車だけであり，船舶輸送の前後にはほとんどの場合でトラック輸送を接続することになり

ます。したがって，短距離輸送の場合は，地理的な条件が許せば，最初から最後までトラックで輸送したほうが手間がかかりません。近距離では，ドア・ツー・ドア輸送の可能なトラックが圧倒的なシェアを占めています。逆にいえば，内航海運による輸送は長距離輸送の使用が多いので，トン数からトンキロ数に基準を変えると内航海運の比率も大きくなるというわけです。

　また，**輸送モードを環境負荷の小さい鉄道や海上輸送へ移行するのをモーダルシフト**（☞第14章）と呼び，CO_2 の排出量を減らす施策として期待されています。昨今では，その影響からトンキロ数でみたトラック輸送比率の縮小につながっているといえるでしょう。

おわりに

　第1章では物流活動の中心である輸送について見てきました。読者の皆さんは単にモノを運ぶだけに感じてられていたかもしれませんが，企業はさまざまな基準や条件のなかで輸送モードの選択を行っています。輸送量や求められるスピード，それに伴うコストのバランスのなかで最適な輸送モードを選択する必要があるのです。さらに現代社会においては環境に与える影響を考慮する必要があります。社会的な視点からみれば，個々の輸送モードの環境負荷をいかに小さくするか，環境負荷の小さい輸送モードによる輸送量をどのように確保していくかを検討していく必要があります。環境問題との関わりについては第5章と第14章で取り上げます。

　本章で，空間的ギャップを架橋することが輸送の役割と申しましたが，実はもう1つ重要な役割があります。それは「物流施設に商品を届ける」という役割です。物流施設には輸送とは異なる役割がありますが，物流施設に商品を届けられる手段は輸送だけです。実は，物流施設に届けると逆に空間的ギャップが広がってしまう場合もあります。そうまでしても果たすべき役割が，物流施設にはあるのです。そこで，第2章ではその物流施設を取り上げます。

さらに学習したい読者に推薦したい図書 ────────

澤喜司郎［2017］『物流ビジネスと輸送技術（改訂版）』成山堂書店
　⇨普段目にする機会のない輸送モードに関する情報が多くの写真で紹介されています。

マルク・レビンソン（村井章子訳）［2019］『コンテナ物語（増補改訂版）』日経BP社

⇨現在の経済活動を支える海上コンテナ輸送がどのように発展してきたのか，歴史をわかりやすく学べます。

セルヒオ・ハラ-ディアス（臼井功・關哲雄・庭田文近監訳）［2009］『輸送の経済理論』勁草書房
⇨輸送に関して経済学の観点から論じた専門書です。

第 2 章

物流施設の種類と役割

学 習 目 標

○物流施設の種類と役割を理解する。
○物流センターの類型を理解する。
○物流施設の立地の基準について理解する。
○倉庫業の法律と料金について理解する。

はじめに

　序章で「物流の構造はネットワークになっている」と説明しました。前章で輸送モードを学んだ皆さんは，図1(a)のように輸送が生産者と消費者を直接結ぶことでネットワークになるというイメージをもつかもしれません。しかし実際は，生産者と消費者が直接結ばれる例は少なく，図1(b)のように，何らかの中間拠点を経由する場合がほとんどです。たとえば，海外から船舶で来た海上コンテナはいったん港に降ろされて，大型トレーラーに積み替えられて，さまざまな荷受人に送られます。また，生産者が出荷した商品は大型トラックで卸売業者の物流センターに輸送され，物流センターで店舗別に仕分けされて再出荷されます。これらの例における港や物流センターが中間拠点に当たります。

　このように，生産者と消費者の中間に入って，何らかの形で物流に貢献する施設を**物流施設**と呼びましょう。近頃，物流施設の建設が増えています。皆さんも倉庫や物流センターが立ち並んでいる光景を見た経験があるのではないでしょうか。しかし，なぜわざわざ物流施設を経由する必要があるのでしょう。生産した製品を輸送して，そのまま消費につなげたほうが効率はいいような気もします。わざわざ，物流施設を介して，商品を流通させる意味はどこにあるのか。先の港の例から，物流施設には輸送モードを切り替える役割があるというのが答えの1つになります。ほかにもいくつかの理由があるのですが，こうした物流施設の存在理由を理解するのが，**本書の目的の1つであると考えて**

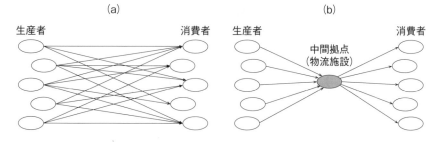

図1　物流ネットワークの概念図

います。本章では，その第一歩として，物流施設の種類と役割について考えていきます。

　一般にネットワークの特徴を表現する場合に，ノードとリンクの概念が用いられます。ノードは節であり，リンクは節と節を結ぶものです。たとえば，通信ネットワークでは，回線部分をリンク，通信機器をノードとみなします。物流の場合では，輸送をリンク，物流施設をノードとみなせるでしょう。図1でいえば，丸がノード，線がリンクとなります。物流ネットワークはこの2つの要素から構成されます。**物流ネットワークは，適切な役割を有するノードを適切な場所に配置し，ノード間を適切なリンクで結び付けることで初めてシステムとなります**。物流ネットワークは，それを構築する企業からみれば，商品を流通させるチャネル戦略の表出ともいえます。その良し悪しを決めるのは，物流施設の配置に関する経営判断による部分が大きいのです。

1.　物流施設の種類と役割

　物流ネットワークは役割の異なる多様な物流施設から成り立っています。ここからは主な物流施設について説明しますので，それぞれの役割の違いについて理解してください。第1章と同様に，読者の皆さんもインターネットで公開されている画像や動画を探してみてください。

1.1　倉庫の役割

　私たち日本人はお米を主食としています。お米の収穫時期は秋です。ところが私たちは，お米を秋だけでなく，年間を通じて食べます。すなわち，お米を生産する時期と消費する時期が異なっています。こうした時間のずれを，流通論では生産と消費の間における**時間的ギャップ**（懸隔）と呼んでいます。時間

的ギャップを埋めるために商品を一定の場所に留め置く保管（☞第3章）が必要となります。物流という語感から常に物が動いているイメージをもつかもしれませんが，実は一定の場所でとどまっている時間のほうが長かったりします。保管活動も物流において大きな役割を担うのです。

　倉庫は保管を主な役割とした物流施設です。物流にとっては，時間的ギャップを埋める重要な存在です。ここで注意してもらいたいのは，倉庫は物流のた・め・だ・けの施設ではないということです。たとえば，企業が商売道具を保管したり，個人が家財道具を保管したりする場合もありますが，これらは生産者と消費者を結ぶ物流とは関係ありません。倉庫は物流と関係がなくても意義を有する自立した存在ですが，物流という視点で見れば時間的ギャップ（懸隔）を埋める役割を果たすための施設になります。

　倉庫では天井をなるべく高くして，物品を効率的に保管するのが第一です。とくに日本のような地価の高い国は空間効率が重視されます。また，日光が当たると貨物は痛むため，窓も少なめです。倉庫というと暗い印象をもつのは，そのためです。倉庫を蔵（くら）と呼ぶ場合もあります。倉庫の立地もなるべく土地代が安く，大きな敷地を確保できる場所になりがちです。大量生産・大量消費の時代には，保管する貨物も大量になるので，保管効率が重視された貯蔵倉庫が中心でした。

1.2　物流センターの役割

　消費者の需要が多様化して，小売店舗の品揃え物が増加すれば，そのバックヤードである物流施設でも品揃え物の数が飛躍的に増えます。また消費者需要の変化が速くなれば，次々に新たな商品が開発され，売れなくなった商品は撤去されます。物流施設内でも商品の入れ替えの頻度が高まり，どの商品をどれだけ物流施設に置くのか，欠品を起こさない管理が求められるようになりました。つまり，物流施設は保管場所から品揃え形成の場所へと質的な変化が起きているといえるでしょう。

　こうした品揃えを形成することが主な役割となる物流施設を物流センターといいます。倉庫は保管のた・め・の・物流施設でしたが，物流センターでは商品を積み卸したり，仕分けしたり，荷揃えしたりする荷役（☞第3章）のための物流施設となります。ただし，物流センターでも商品を保管しますし，倉庫でも荷役を行います。主たる目的の違いによって倉庫と物流センターとが区別されるのです。

物流センターは荷役が中心となるので，倉庫よりも機械化や自動化が進んでいます。学生がしばしば，物流センターを見学した感想で「工場見学，おもしろかったです」と書いてしまうように，工場と見間違うほど機械化の進んだ物流センターも増えています。荷役の機械化については第3章で説明します。

物流センターは「センター」というだけあって，さまざまな業務が集中する中心的な場所でもあります。たとえば，商品の検品や値札付けといった簡単な作業を流通加工（☞第3章）といいますが，多くの物流センターで流通加工が行われています。また，商品を輸送に耐える状態にする包装（☞第3章）を行うこともあります。このように，保管・荷役・流通加工・包装といった多様な活動を物流センターが担い，まさに物流の中心にある基地とも呼べる存在となっています。

物流センターは物流の要諦であり，建設には多額の投資が必要となります。また，労働力不足に対応するために機械化・自動化が進んでいて，投資規模はますます大きくなっています。最近では，物流施設を対象とした不動産投資信託，通称物流REITの普及によって，資金調達が容易になりました（コラム2-1）。

コラム2-1　物流不動産と物流REIT

　企業は物流施設を自ら保有して自家倉庫として運営するのも可能です。ただし，いったん自家倉庫として投資してしまうと，物流ネットワークを再編成したいと思う場合に，柔軟性が失われます。そのため，物流利用目的で土地を取得して，施設を建設して，希望する企業に賃貸する物流不動産デベロッパーが増えています。近年では物流不動産が成長産業となっています。利用する企業からみると，物流施設を賃借できれば，市場の変化にも柔軟に対応しやすくなります。また，物流施設用の土地を取得して，自ら建設する際に必要な初期投資も必要ありません。物流不動産デベロッパーからみれば，オフィスの賃貸と比較して，物流施設はテナントの出入りが少なく，安定した収益を見込めるメリットがあります。

　ただし，物流不動産デベロッパーが物流センターを建築する際に，賃借する企業のさまざまなニーズに応えようとすると，標準的な物流センター構造になります。これはマルチテナント型の物流センターと呼ばれ，不特定多数の入居者に対応する汎用的な物流センターです。しかし，たとえばインターネット通販対応に特化したフルフィルメント・センター（後述）として運用するのであれば，取扱商品を踏まえてカスタマイズした物流センター構造のほうが効率は高まります。そこでBTS（build to suit）型と呼ばれる物流センターが建築される場合もあります。建築前から，賃借する企業のニーズを前提とする物流センターです。

アルファリンク相模原（写真提供：日本GLP 株式会社）

物流センター内部（同左）

物流不動産デベロッパーが資金調達でよく利用する手段が物流REITです。REITとは，「real estate investment trust」の略称で，「不動産投資信託」のことです。多数の投資家から集めた多額の資金を使って，専門家であるデベロッパーが代わりに物流不動産を購入・運用し，そこから得られる賃貸収入を投資家に分配します。物流施設に投資がしやすくなり，多くの投資家から資金を集めることができるのです。証券取引所で上場する（不特定多数の人が売り買いできるようになる）物流REITも数多くあり，インターネット通販向けの物流センター需要が高まったことで，投資口価格が堅調に上昇して注目を浴びた時期もありました。

1.3 物流センターの類型

物流センターはさまざまな機能を担いますが，大きく以下の類型に分けられます。

第1に，DC（distribution center）と呼ばれる在庫型センターです。保管機能と仕分け機能をもつ物流センターになります。製造業では，大量生産した製品を保管して，卸売業や小売業からの注文に応じて在庫から製品を出荷します。インターネット通販の物流センターでは，インターネットで販売している商品を物流センターに在庫として保有して，注文があれば当該商品を出荷するという在庫型が一般的です。図2は在庫型センターの作業フローの一例です。ここで大事なのは物流センターが注文を受ける前と受けた後，つまり保管の段階で作業の流れがいったん区切られるという点です。在庫として物流センターに保管された商品は，顧客からの注文が来るのを待つのです。

第2に，TC（transfer center）と呼ばれる通過型センターです。TCは保管機能をもたず，入荷した商品をすぐに積み替えて出荷する仕分け機能中心の物流センターです。図2の保管の段階をなくした物流センターです。通過型センターに商品が到着する前にすでに商品の行き先が決まっています。注文を受けた商品だけを受け入れて，方面別に仕分けしてすぐに出荷してしまいます。ス

図2 在庫型センターの作業フローの一例

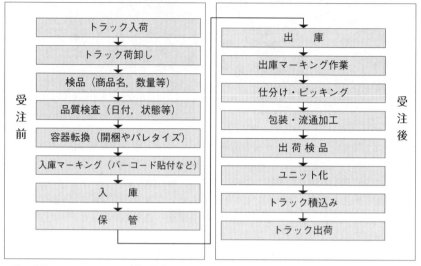

注：物流センターによって順番が前後したり，一部が割愛されたりすることもあります。

ーパーマーケットの物流センターで考えると，賞味期限の短い生鮮食品（青果・精肉・鮮魚）は，物流センターに保管しません。入荷した商品をそのまま店舗別に仕分けてすぐに出荷します。TCはクロスドッキング・センターと呼ばれる場合もあります。ドック（dock）とは船の荷役や修理のために入る埠頭を指します。物流センターの荷受場所から出荷場所へ商品がクロスして仕分けられるため，クロスドッキング・センターといわれます。

　第3に，PC（process center）です。プロセス・センターや加工型センターと呼ばれますが，これは主に流通加工を行う物流センターです。具体的には，アパレルの値札付けやラベル貼り，ハンガー掛けを専門に行うセンターや，生鮮食品のカットや包装を専門に行うセンターなどがあげられます。ただし，前述のとおり，流通加工の場所はPCに限定されるわけではなく，DCでも行われます。

　それ以外にフルフィルメント・センターと呼ばれる物流センターもあります。フルフィルメントとは，①注文受付，②受注処理，③ピッキング・包装，④発送，および⑤アフターサービス・返品といった一連の業務で構成されます（Pyke et al. [2001]）。インターネット通販市場の拡大によって，物流センター内でも従来の店舗型流通プロセスにない工程が必要になりました。消費者と直接接点をもつインターネット通販では，フルフィルメント業務が必要になって

(a) 農機サービスパーツセンター（DC）

パレットラック
パレット式自動倉庫
ネスティング
ラック
フォークリフト（リーチタイプ）
ピッキング
ステーション

(b) 生花出荷センター（TC）

保冷庫
デバレタイザー
出荷
ローラー
コンベヤ
入荷
パレット式
自動倉庫

物流センターの例（写真提供：株式会社イトーキ）

きていて，その業務を中心に行うのがフルフィルメント・センターということになります。保管を伴う場合が一般的であるため，フルフィルメント・センターは DC の一類型といえるでしょう。

1.4　ターミナルの役割

　物流施設には，輸送モードを切り替える役割もあると説明しましたが，それを専門に行う場所（施設）があります。具体的には港（港湾施設），空港，貨物駅，トラック・ターミナルの4つです。第1章でトラック，鉄道，船舶，航空が代表的な輸送モードと説明しましたが，それぞれの輸送を担当する施設があります。こうした輸送モードの切り替えを主な役割とする施設を総称してターミナルといいます。物流ネットワーク上では，ターミナルも物流センターと同じく，図1の(b)のようなネットワークの集束と発散を担う施設です。多数の荷主から貨物が集まり，方面別に出荷されます。

　ターミナルには，輸送車（船，機）の移動と待機ができるスペースだけでなく，積卸し，仕分け，ユニット化作業，一時保管などできる荷扱場が必要です。荷扱場は上屋ないしは貨物上屋と呼んだりされますが，上屋という用語は英語のウェアハウス（warehouse）が転化したものという説があります。

　鉄道，船舶，航空はターミナルでしか発着できないということも忘れてはいけません。したがって，少なくとも荷送人からターミナル，ターミナルから荷受人に渡る最初と最後の輸送はトラックが担うのが一般的です。ただし，第1章で説明したように，鉄道の場合，専用線を自社施設内まで引き込むというケースもありますが，現在では専用線の使用はかなり減っています。

東京貨物ターミナル駅と JR 貨物のマルチテナント型物流施設「東京レールゲート」（写真提供：日本貨物鉄道株式会社）

物流の視点からいえば，ターミナルにはもう2つ大事な役割があります。1つには，混載輸送（☞第1章）を行うために複数の荷主から集めた方面別の貨物を一時的にため込む，荷合わせを行う役割です。たとえば，コンテナ港にはコンテナ・ヤード（CY）という多数のコンテナを仮置きする場所（上屋の一種）があります。混載輸送では積載効率を高めるのが採算性のカギとなるので，いかに荷合わせできるかは，ターミナルの価値を測る1つの基準となります。

いま1つの役割は，荷姿（☞第3章）やユニットロード（☞第3章）を変える役割です。たとえば，港ではコンテナに貨物を詰め込んだり（バンニング），取り出したり（デバンニング）するコンテナ・フレイト・ステーション（CFS）という場所（上屋の一種）があります。輸送モードにあった荷姿に変換することで，商品の品質を保護したり，輸送や保管の効率性を改善したりできます。

ターミナルの役割は公共性が高い点にも注目してください。倉庫や物流センターの場合は特定の民間組織（会社など）が利用する施設であることが多いのとは対照的です。これは，ターミナルを必要とする鉄道，船舶，航空は公共の輸送機関である場合が多いからといえます。第1章で，これら3つの輸送モードでは自家輸送が少ないことを説明したように，ターミナルは複数の物流ネットワークに対して役割を果たしています。ただし例外として，名古屋港にある新宝ふ頭がトヨタ自動車だけの完成車積み出し基地になっているように，特定組織専用のターミナルも存在します。

1.5　その他の物流施設

これまでいくつかの物流施設をみてきましたが，すべての物流施設を網羅したかというと，そうではありません。ほかにも同様の役割を有する施設は存在します。

たとえば，小売店舗も保管や品揃えを行うという意味で物流施設としての役割をもっているといえるでしょう。物流論では生産者から消費者へといっているにもかかわらず，一般に小売店舗は物流施設として認められていません。小

売店舗に届けた時点で物流は完了したと考えられてきたのです。物流において小売店舗から消費者までのプロセスに対する関心が薄かったのが，昨今社会問題化している買い物弱者（☞第14章）の一因となっています。人口減少に伴い地方の小売店舗の数は減り，身近に小売店舗のない消費者，すなわち買い物弱者が増えています。商品が届けられず，生産者と消費者を架橋できていないという意味では，買い物弱者は物流の問題です。ラストマイル（☞第14章）の問題をなかなか解決できないのは，小売店舗から消費者までの物流を消費者自身が担ってきたために，旧来の物流論の枠組みで議論されていなかったという理由もあります。

　また，序章で説明したように，リサイクル品も物流の対象とするのであれば，リサイクル・センターも物流施設としての役割をもちます。資源のリサイクル・プロセスというと，どうしても加工処理が注目を浴びますが，実は選別（荷役に該当）や保管も重要で時間のかかる作業です。売上につながる新品と比較すると物流コストを削減する努力が求められるので，リサイクル・センターを物流施設として扱う意義があります。

　杓子定規に考えず，物流において重要な施設を物流施設として柔軟に認識することが重要です。買い物弱者の問題のように，物流システムが機能不全を起こすきっかけをつくらないようにしなければなりません。

コラム 2-2　物流センター化する小売店舗

　インターネット通販を始めた小売業を中心に，受注した商品を物流センターから出荷するだけでなく，小売店舗から出荷する例も増えてきました。店舗から出荷したほうが消費者に早く商品を届けられる場合も多いでしょう。また，インターネット通販で注文された商品を保管したり消費者に引渡しする役割を担う小売店舗も増えてきました。小売店舗が物流センターの機能をあわせもつ，物流センター化が進んでいるともいえます。

　しかし，小売店舗では，これまでの品出しやレジといった店舗業務をしつつ，通販のための受注処理，ピッキング，出荷などといった作業も追加されるので，現場には大きな負担になります。そこで外観は小売店舗のようだけれど物流活動に特化した，ダークストアも増えています。"ストア"といいながら，店舗を訪れても商品を購入できません。機能的にみれば，ダークストアは小型版の物流センターといえます。受注から30分で宅配するクイック・コマース（Qコマース）はダークストアの活用が前提となっていることからも，短時間配送競争が一般化すれば，街中がダークストアだらけになるかもしれません。

　本文でも説明したように，かつては小売店舗を物流施設とみなしてきませんでし

た。しかし，以上のような物流センター化は，小売店舗の機能を再定義するきっかけとなっています。

2. 物流施設の立地

2.1 物流施設の立地基準

それでは，物流施設はいくつ，どこに設置すべきでしょうか。そのためには，考慮すべき点がたくさんあります。

第1に，立地場所の土地代です。広大な土地を必要とする物流施設を建設する際は，地価の高い土地に立地すると巨大な費用負担が必要になります。自家倉庫を建設する場合はもちろん，倉庫を賃借する場合でも，土地代は賃料に影響を与えます。ただし，土地代を払えれば，どこにでも設置できるというわけでもありません。都市計画法の用途地域によって住宅専用の地域に指定されている場合には物流施設を建築できません。また，最近では地域住民との関係性も重視されています。

コラム2-3　地域に喜ばれる物流施設 ━━━━━━━━━━

日本GLPは，アルファリンクというブランドで物流施設を展開しています。ブランド構築にあたってクリエイティブディレクターの佐藤可士和さんが関わっています。アルファリンクは単なる物流施設としてではなく，①防災・災害対策，②産業振興，③コミュニティ・市民協働，④教育振興，⑤健康づくり，⑥生涯学習の提供などで行政と連携して地域活性化に取り組んでいます。

トラックの出入りが多くなるので，物流施設が近隣にできると住民は迷惑に感じると思われてきました。逆に物流施設が地域に求められる時代が来るとすれば，これは業界にとってすばらしいことです。物流施設にブランディングが求められる時

地域に開かれた物流施設（写真提供：日本GLP株式会社）

住宅地に隣接する物流施設（同左）

代が来ることになったとは驚きです。

（参考文献）『日経デザイン』2022年1月号。

　第2に，貨物量の増減に応じた拡張性や柔軟性です。狭い土地に立地している物流施設では取扱貨物量が増えた場合に，別の施設を用意しなければなりません。一方で，巨大な物流施設を自社で用意した後で貨物量が減ってしまうと，スペースが余ってしまいます。物量予測を踏まえた長期的な視点に立った判断が求められます。

　第3に，仕向地（貨物の送り先）へのリードタイムです。いくら土地が安くても，注文を受けてから商品を納品するまでに，思いのほか時間がかかっては困ります。**物流サービス水準のなかで最も重要な注文リードタイムを考慮した立地**が求められます。たとえば，インターネット通販で当日配送を実現しようと考えれば，対象エリアの近隣に物流センターを設置する必要があります。日本は国土が狭く，道路・鉄道・航空等のインフラが発達しているため，物流施設が1カ所でも受注してから広範囲のエリアで，翌日・翌々日納品が可能です。しかし，国土が広大なアメリカ全土で短いリードタイムを実現しようと思えば，複数の物流施設が必要です。

　第4に，配送効率です。顧客と事前に取り決めた物流サービス水準の実現を前提としたうえで，最も効率よく配送できる場所に立地する必要があります。日本のコンビニエンス・ストアはドミナント出店と呼ばれる狭い地域に密集した出店戦略をとっています。これは配送効率を意識した戦略で，地域内を効率的に配送できる立地に物流センターを設置しています。コンビニエンス・ストアの事例については，第11章で詳しく紹介します。

　第5に，輸送環境です。企業が物流活動において効率よく輸送モードを利用するには，公共交通網やターミナルへのアクセスのよさも重要です。たとえば，インターネット通販事業者が宅配便を利用する場合，物流センターを宅配便のトラック・ターミナルの近隣に立地する場合があります。また，輸出入の拠点となる物流センターであれば，港や空港の近くに立地したほうが効率的です。

　第6に，労働者の確保があげられます。物流施設は正社員のほかに，パートやアルバイト，派遣社員といった働き手で支えられています。短時間勤務の労働者からみれば，通勤時間のかかる湾岸エリアに通勤するのは負担でしょう。物流施設周辺にどれだけの人口があるかも大事な要素です。労働力不足が深刻化する日本では，働き手を確保できる立地という視点は今後ますます重要にな

ると思われます。

第7に，BCP です。地震の多い日本では，その影響で物流施設がダメージを受ける可能性があります。東日本大震災の際は，多くの物流施設が損害を受けて，稼働を停止しました。台風や水害も同様です。もし，物流センターが1カ所にしかなければ，その物流センターが自然災害で稼働できなくなってしまうと，すべての商品供給が滞ります。このような事態を避けるために，1カ所の物流センターが稼働不可能になっても，別の物流センターでカバーする体制が必要です。**BCP とは business continuity plan の頭文字をとった略語で，事業継続計画を意味します**（☞第14章）。1カ所で十分な物流施設を複数設置するのは，一見ムダに思えるかもしれません。しかし，BCP の観点から冗長性，すなわち重複したネットワークを構築する必要もあるのです。

コラム 2-4　施設配置の手法

多くの変数を考慮する物流施設の配置についてはさまざまな技法が発展してきました。最もシンプルなアプローチは施設間の輸送費用を最小化する考え方です。古くは，輸送費用を重視する側面から重心法と呼ばれる解法がありました。たとえば，ノードとなる複数の生産拠点と小売施設を結ぶ際に，輸送量×輸送距離×運賃（率）が最小になる拠点を選ぶ方法です。しかし，現実には物流施設の立地場所には制約があるので，複数ある候補地のなかで総距離を最小化する拠点を選択するメディアン法（p メディアン問題）や，最も遠い地点からの距離を最小化するセンター法（p センター問題）といった方法が利用されます。

ただし，施設配置の際に考慮すべき要素は輸送費用だけではありません。施設に関する固定費や需要（＝輸送量）といった制約条件を定式化し，目的関数としてコストを最小化できる施設立地を明らかにするために混合整数計画法が用いられます。

これらの手法と定性的な立地基準を組み合わせて，どこにいくつの物流施設を配置するかという意思決定を行います。

2.2　立地条件の変化

かつて，物流施設は湾岸エリアや山間部のインターチェンジの周辺に立地するのが通例でした。しかし，近年では私たちの住むエリアの近隣に立地する物流施設も増えています。時代とともに立地条件の優先順位が変化しており，物流施設の立地に流行があるといえます。

たとえば，1960年代から続く高速道路網の発達によって，決められたリードタイム内でトラックが移動できる距離は延びてきました。最近では，首都圏

を環状で連絡する圏央道（首都圏中央連絡自動車道）が敷設されたことで，渋滞の多い都心を経由せずに，各地方に延びる高速道路（東名，中央，関越，東北など）を接続利用できます。したがって，圏央道を利用できれば都心を経由せず，いろいろな方面へアクセスができるようになりました。その結果，圏央道のインターチェンジ近く（とくに埼玉県や神奈川県）に多くの物流センターが新設されるようになったのです。

　また，人手不足の問題も大きな影響を与えています。トラックドライバー不足（☞第14章）に対応するために，トラックドライバーの拘束時間を短縮する必要があります。そのために輸送距離を短くする必要がありますが，そうなると物流施設のカバーできる輸送地域も狭くなるため，それを補うために施設の数を増やす必要が出てきます。物流施設内で働く従業員の人手不足も深刻です。先ほど触れたように，湾岸エリアだと物流センター内で勤務する人を集めづらくなってきました。その結果，居住者の多い内陸部に物流センターが建設されるようになっています。

　近年，最も立地条件に影響を与えたといえる環境変化は，インターネット通販市場の拡大でしょう。顧客は店舗ではなく，消費者個人です。したがって，配送効率を考えれば，人口密集地に近いところに立地させることになります。さらに，最近は翌日配送が当たり前になり，当日配送を売りにする通販業者も少なくありません。注文リードタイムの短縮が重視されるようになれば，消費地から遠い位置にある物流センターは不利になります。当日配送を可能にするために，小型の物流センターを都市部に設置する例もあります。

　ただ，人口が多い地域の土地代は相対的に高く，また前述の用途地域の制限も強くなります。したがって，インターネット通販の物流センターに適した用地は限られてきます。旺盛なインターネット通販の需要を満たすために物流センターを増やす必要がありますが，最近では条件の良い用地は奪い合いの様相を呈しています。

3. 倉庫業の法律と料金

　最後に，物流施設を法律と料金の面から説明しておきます。

3.1　倉庫業法
　自社で施設を用意して自社保有の物品を保管する，いわゆる**自家倉庫**をもつ

場合，許認可は必要ありません。しかし，**他人所有の物品を有償で預かる，すなわち「倉庫業」を営む営業倉庫をもつ場合には，国土交通大臣の行う登録が必要になります**（倉庫業法第3条）。物品を預かる側（受寄者）が預ける側（寄託者）のために保管する契約を寄託といい，有償寄託の場合は「善良なる管理者の注意」（プロとして通常要求されるレベルの注意）でもって保管する責任が生じるとされます。「寄託を受けた物品の倉庫における保管（中略）を行う営業」（同第2条第2項）が，倉庫業と呼ばれるのです。

倉庫業法では「倉庫」を「物品の滅失若しくは損傷を防止する」（同第2条第1項）目的のために保管用に供するものと定義しています。この定義から，倉庫業法では，あくまでも物品の価値を維持する保管に主眼を置いているのがわかります。有償で寄託を受けるのであれば，たとえ物流センターの運営であっても倉庫業となりますので，登録が必要になります。たとえば，自己で所有する商品だけを扱う物流センターの場合は倉庫業ではありませんが，委託を受けて第三者が物流センターを運営する場合は倉庫業となります。ただし，貨物自動車運送事業の運送契約において一時的に保管するような場合は，倉庫業とならないとされています。

倉庫業法で定める倉庫の種類は，表1のとおりです。

一類倉庫から三類倉庫は，普通倉庫のなかの分類で，管理状態のレベルによって分けられています。野積倉庫も普通倉庫に属します。屋根が必要ではなくても，有償で他人の貨物の保管をする場合は，野積倉庫になります。貯蔵庫倉庫も普通倉庫の一種です。お米の産地などに建てられている巨大なタンクをサイロといいますが，秋に収穫されるお米を1年中食べられるのは，サイロで保管されているからです。危険品倉庫も普通倉庫の一種です。引火や爆発の危険性がある物品を保管するには，特別な申請が必要になります。以上の倉庫は特殊な気もしますが，倉庫業法上は普通倉庫に属します。

冷蔵倉庫は，食肉・水産物の生鮮品や冷凍食品など10度以下で保管する必要がある倉庫です。一般に零下20度以下で保管する倉庫を「冷凍倉庫」と呼びますが，倉庫業法上では，「冷凍倉庫」も冷蔵倉庫に属するものとして扱います。

水面倉庫は，表に説明があるとおり原木を水面で保管します。東京都江東区に木場という地名が残っていますが，昔，木材を貯蔵保管する貯木場がたくさんありました。江戸時代には火事が多く，家を建てるための木材需要を満たしました。現在ではかなり数が減り，利用は限られているようです。

表1　倉庫業法に基づく倉庫の種類

種　類	特　徴
普通倉庫	
一類倉庫	防火・耐火・防湿性能が必要
二類倉庫	防火・耐火性能は不要だが，防湿性能は必要
三類倉庫	防火・耐火・防湿性能が不要
野積倉庫	鉱物，木材，自動車などのうち，雨風にさらされてもよいものを柵や塀で囲まれた区画で保管
貯蔵庫倉庫	袋や容器に入っていない小麦，大麦，トウモロコシなどのバラ状の貨物，糖蜜などの液状貨物を保管するサイロやタンク
危険品倉庫	消防法が指定する危険物や高圧ガスなどを保管
冷 蔵 倉 庫	食肉，水産物，冷凍食品など10℃以下で保管
水 面 倉 庫	原木等を水面で保管
特別の倉庫	災害の救助，その他公共の福祉を維持するため，物品の保管を必要と認めて国土交通大臣が定める倉庫
トランクルーム	家財，美術骨董品，ピアノ，書籍など，・消・費・者・の物品の保管のために供する倉庫

出所：倉庫業法施行細則および一般社団法人日本倉庫協会ホームページをもとに作成。

　トランクルームは，個人で家に収納しきれない荷物を保管する倉庫です。トランクルームが倉庫といわれてもピンとこないかもしれませんが，トランクルーム貸しもまた保管責任が伴う倉庫業であります。

　以上のように，**倉庫業法においては，保管状況や保管する貨物の特性によって倉庫の種類が細かく分けられており，種類ごとに設置基準が異なっています。**

3.2　倉庫業の料金設定

　営業倉庫の料金基準として，使用する面積（日本では坪数が一般的），使用する空間（立米（りゅうべい））などが中心ですが，個建て（段ボール箱単位等）やパレット単位といった算出基準も用いられます。

　倉庫業では，三期制と呼ばれる料金計算方法が一般的です。これは1カ月を三期，具体的には1〜10日，11〜20日，21日〜月末に分ける方法です。たとえば，段ボール箱数で保管料金を計算する場合，毎日，入出庫があるなかで，いつの数量をもとに保管料を計算すればよいでしょうか。三期制というのは，それぞれの・期・末に保管されている段ボール数を計算して，保管料を算出する方法です。そのため，保管料を抑えるために各期末にはできるだけ貨物を出荷してしまおうという誘因が働きます。1カ月を半分，すなわち1〜15日と16日

〜月末に分ける二期制や1カ月単位で計算する一期制もあります。

　五十日という用語を聞いたことはあるでしょうか。5と10のつく日は道路が混雑するといわれています。それは保管料の算出基準日の在庫量を減らせば，保管料金が少なくなるからです。多くの企業が二期制や三期制の期末に保管貨物を出荷しようと考えるため，五十日のトラック輸送が増えた結果です。月末最後の営業日は一期制・二期制・三期制いずれも期末に当たるので，道路が最も混雑します。この日に車で出かける際は，時間に余裕をもって出発するのがいいでしょう。

おわりに

　以上のように，倉庫には，①生産と消費の時間的ギャップ（懸隔）を架橋する役割がありました。物流センターでは，②品揃え物を注文に応じて迅速かつ正確に出荷する役割（品揃え形成）と，③流通加工や包装が中心的な役割でした。さらに，輸送モードの発着地点としてのターミナルには，④輸送機関を切り替える役割，⑤複数荷主の貨物を集約して積載効率を高める荷合わせの役割，⑥商品品質の保護や作業の効率を維持するために荷姿やユニットロードを変える役割がありました。

　たとえば，新潟の生産者から出荷された商品が神奈川の物流センターを経由して，その後，さかのぼって埼玉の店舗に配送される場合，物流センターは②と③の役割（とくに②）を果たしています。また，海上コンテナを日本から北米に輸送するために，わざわざ韓国釜山港を経由するのは，釜山港が有する⑤の役割，すなわち多くのコンテナを集荷してより積載効率のいい輸送を実現する荷合わせ機能に期待をしているからです。第1章で述べたように輸送は空間的ギャップを埋めていく役割をもっています。このような寄り道は空間的ギャップを広げる行為にみえるかもしれません。しかし，物流施設がもたらす物流への貢献が上回るのであれば，寄り道に伴う輸送コストは正当化されます。

　本章では，物流施設の「役割」という言葉を多用しましたが，役割は全体が有する何らかの「目標」の達成に関連して決められるものです。これまで物流の目標を説明せずに，役割という表現を使ってきたので違和感を覚えた読者もいるかもしれません。生産者と消費者の間にある施設として定義された物流施設に「〜の役割がある」と論じているのに対して疑問に思ったかもしれませんが，今はそれで問題ありません。関連する理論的な話は第6章以降で行います。第1部は物流論を学ぶためのスタートとして，あくまでも理論は極力抑えて，

知覚できるところだけを説明するという趣旨で進めています。第3章では，輸送や物流施設で行われる活動に焦点を当てて説明していきます。

さらに学習したい読者に推薦したい図書 ────────

廣田幹浩［2015］『図解物流センターのすべて』日本実業出版社
　⇨物流センターに関する内容が図でわかりやすく説明されています。

中田信哉［1998］『物流政策と物流拠点』白桃書房
　⇨第2部で物流拠点について説明されています。物流拠点の概念と分類が整理されています。

物流の活動

- ○ 6 つの物流活動の内容と役割について学ぶ。
- ○物流活動において情報が果たす役割を理解する。
- ○具体的な物流の現場をイメージできるようにする。
- ○各活動を統合する必要性を理解する。

は じ め に

　第1章と第2章では，輸送モードや物流施設のような物流の「名詞」（ことがら）に当たる内容について考えてきましたが，本章では物流の動きや状態を表す「動詞」（〜する）に当たる内容について説明します。第1部を通して，物流の表現と理解を行うための基本を得られればと思います。

　物流のために行われる活動，すなわち物流活動は輸送，保管，荷役，流通加工，包装，情報の6つの活動で説明されるのが一般的です。それでは，それぞれの活動は具体的にはどのようなものなのでしょうか。本章では各活動の内容を知ってもらうだけでなく，物流活動の役割や相互関係も理解してもらえればと思います。

　物流の対象は，生産者が生産して消費者に届けられる**商品**です。物流にとって，商品の荷姿は重要です。**荷姿には，パレット，ケース，カートン，ピースなどといったさまざまな形態があります**。私たちはスーパーマーケットで陳列されている棚から缶ビールを1本ずつ購入できます。この最もばらした単位がピース（ないしはバラ）です。ただし，酒豪の人は24本入りのビールを箱ごと購入するでしょう。この箱の単位がケースです。物流現場では，24本入りケースをパレットと呼ばれる板状の台に何段にも積み上げた荷姿も目にします。また，商品によっては，カートンと呼ばれる中箱を利用することもあります。たばこの例でいえば，20本入りのたばこを10個単位で箱に入れるカートンが

表 1　物流活動の分類

分　　類		項　　目	内　　容
リンク活動	①輸　　送	輸　　送	長距離，1対1
		集　　荷	短距離，多対1
		配　　送	短距離，1対多
ノード活動	②保　　管	貯　　蔵	長時間，貯蔵型保管
		保　　管	短時間，流通型保管
	③荷　　役	積 卸 し	物流施設と輸送モードの接続
		施設内作業	運搬，積付け，ピッキング，仕分け，荷ぞろえ等
	④包　　装	工 業 包 装	輸送・保管用，品質保証主体
		商 業 包 装	販売用，マーケティング主体
	⑤流通加工	生 産 加 工	組立・スライス・切断等
		販売促進加工	値付け・ユニット化・詰合せ等
⑥情報の取扱い		認 知 情 報	商品や設備などの状態に関する情報
		指 示 情 報	作業者や機械に与える指示情報
		評 価 情 報	要件の充足／不足を示す情報

出所：苦瀬編［2021］52頁を参考にして作成。

あります。これらの荷姿の違いによって荷扱い内容が異なりますので，その点も踏まえて話を進めていきます。

1．物流活動の種類

各物流活動を細かく分類したのが表 1 です。

ただし，個々の活動は物流のためだけに存在するものではありません。輸送や保管といった各活動は物流という概念が誕生する以前からありました。物流という用語に慣れ親しんでいると物流あっての各活動のように感じるかもしれませんが，第 1 章でも説明したように物流活動ではない輸送も存在します。**個々の活動があって物流が成り立つという関係性**を理解してください。

また，物流活動では多種多様な機器を利用します。「動詞」（〜する）を扱う物流活動の章なので，ぜひそれらが動いた様子のわかる動画をインターネットで検索して，視聴してみてください。

1.1 輸　送

　日本工業規格，いわゆる JIS (JIS Z 0111-3001) では，輸送を「貨物をトラック，船舶，鉄道車両，航空機，その他の輸送機関によって，ある地点から他の地点へ移動させること」(日本規格協会編 [2022] 22 頁) と定義しています。輸送モードについては第 1 章で触れましたが，これらの輸送モードを用いて生産と消費の空間的ギャップを埋めることが輸送の主な役割でした。

　一方で，輸送には物流施設と物流施設とをつなぐ役割もありました。第 2 章で説明した**物流ネットワークを前提にすると，輸送手段を考える際に，「距離」「供給頻度」「供給単位」という 3 つの条件を考慮する必要があります** (中田 [2001a])。物流ネットワークのノードである物流施設の立地によって，必要な「距離」が決まります。さらに，物流施設で保管すべき在庫の水準が決まると，在庫切れを起こさないようにする「供給頻度」と各輸送の「供給単位」も導き出されます。その 3 つの条件に基づいて適切な輸送手段が選択されます。たとえば，物流センターが工場から遠距離にあり，かつ物流センターには在庫を多めに保管する必要があるとします。そのような条件下での輸送として，船舶や鉄道を中心にした大口での輸送を週 1 回行うという決定ができます。逆に短距離で低い在庫水準が条件であれば，トラック輸送による多頻度小口輸送が選ばれるでしょう。

　輸送モードの選択は荷主側の視点ですが，次は輸送業者側の視点から見たネットワークの話をしましょう。図 1 のように，A 地域と B 地域の間の遠距離輸送を考えます。A 地域には，B 地域へ貨物を送りたい荷主が同じ時期に複数存在するとします。それぞれの荷主が送りたいとする貨物量は貸切輸送を選べるほど多くはありません。したがって，混載輸送（☞第 1 章）を選択するほうが経済的だとします。

　そのためには，まず A 地域で同じ B 地域を仕向け地とする貨物を 1 つの場所に荷合わせ（☞第 2 章）する必要があります。このように複数の拠点から発送する貨物を回収して，1 つの拠点に集める輸送活動を**集荷**といいます。表 1 の「多対 1」という表現は，発地と着地の数を示しています。集荷は，道路があればどこでも行くことのできるトラックで行われるのが一般的です。1 つの車両で荷送人を巡回して集荷される場合もあれば，別々の車両で集荷される場合もあります。前者の巡回集荷は**ミルクラン**（☞第 7 章）と呼ばれます。

　物流施設（ターミナルや物流センターなど）に集荷された貨物は混載され，B 地域の物流施設まで大型の輸送モードで一括輸送されます。第 1 章で紹介した

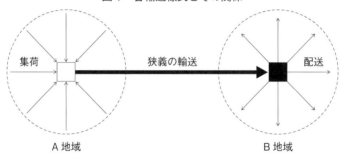

図1　各輸送様式とその関係

集荷　　　狭義の輸送　　　配送

A 地域　　　　　　　　　　　　　B 地域

出所：苦瀬［1999］19 頁の図に一部加筆。

規模と距離の経済性を発揮して，トンキロ当たりの輸送コストを抑えるためで
す。このような大型の輸送モードによる物流施設間の長距離輸送を**狭義の輸送**
とします。

　B 地域の物流施設に届けられた貨物は，複数の荷受人に届ける貨物が混載さ
れています。したがって，仕分けして荷受人の場所まで届ける必要があります。
このような 1 つの物流施設から複数の荷受人に届ける輸送を**配送**といいます。
発地と着地の関係は集荷と反対の 1 対 多となります。集荷と同様に配送も 1
つの車両で荷受人を巡回して配送する場合もあれば，別々の車両で配送する場
合もあります。ルート配送は前者の巡回配送の一形態です。ドミナント出店戦
略（☞第 11 章）を採用するコンビニエンス・ストアであれば店舗立地が密集し
ているので，1 台のトラックで多くの店舗を対象にルート配送ができます。集
荷や狭義の輸送に当たるものを「配送」と表現する場面に出会いますが，本来
の定義に基づけば適切な表現ではありませんので，ご注意ください。

　このように輸送といってもいろいろな様式があり，用語が内容によって使い
分けられています。また，図 1 の集荷や配送の輸送ネットワークを自転車の車
輪になぞらえて，ハブ・アンド・スポークと呼ぶことがあります。ハブは車輪
の中心にある回転体のことであり，ハブとリム（車輪の外縁部）をつなぐ金属
棒がスポークです。集荷と配送のハブ・アンド・スポークを狭義の輸送でつな
いだ図 1 は自転車の車輪に見えてくるのではないでしょうか。ハブ・アンド・
スポークは長距離の混載輸送における基本的なネットワークの型であり，宅配
便（☞第 12 章）もこのネットワーク型式を用いています。

1.2 保　管

1.2.1　保管の種類

　第2章で，倉庫の主な役割である保管について説明しました。JIS（JIS Z 0111-4001）では，保管を「物資を一定の場所において，品質，数量の保持など適正な管理の下で，ある期間蔵置すること」（日本規格協会編［2022］22頁）と定義しています。保管の役割は生産と消費の時間的ギャップの架橋にありますが，そもそも買い手から注文が来てから生産していれば，製品を保管する必要はありません。しかし，現実には生産者は買い手の確定していない段階で製品を生産するため，保管が必要になるのです。

　ただし，保管は他の理由でも必要となります。第2章で説明したように，物流センターには品揃え形成の役割が，ターミナルには荷合わせの役割がありました。それぞれの商品の入荷時間にずれがあれば，すべての商品が入荷されるまで一時的な荷待ち時間が発生するため保管が必要となります。

　また，保管する期間を基準にして貯蔵型保管（貯蔵）と流通型保管（狭義の保管）の2つに分けられます。貯蔵は年単位・月単位といった比較的長期にわたる保管です。貯蔵は生産と消費の時間的ギャップが大きい場合に必要となります。たとえば，お米の流通がそうでしょう。お米は決まった季節しか収穫できませんが，消費は日常的に行われます。秋に収穫されたお米を夏に消費するためには，1年近く貯蔵する必要があります。

　一方，流通型保管は，週単位・日単位といった比較的短期にわたる保管です。すでに特定の市場や消費者に向けた流通プロセスにあり，品揃え形成や荷合わせのための保管も流通型保管に含まれるでしょう。この場合，貯蔵という表現は使いません。

1.2.2　保　管　機　器

　保管と聞くと，単に物品を倉庫内に置いておくだけの簡単そうなイメージをもつかもしれません。しかし，JISの定義にあるように，保管には適正な管理が必要です。空間をうまく活用して保管効率を高めたり，入出庫作業をスピーディに行ったりなど，さまざまな要求があります。そのために，多様な工夫が施された設備が利用されています。

　パレットは荷役を効率的に行うために，取りまとめた商品を積載する面をもった"板"です。ユニットロードの促進には欠かせません（後述）。パレット保管を行うためには，パレットのまま格納できるパレット・ラックが必要です。重量物を保管する場合が多いので，重量ラックとも呼ばれます。地震等に備え

パレット（日本規格協会編［2022］35 頁〔Z0106,
参考付図 1 (1)〕）

パレット・ラック（同左 93 頁〔Z0110, 図 1〕）

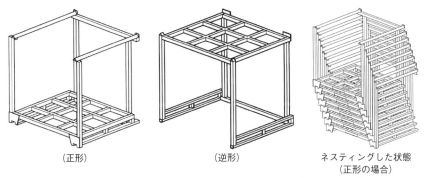

（正形）　　　　　　　　　（逆形）　　　　　　ネスティングした状態
　　　　　　　　　　　　　　　　　　　　　　　　　（正形の場合）

ネスティング・ラック（日本規格協会編［2022］101 頁〔Z0110, 図 11〕）

るため床に固定して設置します。一方で，ケースやピースといった軽量の在庫を保管するために用いられる中量ラックや軽量ラックもあります。ラック（rack）は"棚"を意味します。

　棚に傾斜が設けられて，背面から格納した商品を重力で移動させて，前面から取り出せるフロー・ラック（流動ラック）と呼ばれるラックもあります。賞味期限管理の必要な商品は日付の古い商品から順に販売・出荷する必要があります。これを先入れ先出しといいます。フロー・ラックは先入れ先出しが必要な商品には最適です。

　床へ固定しないネスティング・ラックもパレット保管で用いられます。保管する物品の種類や量は日々変化します。それに合わせて荷役や保管の効率のために保管レイアウトを変えたいのですが，その際に重宝されるのが移動可能なネスティング・ラックです。未使用時はネスティング（入れ子式に重ねること）してまとめられるのでスペースをとりません。これらのラック類は，棚入れや

ピッキングといった荷役を行いやすくする保管設備といえるでしょう。

　一方で，保管効率を重視する設備もあります。代表格が立体自動倉庫で，通称として**自動倉庫**と呼ばれる場合が多いです。スタッカー・クレーンと呼ばれる搬送機器で多数のラックからパレットやケースを自動的に入出庫できる設備です。人やフォークリフトの移動する通路が不要なため，保管を密にできるという利点があります。

　保管効率を確保するために**移動ラック**も利用されます。レールに乗ったラックを人力や電動で動かすことができるので，通路をラックごとに確保する必要はありません。大学の図書館で移動ラックをよく見かけるのは，書籍の保管効率を高めるためです。貸出する機会の少なそうな書籍が保管されているエリアに設置されているはずです。

1.3　荷　　役

1.3.1　荷役の種類

　JIS（JIS Z 0111-5001）では，荷役を「物流過程における物資の積卸し，運搬，積付け，ピッキング，仕分け，荷ぞろえなどの作業及びこれに付随する作業」（日本規格協会編［2022］23頁）と定義しています。簡単にいえば，物流施設内で物品を動かすことです。施設内というのがポイントで，施設外の物品移動は輸送となる可能性があります。ちなみに，読み方は「にやく」です。「にえき」という読み方もあるとの説もありますが，物流業界では「にやく」と読むのが一般的です。

　JIS の定義にある荷役の種類について簡単に説明します。

- ○積卸し——トラックの荷台や海上コンテナへ貨物を積んだり，取り卸したりする作業。物流施設と輸送モードをつなぐ役割があります。
- ○運搬——物流施設内の物品移動。
- ○積付け——物品を一定の規則に則って積み上げる作業。とくに，パレットに物品を積み付ける作業はパレタイズ，反対にパレットから物品を取り卸す作業はデパレタイズといいます。
- ○仕分け——物品を方面別や納品先別など何らかの基準に従って分ける作業。
- ○ピッキング——保管場所から必要な物品を取り出す作業。顧客の注文に応じて行うピッキングをオーダー・ピッキングといいます。
- ○荷揃え——積卸ししやすいように物品を揃える準備作業。

これらの作業は人間が行う場合もありますし，機械が行う場合もあります。

作業主体を問わず，いずれの場合でも荷役になります。

次に，荷役の役割について確認しておきましょう。荷役には以下の3つの役割があります。

第1に，**活動と活動をつなぐ役割**をもちます。たとえば，物流センターに到着した海上コンテナから貨物を取り卸し，保管エリアまで運搬して，パレットに貨物を積み付けるといった一連の工程は輸送と保管をつなぐ荷役です。人間と違って，貨物はトラックの荷台から自分で降りてきてはくれませんので，物流活動として荷役が必要になります。

第2に，**品揃え形成や荷合わせを支える役割**があります。たとえば，ピッキングも荷役の1つですが，顧客や市場からの需要に応じた品揃え形成を具体化するために必要な作業の1つとなっています。ピッキングは現代の物流にとって重要な作業なので，次項で説明します。また，荷合わせにおいても，到着した貨物を方面別に仕分けして荷揃えする荷役が混載輸送を支えています。

第3に，**物流活動の効率性を高める役割**があります。たとえば，トラックの荷台に商品をいかにうまく積み付けられるかによって輸送の積載効率が変わります。重量ラックへの保管の際もラックの高さに合わせた積付けによって倉庫の保管効率は高まります。

以上のように，荷役は物流にとって多様な役割を有する重要な活動です。地味にみえますが，第2章で紹介した物流施設（とくに物流センターとターミナル）では中心的な活動になります。

1.3.2　ピッキング

ピッキングとは，JIS（JIS Z 0111-5007）によれば，「保管場所から必要な物品を取り出す作業」（日本規格協会編［2022］23頁）です。ピッキングの対象がケースの場合はケース・ピッキング，ピースの場合はピース・ピッキングと呼ばれます。店舗納品においてピース単位での品揃えを要求される場合が増えてきたこと，さらには通販商品を扱う物流センターが増えた（☞第2章）ことでピース・ピッキングの作業量は拡大の一途をたどっています。

ピッキングの方法は摘取り方式と種まき方式に分類されます。摘取り方式は，個々の注文ごとに商品をピッキングする方式です。ピッキング・リストに基づき，注文ごとに受注処理を完結していきます。種まき方式は，複数の注文をまとめて処理します。たとえば，本日の受注件数が100件であれば，その受注データで足し算をして，アイテムごとに総量をピッキングします。そのうえで，受注先ごとに注文のあった数量を仕分けしていきます。前者は個々の注文単位

で商品を摘み取るイメージ，後者は注文全体をまとめて，行先ごとに商品を種まきするイメージです。

　一般に，納品先が多く，アイテム数を多数取り扱う場合，摘取り方式が採用されます。個人向けの通信販売では，納品先が個人なので摘取り方式が主流です。反対に，納品先が少なく，複数の納品先から少数のアイテムに重複した注文が多いのであれば，種まき方式が有効です。注文する顧客が少数であり，かつ注文商品が偏っているのであれば，商品ごとに一括してピッキングして，顧客ごとに仕分ける種まき方式のほうが効率はよくなります。

1.3.3　荷役の機械化

　荷役を英語でマテリアル・ハンドリングというので，荷役機器はマテハン機器とも呼ばれます。荷役作業をすべて手作業にしてしまうと膨大な労働力が必要となるため，荷役の機械化は長年の課題です。戦後から，荷役の省力化のために荷役機器の導入が積極的に検討されてきました（☞第5章）

　コンテナ，パレット，折りたたみコンテナ（オリコン），ケース，ピースなどといった荷姿の違いは荷役機器の選択においてきわめて重要です。通常，荷役機器が扱える荷姿の範囲は決められているからです。その点を念頭に置いて，以下の説明を読んでください。

（1）　フォークリフト

　荷役機器の説明で，フォークリフトは欠かせません。フォークリフトはフォーク（爪）を上下させて貨物を運搬する車両です。大量の貨物を扱う物流施設ではフォークリフトが運搬の主役となります。フォークリフトで荷役を行う場合はパレット（後述）単位の荷姿が基本です。

　フォークリフトの中心となるのはカウンター・タイプとリーチ・タイプです。カウンター・タイプは四輪車で座って乗るフォークリフトです。安定性が高く，傾斜や凹凸といった路面の状況が悪い場所でも利用可能です。トラックの荷台への貨物の積卸しといった屋外の荷役時に多く利用されます。リーチタイプは立って操作する省スペース型のフォークリフトです。小回りが利くため，物流センター内で最も多く利用されます。

　それ以外にも3wayタイプやピッキング・タイプがあります。

　3wayタイプは，フォークリフトのフォークを正面から左右に90度ずつ旋回できます。リーチ・タイプのフォークリフトでは，フォークが正面しか向かないため，荷役時に保管ラックに対して正対する必要があり，通路幅を広く取る必要があります。しかし，3wayタイプのフォークリフトではフォーク部分

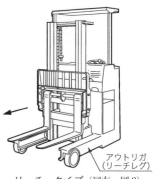

カウンター・タイプ（日本規格協会編［2022］429 頁　　　リーチ・タイプ（同左，図2）
〔D6201，図1〕）

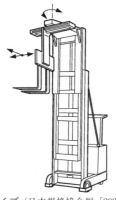

3way タイプ（日本規格協会編［2022］430 頁　　　ピッキング・タイプ（同左，図8）
〔D6201，図7〕）

だけが旋回するので，フォークリフトの入れる通路幅があれば大丈夫です。そのため，保管エリアの通路幅を狭くでき，同じスペースでもパレット・ラックをたくさん設置できるので保管効率を高められるメリットがあります。

　ピッキング・タイプは，フォークリフトの昇降部に人が乗ります。ピッキング・タイプは人の手でピッキングするので，保管エリア内でケース単位やピース単位で荷役できる特徴があります。3way タイプと同様に，フォークリフトの入れる通路幅があれば荷役できるので，保管効率は高まります。いずれも倉庫や物流センター内の保管エリアでの棚入れ（格納）や取出しを中心に使用されます。

　物流センター内では，ハンド・フォークリフトも使用されます。これは手動でパレットを荷役できるので免許も不要です。近距離での移動や荷揃えで利用

されます。

（2）物流施設内の荷役機器

青海ふ頭のガントリー・クレーン（写真提供：東京港湾局）

倉庫や物流センター内では，さまざまな荷役が行われます。施設内の運搬では，前述のフォークリフトに加え，ローラー・コンベアやベルト・コンベアが用いられます。人手をかけない無人搬送車（AGV）を用いる場合もあります。さらに，多層階の物流施設では貨物用のエレベーターを用いて，別の階へ移動（縦持ち）するのが一般的ですが，垂直搬送機（オムニリフター）といった設備を備えれば，階移動を迅速に行えます。

パレットへの積付けにはパレタイザーと呼ばれるロボットが使用されたり，仕分けにはソーターという自動的に方面別に仕分け可能なマテハン機器が使われたりする場合もあります。

ピッキング作業を行うマテハン機器も多種多様です。デジタル・ピッキングは，紙で出力したピッキング・リストを用いるのではなく，必要なアイテムや数量を棚にデジタル表示する方法です。カート・ピッキングは，台車を使用してピッキングする方式でピッキング・カートと呼ばれる荷役機器を使用して行う方法です。ピッキング指示や検品を行える高機能な機能を搭載した機器も増えています。種まき方式のピッキングでは，仕分け先をデジタル表示するデジタル・アソート・システム（DAS）を使えば，仕分けの品質向上や効率化が見込めます。ソーターで自動的に種まき仕分けを行う方法もあります。

貨物駅や港，空港といったターミナルでも荷役は不可欠です。こうした施設で扱う貨物は大きく，重いという特徴があります。その代表例が，コンテナ（後述）の荷役です。比較的小さいコンテナであるとされるJR貨物の12フィート・コンテナでも最大積載量が5トンです（「ゴトコン」と呼ばれるゆえんです）。海上輸送で扱う標準コンテナはそれよりも大きい20フィートないしは40フィートです。コンテナの荷役は機械に頼るほかありません。

コンテナを扱う代表的な荷役機械として，多くの港湾で活躍するガントリー・クレーンがあります。かなり大型のクレーンで，岸壁に設置されて主に船舶のコンテナ積卸しを行う橋形のクレーンです。その姿から"キリン"という通称がついています。遠くからも見えるので，その姿を見たことがある人もい

るのではないでしょうか。ほかにも，コンテナをクレーンで吊り下げたまま移動するトランスファー・クレーン，フォークリフトの一種であるトップリフター，コンテナを吊り下げて運搬や積上げができる車両のリーチ・スタッカーなど，多様なコンテナ運搬機器が活躍しています。

コラム 3-1　最後の自動化問題──ピース・ピッキングの自動化 ─────

　ピース・ピッキングは荷役作業のなかで最も人手のかかる作業の 1 つです。この省力化のために，さまざまな機械化が試みられてきました。その結果として，前述のデジタル・ピッキングやカート・ピッキングなどが導入されています。しかし，これらの手法は省力化に大きく貢献しましたが，ピッキング作業までの商品探索や人の移動を省く方法です。ピッキング自体は人間の手によって行われます。荷姿としてのピースは強度もなく形状もバラバラなため，商品をピッキングする作業そのものの完全な自動化は難易度が高いのです。逆にいえば，荷姿も形状もバラバラの商品を適切にピッキングできる人間はすごいといえます。ただし，労働力不足が進むなか，ピース・ピッキングの完全自動化は達成しなくてはならない目標であるでしょう。

　ピッキング作業の完全自動化には，ピッキング・ロボットの導入が考えられますが，包装の標準化や耐久性の問題がそれを阻んできました。しかし，ロボットのセンシングやマニピュレーションなどの制御技術の向上だけでなく，AI 技術の導入によるティーチレス化（教師なし学習）の実現により，実用化できるレベルまで進化したのです。

　しかし，それでも以下のような多くの課題が残ります。

○初期投資が高い ── 物流設備投資の想定される回収期間は短い傾向があります。これが導入の障害になっています。

○作業需要の変動に対応できない ── 必要な作業量が増えた場合，人間であれば一時的に多数の人を現場に投入する人海戦術で対応できます。しかし，機械の場合，作業スピードは一定のため必要な作業量が増えてもスピードを変えられません（ただし 24 時間稼働できるメリットはあります）。

○作業変更が難しい ── 現場による改善活動が好まれる日本では，作業工程の変更がしばしば行われます。業務内容や品揃えなどに変更があった場合，人間であれば柔軟に対応できます。しかし，ロボットの場合，作業変更は面倒です。据付け位置の移動や設定の変更，試し運転も必要となります。

○機械のメンテナンスが必要 ── 機械には故障対応や日常点検は必須です。スキルをもった従業員を育てる対応が必要になります。

　機械を導入すればすべて問題解決とはいきません。機械を利用する人間側の能力が求められる時代になりつつあります。

1.4 包　装

1.4.1　包装の種類

　私たち消費者がインターネット通販で商品を購入すると，商品が段ボールに収納された状態で届きます。このように，商品とは別の材料や容器を使って物品を収納する活動は包装です。JIS（JIS Z 0111-2001）によれば，包装は「物品の輸送，保管，取引，使用などに当たって，その価値及び状態を維持するために，適切な材料，容器などに物品を収納すること及びそれらを施す技術，又は施した状態」（日本規格協会編［2022］21 頁）と定義されます。前述の段ボール箱に詰める梱包は当然に包装に属しますが，JIS 定義に従えば，コンテナなどの容器に収納することも包装に属することになります。かつては「包装は生産の終点であり，同時に物流の始まりである」（阿保［1998］73 頁）ともいわれましたが，現代では包装が流通過程で行われる場合も少なくありません。

1.4.2　包装様式の種類

　包装様式は個装，内装，外装の 3 種類に大別されます。お菓子などを 1 個ずつ包装するような，物品個々の包装を個装といいます。それが何個か入って販売単位になっているのが内装です（食品業界では内装を「ボール」といっています）。包装貨物内部の包装となり，個装よりも商品保護の役割が強化されます。さらに，内装商品をセットで包装したものを外装といいます。箱・袋・たるなどの容器を用いた，包装貨物外部の包装となり，表面に作業者に情報を与える記号や荷印などが記されます。荷姿との関連でいえば，個装がピース，内装がカートン，外装がケースに当たります。物流過程では外装の状態で取り扱われる場合が多いですが，内装や個装の取扱いも増えています。

　物品の輸送・保管のために行う包装を工業包装といいます。コストを優先した地味な包装になっていますが，高度な技術が用いられていて，侮れません。工業包装の役割としては，①内容物の保護，②取扱いの利便性，および③情報の伝達があげられます（阿保［1998］）。以下で順にみていきましょう。

　最初に，①内容物の保護についてです。たとえば，30 kg の貨物があって，6 段積み重ねると，一番下の貨物には 30 kg×5 段＝150 kg の重量がかかります。これに耐えうるように包装の素材や強度，形態を考える必要があります。段ボールであれば，表面（これを「ライナ」といいます）の材質（古紙含有率が低いほど強度が高い）とライナに挟まれた中しんの波の形で強度が決まります。そもそも強度のない紙を素材にして，あれだけの強度を引き出せる包装材を生みだせるのは，綿密な構造力学の計算に基づいて設計されているからです。ま

た，重量からだけでなく，商品の特性に合わせて衝撃，温湿度，異物混入など
のさまざまな環境要因から品質を保護する包装材が選択されます。

次に②取扱いの利便性ですが，これもまたいろいろな工夫があります。たと
えば，持運びや開封をしやすいデザイン，空間効率を高めるための包装のサイ
ズや容積の調整，リサイクルしやすい素材の使用，パレットやコンテナのサイ
ズへの適合などです。最近では，包装材や商品を設計する段階で包装の利便性
に配慮したサイズやデザインを作り込む，いわゆる DFL（design for logistics）
の技術が注目を集めています（☞第9章）。皆さんは，インターネット通販で
購入した商品を開梱したら，商品サイズは小さいのに，段ボール箱はやたらと
大きく，中身がスカスカだったという経験はないでしょうか。これは空気を運
んでいるのと同じであり，一見，輸送効率を下げているように思えます。しか
しながら，サイズを均一化すれば段積みをしやすくなるので，輸送車両内の空
間効率を高める可能性もあります。このように，包装の利便性は一律には決ま
らないところがあります。

最後に，内容確認に必要な③情報表示です。中身のわからない包装では困っ
てしまいます。商品に関する情報として，商品名，型番，製造会社（ないしは
産地），入り数，製造年月日などが表記されます。商品コードを自動的に特定
するために，スキャナやレーザーに判読できるバーコードの使用が一般的です。
とくに，消費財の場合，国際的な標準規格に則った ITF コード（☞第8章）が
外装に直接印刷される場合が多いです。それ以外にも，天地無用やワレモノ注
意といった取扱い上の注意事項の表示も重要です。言語に関係なく作業者の注
意を引けるように，荷扱いに関する指示を絵柄で示す荷扱い指示マーク，通称
ケアマークが表記されます。図2はJISで規格化されたケアマークの例です。
このように包装材は重要な情報メディアでもあります。

一方で，工業包装と対になる概念として**商業包装**があります。商業包装とは，
商取引の内容に合わせて商品を取りまとめるために行う包装です。たとえば，
店頭に並んでいる商品の包装は，消費者の購入単位でもあるので商業包装でも
あります。したがって，個装は商業包装の色彩が強くなります。また，商業包
装は販売促進のための情報メディアでもあります。消費者が買う商品を決める
際に，パッケージに印刷された文章や絵を参考にするので，商業包装はマーケ
ティングや販売促進の機能を有します。

一方で，商取引の単位に商品を取りまとめるという商業包装の機能は，物流
センターが有していた品揃え形成（☞第2章）の機能にも似ています。商品の

図2　ケアマークの例

(a) 壊れもの　　(b) 取扱注意　　(c) 水ぬれ防止　　(d) 上方向　　(e) 上積み段数制限

出所：日本規格協会編［2022］650頁（Z0150，表2，No. 3，図記号），651頁（同，表3，No. 6，図記号），653頁（同，表5，No. 6，図記号），654頁（同，表5，No. 14，図記号），656頁（同，表6，No. 17，図記号）。

ロット・サイズを決めることは品揃え形成の一部ととらえることもできるからです（☞第6章）。

　現実には，工業包装と商業包装を明確に区別できません。たとえば，商品の個装は商品を保護すると同時に，消費者に対する情報提供という側面もあります。同じ包装のなかに工業的な要素と商業的な要素が混在しているのです。このように，包装は「物流活動としてのおさまりはよくない」（中田［2001a］75頁）ところがありますが，物流にとって重要な活動であるのに変わりはありません。前述したように，個々の活動は物流のためだけに存在するのではありません。その活動が発揮する一部の機能が，物流に生かされるという依存関係にあるのです。

コラム3-2　包装における環境対応

　包装資材は物流活動を経て，中の商品が消費されれば不要になります。その後は廃棄物となるため，環境に配慮した包装が求められます。ソニーは2023年度にスマートフォンなどの小型製品の包装資材からプラスチックを全廃するそうです。将来的にはすべての製品の包装資材についてプラスチック全廃をめざしています。良い製品を作り出すのはもちろんですが，環境にやさしい包装資材の開発も企業の競争力を左右する時代になりつつあります。このトピックは重要なので，第14章でも説明します。

　（参考文献）『日本経済新聞』2022年11月8日朝刊。

1.4.3　ユニットロード

　包装の利便性として，カバンやレジ袋と同じように，複数の物品を1つにまとめて持ち運びしやすくするという効果があります。物品を取扱いやすいよう

に1つにまとめることをユニット化といいます。そのユニット化を推進するために開発されたのが，すでに紹介したパレットやコンテナです。

ロールボックス・パレット（日本規格協会編［2022］36頁〔Z0106，参考付図1（12）〕）

JIS（JIS Z 0111-1009）によると，ユニットロードは「複数の物品又は包装貨物を，機械及び器具による取扱いに適するように，パレット，コンテナなどを使って一つの単位にまとめた貨物」（日本規格協会編［2022］20頁）であり，それによって荷役の機械化を可能にし，輸送や保管などの活動を効率化する仕組みをユニットロード・システムといいます。荷役において，ユニットロードはきわめて重要です。

ユニットロードを推進する容器は，パレットや貨物コンテナに限りません。折りたたみコンテナ（無収納時に畳める容器）のような通い容器や，ロールボックス・パレット（柵に囲まれたキャスター付き台車）のようなカゴ台車もあります。

パレットはJIS（JIS Z 0111-1011）によると，「物品を荷役，輸送，及び保管するために単位数量に取りまとめて載せる面をもつもの」（日本規格協会編［2022］20頁）とされます。木製や合成樹脂製が主流です。荷物を積み付けて，フォークリフトで持ち上げられた状態で運搬され，そのままトラックやコンテナに積載できるようになります。さらに，荷物を発地から着地まで同じパレットで輸送することを一貫パレチゼーションといいます。すべての工程で同じ規格のパレットを使用できれば，途中でパレット間の積替えなしに荷役が行え，サプライチェーン全体の効率が上がります。

コンテナ（貨物コンテナ）はJIS（JIS Z 0111-1019）によると「異なった輸送機関に適合性をもち，用途に応じた強度を備え，反復使用に耐えられるもので内容積が$1\,\mathrm{m}^3$以上である容器」（日本規格協会編［2022］20頁）をいいます。トラック，鉄道，船舶，航空のすべての輸送機関で使用可能です。とくに，コンテナは国際物流の中心である海上輸送で大活躍しており，その発明は荷役の革命といえるものでした（☞第5章）。ちなみに，コンテナの普及で荷役の効率化を図ることをコンテナリゼーションといいます。

パレットもコンテナも規格化が重要です。皆が，バラバラのサイズの容器を使っていたら，運搬機器もそれぞれの仕様に合わせて用意する必要があります。さらには，2段以上に積み重ねて保管効率を高めることもできなくなります。規格が統一されていれば，荷役の効率性を飛躍的に高められるのです。代表的

なパレットの規格として，日本では JIS 規格の T11 型（1100 mm×1100 mm×144 mm）がありますが，国際的には地域ごとに異なる規格を使っているのが実情です。コンテナはパレットよりも国際規格化が進んでいます。とくに，海上コンテナは早くから ISO 規格が浸透しており，長さが 20 フィート（約 6 m）と 40 フィート（約 12 m）の 2 種類が普及しています。

1.5 流通加工

1.5.1 流通加工の種類

JIS（JIS Z 0111-6001）によれば，流通加工は「流通過程の倉庫，物流センター，店舗などで商品に加工すること。生鮮食品又は繊維品の二次加工，小分け商品化包装，値札付け，鉄鋼・ガラスなど生産財の裁断，注文に対応する機器の組立て・組替え及び塗装替えなどをいう」（日本規格協会編［2022］24 頁）と定義されています。定義から流通加工には多様な目的があることもわかります。

さらに流通加工は生産加工と販売促進加工の 2 つに分類できます。生産加工は，「商品そのものに手を加えて加工したり変化させる作業」（苦瀬［1999］22頁）です。たとえば，生鮮食品のカット作業，アパレル商品の裾合わせ，鋼板やガラスの裁断，生産財の裁断，パソコンの最終組立などが該当するでしょう。

一方，販売促進加工は，「商品を販売するために必要な作業や付加価値を高める作業」（苦瀬［1999］22頁）であり，商品に対するラベル貼りや値札付け，商品のマニュアル，ノベルティ，販促物などの同梱などがあります。とくに通販物流では販売流通加工が盛んで，「セット組み」「値札付け」「ギフト・ラッピング」「添付文書封入」などの販売促進加工が行われています。

1.5.2 流通加工の意義

商品を加工するならば，すべて生産で完結させたほうが規模の経済性が得られます。それではなぜ，あえて流通過程で加工するのでしょうか。

第 1 に，**商品の最終仕様の決定を引き延ばすことができる利点があります**。たとえば，アパレル商品の場合，値札は小売業者ごとに異なるものを使用しています。よって，工場出荷時に値札を付けてしまったら，それ以外の小売業者への販売ができなくなってしまいます。ガラスの裁断，ズボンの裾上げ，言語別のマニュアル添付などもこの利点を生かした流通加工といえます。

第 2 に，**加工によって陳腐化スピードが進む商品の場合，最終加工を引き延ばして，陳腐化を抑える効果があります**。生鮮食品である野菜や精肉はカットすると腐敗スピードが増します。そこで，生産地や卸売市場ではなく，消費地

点に近いプロセス・センター（☞第2章）や店舗でカット作業が行われるのです。

　第3に，**加工によって容積や重量が増える商品の場合，加工を引き延ばして保管や輸送のコストを抑えることができます**。典型例が家具です。最終組立をすると数倍にも容積が膨れ上がりますので，店舗や家庭で最終組立を行うのが一般的です。

　第4に，**法律に対応するための加工があります**。たとえば，輸入した加工食品を販売する場合，法律で原材料，内容量，賞味期限，保存方法，原産国名など，定められた品質事項を日本語で表示しなくてはなりません。そのために，販売前の物流施設で商品に食品表示のラベルを貼る必要が生じるのです。

1.5.3　物流活動としての流通加工

　流通の過程で行われる加工は物流活動でしょうか。それとも生産活動でしょうか。物流は生産と消費の懸け橋なので，生産活動は物流活動ではありません。したがって，製品の状態に変化を加える流通加工を生産活動とする見方もできます。しかし，ほとんどの物流論のテキストでは流通加工を物流活動とみなしています。

　理論的には，流通加工は物流活動とはいえないかもしれませんが，物流現場では他の物流活動と一体になって行われています。そのため，実務で流通加工が物流活動として当たり前のように扱われています。物流施設内で，パソコンやサーバーの組立やソフトのインストールが行われている事例もあります。こうしてみると生産と流通加工の厳密な区別は難しくなりますが，流通加工が買い手のニーズ充足や利便性向上に貢献することは間違いありません。市場の変化が速い現代社会において欠かせない活動であり，物流の現場における重要度は増していくでしょう。

1.6　情報の処理と伝達

　一般的な物流論で情報は活動ととらえられるのですが，情報は事柄であり，行動を示すものでありません。輸送する，保管するとはいえますが，情報するとはいいません。したがって，正確には情報の取扱い，つまり情報の処理と伝達というべきなのでしょう。

　情報の種類には，事柄の状態を示す「認知情報」（例：○○の在庫は△個ある），してほしい行動を示す「指示情報」（例：○○を△個，□□向けに出荷する），要件の充足／不足を示す「評価情報」（例：○○の充足率は不十分）の3種類があ

ります（吉田［1990］）。

さらにいえば，すべての活動には情報の取扱いが含まれます。たとえば，輸送手段はいろいろな情報に基づいて選択されます。ピッキングは指示情報に基づいて行われます。保管効率は保管物品の情報から測定されます。したがって，個々の活動は情報の取扱いと一体化しているといえるでしょう。なぜあえて，情報に関する活動を独立した物流活動として扱うのでしょうか。

それは物流にとって必要にもかかわらず，他の活動に還元できない役割が情報にあるからです。その役割とは，活動間の調整です。個々の活動が別々の作業者（あるいは組織）で行われるのであれば，物流という一体感のある仕組みを実現させるには情報交換による調整が必要になります。たとえば，物流センターには荷役，保管，包装，流通加工など，さまざまな作業に複数の作業員や機械が従事しています。作業自体は分業ですが，商品の流れが滞らないように一連の作業を同調させる必要があります。そのためには，物流センター内の商品の動きや位置を一括で把握したうえで，前段階の作業が終わった商品に対して次に作業すべき従業員や，機械にタイムリーな作業指示を与えていく必要があります。こうした総合的な情報の取扱いは，ほかのどの活動にも還元することはできないでしょう。

さらには情報交換による調整は物流活動間だけではありません。生産や営業などといった物流以外の活動はもちろん，購買先や販売先，委託先企業などの外部組織との調整にも活躍します。

以上から，物流では相当な量の情報を日常的に取り扱っているのがわかります。これをすべて人間が扱うのは大変です。そこで，物流活動では情報技術の活用が積極的に進められてきました。先ほどの物流センター内での情報の取扱いも，今では倉庫管理システム（warehouse management system：WMS）と呼ばれる情報システムを用いるのが一般的です。情報システムの活用によって，正確で迅速な情報の取扱いが可能になります。物流は情報技術と相性がよく，他の分野よりも先行して導入されてきた経緯があります。

物流と情報との関係は，第8章で詳しく説明します。

コラム3-3　物流は6活動が適切か

　物流の活動は輸送，保管，荷役，包装，流通加工，情報の6つでいいのでしょうか。言い換えれば①活動の分類の「粗さ」は適切か，②不要な活動が含まれていないか，③必要な活動に漏れがないか，という3つの問いにどう答えるかの問題

です。

　まず，①は活動をどの程度細かくみるかという視点の粗さの問題です。いわゆる活動には，経済活動のように大きすぎて漠然とした活動もあります。一方で，就職活動のようにかなり具体的な活動もあります。物流の現場における分業実態からすれば，荷役や包装が一連の活動となることも少なくありません。したがって，経営管理的な視点では，こうした活動を一体視したほうがいいかもしれません。一方，全米物的流通管理協議会の 1976 年の「物的流通」（physical distribution）の定義では，「需要予測」「在庫管理」「注文処理」「立地選択」のような諸項目が活動に含まれています。これらの項目は情報の取扱いとしてまとめてとらえるのではなく，他の活動と同じくらい重要であるので，あえて分割させた意図があるのでしょう。このように，分類の粗さはいろいろと考えられるのです。

　②については，各活動が物流というシステムにどのように貢献するか，という点で決まるかと思います。これについては後の章（とくに第 6 章）で議論いたします。ただし，今後の技術発展によって必要でなくなる活動ができるかもしれません。究極の例になりますが，「どこでもドア」が普及すれば輸送は不要になりますし，「タイムマシン」が普及すれば保管も不要となります（物流概念自体が不要となるかもしれません）。現在の物流活動の分類は，あくまでも現代の技術水準を前提にした話となります。

　問題③の，物流活動に漏れがないのを証明するのは「悪魔の証明」です。どこまで物流活動とするのかは，実務家・専門家の知見を集めて議論すべき点かもしれません。

　以上のように，**物流活動の分類問題には，誰にとっても正しい，唯一無二の「答え」があるわけではありません**。論者の立場や時代背景で答えは変わります。本書では，第 1 に物流論としての用語の利便性からいえば，6 つの活動で不都合はないという点，第 2 に現在の日本において 6 活動の考え方が一般に普及している点から，物流を 6 活動でとらえました。6 活動の分類は日本独自といえる考え方なのですが，研究者や実務家からは意外と異論は少なく，自然と受け入れられているようです。

2.　活動間にあるトレードオフ

　ここまで物流活動について理解を深めてきました。活動が分業されることで専門性や効率性は高まりますし，個々の活動を繰り返し行えば経験効果も発揮できます。関連する技術も発展するでしょう。これらが活動を分化した理由です。そのため，多くの企業は物流活動を個別に管理してきました。活動単体の視点から効率化が図られてきたのです。

しかし，活動単体だけで効率化を図っていると問題が生じます。たとえば，たくさんの商品を積載しようと，輸送効率だけを考えてパレットに載せずにバラ積みすると，荷役が人力になります。一方，パレットを使えば，パレットの厚さや上部にできてしまう隙間の分だけ，積載効率は下がります。このように，それぞれの物流活動の間には，ある活動の効率を高めると別の活動の効率が下がるというトレードオフの関係があるのです。したがって，物流活動をバラバラにとらえるのではなく，一体としてとらえる必要があります。ここに各活動を統合する「物流」という概念が意味をもつのです。

　ここでシステムという考え方が必要になります。「**物流活動の個別最適**」ではなく，「**物流システム全体の最適化**」をめざす考え方です。最適化をめざす意思決定のために，物流に関する情報が重要になります。これこそ，物流活動に情報の取扱いが含まれる理由でした。物流活動を個別に理解しただけでは物流を知ったということにはなりません。こうした物流をシステムとしてとらえる話は第3部で行います。

さらに学習したい読者に推薦したい図書

苦瀬博仁編著［2021］『ロジスティクス概論（増補改訂版）』白桃書房
　⇨輸送・保管・荷役・包装・流通加工・情報に関する定義と詳細な解説が記載されています。

中田信哉［2001］『物流論の講義（改訂版）』白桃書房
　⇨物流システムを構成する活動を基礎的なことから掘り下げて議論されています。

物流とは何か

──歴史ストーリーから学ぶ──

第１部の３つの章を通して，物流によって形作られる，知覚可能な physical（物理的）な部分を知ってもらいました。皆さんの頭に，物流現場の視覚イメージが形作られたのではないでしょうか。人間の情報能力は視覚に依存する割合が大きいので，このようなイメージは今後の学習にとって貴重な支えとなることでしょう。

一方で，これまでの議論でモヤモヤしたところもあったかと思います。たとえば，輸送や保管が空間や時間の２つのギャップを架橋するといわれても，ピンとこなかったのではないでしょうか。どうしてそのようなギャップが生まれたのか。それをなぜ架橋しなくてはいけないのか。突き詰めて考えると疑問は尽きません。

こうした疑問は「物流は何のために必要なのか」という問いに答えるために解消しなければなりません。そこで，第２部では歴史学習で理解を深めるアプローチをとります。物流の使命や意義は社会の文脈で決まります。過去に何らかの必要性が社会で認識されたので，物流が営まれたり，概念化されたりしたのです。したがって，歴史をひもとくことによってその必要性を確認することができます。物流が社会や技術の発展とともに少しずつ変容していくさまを確認してもらい，今日の物流が有する社会的意義について理解してもらいたいと思います。

また，歴史学習には別の利点もあります。序章でも述べたように，物流論は，時代ごとに異なる背景のなかで，多数の社会的要因が重層的に絡み合って形成されてきました。その結果として，物流論は一筋縄では理解できない「集合知のモンスター」となっています。しかし，歴史アプローチに基づけば，ゼロからスタートして１つひとつの歴史を「追体験」することができます。それを繰り返せば，総体として物流論の理解をめざすことができます。

まず第４章では，20 世紀までの物流の歴史についてみていきたいと思います。

「物流」の誕生

学習目標

○「分業は物流の母である」ことを理解する。
○物流と商流の関係を理解する。
○交換取引と物流の関係を理解する。
○航海の安全性と商物分離の関係を理解する。
○マーケティング機能から物流の概念化がなされた経緯を知る。
○物流概念が個別企業的な視点で発展した理由を知る。

はじめに

むかしむかし，あるところに共同体がありました。その共同体では，衣食住に必要なモノはすべて共同体のなかで融通することができました。森や川などの近隣の自然から採取したモノで生活が回っていたのです。したがって，遠方からモノを運んだり，運んだものを倉庫で保管したりするような活動はまったく必要ありませんでした。物流なんて必要なかったのです。おしまい。

このように原始的な共同体の時代に物流の教科書を書いたら，数行で終わってしまいます。このまま終わってもいいのですが，怒られそうなので続けます。

あるとき，共同体内で栽培していた食物が消費できないほど余りました。この食物は自生したものを先人の工夫の末に栽培ができるようにした植物ですが，調子に乗って大量に栽培しすぎてしまいました。このままでは腐って食べられなくなります。そこで，近隣の共同体と交換することにしました。別の食物に変わりました。そこで気づくのです。「この食物だけ作って，他のモノは交換して手に入れればいいんじゃね？」と。いま住んでいる場所は自然条件が栽培に適した土地です。また，ノウハウや技術も蓄積されました。そもそも何でもかんでも自前で生産，採集するより，1つのモノの生産に特化したほうが手間

がかからず，楽ができます。そこで，この場所に定住して，この食物の生産を増やすことにしました。自分たちで消費するためだけではなく，他の共同体が消費するために生産することになったのです。そう，彼らは「生産者」になったのです。ここに生産と消費が分離したのです。

しかし，そうなると新たに困ることができました。定住で近隣にて採取できるものも限られてしまい，モノ不足になりやすくなってしまいました。また，物々交換をする相手を探す手間も大変です。物々交換の場合，「穀物を欲している人」と「こちらが欲しいモノを持っている人」が同一人物である必要があります。

困って途方に暮れていると，あるとき「商人」と名乗る人がやってきました。この商人は多数の共同体で交換したいろいろなモノを持っていて，自分たちが生産したモノを欲しいモノと交換してくれます。商人は共同体の間に入ってモノの需要と供給を調整する役割を担っているようです。商人の手によって食物は「商品」に生まれ変わったのです。

しかも，この商人はロバや船を使って遠方の相手と取引をしているようで，大量の食物をさばけるとのことです。この食物は聞いたことのない遠い土地で大人気だそうです。商人は大きな倉庫も持っており，「大量に売ってくれても保管ができるので大丈夫」とも言ってくれました。ということは，どんどん食物を生産してこの商人に提供すれば，より多くの貨幣が手に入り，共同体は豊かになっていきます。この共同体は食物生産により力を入れるようになりました。交換で手に入れたモノを消費する生活が当たり前になっていき，自給自足の生活は廃れていくのでありました。おしまい。

1. 分業は物流の母

1.1 分業社会の誕生

都合上，物語を短い期間で起きたように書いてしまいましたが，実際には何千年もの歴史のなかで発展してきた話になります。約1万年前に氷期が終わり，気候が温暖化します。それによって人類は農耕を始めることができ，モノを探し，移動し続ける狩猟採集生活からの移行がなされます。余剰生産物が生まれ，共同体間での分業と交易が発展します。共同体内で市場が設けられ，モノと人が集まり都市ができます。交易の対象はモノだけでなく文化や技術も交換されて，文明が育まれていきました。さらに自地域で入手できないモノを求めて交

易の範囲を広げていくのですが，そのためには交換価値のある生産物を作らなければなりません。交易から得たモノと技術を使って生産物の品質や生産性を上げていく努力を積み重ねていくのです。

こうした分業と交易の社会システムが完成された時期についてはピンポイントで規定はできませんが，紀元前の話であることは間違いありません。多くの紀元前の遺跡から交易で得たと思われる物品が出土されていますし，古バビロニア時代の紀元前18世紀（！）に制定されたハンムラビ法典には多くの商業活動が言及されています。

1.2　分業と物流

さて，以上の話から自給自足から分業制に共同体が変化していく過程は理解してもらえたと思います。このような話をしたのは分業の話をしたかったからです。この話から，「分業は物流の母」であることの理解を得てもらおうと思います。

分業論といえばアダム・スミスの『国富論』（1776年）ですが，彼はこの著作で分業を社会的に必然なものとみなしました。有名な「ピン製造」の例を用いて，作業を1人ですべて行うよりも，単純な作業に分割して行えば，生産性が飛躍的に向上する分業の利益を説くのです。分業で生産性が向上する根拠として，①技術増進，②時間の節約，③機械化の容易化をあげています。先の共同体の話のように，**無数の労働者による分業で生産増大が実現され，社会は豊かになっていく**とアダム・スミスは考えました。

今日までの人類史で分業化の運動がとどまることはありませんでした。機械化による生産技術の発展，輸送機関や通信手段の高度化，資本家と大企業の台頭などを経て，現在では分業はグローバル化し，分業体制はより広く，よりきめ細やかに進んでおります。たとえば，皆さんがお持ちのスマートフォンは2桁以上の国で生産された部品を使ってできています（☞第13章）。世界各地から部品を集めて生産し，それをまた世界各地に販売するというモノの流れ（サプライチェーン）が一般化しているのです。

このように**分業化の進展によって，生産（者）と消費（者）との間隔が広がっていく**と接着剤のように両者をつなぐ行為もまた重要となってきます。その役割を担うのが流通です。流通は，生産と消費の間に介在して，生産者が生産したモノを消費者が入手できるようにする一連の仕組みを意味します。さらに流通は，機能別に**商的流通（商流）**と**物的流通（物流）**という2つに分別する

ことができます。前者の商的流通は，生産者から消費者に商品の所有権，つまりそのモノを自由に使用できる権利を移転することを目的とします（コラム4-1）。具体的には，取引相手を探し出して，交渉して，売買の契約を結ぶ一連の活動で実現します。一方，物的流通は，商流の計画や決定に基づいて，生産者から消費者に実物の商品をタイミングよく移動させることを目的とします。具体的には，これまでの章で紹介しように，輸送や保管などといった商品を物理的に取り扱う一連の活動で実現します。序章でも述べたように，「物流」という用語は「物的流通」の略称として生まれました（☞第5章）。

　分業が進めば，生産者と消費者の物理的な距離が広がっていきます。そのために輸送が必要となります。これは，第1章で説明した空間的ギャップ（空間的懸隔）の架橋のことですね。分業がグローバル化すればするほど，輸送需要は高まります。アダム・スミスは分業が市場の広さによって制限されることを指摘し，未熟な造船技術でも水上運送が可能であった地域（たとえば海面が穏やかな地中海）で文明が発達したことを例にして，分業社会における輸送の重要性を指摘しています。

　さらに，分業は生産と消費のタイミングのずれを生み出しやすくします。1つの場所で大量生産をすれば，生産が終了した直後に多くの商品在庫の山が生まれます。生産のペースに消費のペースを合わせると大量生産できなくなります。こうした時間のずれを調整するために，倉庫での保管が必要となります。これは，第2章で説明した時間的ギャップ（時間的懸隔）の架橋のことですね。

　このように分業は輸送と保管の需要を生み出し，一方で輸送と保管が分業の大きさを決めるという相互発展関係にあります。こうした相互発展関係に加え，もう1つ重要な分業との関連があります。それは輸送や保管自体も分業の対象であるということです。これらの物流活動は，商人や生産者が行ってもいいですが（いわゆる自家物流），運送業者や倉庫業者のような専門業者が行うことが分業効果から理にかなっています。先のハンムラビ法典には運送業者（112条）や倉庫業者（120～125条）に関わる記述もあります（佐藤［2004］）。現代では経済を支える重要産業の1つになるまでに大きく成長しています（☞第12章）。

　以上の説明から，「分業は物流の母」という意味がわかってもらえたのではないでしょうか。

コラム 4-1 「商品」とは ━━━━━━━━━━━━━━━━━━━━
　文中に「商品」の用語がたびたび出てきますが，そもそも商品とは何でしょうか。

図1 商品概念の体系

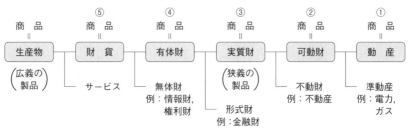

出所：吉田［1988］47頁より抜粋，一部改変。

図1は，商品学の視座に基づいて多様な商品概念の関係が整理された図です。一概に「商品」といっても多様な解釈があることがわかります。ここで本書における「商品」の定義を明らかにしておきましょう。

商品は経済学などで「交換する目的で生産した財やサービス」と定義されますが，物流においてはこのような簡単な定義ではいけません。というのは，旅行や医療のような「サービス財」，文章や動画などで表現されたコンテンツからなる「情報財」，金融商品のような「金融財」も「商品」として扱われるからです。いうまでもなく，物流は流通の「物理的な」（physical）な側面を扱うのですから，無形物であるサービス財，情報財，金融財は対象外とすべきでしょう（ただし，情報財が書籍やブルーレイ・ディスクなどの物理的なメディアで流通される場合は別です）。さらにいえば，土地のような所在を変えられない「不動財」（不動産），電力や水道水のような「準動産」も物流上の商品から除外すべきでしょう。不動財は動かそうにも動かせないので，商流の対象ではありますが，物流の対象とはなりません。また，電力や水道水は設備に基づく独自の方法で供給されるため，個別に議論すべき対象でしょう。以上の議論から，図における①（＝動産）を物流の「商品」と定義します。具体例をいえば，食料品，衣料品，日用雑貨品，家電，自動車があります。また，序章でも述べたように，完成品に限定されず，半製品，部品，原材料も入ります。

また，廃棄物も「商品」とみなすべきでしょう。最終的には資源に還元されるべき対象（出牛，1990）だからです。

2. 誰のための物流か

2.1 モノの流れと物流

皆さんご存じのエジプトのピラミッドですが，最も有名なギザの大ピラミッド（いわゆるクフ王のピラミッド）は紀元前2500年頃に建設されたとされています。大ピラミッドの建設に関して謎が多数あるのですが，その1つに建材となった石をどのように運んだのか，というものがあります。石材の運搬問題は，大雑把に分けて採掘場から建設場所までどのように運ぶかという謎と，建設場

所で積み上げるために石材をどのように引き上げたかという謎があります。前者の謎では，ナイル川での水上輸送が有力説となっています（後者は諸説あるようです）。「石は重いので船で運ぶのは難しいのでは？」と思う読者も多いでしょう。船の積載能力は浮力にかかっており，浮力は船の体積に比例します。体積の大きい船であれば，石材の重量も十分に運べます。当時の古代エジプトでは帆船や準構造船（丸木舟を船底にして板材などで補強した船）を造る技術がすでにあった（黒田・小林［2021]）ようなので，工夫して石材輸送用の船を造ったのではないでしょうか。

　しかし残念ですが，追い求めたいのは歴史ロマンではありません。ここでは「ピラミッド建設の石材輸送は物流なのか」という問題を問いたいのです。「石材輸送はモノの流れ（字のごとく川を流れているし）なので物流でしょ？」と考える読者もいるかもしれません。しかし，忘れていませんか。物流は「物的流通」の略ですよ。前節でもお話したとおり，物的流通は生産者から消費者までの物理的な取扱いを担います。石材輸送が物的流通なのかという問いは，「石材の生産者と消費者（利用者）は別人格か」という問いに言い換えることができます。

　前節で流通は生産者と消費者を介在するものと説明しました。ということは，この両者が同一の人物ないしは組織であれば，流通は必要ないことになります。したがって，物的流通も存在しないことになります。石材の輸送が物的流通であるためには，採掘時における石材の所有者がピラミッドのオーナーである王や王朝ではなく，そこに交換取引があったことが必要となります。採掘場所が王の支配する土地であって最初から石材が王の所有物であった場合，交換がありませんので，そこに流通は存在しないことになります。今風にいえば，夕飯のために自家菜園から野菜をとることが流通とならないのと同じ論理です。当時のエジプトは他国との貿易が（当時の基準でいえば）盛んな国でした。ピラミッドの建設資材の一部も輸入していたようです。しかしながら，莫大な石材が必要であったことを考えると，自領地で採掘できる石材で建設できる算段がついていたと考えるのが自然でしょう。そうであれば，ピラミッドの石材輸送はモノの流れではありますが，物流ではないということになります。

2.2　商流と物流

　物流の定義に関して，「別に流通にこだわらなくてもモノの流れでいいじゃんか」と思う読者もいるでしょう。ではなぜ，物的流通にこだわるのか。1つ

には，商流ともに経済の根幹である分業体制を支えているという意義が物流にはあるからです。そして，いま１つの理由は世の中のモノの流れの多くが商流によって規定されるという事実があるからです。現代では政府であってもモノは民間部門から購入するのが当たり前です。流通に乗らないモノの流れは，戦時中であれば戦争物資の輸送（いわゆる兵站）がありますが，平時においては引っ越し，道具運搬，寄付，田舎からの仕送りなどの少数に限られるでしょう。序章でもみたとおり，物流は商流によって規定されます。どのモノを，どこの誰に，いつ届けるのかは，商流が決めるのです。したがって，物流を動態的にとらえるには商流とセットで考察する視点が重要ということになります。

こうした話を展開していくと，物流の発展は私的所有権の確立が前提となっていることがわかります。所有者は物流を動かすことのできる権利をもち，かつ動かした結果としての利益と損失を最終的に負う立場にあります。言い換えれば，所有者の意思が物流に「生命」を吹き込むのです。私的所有を制限する社会主義国家が，流通や物流を軽視してきた歴史があるのも合点がいくでしょう。「お前のモノは俺のモノ」の考えが跋扈する世の中では，物流は発展しないのです。

3. 航海の歴史と物流の「栄華」

3.1 大航海時代と物流

前述したように分業は市場の広さで制限されます。市場が狭ければ，自分たちの作ったモノを必要とする人たちが少なくなるからです。地球上は海洋が地球の70％を占めていることから，航海のできる範囲がその市場と分業の大きさを決めるといっても過言ではないでしょう。

船の歴史は輸送手段のなかで最も古く，人類は数万年前から使用していたとされています。日本でも縄文時代早期（紀元前7500～4000年）のものとされる舟が，遺跡から出土しています。前述のとおり，紀元前において自然を動力とした帆走船がすでに登場しています。この帆走船と運動性に優れたガレー船（人がオールを漕いで進む船）が，紀元後に入っても長らく活躍して海洋貿易を支えていました。その後，15世紀の3本マスト船の登場，19世紀の蒸気船の登場，20世紀のコンテナの登場という船舶史の3つの大変革（Lavery [2013]）で，海上輸送は大きく発展します。この3つの大変革をターニング・ポイントととらえて，当時の物流を振り返ってみましょう。

15 世紀に登場した 3 本マスト船はそれまでの帆走船よりも風力を生かすことができ、速度や操作性に優れていました。周知のとおり、1492 年にコロンブスがアメリカ大陸を発見し、1498 年にヴァスコ・ダ・ガマが喜望峰経由のインド航路を開拓することで大航海時代の幕が上がります。3 本マスト船による大航海時代の活躍で、物流のグローバル・ネットワーク化が進んでいきます。

大航海時代の商人たちは、ヨーロッパを中心にアジア、アメリカ、アフリカの地域間にある商品価値の差を巧みに利用し、安く仕入れて（あるいは収奪して）高く売れるところへ運ぶことで莫大な富を築くのでした。当時、海洋貿易はビッグビジネスであり、会計、保険、会社組織などのようなビジネスの基本的な枠組みの発展に大きく貢献しました（コラム 4-2）。制海権を握ることが経済圏の拡大を意味することになるため、スペインの無敵艦隊がイングランド海軍に敗北したアルマダの海戦（1588 年）のように、国家間で海洋覇権が競われるようになりました。玉木 [2018] は、当時イギリスが覇権を得た最大の理由を、航海法を代表とした海運を重視した政策が功を奏し、イギリスが「世界の輸送業者」になったことに求めています。**東方の交易品をヨーロッパに運ぶことが大きな富になったこの時代、物流は経済の中心的な存在でした。**人類史において、物流が最も輝いていた時代といっても過言ではないでしょう。

コラム 4-2　物流は保険・会計・会社制度の発展に関わっていた！

本文でも触れていますが、当時も航海において難破や盗難の危険性は身近なものでした。航海が失敗したときは金融業者や個人が船荷の代金を補償し、航海が成功したときには手数料を支払うという仕組みが生まれました。今でいう海上保険の走りですね。世界最大級の保険市場として有名なイギリスのロイズ保険組合は、テムズ川に近いコーヒーハウスで行われた航海の保険取引にさかのぼるそうです。

また、大航海時代においては冒険商が航海ごとに出資を募っていました。無事に帰還すれば、船荷を売却して得た利益を出資者に報告して分配する必要があります。そのために取引を原因と結果の二面で記録する複式簿記が確立されました。複式簿記は正確で漏れなく利益計算ができる優れた方法で、現在でも会計制度の中心を担っています。

株式会社の仕組みもこの時期に発展したといえるでしょう。貿易の独占権を守るためにヨーロッパ諸国が設立した東インド会社の成功は、株式会社制度を発展させる大きなきっかけとなりました。株式会社制度を活用すれば小口出資が可能となり、資金が調達しやすくなるだけでなく、航海ビジネスのリスクを分散させることもできたのです。株式会社制度は産業革命後に投下資本が多額化していくなかで、資本調達方法として一般なものになっていきます。

このように現在でも活用されている，数々のビジネスの仕組みが発展する過程に物流が大きく関わっていたことは，大変に興味深い事実ではないでしょうか。

3.2　物流の大衆化

ただ，航海技術が発達したといっても航海はまだ大きなリスクを伴うものでした。一説によれば，大航海時代が過ぎた 19 世紀半ばになっても船乗りの 5 人に 1 人は航海中に亡くなった（Lavery [2013]）といわれています。能力や整備の足りない船も多く，暴風雨などによる難破は日常的でありました。また，壊血病（ビタミンＣの欠乏によって起こる出血性の障害）の蔓延のように，船乗りの健康障害も深刻であったとされます。さらにいえば，大航海時代は海賊の黄金時代も生み出し，海賊行為が横行しました。当時の海賊は，「海賊王に俺はなる！」と叫ぶ漫画キャラのような無頼漢ではなく，国家が他国の船から略奪することを認めた「合法海賊」が存在した時代でした。

逆説的ではありますが，高い航海リスクが交易や物流の価値を高めた側面もあります。航海が難しいことが地域間の交換の障害となり，商品価格の格差を維持させることになったからです。航海の安全性が確保されていないからこそ，物流は大きな価値を生み出す活動であり続けることができたといえます。

しかし，産業革命が物流の輝かしい時代を終わらせます。産業革命は物流に大きな影響を与えました。その 1 つに 19 世紀における蒸気船の実用化があります。風任せでない蒸気船で定時性が高まりました。これが定期航路の誕生を促します。長距離航海を可能とする大量燃料を積載するために船体の大型化が進み，さらにスクリュー・プロペラの利用を経て航海の安全性が増しました。ただし，吉田［2020］によれば，当時の蒸気船には帆船に対する圧倒的なコスト・パフォーマンスはなく，海運の主役交代がすぐに実現したわけではないようです。さらなる船舶技術の革新（とくに内燃動力化）や帆船が通航できないスエズ運河の開通（1869 年）を経て，20 世紀になって蒸気船は海運の主役になりました。

航海の安全性はこうした船舶の革新だけでは確保できません。以下のような一連の努力でもって，航海の安全性は確保されていったのです。

○ 1856 年のパリ宣言で，私掠船（海賊船）を廃止する国際条約が調印される。

○ 19 世紀に入って船舶無線が実用化され，遭難信号を送れるようになる。

○海洋学が発展し，海上気象や海流の観測結果と研究が航海技術を高める。

○ 領海と公海で海域をとらえる見方が国際慣習法として確立する。

○ 1912年のタイニック号沈没事故がきっかけとなり，14年に「海上における人命の安全のための国際条約」が採択される。

こうして航海の安全性が高まるごとに海上輸送は一般化し，輸送手段として特別な存在ではなくなっていきました。その流れは定期航路の誕生と1950年代のコンテナの登場で決定的なものとなります（☞第5章）。そのおかげで世界の商品価格差が少なくなっていきます。さらには，産業革命でビジネス価値の源泉が「何をどこに移動するか」から「何をどこで作るか」に移っていきます。こうした産業構造の変化によって，物流はビジネスの「主役」から「脇役」へと変わっていくのです。自身の努力の結果で「主役」から降ろされたことは皮肉ではありますが，代わりに皆から平等に愛される存在になったのです。ここで物流が衰退したという見方は適切ではないので，ご注意ください。

また，航海の安全性が船員と商人の分業に貢献した点も見逃せません。大航海時代においては，商人が船を所有し，商品とともに乗船することが当たり前でした。船員と商人の役割が明確には分かれていなかった（Bernstein [2008]）ようです。さまざまなリスクの対処を他人任せにすることができなかったことが理由だと思います。しかし，航海の安全性が高まったことで商人がすべてのリスクを負う理由がなくなるわけです。これは商流と物流の分離（商物分離）を意味します。この事実は一般の歴史では注目されていませんが，物流にとっては大きな意義があります。詳細な説明は第9章で行うこととします。

大航海時代の話はかっこいい話ばかりになってしまうことが多いですが，ここではあえて負の面についても言及しておきましょう。第1に，19世紀まで続いた奴隷貿易についてです。当時，奴隷は主力商品の1つであり，活発に取引され船で運ばれていました。第2に，植民地支配システムに物流が組み込まれていたという事実です。物流ネットワークの開拓には，現地住民や他国商船団との武力衝突を伴うのが当たり前でした。当時の物流は血と火薬の匂いに満ちていたのです。本国との間に安定した物流ネットワークが構築されれば，物流が植民地から富を吸い出す「ストロー」役になりました。

当時と今では人道に関する価値観が異なるので，仕方がないことなのかもしれません。しかし，こうした事実は「今の常識が将来の常識であり続ける保証はない」という教訓を与えます。歴史を繰り返さないために，こうした視点を今後の物流に対しても持ち続けるべきでしょう。とくに第14章で取り扱う持続可能な社会の問題では，この教訓が生かされるはずです。

4. アメリカにおける「物流」の概念化

4.1 「物流」概念の誕生

この章の最後では，20世紀のアメリカで物流の概念形成が始まった話をしましょう。

アメリカほど産業革命の恩恵を受けた国はないでしょう。工業化に必要な豊富な自然資源と土地を保有し，未開拓地には新しい技術の導入に対して抵抗する既得権益やしがらみもありません。アメリカでは短期間に全国にわたる通信網，鉄道網，電力流通網を完成させます。こうしたインフラの整備によって，広域市場を相手にできる大企業が誕生します。その結果，大量生産が行われ，生産物を全国の消費者に行き渡らせる大規模な流通システムの構築が求められるようになります。

一方で，西部に開拓可能なフロンティアがなくなったことと度重なる経済恐慌によって市場の成長が鈍化します。そうしたなかで需要喚起の方法や流通コストの合理性が問われたのですが，こうした問題意識こそがマーケティング論の発展のきっかけを生み出します。

そして，当時のマーケティング機能の分類論から，物流の概念化が初めて図られます。マーケティング論の始祖とされるショーは，マーケティングは需要創造活動と物的供給（physical supply）活動からなるとし，この2つのバランスが流通に欠かせないと説きました（Shaw [1912]）。次いでクラークによる著名な著書『マーケティング原理』（Clark [1922]）では，マーケティングは分業によって必要とされるもので，所有権を移転する努力（商流）と physical distribution（輸送や保管）によって成立するものと定義されます。この physical distribution が物的流通と訳され，今の物流へと変遷していくわけです。ただ，physical distribution は現在の物流概念とは少し異なる内容であるので，以降は区別して physical distribution を PD と表現することとします。

ここで注目すべきは，この PD はマーケティングの物理的側面の機能として概念化されたことです。具体的にいえば，輸送は生産者と消費者の場所の違い（空間的ギャップ）を埋める「場所的効用」，保管は生産と消費の時間のずれ（時間的ギャップ）を埋める「時間的効用」を生み出す機能として，当時のマーケティングの研究者はとらえていました（Converse [1958]）。輸送と保管という物理的にモノに働きかける行為で生み出す2つの効用を PD の存在意義とと

らえたのです。

　さらにもう1つ注目してもらいたいことは，こうした**機能分類は社会経済的**
な研究アプローチから生まれている，ということです。ショーやクラークの研
究は，マクロの視点から流通構造を考察した社会経済的マーケティングの代表
的研究として評価されています。この事実は，**PD概念が企業経営の問題意識**
からではなく，概念整理の研究から生まれたということを意味します。この時
点でPDに対して実務側の関心はほとんどなかった（Converse [1958]）だけで
なく，研究者においてもあまり高くなかったようです。コンバースのように，
マーケティングにおけるPDの重要さを説く（Converse [1921]）学者もいまし
たが，これは例外でありました。概念という「器」はつくられたのですが，そ
の中身は空っぽという状態であったといえるでしょう。

4.2　物流概念の普及と発展

　1950年代に入り，PD発展のきざしがかすかながらも確認できるようになり
ます。まず，第3章で紹介した輸送，荷役，包装，のような個別の活動におい
ては第二次世界大戦後に大きな発展があったようです。これに日本が高い関心
を示して，1956年に査察団を派遣するほどでした。その報告書である『流通
技術 —— 流通技術専門視察団報告書』（日本生産性本部流通技術専門視察団
[1958]）では，機械化はもちろんのこと，規格化と合理化に基づいて生産性を
高める技術が紹介されています（☞第5章）。そして，1950年代後半になり，
一部の企業で組織的なPDの発展がみられるようになりました（Heskett
[1962]）。ちなみに，1950年代には，ルイスらは，高速な輸送手段である航空
輸送の利用が，保有在庫の量とコストの減少に役立ち，さらには倉庫の数の減
少にも貢献する可能性について指摘しています（Lewis et al. [1956]）。第1章
で紹介した，トータルコスト・アプローチの走りですね。このように1950年
代において実務におけるPD発展の芽は着実に育っていたのでした。

　こうした胎動の時期を経て，1960年代にPDに関する議論が本格化します。
1961年にPDの初めての教科書（Smykay et al. [1961]）が出版されます。同書
は初めてPDをタイトルに冠した教科書だけあって，輸送と保管だけにとどま
らない，コスト分析や施設配置のような意思決定や経営管理に関する内容が追
加された，かなり踏み込んだテキストとなっています。

　1962年にはドラッカーによる有名な「暗黒大陸論」が発表されます（Druck-
er [1962]）。ご存知のとおり，ドラッカーは著名な経営コンサルトかつ著述家

で，当時から影響力がありました。彼は，流通（とくに物流）はナポレオンの時代のアフリカ大陸のように，「存在すること」と「大規模なこと」は知られているが，内容はほとんど知られてないものであるとし，コストのかかる流通に目を向けない経営者に警告を与えました。

また1963年に，PDの専門家団体である全米物的流通管理協議会（National Council of Physical Distribution Management：NCPDM）が誕生し，PDの普及と発展に活躍します。NCPDMは発足時にPDを「生産ラインの終点から消費者までの完成品の効率的な移動に関連する幅広い活動」と定義し，具体的には「貨物輸送，倉庫運営，荷役，保護包装，在庫コントロール，施設や倉庫の立地選択，注文処理，市場予測，および顧客サービス」が含まれるとしました。ちなみにNCPDMはサプライチェーン・マネジメント専門家協議会（CSCMP）と名を変えて，今も存続しています。

このように1960年代に入り，やっとPD概念に「魂」が吹き込まれることになるのです。ではなぜ，60年代（正確には50年代後期）に物流の議論が経営管理の論点で活発化されたのでしょうか。

第1に，コンピューターが分析ツールとして実用化のめどがたったことです（Smykay et al. [1961]）。第二次大戦で培われた軍事技術の1つであるオペレーションズ・リサーチ（operations research：OR）がPDに応用できるようになったことがあります。ORはシステムの複雑な問題を数学とコンピューターを使って科学的に解く手法です。結果としてORが実務に貢献したかについては疑問もある（たとえば，Drucker [1962]）のですが，ORの有するシステムの見方，いわゆるシステムズ・アプローチがPDに大きな影響を与えたことは否定できません。システムズ・アプローチでは，輸送や保管といった感じでバラバラにPDをみるのではなく，すべての活動とその関係を含めて系統的にとらえられます。こうした考え方は，先のトータルコストの意識とも相性がよく，以降のPD概念の中核となる考えとなります。その証拠にNCPDMは1976年にPDの定義を「源泉から消費地までの原材料，仕掛品在庫，完成品の効率的な流れを計画，実行，コントロールする目的のための2つ以上の活動の統合である」（傍点は筆者による）と改めています。この「統合」という表現の追加は，システムズ・アプローチの影響によるものでしょう。

第2に，戦後に複数回にわたって見舞われた経済不況があります（Bowersox [1969]）。長期的にみれば戦後のアメリカ経済は決して景気が悪かった時期ではありません。しかし，景気の循環が速くなった結果，短期間で複数回の景気

の「谷」が訪れます。これは投資が巨額な大企業中心のビジネスとなって生産能力の過剰化が生まれやすくなったことに原因があるようです。景気が鈍れば売上が伸びないので，利益をねん出するためにコストを削減しなくてはなりません。そこで白羽の矢が立ったのが PD によるコスト削減というわけなのです。

さて，物流が概念形成が始まってから実はまだ 100 年程度しかたっていないことにお気づきでしょうか。概念化されたときには，栄華はすでに過去のものとなっていました（笑）。大航海時代は商流が一体化しており，ショーやクラークなどが行ったような流通機能の区別は意味をなさなかったのでしょう。20 世紀になって初めて概念化されたのは，商物分離が可能になったということだけでなく，前述のとおりコスト問題が深刻であったことがあります。さらに PD は，好況期でも人手不足の問題で注目を浴びるようになります。景気循環に合わせてコスト問題と労働問題の追求を繰り返すこととなるのです（日本も例外ではありません）。資本主義が成長するなかでお金に対する意識だけでなく，労働問題に対する意識も高まっていきます。そうしたなかで PD 概念が注目されていったわけです。

20 世紀にアメリカで行われた概念化が，物流の発展に大きく寄与したことは疑いようがありません。 物事の本質を 1 つの単語に込める，それが概念化です。概念化すれば，多くの人と効率的に問題共有ができ，そこに議論のフィールドが構築されます。議論で生まれた知恵も皆で共有され，さまざまな問題解決に使われていき，社会が発展していくのです。こうして物流の教科書を送り出せるのも概念化による賜物といえるでしょう。

さて，概念化された PD は戦後に日本に「輸入」され，独自の発展を遂げます。次章ではその話をいたしましょう。

さらに学習したい読者に推薦したい図書

玉木俊明［2018］『物流は世界史をどう変えたのか』PHP 研究所
　⇨物流の視点で世界史を眺める異色の本です。国家の興亡において物流がどのような影響を与えたのかがわかります。

黒田勝彦，小林ハッサル柔子［2021］『文明の物流史観』成山堂書店
　⇨港湾・空港の専門家と国際移動・移民の研究者がタッグを組んだ異色の書。輸送革命の世界史をここまで細かく記した和書はないと思います。

ウィリアム・バーンスタイン（鬼澤忍訳）［2019］『交易の世界史──シュメールから現代まで』（上・下）筑摩書房
　⇨物流の本ではないのですが，交易の歴史を短時間で網羅できる良著です。交易

史において物流が当初は主役級の立ち回りをしますが，産業革命を機に存在感がなくなっていくさまを確認することができます。

第5章

「物流」の発展と葛藤

学習目標 ─────────────────────────────

　○日本で物流概念が導入され，普及した経緯から物流の意義を知る。
　○物流には2つの視座があり，その違いについて理解する。
　○戦後における日本経済の発展で物流がどのように変容していったかを知る。
　○物流の定義を理解する。

はじめに

　本章では前章に引き続き，歴史学習を通じて物流の理解を深めます。前章で述べたように，アメリカで physical distribution（以下，PD）が概念として誕生します。この PD が第二次大戦後，日本に伝播するところから本章の話は始まります。その後の日本経済の変遷とともに概念がどのように形成されて活用されていくか，物流そのものがどのように展開され，どのような軋轢を抱えていくかを確認してもらいたいと思います。こうした日本の戦後物流史を「追体験」した後で，最後に現代の視点で歴史的事実を振り返りつつ物流の定義を確認してもらおうと思います。

1. 「物的流通」の普及

1.1 流通技術専門視察団の派遣

　1950 年に朝鮮戦争が勃発し，日本に国連軍が大挙して来ます。そのおかげで軍需物資などの需要によって景気がよくなり（朝鮮特需），日本経済は戦後の不況から脱することができました。そうしたなか，欧米との生産性の格差を埋めて，疲弊した戦後日本経済を高めることを目的とした生産性向上運動が起こります。この運動を契機に発足された日本生産性本部は，1955 年に「流通技術専門視察団」をアメリカへ派遣します。この視察団は企業人（とくに運輸

会社の重役）や大学の研究者などから構成されました。ちなみに，この「流通技術」という単語は，前章で紹介した PD に含まれる「すべての技術」（日本生産性本部流通技術専門視察団［1958］2 頁）を意味するそうです。

　同視察団の報告書にて，物流の語源となる PD が紹介されます。これを日本における物流の「夜明け」と考える専門書も多いのですが，「華々しいデビュー」という感じではなかったようです。報告書での PD の記述は数ページしかなく，報告書の内容は包装（当時は「荷造」といっていました）の規格化や荷役の機械化などが中心でした。それもそのはずで，前章でお話ししたとおり，1950 年代はアメリカでも PD の議論が活発化したばかりの時期です。また，第一次大戦（1914〜18 年）を契機にいち早くトラック輸送が普及したアメリカとは異なり，多くの輸送を国鉄や船会社に任せている時代です。加えて，当時の荷役が「人力偏重主義と非合理主義的労働習慣」（平原［1956］1 頁）の性格をもっていった状況も考慮すると，報告書が荷役や包装に偏るのも仕方がない気がします。

　では，この報告書が日本の物流史のなかでどのような価値をもつのかと問われれば，以下の 2 つとなるでしょう。第 1 に，**産業界が初めて PD に関心をもつきっかけを与えた**ということです。PD という言葉が日本で初めて紹介されたわけでもありません。現在の流通論に相当する配給論という分野で，戦前から紹介されています（たとえば，谷口［1935］）。しかし，それは研究者の間で共有されていた話であって，当時は PD に関する一般的議論は皆無であったといっていいでしょう。第 2 に，**日本とアメリカの流通技術の格差を確認できた**，ということでしょう。生産性向上が命題となるなかで，具体的な目標をもてたことは大きな動機づけとなったはずです。これを機に荷役の機械化やユニットロード（☞第 3 章）の導入などが日本でも進んでいきます。

1.2 「物的流通」の誕生

　1950 年代後半から日本経済は高度成長期に入っていきます。工業化が進みますが，製造部門で繊維などの軽工業から機械，鉄鋼，金属，化学などの重化学工業への移行が進みます。こうした産業を中心に輸出も大きな伸長をみせます。国民所得も戦後直後から倍増して，購買力も旺盛になります。当然に日本国内の輸送需要は高まり，国内貨物輸送量を示す輸送トンキロは急激な伸びをみせます（図 1）。

　こうしたなか，1960 年代から日本でも PD の議論が活発になります。1961

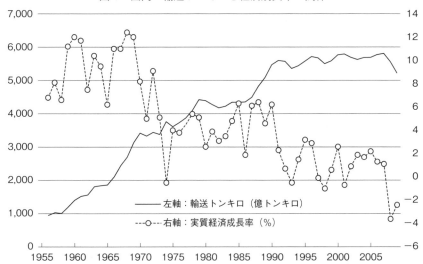

図1　国内の輸送トンキロと経済成長率の関係

凡例:
── 左軸：輸送トンキロ（億トンキロ）
---○--- 右軸：実質経済成長率（%）

出所：実質 GDP（年度ベース）については内閣府「国民経済計算（GDP 統計）」に基づく。ただし，1980 年度以前，1981〜94 年度，95 年度以降で基準が異なる。輸送トンキロ（年度ベース）については国土交通省「交通関連統計資料集」および「交通関係基本データ」に基づく。こちらも基準が 1987 年度で変更されている。

年に日本能率協会において「流通技術委員会」という研究会が発足します。参加企業の体験とアメリカの PD 研究に基づいて議論がなされ，そこで**PD の要素が輸送，保管，荷役，包装，情報からなって，PD をシステムでとらえるという物流の基本的な枠組みが確立された**（平原［1999］）ようです。**当時の議論のなかで PD が「物的流通」と訳されていくわけですが**，その経緯については諸説あります。その点は『物流政策と物流拠点』（中田［1998］第 15 章）が詳しいので，知りたい方はぜひご一読ください。ちなみに同書では 1964 年以前に「物的流通」の用語が使われた出版物を確認できなかったとしていますが，筆者が知る限りでは，63 年の『流通総論──マーケティングの原理』の初版（向井［1963］）で用語の使用が確認されています。

　1964 年に，日本は外国との商品やサービスの取引を自由化する開放体制へ移行しました。輸入が増えますので，国内産業の成長力を高めないと競争に負けてしまいます。一方で，高度成長の影響で消費者物価が上昇していました。消費者物価の上昇は国民の生活を脅かすだけでなく，卸売物価に跳ね返ることで国際競争力にも悪影響を与えることが危惧されました。1965 年に閣議決定された「中期経済計画」では，物価上昇の原因の 1 つとして「低生産性部門」

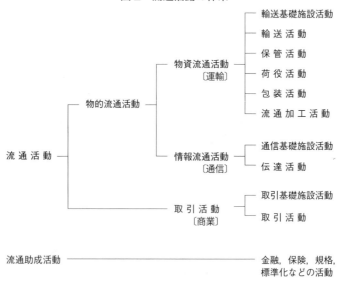

図2　流通活動の体系

```
流 通 活 動 ──┬── 物的流通活動 ──┬── 物資流通活動 ──┬── 輸送基礎施設活動
             │                  │   〔運輸〕      ├── 輸 送 活 動
             │                  │                ├── 保 管 活 動
             │                  │                ├── 荷 役 活 動
             │                  │                ├── 包 装 活 動
             │                  │                └── 流 通 加 工 活 動
             │                  │
             │                  └── 情報流通活動 ──┬── 通信基礎施設活動
             │                      〔通信〕      └── 伝 達 活 動
             │
             └── 取 引 活 動 ──┬── 取引基礎施設活動
                 〔商業〕       └── 取 引 活 動

流通助成活動 ─────────────── 金融，保険，規格，
                              標準化などの活動
```

出所：総計審議会［1965］9頁。

の存在があげられました。そして，そこに流通部門が入れられたのです。「社会的流通費」の適正化の方策として「物的流通の近代化」が出され，その施策として「社会資本の整備拡充」「技術革新の促進」「総合的流通体系の整備」があげられたのです（経済企画庁編［1965］）。ここで注目してほしいのは，「社会的流通費」です。この費用は個別企業のコストだけでなく，社会資本のコストも含まれています（林［1968］）。このことから，**物流を社会経済の視点から対象化している**ことがわかります。

　さらに，同年（1965年）の統計審議会答申「物資流通消費に関する統計の整備について」では，統計を体系化する一環として流通の体系が図2のように整理されました。今みると不思議なところも散見されますが，**流通活動を取引活動（商的流通）と物的流通に分けたうえで，第3章で取り上げた物流活動の体系がすでに構築されている**点にご注目ください。

　物流近代化に対する施策の具体化は，主に運輸省（現在の国土交通省）と通商産業省（現在の経済産業省）によって担われました。両省は異なるアプローチで物的流通概念を政策利用しようと試みます。

　1965年の『運輸白書』でも物的流通の近代化が課題としてあげられています。物的流通の近代化のための基本的要件として，「交通関係社会資本の充実」，

つまり「鉄道，道路，港湾，空港等の物資流通施設の拡充整備」をあげています。また，運輸大臣の諮問機関である「運輸経済懇談会」では，物的流通の近代化の主眼は複合一貫輸送（☞第1章）と専門輸送の促進にあるとしています。方向性が輸送（運輸）に偏っている点について，中田［1998］は当時の運輸省の関係者が「貨物に関する運輸を物流と考えた」のではないかと推察しています。当時，交通が物的流通と近い概念であるとの考え方もあった（中西［1967］）ので，当を得た考察だと思います。しかし，向井［1963］のいうとおり，保管による時間的効用にも社会的な意義があることも忘れてはなりません。**当時の運輸省による政策を通じての関わり方は「物的流通のために政策立案した」というよりも，「運輸政策に物的流通問題を加味した」という間接的なものであったといえるでしょう。**

　一方，通商産業省では運輸省とは異なり，システムズ・アプローチに則り，特定の活動に偏らない形での政策立案を試みようとしました（中田［1998］）。産業構造審議会流通部会第7回中間報告「流通活動のシステム化について」では，物的流通システムがサブ・システムとして多数の企業が参加するトータル・システムを構成するという点を踏まえたうえで，「流通活動に携わるあらゆる者」が商品在庫と消費者ニーズの情報を共有する体制を政策的に導くという，当時としてはかなり大胆な内容となっています。しかし，やはりというか，先進的すぎたため，当時この方針を政策として実現させることはかないませんでした。

　以上のように，当時の政策利用は，理念が先行して空回りしたといえます。とはいえ，**彼らが行った概念の整理と周知が議論の呼び水となったということ**に大きな意味があります。また，**アメリカと違って，本格的な概念の整備と活用が民間ではなく，官主導で行われた**という事実にも注目してください。1960年代におけるアメリカのPD概念の発展は，明らかに個別企業的な視点に基づくものでしたが，同時期の日本では社会経済的な視点で議論がなされた（林［1968］）わけです。後述しますが，こうした視点の違いが概念形成にも影響を与えることとなります。

1.3　物流技術の発展

　1950〜60年代にかけて物流を支える技術に大きな変革がありました。まずは輸送技術の変革をみてみましょう。船舶輸送においては大型化や高速化とともに，タンカーや石炭船のような物資別に適合した特性と形状をもつ専用船が

導入されます。港湾整備も港湾整備5カ年計画（1962年）が開始され，本格化します。しかし，特筆すべきは自動車の普及です。戦前から貨物自動車（トラック）は使用されていましたが，戦後の普及スピードは目覚ましいものでした。高速道路をはじめとした全国の公共道路網が整備されるとともに，「戸口から戸口へ迅速簡便かつ正確に輸送されるという性質が産業の高度化に伴う荷主の輸送に対する要望と一致した」（運輸省 [1964]）ことが理由です。**1960年代にはトラック輸送が日本国内の輸送トンキロ数でトップであった鉄道輸送を抜き，輸送の主役交代が起こります。**

第1章で述べたように，トラック輸送は柔軟性が高いという他の輸送機関にはない強みがあります。好きな時間に輸送ができますし，内陸であればどこへでも運ぶことができます。**こうした柔軟性の高さは，物流ネットワークの構築にも自由度を与えます**（中田 [2001b]）。かつては倉庫や工場は貨物駅や港湾の近くに立地せざるをえませんでした。しかし，トラックがあればその制約もなくなります。道路がつながっていれば，物流拠点をどこでも（その場所に他の規制がなければの話ですが）設置することができるようになったのです。

しかし，トラック輸送の普及には負の側面もあります。1つは**交通渋滞が蔓延したこと**です。江戸時代からある伝統的な問屋街は東京や大阪の大都市の中心部に位置していますが，商品輸送を目的としたトラックの往来が多くなり，大都市の交通渋滞を頻発させるようになります。この背景には問屋の商物分離（☞第9章）が進んでいないことが根底にあります（谷本 [1969]）。そうした問題を受けて，卸売業や貨物輸送関係の施設を市街地の外周部に集約的に立地させることを目的とした「流通業務市街地の整備に関する法律」が1966年に施行されます。この法律はその後の物流センターの普及に少なからず影響を与えました。

もう1つは**自動車から排出されるガスによる大気汚染の問題**です。トラックから排出される煤煙や有害ガス（一酸化炭素や窒素酸化物）によって健康や生活環境を脅かされるようになりました。とくにディーゼル・エンジンは呼吸器障害を起こす窒素酸化物を多く排出します。排気ガスによる大気汚染は公害認定され，大気汚染防止法（1968年施行）などで規制されることになります。

一方，荷役の現場でも大きな技術の変革がありました。労働力は大戦直後では大量復員などの理由で供給過剰であり，それにかこつけて低賃金で労働者を雇って荷役の現場を回し続けていました。しかし，そのようなやり方は過酷な労働環境を生むことになり，労働基準法の施行や労働組合運動の活発化を通し

て，社会的に問題視されるようになりました（平原［1958］）。好景気で賃金が上昇してきたこともあり，荷役の生産性向上は喫緊の課題となります。そこで荷役の機械化が進みますが，とくに以下の2つのユニットロード・システム（☞第3章）の普及で大きな成果がみられました。

第1に，パレットの普及です。欧米でフォークリフトとパレットがセットで使用され始めたのは1920年代で，第二次世界大戦の物資輸送で活躍したことが普及を速めました（日本包装学会［2014］）。日本でも戦後早々に導入され，広く普及していきます。パレットの普及により，労働者を荷役作業から解放し，荷役の生産性を飛躍的に向上させることができたのです。

第2に，コンテナの普及です。第4章で示したように，コンテナの登場は海上輸送における3大革命の1つです。「ただの金属の箱」と侮ってはいけません。この金属の箱が「世界経済を変えた」（Levinson［2016］）といわれているのです。コンテナに貨物をまとめることで，ユニットロード化して荷役を効率化します。コンテナ船の停泊時間は10日間前後から24時間前後に大幅短縮された（柴田［2008］）といわれています。利点はそれだけはありません。盗難防止にも役立ち，そのまま置けば倉庫代わりにもなります。コンテナの大きさや強度を規格化すれば，段積みが可能となり，船の積載効率が大幅にアップします。荷役業務を標準化しますので，作業計画や教育も容易になりますし，運賃や手数料の単価も決めやすくなります。さらにいえば，このまま鉄道貨車やトレーラーなどの複数の輸送機関に載せ替えて，荷主まで荷姿を変えずに輸送できる，いわゆる複合一貫輸送を実現させることもできるのです。コンテナは輸送のコスト，スピード，安全性を劇的に改善する，まさに至れり尽くせりの「魔法の箱」なのです。

コンテナは1950年代にアメリカで導入されたとされますが，欧米以外では早期といえる67年にフルコンテナ船が日本でも導入されます。日本政府も補助金と低金利融資で船会社のコンテナ船購入を支援するとともに（Levinson［2016］），利子補給，海運業界の再編，港湾整備などでその環境を整えました。

1.4 民間主導による物流の導入

先ほど日本での物流概念の導入は官主導で行われたとしましたが，その後における民間企業の動きはどうだったのでしょうか。1968年の日本能率協会による製造業を対象としたアンケート調査によると，9割近くが物的流通問題に対する関心をもっており，とくに経営者や本社の営業部門幹部の改善意欲が高

いことがわかりました。しかし一方で，本社と本社以外の間に改善熱意に温度差があること，運賃単価の決定が現場任せであること，主な改善内容は個別活動として展開されており，一貫したシステムとして把握して行われていないことなどの問題が明らかになりました（日本能率協会産業研究所［1968］）。**問題意識はあるが，合意形成や改善策の具体化に苦労している姿がみてとれます。**

　その一方で，**先行しているアメリカにおける PD 実務のキャッチアップが進みます。**1966 年に日本生産性本部が物的流通管理専門視察団をアメリカに派遣します（日本生産性本部［1966］）。前回と異なり，視察団には製造業者の幹部が加わりました。物的流通の関心が荷主企業にも広がっていることを示すものです。1960 年代後半には物的流通の専門書（西沢ほか［1967］，神山［1967］，井上［1967］，林・中西編［1968］，谷本［1969］，松木編［1969］）が矢継ぎ早に世に出されます。その内容はアメリカの PD のキャッチアップが中心となりましたが，著者の専門が流通論，荷役技術（マテリアル・ハンドリング），交通論，会計学などと多様であることを反映して，複数の専門性が融合した日本独自の議論が展開される面もありました。

　物的流通を企業経営活動の一環として導入することについての真剣な議論に至ったのは，1970 年代です。そのきっかけは 1973 年に発生したオイルショックです。オイルショックで物価高が大きく進み（いわゆる「狂乱物価」），日本経済は戦後初めてのマイナス成長を経験します。売上が減退した企業は経営の合理化努力を強めます。その合理化対象として物的流通が注目されたのです。早稲田大学の教授であった西澤脩先生が 1970 年に著した『流通費——知られざる“第三の利潤源”』が脚光を浴びます。同書では損益計算書で認識できる物流コストは氷山の一角であり，物流コスト削減を売上高増大と販売コスト削減に続く「第三の利潤源」とみなすべきと説かれました（西澤［1970］）。同書の価値は，物的流通の具体的改善策を平易な言葉でまとめ，一般の人々に物的流通管理のあり方を広く啓蒙したことにあります。

　物流コストを明らかにし，有効なコスト低減策を考える**物流会計**（☞第 10章）の普及が産業界で進みます。中小企業庁に続いて，運輸省や通商産業省も物流コスト算定の指針を制定します。国家機関が物流コストの指針を制定したのは世界的にもまれなこと（西澤［2007］）のようです。また，物流合理化に真剣に取り組む企業（とくに製造業）では，製造部門や営業部門などに散らばっていた物流関連の作業をまとめる形で物流の専門部署，いわゆる**物流部**の設立が行われるようになります。

当時の物流会計の普及は，日本の物的流通の発展という視点から以下の2つの点でターニング・ポイントになったといえます。第1に，**民間企業が物的流通について真剣に検討し始めた**ということです。これをもって個別企業的な視点での物流が日本に定着したといえるでしょう。第2に，**物流がシステム概念として認知され，応用された**ことでしょう。物流会計では，システムズ・アプローチに基づき，トータルコストやコスト・トレードオフの考え方を基礎にした管理会計が求められます。

　また，1960年代後半から物的流通は「**物流**」という略称で呼ばれるようになり，**70年代にこの呼称が定着します**。物的流通よりも物流のほうが語呂は良くなるので歓迎すべき略称化なのです（この章でも以降は「物流」で表現します）が，これはこれで問題がありました。他の用語との混同です。1つは前章でもお話した「モノの流れ」との混同です。英語では，"material flow"となりますが，この用語は昔から荷役の分野では使われており，当時から混同が危惧されていました（南川［1977］）。いま1つは「物資流動」との混同です。英語では"freight transport"や"goods movement"となり，交通における物資の空間的移動や移転を意味します（苦瀬［1999］）。同じ単語でも相互に考えている言葉の意味が異なれば議論も当然嚙み合いません。残念ながら，専門家の間で混乱や軋轢の種になったのは事実です。しかし，言葉の一致が異なる専門の人間が交流する場を与えもしてくれました。こうした偶然が物流研究の学際化を進めたという事実も記しておきたいところです。

2. 物流における多面的展開と軋轢

2.1 物流の戦略性と顧客サービス

　1980年代に入って物流でコストだけでなく，アウトプットであるサービスの品質（☞第6章）が問われるようになります（阿保［1990］）。「物流がサービス？」と思われるかもしれませんが，物流は消費者に商品を届けるサービスを提供する仕組みという側面もあります。届ける際のコストも大事ですが，その届け方（サービス内容）も大事でしょう。たとえば，注文を受けたら必ず届ける（品切れがない），早く届ける，小分けして届ける頻度を多くする，時間を約束して届けるなど，求められる届け方はいろいろとあります。

　当初，物流は生産価値を空間転移または時間保全するだけで「価値創造的ではない」とされました（林［1971］）が，なぜ1980年代に物流で顧客サービス

が注目されたのでしょうか。物流サービスでもとくに**多頻度小口配送**（☞第14章）のサービスが，この時期に定着しました。配送頻度を多くすれば，必要な時に必要な商品を届けられるので「ジャストインタイム配送」とも呼ばれました。当時の日本経済はオイルショックによる不況から立ち直って，再び経済成長の段階に入っていきます。この時代の消費者は欲しいモノはすでにだいたい手に入れてしまい，オイルショックによるインフレも経験して，以前よりも購入意欲が乏しくなりました。こうなると消費者に商品を買わせるのは大変です。そこで編み出された工夫の1つが多品種化です。品質，機能，デザイン，容量，ブランドなどで商品を多様化して，異なる好みやニーズに対応していこうとするやり方です。

しかし，この工夫は物流に大きな負担を与えます。品種を増やした分，売上高が増えるわけではないので，1商品当たりの取扱量は減り，配送も小口化して積載率が低下します。また，1商品当たりの保管量も減り，品切れしやすくなるので，配送頻度も増やさなければなりません。したがって，多頻度小口配送が必要となります。

2.1.1　多頻度小口配送の「光」の部分

では，多頻度小口配送を顧客サービスとしてどのように評価すべきなのでしょうか。評価を下すには，価値に目を向ける「光」の面と負担に目と向ける「影」の面を理解しなくていけません。まずは，光の面についてお話しましょう。物流サービスが経営戦略に貢献するという側面です。戦略の定義はいろいろとあるのですが，ここでは難しく考えず，「環境に適応して生き残るための方向性や将来の構想」程度に思ってください。多頻度小口配送サービスは顧客の要求に適応して生き残るための方策です。したがって，やむにやまれずという受け身の導入であったかもしれませんが，これを「戦略的」と評価していいと思います。

1970 年代まで物流はコストで評価されましたが，さらに 80 年代では「戦略に貢献するか」という新しい評価軸が生まれました（中田［1987］）。これを発展的に考えれば，「いかに物流を経営戦略に生かすか」という攻めの発想もありなはずです。図3は有名なポーターによるバリューチェーン（価値連鎖）ですが，ポーターは物流も含めた多様な活動の連結関係が企業の競争優位を生むと説いています。当時著しい成長をみせていたコンビニエンス・ストアのビジネスをもとに説明すると，物流の多頻度小口配送のおかげで狭い店舗で多数商品を品切れせずに提供できる販売方法が実現されています。それは消費者に

図3　バリューチェーン

支援活動	全般管理（インフラストラクチャー）					マージン
	人事・労務管理					
	技術開発					
	調達活動					
	購買物流	製造	出荷物流	販売・マーケティング	サービス	

主　活　動

出所：Porter［1985］邦訳 49 頁。

「欲しいときにいつでも買える」という価値（＝マージン）を提供することにつながるということになります。利便性を訴求する店舗の実現のために物流サービスを生かす，という戦略構想なのです（今では当たり前になって競争優位はありませんが）。

　ただし，サービスの戦略利用は物流だけでは限界があります。多頻度小口化を追求し続ければ，多品種少量での生産や調達に行き着くからです。したがって，**戦略性を追求し続ける先には，物流に生産計画と調達計画を連動させたロジスティクスの実現が求められます**。ロジスティクスの議論は日本では 1980 年代から活発化しますが，これはまた別の話なので，コラム 5-1 で説明いたしましょう。

コラム 5-1　ロジスティクスと SCM

　ロジスティクスはもともと，戦争時の補給や後方支援を意味する「兵站」を意味する軍事用語です。アメリカでは 1960 年代からビジネスへの概念転用がなされています。日本で取り扱われるまでに約 20 年の遅れがあることになります。NCPDM（☞第 2 章）の後進団体であるロジスティクス管理協議会（Council of Logistics Management：CLM）は 1986 年にロジスティクスを「顧客の必要条件に適合させるべく，原材料，半製品，完成品ならびにその関連情報の，産出地点から消費地点までのフローとストックを効果的かつ費用対効果を最大ならしめるように計画立案，実施，統制する過程」と定義しています。簡単にいえば，生産から販

売までのモノの流れを統合管理しようとする方法です。

　PD との違いについてみていきましょう。ロジスティクスは，PD に原材料の流れを扱う物的供給（physical supply）を加え（たとえば，Heskett et al. [1964]），さらには工場内のフローに関する生産計画と統制（たとえば Magee [1968]）を統合したものと認識されています。したがって，ロジスティクスは PD を超えた領域をカバーする概念といえるでしょう。実務としては，在庫計画や販売計画を生産計画や調達計画と連動させて統合化することで具体化されることになります。また，物流と同様に，ロジスティクスも戦略性を有しています（Christopher [1985]）。

　今日のアメリカでは PD はすでにほとんど使用されることはなく，ロジスティクスが後継概念として扱われています。一方，日本ではロジスティクスが普及しても物流が依然として使用され続けています。その違いは，日本では物流が社会経済的な視点によっても概念形成が続いたことにあるでしょう（秋川 [2013]）。ロジスティクスは純粋な経営概念であり，個別企業的な視点に基づくものですが，日本の物流概念では社会経済的な視点も併存します（後述）。アメリカの PD と日本の物流は，もはや意味内容の異なる概念と解すべきなのでしょう。

　ロジスティクスに続いて，日本では 1990 年代後半あたりからサプライチェーン・マネジメント（supply chain management：SCM）が注目を浴びます（アメリカにおける SCM 概念の形成については秋川 [2004] を参照のこと）。CLM の後身団体であるサプライチェーン・マネジメント職業人協議会（Council of Supply Chain Management Professionals：CSCMP）の定義によれば，サプライチェーンは「未加工の原材料で始まり完成品を利用する最終顧客で終わる」一連のフローとなります。そして，同じく CSCMP の定義によれば，SCM は「会社内部や会社間で供給と需要を統合させる」ことを本質とした，「サプライヤー決定や調達，加工，ロジスティクス活動全体，および製造業務に関わるすべての活動の計画設定と管理」と「サプライヤー，中間業者，外部のサービス提供業者，顧客などからなるチャネル・パートナーとの協調や協働も含む」ものとされています。

　CSCMP の SCM 定義をみると，同じくモノのフローに関する管理概念であるロジスティクスとの違いがわかりにくいと思います。その違いとして注目してほしいところは，「会社間」や「チャネルパートナーとの協調や協働」という組織の枠を越えることを表す表現です。ロジスティクスは基本的に 1 つの「組織内」の取組みとして認識されますが，SCM では「組織間」が強調されるのです。したがって，実務的にいえば，組織と組織の間での情報共有や調整でもって，互いのサプライチェーンにかかる需給計画やビジネス・プロセスを連携させたり，統合させたりすることが SCM に該当するものとなります。具体的には，売り手側の生産計画を買い手側の販売計画と連動させたり，売り手側が買い手側の在庫も管理することで両者の在庫管理プロセスを統合させたりすることが例としてあげられます。

　このようにみていくと，物流，ロジスティクス，SCM という 3 つの概念の間には，管理対象を拡大しようとする明確な志向があり，その実現でもってより豊かな

パフォーマンスを獲得しようとする意図がみてとれると思います。このような関連性から物流⇒ロジスティクス⇒SCM という発展段階で3つの概念を説明する研究者も存在します（たとえば，阿保 [1998] や宮下 [2011]）。

　こうした類似の専門用語を取り扱うにあたり，注意すべき点があります。すべての実務家や研究者が統一した定義に基づいて専門用語を使用しているわけではないということです。人によって定義は異なるという点はもちろんですが，定義が曖昧のまま何となく使用されることも多々あります。本質的には「物流」と表現すべきところを「ロジスティクス」と表現したり，「ロジスティクス」と表現すべきところを「SCM」と表現したりすることも結構あります。また，最近では，SCM は経営概念ではなく，1つの「専門分野」（discipline）として幅広くとらえる考え方（Ellram and Cooper [2014]）もあります。上記の定義が本書外で通用することは保証いたしませんので，用語の取扱いについてはくれぐれもご注意ください。

2.1.2　多頻度小口配送の「影」の部分

　続いて「影」に相当する面です。1991 年に出された産業構造審議会流通部会の報告書「物流等検討分科会報告書」では，多頻度小口配送による問題として①人件費などの物流コストの増大と，②交通渋滞や環境汚染などの外部不経済の深刻化をあげています。ここでは今でも深刻な問題として残っている①について説明しましょう。

　多頻度小口配送によってトラックの積載率が低下すれば，1商品当たりの物流コストは確実に上昇します。これがアメリカであれば，「コストが上がった分，顧客からお金を取ればいい」という発想になります。アメリカには価格差別を禁止するロビンソン・パットマン法（1936 年に制定）があるからです。同法では取引条件に差があれば，価格に差をつけて請求することを認めています。したがって，アメリカでは多頻度小口配送が要求されれば増加コストを堂々と請求できます。一方，日本ではそうなりません。日本では同様の法律はなく，**納品価格が商品価格と運賃を一緒くたにし，商品が同一であれば，物流の負担やサービスが異なっても顧客が払う金額は変わらない商慣行が根強く生きています。**

　「そんな面倒くさい取引先とは手を切ればいいじゃないか」という話も出るでしょう。これもそうなりませんでした。なぜならば，1990 年代にバブル経済が崩壊し，長い長い不況のトンネルに突入するからです。1980 年代に人手不足で人件費が上がる問題がありましたが，不況になって自然消滅します。また，売上高も下がるので，「多頻度小口配送はお断り！」といって取引先を切ることもできない状況となります。こうして，多頻度小口配送が物流現場を苦

しめる構図は今日まで続いていくこととなります。

　すべての多頻度小口配送が「悪」だというわけではないです。先の報告書では，実際の多頻度小口配送には，①計画的に荷物をまとめて積載率を向上させるケースと，②場当たり的な配送で積載率を低下させるケースがあるとしています。①に該当するケースも少なくないですが，コストや戦略性を考えずに「よそがやっているからうちも！」という理由だけで，安易に導入する②のケースも多数あると思われます。顧客サービスの正否を決めるポイントが，戦略性とコストの比較にある点を忘れてはいけません。

2.2　生産のグローバル化と物流

　1980年代に入り，対日貿易赤字を抱えたアメリカとの間での貿易不均衡が政治問題化します。1981年に日本の自動車業界は対米輸出自主規制を発動し，その一環として自動車の現地生産を推進します。さらに1985年には，先進国がドル高是正に合意したプラザ合意が出されて円高が進行し，86年のGATTウルグアイ・ラウンドで貿易の自由化も進みます。その結果，日本企業の多くの生産拠点が海外に移転することになります。いわゆる産業の空洞化です。

　現地生産が増加すると，国際物流はどう変わるのでしょうか。現地生産を始める以前では国内で完成された製品を船で輸出すれば，輸出先の国での物流は代理店や販売店任せにする，という仕方がとれました。しかし，部品を輸出して輸出先国の生産拠点で完成させる方法（いわゆるノックダウン生産）だと，話がだいぶ変わります。輸出品ごとに包装や輸送手配，税関手続きが必要となるので，部品点数だけ業務が煩雑化します。相手国の港から生産拠点までの物流体制も整える必要があります。国が変われば物流環境は大きく変わります。**自国で通用した方法論は通用しません。一から構築し直す必要があるのです。**

　現地生産以外にも経済のグローバル化はさまざまな形で進行し，物流はそれに合わせて進化させなくてはいけません。たとえば，グローバル生産拠点（☞第13章）の出現です。社会主義市場経済を推進して大きな経済成長を遂げる中国は，低廉で豊富な労働力を武器に，1990年代には「世界の工場」と呼ばれる製造大国の地位を確立します。多くの製造業者がグローバル供給するための生産拠点を中国に置くことになります。その場合は，中国を中心にしたグローバルな物流体制が求められます。

　さらに同時期にASEAN（アセアン）自由貿易地域の発足（1993年），EC統合（93年），北米自由貿易協定（NAFTA）の発効（94年）と巨大経済圏が続々

と誕生します。こうした経済圏を市場と定めて展開するのであれば，生産から販売までのサプライチェーンを経済圏内で完結させる必要があるので，物流ネットワークも経済圏ごとに構築する必要があるのです。

　また，デジタル革命は電子機器の爆発的な需要を呼び，貿易品目の中核を担うようになります。電子機器の生産では，規格化され互換性をもった部品（モジュール）を組み合わせて多様な製品を生産する，モジュラー生産方式が主流となります。その結果，最適な技術を有する地域や国でモジュラーは大量生産され，生産が水平分業化します。部品の出荷や調達にグローバルな物流ネットワークが必要となりますが，地域ごとに貨物が小口化するので，どのように貨物を集約して効率化するかが重要となります。

　前章で分業と物流の関係について説明しましたが，**分業生産が多様なパターンでグローバルに展開されることに対して，物流は柔軟に対応して分業を支援します。**物流の柔軟性が地球規模の分業を支えているわけです。

　さて，話を変えて，このようなグローバル化に対応する日本の物流サービス能力の動向についても説明しておきましょう。結論からいえば，**日本の物流サービス能力はグローバル化な流れについていけませんでした。**序章でもお話したとおり，国際輸送のほとんどは船舶と港湾の力に依存しています。一時期まで日本の港湾はハブ港として世界有数の地位にありました。ハブ港とは，海上コンテナ輸送の中継拠点となる大型の港です。周辺地域の多くの港から集荷したコンテナ貨物の荷合わせを行うことで船舶の積載効率を大きく向上させることができます。したがって，多くの船社の基幹航路が就航します。1980年において，神戸港はコンテナの取扱量で世界第4位の位置にあり，国際ハブ港としての地位が確立されていました。しかし，1995年の阪神・淡路大震災で大きな被害を受けて，その地位から転落し，その後も東アジアからの貨物を戻すことが叶いませんでした。代わりに中国や韓国などのハブ港が，その地位を継ぐことになります。

　「他の成長産業があれば港湾産業はよくなくてもいい」という考え方もあるかと思います。しかし，多くの航路を有して世界の多くの地域へダイレクトにつなぐハブ港が自国にあるということは，他国のハブ港までの輸送と積み替え（トランシップ）が必要ないので，自国の貿易ビジネスはコストと納期の面で競争力をアップできます。**ハブ港をもつことでその国の貿易競争力が底上げされるので，**結構，大事なことなのです。

　日本の港湾の競争力が低下したことは，1950年に制定された港湾法に基づ

き，地方自治体が港湾の管理主体となっていることに原因があるとされました（柴田［2008］）。港湾の整備が各港でバラバラとなり，港湾の集約もできないので予算配分も厳しくなります。その結果として，コンテナ船の大型化に対応できなくなったり，コストと作業時間の面が他国の港湾より劣ったりすることで競争力が保てなくなったと考えられたのです。

　しかし，この問題を港湾整備の問題だけのせいにしてはいけないでしょう。宮下［2011］は，1990年代の日本港でコンテナ貨物取扱量が減少した要因として，対外直接投資（国外で企業買収したり，設備投資したりすること）と他国のコンテナ貨物取扱量の増加をあげています。前述したように1980年代からの産業の空洞化で日本の輸出の成長は鈍化します。ハブ港として地位を確立するには，安定的な自国発着の貨物量，いわゆるベース・カーゴを確保する必要があります。1990年代以降，中国のハブ港の地位が急速に向上したのは，中国が「世界の工場」になって自国の輸出量が増加したことが最大の理由といえます。残念ながら，日本のベース・カーゴは中国のそれと比較して小さすぎます。さらにいえば，アジアの貨物の流れの中心が中国となったことで，極東に位置する日本は他国の荷物を集めるのに不利な立地であることもマイナス要因です。このような制約があるので，たとえ今後も日本の港湾整備が進んだとしても，**日本の港湾の世界的地位を復活させる道のりはかなり険しいといわざるをえません**。

2.3　規制緩和と物流政策

　物流政策はオイルショック後に一時停滞しますが，1990年代から「復活」（苦瀬［2016］）します。1990年代以降の物流政策の動向を代表的な3つの視点から確認します。

　1つは物流関連法の規制緩和です。アメリカの市場開放要求に応える形で1980年代からの公的規制の緩和の機運が高まります。多くの経済活動が対象となりましたが，規制が多く存在した物流関連の事業も例外ではありませんでした。物流関連法の規制緩和は物流政策のなかだけで決まった話ではなく，先に規制緩和ありきで議論されたといっていいでしょう。

2.3.1　物流二法

　1990年代に多くの物流関連の事業で規制緩和が実行されますが，そのなかでも物流二法の施行が最も影響が大きかったといえるでしょう。物流二法とは，貨物自動車運送事業法と貨物運送取扱事業法とを合わせて呼ぶ通称です。貨物

自動車運送事業法は，道路運送法から切り出された形で自動車運送事業の規制を定めた法律です。この法律の施行（1990年）と改正（2003年）によって，①事業者の新規参入は地域内の需給調整が伴う「免許制」から要件が満たしておれば参入可能な「許可制」への移行，②貨物の積合せの自由化，③路線と区域の事業区分の廃止，④運賃・料金の認可制から届出制への移行が行われました。端的にいえば，**トラック事業のスタートが簡単になり，かつ荷物の積合せ事業，価格設定，営業地域の自由度が高まった**ということです。もう1つの貨物運送取扱事業法は，輸送機関ごとに異なった利用運送事業の法律を一本化した法律です。同法は複合一貫輸送の敷居を低くすることで，荷主の輸送手段の選択肢を増やすことをねらいとしたものでした。

　とはいえ，施行する前からすでに多くの規制が実質的に機能していなかったようです。法整備はその実態を追認したものとなりますが，お上（かみ）のお墨付きには大きな意味がありました。**事業者の増加スピードは1990年代以降にさらに増し，事業者間の競争が激しくなった結果，運賃も低下し続けていきます。**運賃の低下だけでなく，規制緩和によってサービスが多様化されたことは，利用者（荷主）の利益拡大につながったといえるでしょう。しかし，こうした荷主の余剰増加の大半は，事業者の利益と労働者余剰の減少分が移転しただけのものであって，規制緩和による社会的経済厚生の純改善効果はほとんどないとの厳しい指摘（水谷［2008］）もあります。

2.3.2　大規模小売店舗立地法

　第2に，2000年に施行の大規模小売店舗立地法についてです。物流政策というより，流通政策に属する規制ですが，物流に大きな影響を与えたので言及しておきます。この法律の経緯については少しさかのぼって説明がいります。1960年代に，小売業者が大規模化・チェーン化し，卸売業者が淘汰される流通革命がアメリカと同じように起こると予想されました。実際多くの企業家が実現すべく尽力したのですが，結果として小売チェーンは増えましたが，全国規模で展開したチェーン化は少なく，卸売業者も淘汰されませんでした。その原因はいろいろといわれているのですが，最大の理由は1974年に施行された大規模小売店舗法（紛らわしいですが，先の大規模小売店舗立地法とは異なる法律です！）でしょう。この法律は中小小売業者を守るために大きい面積の店舗の出店を規制するという，流通革命の意義を真っ向から否定するような法律でした。しかし，小売業界はめげません。別の形の革命を試行します。コンビニやロードサイドでの専門店といった同法に対応した新しい小売業態を市場に投入

し，成功させていきます。

　この時代に小売向け物流において新たな課題となったのは，商品の品揃えです。流通革命後にスーパーマーケットのように幅広い商品ラインを取り揃える小売業態が主流となります。ある程度，物流で商品を取り揃えてから店舗に届けるというニーズが現れるのです。

　こうした課題に取り組んだ結果，**当時の消費財の物流は近代的なものと前近代的なものとに二重構造化**（この表現は谷本［1980］による）**してしまいます。**チェーン化した小売業者は，扱う商品類が多くなって納入業者も多くなった結果，自前の物流センターを構築したり，複数の卸売業者の商品を代表の卸売業者が集荷して一括配送する窓口問屋制を採用したりして，中間物流を特定の小売業者向けに特化させる物流の改革を行います。しかし，一方で商店街にあるパパママ・ストアのような小規模店舗を卸売業者が1つひとつ巡回して配送するような，昔ながらの物流も併存していきます。商物分離も進んでおらず，営業担当者が配送も兼ねて巡回するケースもまだ少なくありませんでした。

　そのような状況を一変させたのが，大規模小売店舗法の代わりに2000年に施行された大規模小売店舗立地法（本当に紛らわしい！）です。アメリカの市場開放圧力に応じる規制緩和の一環であり，同法の施行で大型店舗の出店が大幅に緩和されました。その結果，全国で大型店舗の出店が加速し，多くの商店街が衰退の道をたどることとなります。パパママ・ストアが激減した結果，**物流の二重構造はチェーン物流の発達に集約される形でほとんど解消されること**になります。大規模小売店舗立地法の誕生で流通革命が当初の目論見（もくろみ）どおりに実現したようにみえますが，そうでなかったことにも注意がいります。小型店はコンビニとして存在しますし，卸売業者も数は減りますが，大規模化して生き残ります。卸売業者は，資本力のない小売業者の物流能力を肩代わりすることで欠かせない存在であったのです。**今でも卸売業者は，重要な物流のプレーヤーとして存在感を示しています。**

2.3.3　総合物流施策大綱

　最後に，1997年に閣議決定された総合物流施策大綱についてです。総合物流施策大綱には，「関係省庁が連携して物流施策の総合的な推進を図るため」の5年後に実現するべき目標，各省庁の専門が横断する課題とその対応，その実施体制について示されています。要は，物流政策においてバラバラに動いていた関係省庁の動きを統一させるために，大元となる方向性を示したものといえるでしょう。1997年の総合物流施策大綱では，目標として以下の3つがあ

げられています。

(1) アジア太平洋地域で最も利便性が高く魅力的な物流サービスが提供されるようにすること。

(2) このような物流サービスが，産業立地競争力の阻害要因とならない水準のコストで提供されるようにすること。

(3) 物流にかかるエネルギー問題，環境問題および交通の安全等に対応していくこと。

この3つの目標を達成するために，大綱では「規制緩和の推進，社会資本の整備及び物流システムの高度化に関する施策」を講じていくと宣言されました。

前述した1960年代の物流政策における問題点として，①各省庁の動きと考えの足並みが揃っていないこと，②理念が先行して具体的な政策に落とし込めなかったことがありました。総合物流施策大綱は明らかに①の問題を解決しようと試みた結果です。しかし，当時は「これまでの各省庁の施策と規制緩和の方向を寄せ集めただけ」（中田［1998］238頁）という辛辣な批評もありました。しかし，総合物流施策大綱が4年間隔で継続的に改定されることで存在感が増していき，現在では物流政策の中心軸としてある程度機能するようになっていると思います。また，関係省庁間の連携も強化された（苦瀬編著［2014］162〜165頁）ようです。

次に②の問題についてです。総合物流施策大綱から，当時の物流政策が理念追求路線から現実問題に対応するという現実主義路線に変わっていることがわかります。「物流とは何か」「物流とはかくあるべきか」といった議論はありません。各省の足並みを揃えるために，理念の合意を捨てて政策の実現化のほうを優先した結果かと思います。しかし，その結果として目標が総花的でとらえどころのないものになったといえます。実際に，先にあげた3つの目標は現在も達成されていません。というより，どれもたかが5年では解決できない厄介な問題です。そのようなものを具体的な目標として設定していることからも，当時の大綱が有する意義づけが曖昧であったといえるでしょう。ただし，政策実現という点においては（理念はさておき），現在の総合物流施策大綱（2021〜25年度）ではより具体的で踏み込んだ議論がなされており，大きく改善されています。

前述したように，物流には社会経済的な視点と個別企業的な視点の2つの視点があるといいました。物流行政は前者の視点によるものであることはいうまでもありません。といっても一方で個別企業的な視点は当然生きています。つ

まり，**日本における物流の議論には両方の視点が併存しているのです**。政府による「物流行政」，企業による「物流管理」，どちらも表現として通用します。しかし，マーケティングの場合，「マーケティング管理」といっても「マーケティング行政」とはいいませんし，金融の場合，「金融行政」といっても「金融管理」とはいいませんよね。たいていの概念は両方の視点をもたないのですが，物流はもつのです。そこに物流概念の特殊性があります。

これまでの説明から，本書ではこのような特殊性を否定的にとらえているようにみえたかもしれません。このような多義性（どのようにもとられること）は確かに議論を混乱させる原因になります。それでも本書ではこの特殊性を肯定的にとらえています。というのは，**物流を発展させるためには個別企業の努力だけでなく，社会的資本の充実も欠かせない**からです。これら2つが両輪となって働くことで物流が発展していくのは間違いのない事実です。しかし，残念ながら，これまでは2つの動きは噛み合っていなかったといわざるをえません。コラム5-1でも話したように，ロジスティクス概念が普及した今，物流が概念として独自性を有する点はこの特殊性にしかありません。ロジスティクスが物流の後継概念にならなかったという事実には，「両輪を回して物流をよくしてほしい」という関係者の期待が背景にあると，われわれは考えています。

2.4 物流と環境問題

ご存知のとおり，20世紀後半に世界で環境問題に対する意識が高まってきました。1972年に初めての環境問題に関する政府間会議である国連人間環境会議（ストックホルム会議）が開催されます。1992年の「環境と開発に関する国連会議」（地球サミット）では，世界のほとんどの国との間で地球環境の保全と持続可能な開発の実現が，人類共通の課題であるとの認識が共有されます。

日本でも1971年に環境庁が設立され，自然環境保全法（72年），エネルギーの使用の合理化等に関する法律（省エネ法，79年），再生資源利用促進法（91年）の制定を経て，93年に環境基本法が制定されます。環境基本法は環境保全に向けた基本的方向を示す，環境に関するすべての法律の最上位に位置する法律です。同法の制定をもって環境保全に向けた基本的な枠組みが確立されたといえるでしょう。制定された数々の法律をみてわかるように，一言に環境問題といっても多くの課題があります。

それでは物流は環境問題とどのように関わりあっているのでしょうか。**物流は，①環境負荷を与える原因でもあり，②環境負荷を軽減する担い手でもある**

という相反する2つの立場があります（☞第14章）。

　物流がもたらす環境負荷の課題は多様です。前述の交通渋滞，騒音，排出ガスの健康被害だけでなく，省エネルギー・省資源，二酸化炭素排出による地球温暖化，生物多様性の阻害などが考えられます。残念ながら，現在の技術では環境負荷なしに物流活動は行えません。しかし，物流を止めれば経済が回らなくなり，皆さんの生活に大きな支障が出ます。環境負荷という視点からいえば，物流は「必要悪」という存在なのです。

　しかし，一方で物流は環境負荷を軽減する担い手でもあります。具体的にいえば，資源のリサイクルやリユース（再利用）を物流は支えます。当初の物流の考え方では，第2章でも述べたように，物流は店舗に商品が届いて完了とされていました。しかし，1990年代頃から，使用済み商品が消費者からリサイクル業者やリユース業者を経て，再び消費者や生産者に戻るループが枠組みに追加されます。この追加された循環部分をとくに「静脈物流」とか「リバース・ロジスティクス」とか呼ぶようになります。このように物流は環境問題にとって「正義の味方」でもあるのです。

3. 物流概念の整理と定義

　さて，お気づきでしょうか。ここまで物流の定義をしてきませんでした。えっ，「序章でしたじゃないか」って？　いや，あれは仮の定義です。本書での正式な定義はまだしていません。というのは，いきなり小難しい定義を示しても，訳がわからないと思ったからです（筆者の大学生のときの経験に基づきます）。定義はさまざまな経緯があって形成されていくものです。物流の歴史を追体験した今の皆さんであれば，これから提示する物流の定義が，なぜそのような表現でなされているのかを理解してくれるのではないでしょうか。

　これまでの物流にまつわる議論の経緯と，表1で示す既存の定義を踏まえて，以下のように物流を定義します。

　物流とは，有形商品の消費・利用・還元のために，供給主体と需要主体との間にある空間，時間のギャップを架橋する機能でもって，商品とその品揃えの利用可能性を提供するサービス・システムである。輸送・保管・包装・荷役・流通加工といった物理的な活動がその実体化を担い，管理を含む情報活動がそのシステム化を担うものである。

表 1　既存の物流の定義

定義者と文献	定　　義
①American Marketing Association による 1948 年の定義（AMA [1948] p. 212）	PD を「生産の地点から消費ないしは利用の地点までの財の移動ならびに取扱い」とした。
②American Marketing Association による 1960 年の定義（AMA [1960] p. 16）	PD を「生産の地点から消費ないしは利用の地点までの財の移動ならびに取扱いの管理」とした。
③スマイキィらによる定義（Smykay et al. [1961] pp. 1-4）	PD は「原材料と完成品の移動と移動システムの開発に責任を有する事業管理」とみなすことができるとし，「企業のマーケティング努力に不可欠な要素（integral part）」とした。
④NCPDM による 1963 年の定義（Bowersox et al. [1969] p. 4）	PD を「生産ラインの終点から消費者までの完成品，時には供給源から生産ラインのスタートまでの原材料に関する効率的な移動に関連する幅広い活動を表す」ものとし，具体的には「貨物輸送，倉庫運営，荷役，保護包装，在庫コントロール，施設や倉庫の立地選択，注文処理，市場予測，および顧客サービス」が含まれると定義した。
⑤統計審議会による定義（統計審議会 [1965] 9頁）	物的流通を物理的な「ものの流れ」に関する経済活動とし，「物資流通」と「情報流通」があるとした。前者は「輸送基礎施設活動」「輸送活動」「保管活動」「荷役活動」「包装活動」「流通加工活動」からなり，後者は「通信基礎施設活動」「伝達活動」からなるとした。
⑥通商産業省の定義（通商産業省企業調査課編 [1966] 2頁）	物的流通を「製品を物理的に生産者から消費者に移転するために必要な諸活動」とし，「具体的には包装，荷役，輸送，および通信の諸活動をいう」とした。
⑦産業構造審議会の定義（産業構造審議会流通部会 [1966] 253頁）	物的流通は「有形無形の物財の供給者から需要者へ至る実物的（physical）な流れのことであって具体的には，包装，荷役，輸送，保管および通信の諸活動をさしている」とした。さらに「このような物的流通活動は，商取引とならんで，物財の時間的，空間的な価値の創造に貢献している」としている。
⑧アーベリーらによる定義（Arbury et al. [1967] p. 17）	PD は「注文を満たすために必要な情報と完成品の両方の流れに影響を与えるすべての要因の相互関係を意味する」ものであり，「単に特定の注文を満たすためだけでなく，顧客ニーズを満たす準備をするために必要な行動を含む」ものとしている。
⑨林による 1968 年の定義（林 [1968] 13頁）	物的流通は「一切の経済財の，供給主体と需要主体をつなぐ，空間と時間の克服に関する物理的な経済活動」とし，「具体的には，包装，荷役，保管，輸送と情報を指す」とした。
⑩スマイキィとラロンドによる定義（Smykay and LaLonde [1967] p. 8）	PD は「製造面の努力をマーケティングの目標に合致させるために必要なロジスティクスの支援」を提供し，「製品を，適切な価格で，適切な量を，適切な時間に保有する手段」とし，「保管場所，輸送選択，在庫方針，およびコミュニケーションの適切な組合せ」を含むとしている。
⑪エイラットとブリンドル・ウッド・ウィリアムズの定義（Aylott and Brindle-Wood-Williams [1970] p. viii）	PD は「注文を解釈して，企業方針に従って製造あるいは保管の地点から顧客の地点への財の移動に影響を与えるプロセス」としている。
⑫経済審議会流通研究委員会の定義（経済審議会流通研究委員会 [1972] 17頁，130〜131頁）	物的流通は「原義が生産された財を需要者に引き渡す過程にかかわる輸送，保管，荷役，包装，およびこれらを支える情報等の諸活動」であるが，日本においては「通常もう少し広い概念として原材料，中間製品の調達にかかわる前記の諸活動も内包している」としている。「『時間』『空間』それに一部『形質』の効用創出を主要な任務」とする。さらに「生産—流通—消費—還元」という「完結する循環過程のなか」で「効率化を考えるべき」とした。

⑬NCPDM による 1976 年の定義 (Lambert et al. [1978] p. 74)	「源泉から消費地までの原材料，仕掛品在庫，完成品の効率的な流れを計画，実行，コントロールする目的のための 2 つ以上の活動の統合」とし，具体的には「顧客サービス，需要予測，流通コミュニケーション，在庫コントロール，荷役，注文処理，部品とサービスの支援，施設と倉庫の立地選択，調達，包装，返品処理，廃品とスクラップの処分，交通輸送，倉庫運営と保管」とした。
⑭林による 1976 年の定義 (林 [1976] 17 頁)	物流は「有形・無形の一切の財の廃棄，還元も含め，供給主体と需要主体を結ぶ，空間と時間の克服に関する物理的な経済活動である」とし，「具体的には，輸送，保管，包装，荷役等の物資流通活動と，物流に関連した情報活動をさす」とした。ここでの「物流に関連した情報活動」は，物流が個別の物資流通活動を「トータル・システムとして体系化されたもの」とするために必要な情報活動に限定するものとしている。
⑮阿保による定義 (阿保 [1983] 11 頁)	物流は「有形・無形の一切の財の廃棄，還元も含め，供給主体と需要主体を結ぶ，空間と時間の克服，ならびに一部の形質の効用創出に関する物理的な経済活動であり，具体的には輸送・保管・包装・荷役・流通加工等の物資流通活動と，物流に関連した情報活動をさす」とした。
⑯日本工業規格 (JIS) の定義 (日本規格協会編 [2022] 19 頁)	物流は「物資を供給者から需要者へ，時間的及び空間的に移動する過程の活動。一般的には，包装，輸送，保管，荷役，流通加工及びそれらに関連する情報の諸機能を総合的に管理する活動」としている。さらに「調達物流，生産物流，販売物流，回収物流（静脈物流），消費者物流など，対象領域を特定して呼ぶこともある」としている。

　やっぱり，小難しい表現になりますね。お詫びに定義文を冒頭から細かく解説していきます。

　まず，対象を「有形」と強調した点です。表1の⑦，⑭，⑮の定義にみられるように，「無形財」も対象としている定義もあります。ここでの「無形財」は電気，都市ガス，水道を意味しているようです。しかし，一般には無形財は「サービス」を意味します。また，今日まで電気などが物流の対象とされた議論は皆無に等しいです（「電気の物流」とか聞いたことないですよね）。したがって，ここは有形財に限定します。この点はすでに第4章のコラム4-1でも言及しましたよね。

　次に，消費・利用だけでなく，「還元」を含めている部分です。「還元」を目的とする定義は⑫と⑮としかありませんが，前述したとおり，環境保全や持続可能な開発が重視される今日では当然に含められるべきでしょう。リサイクルやリユースを含む「還元」を入れる以上，モノの流れは⑦の定義のような生産者から消費者への一方通行にはならず，双方向になります。たとえば，中古販売業者やリサイクル業者に運ぶことは，還元のために行われる空間的なギャップの架橋ということになります。

　生産者と消費者・利用者という表現ではなく，⑭と⑮と同様に，それぞれ「供給主体」と「需要主体」と表現したのは，生産者も財を利用したり，消費

者も財を生産したり販売したりする可能性があるからです。たとえば，先の「還元」という意味では消費者が生産者にもなりえます。また，前述したようにグローバルな水平分業が当たり前の現在，生産者も立派な利用者です。今日では，生産‐消費という固定的な役割でなく，需要と供給の相対的関係で流通関係をとらえるべきといえるでしょう。

　次の「供給主体と需要主体との間にある空間，時間のギャップを架橋する機能」という表現ですが，これまでの分業や流通の議論から，これらが物流の固有機能であることに異論はないでしょう。気になるのはその後の「商品とその品揃えの利用可能性を提供する」という表現ではないでしょうか。実はこれは2つの効用の意義を明確に表現したものです。何のために**空間と時間のギャップを架橋するのかといえば，もちろん分業生産のためでありますが，最終的には分業の利益を1人でも多くの人間と共有するためです**。そのためには，需要者に商品を届ける必要がありますが，この「需要者に届けて商品を利用できるようにする」ことを専門用語で利用可能性（アベイラビリティ〔availability〕）というので，このような表現になった次第です。行為者視点ではなく，⑧，⑩，⑪と同様に，利用者からの物流の意義を問う，顧客視点に基づく表現であるということもできます。

　他の定義にない「品揃え」が入っている理由は，前述のとおり，流通革命後に物流過程で品揃え形成が強く要求されるようになったからです。「品揃え」という用語を入れることで，混在した複数種の商品を同時に扱うことが前提となっていることを表しているのです。この視点は物流の構造（☞第3部）を考えるうえで重要なものとなります。

　次に「サービス・システム」ですが，これは文字どおり，サービスを生み出すシステムを意味します。表1で示した既存定義の多くが物流を「活動」に属するものとみなしています。しかし，**輸送や保管のような活動はそれ自体で成立する固有の活動です**（中田［2001b］）。引っ越し輸送やプレゼント包装のように，物流と無関係な活動もあります。したがって，活動で物流を定義する（他の概念と区別する）ことに無理があるのです。

　しかし，少数派ですが，②と③の「管理」，⑬の「2つ以上の活動の統合」という表現もあります。前者の「管理」に属する定義は，企業個別的な視点に基づくPDの場合は許されますが，社会経済的な視点を含む物流では許されません。また，後者の「統合」に属する定義は明らかにシステムズ・アプローチを意識しています。しかし，「統合」は行為です。物流を行為ととらえるか，

「統合体」のような存在ととらえるかという悩ましい問題となるのですが，本書では後者の考え方を採用します。それは，物流の本質がシステムズ・アプローチにあるとすれば，物流が具体的な行為に還元されることはない（阿保［1993］）からです。つまり，全体の関係性でみていくのであれば，目の前の行為を指差して「これが物流だ」と定義することはできないからです。「これが金融だ」といえる行為が存在しないことと同じです。よって，存在として物流をとらえますが，ここでは「統合体」ではなく，システムズ・アプローチを踏まえて「システム」と表現します。「それじゃ，システムって何？」という新たな疑問が生まれると思いますが，その点については次章で説明します。

　後半は活動とシステムとしての物流との関係を表した記述となります。本書では各活動が物流を構成する（下位概念とする）という立場はとりません。何度も申し上げますが，これらの活動は固有の存在です。しかし，物流とは大きな関係があります。定義では，その関係を規定しています。「輸送・保管・包装・荷役・流通加工」といった物理的な活動は，システムの「実体化」を担うものとしました。物理的な働きかけでシステム機能を具体的な形にする役割をもつということです。また，「管理を含む情報活動」は物理的な活動の関係を調和させて，システム機能を実現させる役割を担うものとします。表1の多くの定義で言及していない管理活動をここで言及したのは，それ以外の活動だけでは物流を実現するシステム化はできない（中田［2001b］）と考えるからです。管理活動については第10章で言及します。

　最後に，社会経済的な視点と企業個別的な視点の2つの視点の違いについて言及しておきましょう。前者は主に国家政策のために物流を地域単位や産業単位でみるマクロの視点であり，後者は個別企業が物流の管理主体として物流を組織単位や商品単位でみるミクロの視点です。どの視点で見ても物流は物流なのですが（当然ですよね），物流に対して求めることが異なります。つまり，立場によって物流を評価するパフォーマンス尺度が違います。これまでの議論に基づけば，社会経済的な視点の場合は物流政策の実効性が重要なので，①分業制の発展に基づく産業振興，②物価の安定や物資の安定供給による国民福祉の向上，そして③環境保全を代表とする持続可能な開発目標への貢献などが問われるでしょう。一方，企業個別的な視点の場合，一企業の競争力や社会的貢献が重要であるので，①コスト効率性，②サービスの戦略性，③持続可能な開発目標への貢献などが問われます。

さらに学習したい読者に推薦したい図書

林周二・中西睦編 [1968]『現代の物的流通 第1版』日本経済新聞社

林周二・中西睦編 [1976]『現代の物的流通 第2版』日本経済新聞社
　⇨物流概念の萌芽期における当時の状況を知るにはうってつけの本です。大幅に加筆されて1970年代に出版された第2版もあわせて読んでいただくと，70年代までの様子をカバーできます。

中田信哉 [1998]『物流政策と物流拠点』白桃書房
　⇨戦後日本の物流行政について知るには最良の本です。著者である中田先生は直接政策に関わった方なので，歴史資料としても高い価値がある本です。

西澤脩 [1970]『流通費──知られざる"第三の利潤源"』光文社
　⇨日本で初めて民間の人々に物流に目を向けさせた歴史的啓蒙書です。50年以上前に出た本ですが，その内容が現在でも通用する驚きの本です。

苦瀬博仁 [2016]『ロジスティクスの歴史物語──江戸から平成まで』白桃書房
　⇨江戸時代から戦前までの日本の「物流」にも興味がある方に，ぜひ読んでほしい本です。

物流ネットワークの構造を知る

　第1部では物流に関係する視覚的なイメージを得てもらいました。続いて第2部では，歴史を通じて物流の意義について学んでもらいました。そして，第3部では，第6章から第9章の4つの章で物流の構造に迫っていきたいと思います。まず第6章では，物流が果たすべき機能とパフォーマンスを理解することを目的とします。この理解は第7章以降の議論の基礎となります。

　はっきり申し上げて，内容が難しくなります。したがって，理解に至るまで繰り返し読んでもらいたいところです。しかし，第3部の内容を会得できれば，さまざまな業界で物流がなぜそのような展開されるのか，ある程度説明ができるようになるはずです。本書における中核をなすところであるので，時間をかけて学習することをお勧めします。

　第5章で，物流の視座が社会経済的な視点と個別企業的な視点があるといいました。どちらが良くてどちらが悪いという話ではないですが，対象範囲や目的が異なるため，視座を決めておかないと議論が進められません。本書では，個別企業的な視点をとります。その理由は，物流の「主役」である，つまり物流を直接に変えることのできる主体は企業だからです。さらにいえば，社会経済的な視点での物流システム研究が少なく，あっても運輸論がベースとなっているものがほとんど（中田ほか［2003］）という現実的な理由もあります。以上の理由から，第6章以降の議論では個別企業的な視点をとります。

システムとしての物流

学 習 目 標
○物流においてなぜ「システム」にこだわるのか，その理由を理解する。
○機能と活動の違いを理解する。
○各物流機能について理解する。
○物流のパフォーマンスに関するコスト要因とサービス能力について理解する。

は じ め に

　前章で物流はシステムと定義しましたが，ここで1つの疑問が生じます。日本に物流概念が普及した当初から，システムズ・アプローチは関係者の間で浸透していました。多くの文献がその重要性を説いています。それなのになぜ，物流そのものをシステムとみなさなかったのか。システムとみなすのが自然な帰結かと思います。それはおそらく，物流をシステムとみなして議論することに難しさがあるからではないでしょうか。

　システムという言葉はよく使われますが，その意味を問われればはっきりとは答えにくい，何かとらえどころのない概念ですよね。物流だけでなく，情報システムや生体システムなど，他の分野でもシステム観に基づいた説明には苦労しているようです。物流も同様でして，「どの本を読んでも（アメリカやイギリスの本でもです）個別の活動についてはいろいろと書いてあるけれど物流全体を1つのものとして，それをどう組み立てていくかということについてはあまりふれられていません」（中田［2001a］34頁）とか，いわれてしまう始末です（多少言いすぎのような気がしますが……）。とはいえ，物流をシステムと定義してしまった以上，少々後悔するところもありますが，以降では物流をシステムとして説明する努力をいたします。

1. 物流における「システム」

1.1 システムとは

では，まず「システムとは何だろう？」ということになりますよね。さまざまな定義があるのですが，本書では**「部分だけでは説明のできない機能を作り出す仕組み」**とシンプルに考えていただければいいと思います。たとえば，自動車は「走行する」という機能を有したシステムということができます。自動車が走行できる理由をエンジンやタイヤのような部品だけでは説明できません。脳や臓器だけで生命を説明できない生命体もそうです。さらに，経済や司法などの社会的な機能も個々の人間からでは説明できないので，システムといえるでしょう。このようにシステムという概念は人工物，生命体，社会など，対象を選ばない融通無碍な概念といえます。

一般にシステムは，①目的（システムの機能），②複数の要素（サブ機能），③要素間の相互の関連性を含んだものとされます。これを物流に当てはめてみましょう。図1をご覧ください。物流における，システム目的（①）は利用可能性（アベイラビリティ〔availability〕）であり，要素（②）は各活動が実現するサブ機能，関連性（③）は図にある矢印となります。

第3章で輸送や保管などの物流活動から説明しましたが，**機能と活動は意味が異なります**（武城・國領［2005］）。先の自動車の例でいえば，エンジンは動力を生み出す活動を行っているといえますが，それが直ちに走行する力になるわけではありません。トランス・ミッションやシャフトなどの他の部品がもたらす活動と合成することで初めて「走行」という，使用者にとって意味のある働きを取り出すことができます。この**「使用者にとって意味のある働き」**こそが機能に該当します。

したがって，物流の本質に迫るためには，活動だけでなく機能に対しても関心をもつ必要があります。機能は1つの活動で実現されるとは限りません。図1でも示されているように，複数の活動によって実現される機能もあります。たとえば，利用可能性は複数の活動が実現するサブ機能の力を合成することで初めて実現します。利用可能性を実現するためには輸送が消費地に運び，保管が時間を調節することが必要ですが，物流の利用者である消費者は輸送や保管などの活動単体には価値を見出しません。機能としての利用可能性に価値を感じるのです。

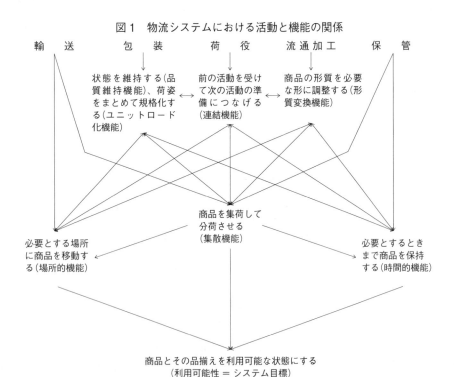

図1　物流システムにおける活動と機能の関係

輸　送　　　包　装　　　荷　役　　　流通加工　　　保　管

状態を維持する（品質維持機能）、荷姿をまとめて規格化する（ユニットロード化機能）

前の活動を受けて次の活動の準備につなげる（連結機能）

商品の形質を必要な形に調整する（形質変換機能）

商品を集荷して分荷させる（集散機能）

必要とする場所に商品を移動する（場所的機能）

必要とするときまで商品を保持する（時間的機能）

商品とその品揃えを利用可能な状態にする
（利用可能性 ＝ システム目標）

注：流通加工の機能は物流関連機能への支援に限定している。また，情報活動は全体にまとまりのある方向に調整する役割があるが，すべての活動と機能に関わるため，図示していない。
出所：阿保［1992］16頁，武城・國領［2005］19頁を参考に作成。

　機能価値を生み出すために，機能と活動の複雑な関連性のデザインと管理，すなわちシステムのデザインと管理をしなくてはいけません。大変な作業ですが，それと引換えに活動単体では達成のできない，新しい機能価値を得る機会を獲得できるのです。物流システムもまた例外ではありません。

コラム 6-1　物流論における「システム」とは ━━━━━━━

　物流の研究においてシステムはカギとなる概念です。しかしながら，システムに対する考え方（いわゆる「システム論」）は複数存在するため，どのシステム論を物流に応用するかによって，議論の様相が大きく変わってしまいます。物流論で応用されてきたシステム論は，「システムが自分自身を省みて，自分の構造を変える力があるか」という基準で2つに分類することができます。

　たとえば，高橋［1990］は，物流センターや輸送プロセスなどのオペレーションの設計手法を具体的に論じていますが，そこでの「システム」は環境変化の適応はシステム自身が行うものではなく，あくまで設計者が「システム設計」すること

で行われるとしています。したがって，ここでの「システム」には「自分の構造を変える力」はありません。同書はオペレーション設計者の視点から書かれているため，当然のことではあります。このような物流システム観を「他者構築に基づくシステム観」としましょう。このシステム観は，特定の現場や拠点において，物流を近視眼的に考察するときには価値のある視座といえるでしょう。

　一方で，阿保栄司・元早稲田大学教授の一連の研究（たとえば，阿保［1996］［1998］，阿保・矢澤［2000］）では，「システムが自分自身を省みて，自分の構造を変える力」がある「システム」を前提として議論しています。これは，著名な社会学者であるニクラス・ルーマンの社会システム理論に依拠しているからです。ここでの「システム」は，社会システムなので，自分で環境変化への適応行動も行いますし，オペレーションの設計能力も「システム」のなかに取り入れられていると考えていいでしょう。環境との関係と自身の状況に基づいて，活動内容を変え続けることで新しい物流サービスを模索する，主体性のある存在ととらえられているのです。このような物流システム観を「自己構築に基づくシステム観」としましょう。このシステム観は組織全体から，あるいは社会経済から物流を大局的に考察するときに価値のある視座といえます。

　2つのシステム観は異なるものですが，どちらかが優れているというものでもありません。補完的な関係にあると思います。場面によって使い分けが必要です。ちなみに本書では，基本的には「他者構築に基づくシステム観」に基づいていますが，「自己構築に基づくシステム観」に基づいた議論（☞第9章のコラム9-2）も行います。2つのシステム観があわさることで，物流に対してより深みのある理解ができると考えているからです。

1.2　システムのサブ機能

　図1は物流における活動と機能の関連を示しています。**活動とサブ機能の合力でもって，最終的に利用可能性の機能を実現することが物流のシステム目標となるわけです**。図1のサブ機能については，第3章で「活動の役割」としてすでに説明しているものが多いです。

- 場所的機能——輸送活動による必要とする場所に商品を移動する機能。輸送機関の活用でもって需要地点と供給地点をつなぎ，空間的ギャップを架橋する。
- 時間的機能——保管活動による必要とするときまで商品を保持する，時間的ギャップを架橋する役割。物流施設の活用でもって需要時点と供給時点をつなぎ，時間的ギャップを架橋する。
- 連結機能——荷役活動による活動と活動を物理的につなげる機能。たとえば，物流センターに輸送されてきた商品を下ろして棚入れして保管すると

いうような，活動間に入って連続性を確保する。

○ **品質維持機能**——包装活動による商品の品質を維持する。包装でもって汚濁，衝撃・摩擦，温度・湿度，外気や細菌の接触などから商品状態を守る。

○ **ユニットロード化機能**——包装活動による荷姿をまとめて規格化する。包装によって1つのユニットとして商品（ないしは商品の集まり）の形状を規格として決めることで，荷役，保管，輸送，情報の標準化を促す。

○ **形質変換機能**——流通加工による必要な形に商品の形質を変える機能。

以上の各サブ機能は特定の活動に紐づいており，いずれも利用可能性を作り出すために欠かせない機能といえるでしょう。一方でまだ説明していない機能が1つあります。

○ **集散機能**——中間の物流拠点にいったん商品を集めることで実現される機能。集散機能には，品揃え効果，荷合わせ効果，在庫プール効果の3つの効果がある。

この集散機能は特定の活動に紐づいておらず，複数のサブ機能の合成でもって初めて実現される機能です。物流拠点に商品を集めるには，場所的機能（輸送）や時間的機能（保管）だけでなく，連結機能（荷役）や品質維持機能（包装）も必要ですよね。集散機能は3つの効果を生み出しますが，それについては項を改めて詳しく説明します。

また，互いのサブ機能は関連しています。たとえば，ユニットロード化で荷役をしやすくさせたり，商品の分解や組立（形質変換機能）で積載効率や保管効率を高めたりします。こうした相互関係に基づいてシステムが機能していることも忘れないでください。

1.3 時間的機能（在庫機能）

集散機能以外のサブ機能については第3章で活動の「役割」として説明しましたが，今後の議論を進めるにあたり，時間的機能についてはより深い理解が必要です。この項では，時間的機能についてより掘り下げてみましょう。

時間的機能は，生産時間と消費時間の時間的ギャップを埋めるための機能です。時間的なギャップを埋めることで，利用可能性の実現に貢献します。実際に時間的効用を得るには，在庫を物流拠点に置くことになりますので，在庫機能と言い換えてもいいでしょう。ちなみに，在庫とは，販売ないしは利用のために保有される商品のことです。完成品だけでなく，原材料，半製品，消耗品も在庫となります。また，保持される場所は物流センターや倉庫だけでなく，

店舗，工場，家庭も含まれます。

1.3.1 時間的機能の意義

では，なぜ生産時間と消費時間との間に時間的なギャップが生まれるのでしょうか。その理由は複数あります。その理由ごとに在庫の保持が必要となりますが，原因ごとによって在庫の名称が変わります。

(1) 生産の平準化

生産時間と消費時間の時間的ギャップが生まれる理由の1つは「**生産活動を平準化したい**」ためです。たとえば，エアコンが最も売れるのは初夏あたりです。したがって，この時期に需要の大きな増加が見込まれます。しかし，直前に一括で生産してしまうと，大きな生産能力が必要となって設備投資も膨れ上がりますし，エアコンが売れない時期は手持ちぶさたな状態になってしまいますよね。そうならないために，年間を通して少しずつ作り貯めする方法がとられるわけです。こうすれば小さな生産能力でも生産ができます。こうした予測可能な需要の増加に備えて保有しておく在庫を**見越在庫**といいます。さらに，その需要増加が季節変化に基づくものであれば，その見越在庫を**季節在庫**ということもあります。季節以外にも，「大々的な広告を打つ」「値下げする」「消費税の税率が上がる」など，見越在庫を必要とするさまざまな変動要因があります。

(2) 規模の経済性の獲得

時間的ギャップが生まれる理由の第2の理由は「**まとめて生産したい**」ためです。製品によっては短期間にまとめて生産することで製品1個当たりのコストが大幅に減るものがあります。鉄鋼や石油化学製品などがいい例です。短期間で大量生産すれば，販売スピードが追い付かなくなるので，多くの在庫を抱えることになります。言い換えれば，規模の経済性を得る見返りとして負担しなくてはならない在庫ともいえます。こうした在庫を**ロットサイズ在庫**といいます。「ロット」とは生産や出荷の単位をいいます。規模の経済性を得るために早い時点での生産や在庫形成を行うことを「投機」という（Bucklin [1966]）ので，**投機在庫**とも呼ばれることもあります。規模の経済性は生産だけでなく，調達や輸送などでも得られます。大量調達や大量輸送など，生産活動以外でもロットサイズ在庫は発生します。

規模の経済性を得たいとするのであれば，広い市場（潜在的な需要のある地域）を対象としなくてはいけません。しかし，そうすると，需要家との距離が長くなってしまいます。そのような状況の場合，注文が来る前に在庫を市場近

くに移動しておくことで，顧客が許容する注文リードタイム内で商品を届けることができます。たとえば，世界中で販売している商品を日本だけで生産している場合，世界各地の物流拠点に在庫を配置しないと，顧客が欲しいときに商品を供給できませんよね。このような，許容リードタイム内で商品を届ける目的で，供給地点と需要地点の間に置く在庫のことを中間在庫と呼ぶことにします。ロットサイズ在庫は，中間在庫として再配置される可能性があります。中間在庫は第7章以降の議論で重要な概念となるので，覚えておいてください。

中間在庫の有する役割は小さくありません。中間在庫を持つことで，生産地と市場が遠く離れていても流通が成立するからです。言い換えれば，中間在庫の存在がビジネスの広域化を可能としているといえるでしょう。しかし，リスクもあります。見込みで在庫を特定市場に移動するわけですから，見込みが外れてその市場で売り切れなかった場合，その在庫商品は行き場を失ってしまいます。こうしたリスクを冒しつつ，見込みで在庫を市場に近づける行為を「在庫形成の投機化」（Bucklin [1966]）といいます。

ロットサイズ在庫と見越在庫のいずれも，供給のペースが需要のペースに合わないときの時間のずれを埋める在庫といえます。よく似ていて，見分けが難しいのですが，違いは生産の平準化が働くか否かという点にあります。生産の平準化が働けば見越在庫，そうでなければロットサイズ在庫とみなしていいでしょう。

(3) 不確実性に対する備え

時間的なギャップの第3の理由は「将来の需要時期が予測できない」ためです。将来の需要が完全に把握できなければ，把握できない分の在庫をあらかじめ保有しておく必要があるということです。言い換えれば，「来週は○個は確実に必要だけれど，それ以上に必要となる可能性がありそう」という場合に，「それ以上に必要となる可能性」に対して持つ在庫です。このような不確実な需要に対して備えておく在庫を安全在庫といいます。不測の需要増加を「吸収」するための在庫なので，緩衝材（衝撃を吸収する素材）を意味する「バッファー」の言葉を用いて，バッファー在庫と呼ばれることもあります。また，納品の遅れや生産トラブルなどの供給面の不確実性も大きい場合は，供給面の不確実性を考慮した安全在庫も必要となります。

必要な安全在庫の大小は3つの要素で決まります。第1に，品切れに対する許容度です。品切れを許すか，許さないかのさじ加減ですね。需要者からの注文に対して，品切れを起こさずに対応できる確率をサービス率（「充足率」とも

いいます）といいますが，目標のサービス率が高いほど安全在庫は必要となります。第2に，不確実性の大きさです。需要の先行きの見通しが悪ければ悪いほど，実現しそうな需要量の幅は大きくなるので，より多くの安全在庫が必要とされます。最後に，注文リードタイムと発注間隔の長さです。これらの時間が長くなればなるほど，次回の補充タイミングが先になってしまうので，その分安全在庫が必要となるのです。安全在庫を減らしたいのであれば，これらの要素を軽減する必要があります。

　理論的にいえば，見越在庫とロットサイズ在庫は，事前に把握できる時間のずれに対応する在庫であり，安全在庫は事前に把握できない時間のずれに対応する在庫という切り分けができます。しかし，実際には見越在庫とロットサイズ在庫のいずれの場合でも，受注生産でもない限り，特定のタイミングに「100パーセント間違いなく需要がある」という確約はできません。したがって，この2つの在庫も安全在庫の側面をもつことがあるので，切り分けることは現実的には難しいでしょう。

1.3.2 在庫のコストとリスク

　こうして在庫を保有する意義ばかりみると，在庫をたくさん積み上げたくなるかもしれません。しかし，在庫を持つことは，コストとリスクの2つの負担を抱えることも意味します。在庫を保有すれば，保管が必要となります。保管スペースを確保するために倉庫の賃料（☞第2章），人件費，設備投資，保険料，光熱費なども必要となります。しかし，在庫コストはこうした保管コストだけではありません。

　所有する在庫が陳腐化すれば，価値が棄損して損失が出ます。たとえば，100万円で仕入れた商品を50万円でしか売れなくなったら，残りの50万円は損失となります。陳腐化の原因には，有機物が物理的に腐ること（物理的陳腐化）だけでなく，新モデルが出て商品機能が時代遅れになること（機能的陳腐化），デザインが古くなって消費者の心に刺さらなくなること（心理的陳腐化）も含まれます。所有しているだけで，いつのまにかに損失が出るという，おそろしいコスト要因なのです。保有している在庫が多いほど，陳腐化のリスクも大きくなります。

　さらに，資本コストもあります。在庫には資金が投資されています。在庫はお金のなり代わりなのです。資金を借りれば利子が，株主からの出資であれば配当がかかります。利子や配当のような在庫資金を調達するためのコストは，在庫を持たなければ必要のないコストなので，在庫コストに含めるべきでしょ

う。

　また，資金力がない会社の場合，在庫が現金化できない間，手許現金が乏し
くなって資金繰りが苦しくなる場合もあります。在庫が膨れ上がって資金繰り
が悪化して倒産するリスクもあります。こうした資金繰りのリスクも在庫保有
にまつわるリスクです。

　以上のように，在庫を所有することにはさまざまなコストとリスクがありま
す。在庫コストには，通常の財務会計では把握しにくいコストもあります。時
間的機能を実現するために在庫の保有は物流にとって欠かせないものですが，
コストやリスクとのトレードオフ関係があるということを念頭に置いておく必
要があります。

1.4　集散機能

　集散機能は，図2の左図(a)のような直接の供給ではなく，右図(b)のように
拠点の間に中間の物流拠点（ノード）をあえて設けて，そこにいったん商品を
集めることで実現される機能です（この図は第2章の図1としてみたものと形が
同じですね）。中間に拠点を設けることはまどろっこしく思われるかもしれま
せんが，実はその手間を超えた大きな効果があります。**集散機能には，品揃え
効果，荷合わせ効果，在庫プール効果の3つの効果があります。**

　序章で物流の構造は一直線ではなく，ネットワーク化しますといいましたよ
ね。1つのノードに複数のリンクが接続されることでネットワークは形作られ
ます。集散機能の3つの効果を追求することで，ノード（物流拠点）に複数の
リンク（輸送）が集まる結果，物流構造がネットワーク化するのです。

1.4.1　品揃え効果

　第1の集散機能の効果は品揃え効果です。たとえば，晩御飯にカレーを作り
たいと考えれば，カレー・ルーだけでなく野菜やお肉などの食材が必要となる
でしょう。そのような場合，消費者は食品スーパーのような，食材をワンスト
ップで買い物できる店舗に行くことが一般的ですね。一括で買えるだけでなく，
食品スーパーでは，消費者の多様な好みに応じるために，多くの種類のカレ
ー・ルーが棚に並んでいます。読者のなかにも品数が多い店舗が大好きな方が
多いのではないでしょうか。店舗に商品を納入する卸売業者も，一括で取引で
きればいい商売になるので，多種多様の商品を取り揃えようとします。

　こうした商品が取り揃えられたものを品揃え物（assortment）といいます。
品揃え物は，それぞれの商品が補完し，全体の品揃えとして購入者のニーズに

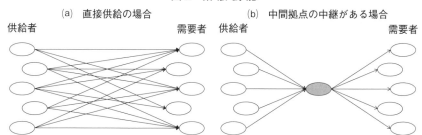

図2　集散機能

(a)　直接供給の場合　　　　　　(b)　中間拠点の中継がある場合

対応したりすることで価値が決まります（Alderson［1957］）。流通業者は，購入者が求めそうな品揃え物を考案して品揃え形成を行います。好みの違いに応えるために，比較ができる幅のある組合せ，一括で購買しそうな組合せを考えるわけです。総合的な品揃えが，流通業者の存在価値を決めるといっても過言ではないと思います。

　したがって，**流通業者が物流で提供すべき利用可能性の対象は商品単体ではなく，商品の取揃え，すなわち品揃え物ととらえるべきでしょう。**第5章で言及したように，流通革命以降，小売業者の取り扱う品目数は大きく増えました。面積の小さいコンビニ店舗でも3000品目を扱うとされます。スーパーやドラッグストアであれば万単位になります。したがって，卸売業者もこれに対応して多くの品種を扱う必要があるのです。

　消費者が期待する品揃え物を物流が実現する必要があります。実際には店舗や物流センターで品揃え物が形成されています。**品揃え物は，取扱品目数とロットサイズで構成されるので，具体的には製造業者から消費者に向けての物流過程でその2つの内容を調整していくことになります**（表1）。

　1つの製造業者では製造できる品目に限りがあるため，多様な品目を取り揃えるためには，流通業者は複数の製造業者から調達する必要があります。物流センターや店舗には複数の取引先から仕入れた商品が続々と入荷してきますよね。このように，取扱品目数は物流過程が進む（下流に行く）に従って増加していくはずです。

　一方で，大量生産・大量販売で利益を出したい製造業者は出荷のロットサイズを大きくしたがります。たとえば，ピース（バラ）でなくケースで，1ケースではなくパレットでまとまるケース数でしか注文を受けないかもしれません。しかし，消費者はそのような大きな単位での購入は望みませんよね。したがって，物流が消費者の求めるロットサイズに小分けしていく必要があります。ロ

表1　品揃えの要素

位置 品揃えの要素	上　流 （製造業者側）	下　流 （消費・利用者側）
取扱品目数 ロットサイズ	少ない 大きい	多　い 小さい

ットサイズは物流過程が進む（下流に行く）に従って小さくなっていくはずです。たとえば，ケース単位からピース単位に変えるピース・ピッキング（☞第3章）は，物流センターでロットサイズを小さくする具体的な方法の1つです。

　物流には，取扱数品目数を取り揃え，かつロットサイズを小分けして，期待される品揃え物に近づけていく努力が必要となります。**この取揃えと小分けのために集散機能が利用されます。**図3をご覧ください。アミの濃淡は商品の違いを表していますが，同一商品が大ロットで供給者から提供されます。中間拠点で複数の商品が取り揃えられ，これらを小分けし，需要者別に仕分けして出荷すれば，需要者は多種の商品を小ロットで取り揃えることができるのです。たとえば，物流センターでは複数の製造業者や卸売業者から多品種の商品が入荷され，保管されます。そして，顧客（需要者）からの注文に応じてピッキングや小分けをし，顧客別に荷揃えを行って出荷します。こうした物流センターでのオペレーションが，小売業者や消費者が望む品揃え物を形作っているといえます。

　ここで注意点が2つあります。**1つは品揃え物の内容（どの商品を揃えるのか）を決めるのは物流ではないことです。**消費者が求めそうな商品の組合せは無数に考えられ，すべてを提供することはできません。したがって，どこまで商品を扱うかを決める必要があります。それを決めるのは商流であり，物流ではありません。物流はその決定に従うまでです。たとえば，流通業者であれば，マーチャンダイジング（商品計画）が扱うべき品揃え物を決めます。

　いま1つの注意点は，**品揃え物には2種類ある**ということです。これまでの話は物流上の品揃え物についてです。実はもう1つ，商流上の品揃え物があります。インターネット・ショッピングやカタログ販売のように，実物を目にしなくてもデータベース化された商品情報を見るだけで商品の購買を決めることもできます。とくに企業間の売買においては，サンプルを見ることがあっても，実物を目にせず購入を決める場合がほとんどです。確実に所有権と利用可能性を需要者に引き渡すことができるという信頼があれば，商品情報だけで売

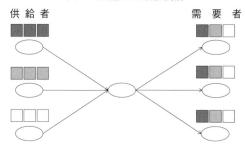

図3　品揃えと集散機能

買の約束を成立させることができます。したがって，必ず物流上で商品を取り揃えなくてはいけない，というわけではないのです。

　ではなぜ，商流上だけではなく，あえて物流上でも品揃えを行うのでしょうか。その理由は３つあります。第１に，商品の購入を現物を見ずに決められない場合があるからです。天然食材の購入がいい例ですね。第２に，購入した後にすぐに利用したいニーズが多い場合です。そのようなニーズを満たすためには，潜在的な購入者が近くにいる拠点や店舗に在庫を取り揃えておく必要があります。食品スーパーや卸売市場がいい例ですね。最後に，ロットサイズを崩す必要がある場合です。製造業者のロットサイズが大きすぎる場合，流通業者が仕入れてロットサイズを崩してから再販売する必要があります。このプロセスは商流だけでは成立しません。

1.4.2　荷合わせ効果

　集散機能の第２の効果は荷合わせ効果です。**荷合わせ**（consolidation）**とは，その字のごとく荷物をまとめることです**。すでに第２章で少し紹介しましたよね。多数のモノを運ばなくてはいけないとき，１つずつ運ぶのではなく，いっぺんに運べば楽をしたくなります。その「いっぺんに運んで楽をする」というのが，荷合わせ効果なのです。

　問題は「いっぺんに運ぶ」ために荷物を集めなくてはいけないのですが，実はその具体的な方法はすでに第３章で紹介しています。何だかわかりますか。そうですね。ハブ・アンド・スポークの方法ですね。多数の荷送人から輸送拠点に貨物を集荷し，方面別に仕分けをします。それを大型輸送モードによる輸送（狭義の輸送）でもって一括で仕向地に運び，最後に配送で荷受人の場所まで届けるという流れでしたよね。荷合わせによって「大型輸送モードによる輸送」が可能となり，輸送における「規模」と「距離」の経済性（☞第１章）を獲得できるのです。

第2章で説明したように，荷合わせ効果はターミナルの役割の1つです。荷合わせすることで混載輸送が可能になるのです。異なる荷主のコンテナや貨物を輸送モードが運べるのはターミナルの存在があるからこそなのです。しかし，**荷合わせ効果はターミナルの専売特許ではありません。物流センターでも荷合わせ効果が発揮されています**。前述したように，物流センター（とくに小売店舗向けの物流センター）では多数の供給者から商品が届き，それを需要者別に仕分けして集荷します。この行為は品揃え効果をねらいとしたものでもありますが，荷合わせ効果をねらったものでもあります。これを図2を用いて説明しましょう。

　図2の(a)のように，物流センターがない場合，需要者は供給先の数だけ荷受けをしなくてはなりませんし，供給者は需要者の数だけ出荷を行わなくてはなりません。そこで，図2(b)で中間拠点を設けて商品の荷合わせをするとどうなるでしょうか。供給者から商品を中間拠点で集めて需要者ごとに仕分けして出荷します。その結果，輸送トリップ（ある地点からある地点へと貨物を輸送させること）の数が，(a)と比較して大きく減ることがわかりますよね。どれくらい減ったかというと，(a)ではトリップの数は需要者数と供給者数の掛け算で決まっていましたが，(b)では両者の足し算になります。需要者数と供給者数が多いほど，トリップの減少効果は大きくなります。このように**中間拠点で荷合わせすることでトリップ当たりの輸送量が増えれば，規模の経済性が働いて輸送単位当たりのコストを抑えることができるのです**（Hall [1947]）。こうした荷合わせ効果によって輸送トリップの数を抑制する効果が，物流センターの存在意義の1つとしてあげられています。

　このように物流センターは荷合わせ効果と品揃え効果の2つを同時に実現していることが多いのですが，例外もあります。たとえば，インターネット通販用の物流センターであるフルフィルメント・センター（☞第2章）がそうです。インターネット通販の場合，品揃え効果はオンライン上で完結します。取り扱っている商品を1つの物流センターで物理的に取り揃える理由は商流上ありません。それならば，供給者が直接消費者に商品を送ってもいいですが，あえてフルフィルメント・センターをなぜ活用するのでしょうか。その理由は荷合わせ効果にあります。フルフィルメント・センターで多くの発送商品を方面別にまとめることで配送車の積載効率を向上させることができるからです。したがって，フルフィルメント・センターは荷合わせ効果はあるが，品揃え効果がなくても成立する物流センターであるといえます。

なお，荷合わせ効果が同じ規模の経済性をねらうロットサイズ在庫の効果と似ているように感じますが，規模を大きくする方法が違います。ロットサイズ在庫の場合は単一商品の在庫を形成することで，荷合わせ効果の場合は複数商品をまとめることで，規模を獲得します。

1.4.3　在庫プール効果

　第3の集散機能の効果は在庫プール効果です。この効果を直観的に理解してもらうため，図4をご覧ください。(a)のように，3つの拠点に分かれて3個ずつ，計9個の在庫を持ち，それぞれが担当する地域の注文を受け付けて，在庫を引き当てる（販売待ちの状態として他の注文に使われないように確保しておく）とします。ある日にそれぞれ2～4個の計9個の注文が来たとすると，拠点Bで在庫が足りず，品切れが発生します。そこで，右図のように1つの拠点に在庫を置く拠点をまとめ，すべての注文と在庫の引当てをこの拠点で行うとします。すると，同じ注文量，同じ在庫量であっても品切れが発生しません。このように，**引き当てる在庫の配置場所をまとめることで，品切れが起きにくくなる**ことがわかりますね。

　顧客から注文がいつ来るかはわかりません。前述のとおり，不確実性が高いほど需要予測が難しくなるので，安全在庫は多く必要となります。全体需要の大きさが一定であるとすれば，注文を引き当てる在庫の配置場所の数が不確実性に影響を与えます。というのは，注文をまとめて受けるほど大数の法則がより働くので，不確実性を抑えられるからです（コラム6-2）。よって，需要予測が正確になった分，品切れ率も減って必要な安全在庫も少なくて済むわけです。つまり，**在庫を集中配置すればするほど需要予測が容易になり，品切れ率が低くなって，かつ必要な安全在庫が減っていく**という論理です。このように，在庫をまとめて持つことで品切れ率と安全在庫を抑える効果について在庫プール効果と名づけておきましょう。

　在庫を置く拠点の数はさまざまな理由で決まるので，在庫プール効果だけで拠点数を決めるのはお勧めできません。しかし，集散機能を活用すれば，拠点数を大きく変えず，在庫プール効果を実現することができます。図2(b)のように中間拠点を設けて，商品の流れをいったんせき止めます。そうすると，中間拠点で各需要者が持つべき在庫の一部をまとめて肩代わりして保管できます。肩代わりした在庫については在庫プール効果を働かせられるので，全体の安全在庫を減らすことができます（Hall [1947]）。ただし，効果を高めるには，需要者の望むときにタイムリーかつ必要な分だけ商品を供給するために，中間拠

図4　在庫プール効果のイメージ図

(a)　3拠点に在庫を分散配置

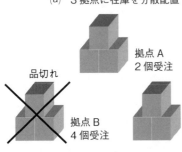

品切れ

拠点A
2個受注

拠点B
4個受注

拠点C
3個受注

(b)　1拠点に在庫を集中配置

2＋4＋3個
＝計9個受注

同じ需要でも品切れを起こさない

点は需要者に近い場所に配置しておくことが求められます。そのような供給が
できなければ，需要者が持つ安全在庫が多く必要となり，在庫プール効果が減
殺されてしまいます。たとえば，大規模の小売チェーンでは，近接の物流セン
ターからの多頻度小口配送でもって各店舗への商品供給を行うことで，在庫プ
ール効果を獲得し，店舗の在庫を抑えて販売面積を増やすことが一般的になっ
ています。

　以上の3つの効果が期待される集散機能は，輸送や荷役など複数の活動を合
成して達成される機能であり，システムであるからこそ実現できる機能である
といえます。システムでは，個別の要素の振る舞いで説明できず，要素間の関
係から生まれる特性を創発といいますが，集散機能の実現は物流システム固有
の創発現象ということもできるでしょう。

コラム6-2　大数の法則と在庫の関係

　大数の法則は，コイン・トスを何回も繰り返すと（イカサマがなければ）表が出
る確率の平均が50％に落ち着く（図5）ように，事象がある特定の確率で発生す
る試みを繰り返せば繰り返すほど，実際に発生する確率は落ち着いていくという法
則です。
　ある商品に対して注文が来るか否かも確率です。したがって，大数の法則に従え
ば，その商品の注文数が大きくなればなるほど，注文が来る確率を予測するのが容
易になり，その結果，安全在庫も減らすことができます。しかし，単純に「注文数
を増やす」といっても，この世知辛いご時世では簡単ではありませんよね。そこで，
同一商品の在庫の置いておく場所をバラバラにせず，ひとまとめに保管してみると
どうでしょうか。この方法でも注文数もまとめることができますよね。その結果，
大数の法則が働いて需要予測がしやすくなるのです。このように，「保管場所をま

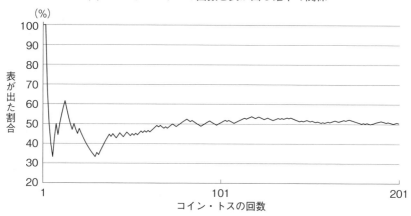

図 5 　コイン・トスの回数と表が出る確率の関係

とめる」⇒「大数の法則で需要予測がしやすくなる」⇒「安全在庫が減る」という
ロジックが，在庫プール効果を働かせる「からくり」の正体です。

　さらに応用技もあります。実は在庫をまとめなくても，在庫プール効果を得る方
法があるのです。実は，本当にまとめるべきなのは在庫ではなく，注文と在庫の引
当てです。1 カ所に在庫をまとめないと注文も引当ても 1 カ所にまとめられないと
いう前提があるので，「在庫をまとめる」ことが条件となってしまうのです。しか
し，リアルタイムで各所の在庫状況が共有され，かつ離れた場所からでも在庫を引
き当てることができるようになれば，実はバラバラに保管しても注文の処理はまと
められるのです。現在の情報技術を使えば，この状況を実現することはさほど難し
くありません。

　たとえば，複数店舗の在庫が共通の情報システムで管理されており，自店にはな
い商品を他店の在庫状況を確認して取り寄せることができるとします。こうするこ
とで「バーチャル物流センター」が誕生します。複数の店舗の需要と在庫の引当て
をまとめることで在庫プールの効果を実際の物流センターを使わずに得ることでき
るからです。ただし，この方法は他店から商品を取り寄せる時間とコストが別途か
かるという問題があります。この問題が小さくなく，実用化するのに大きな障害と
なっています。

2. 物流のパフォーマンス

　システムは機能目標を達成するためにあるといいましたが，利用者にとって
はそれだけでは満足しないでしょう。たとえば，自動車の評価はただ単に「走
行する」という機能面だけでなく，たとえば「乗り心地が良い」「運転しやす
い」「加速が優れている」などの走行サービスのパフォーマンスも問われるで

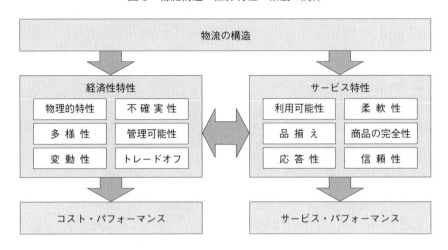

図6　物流構造 - 媒介特性 - 業績の関係

しょう。また，「車両価格が適当である」「燃費がいい」「メンテナンスがかからない」などのコスト・パフォーマンスも大きな評価基準になるはずです。利用者にとってシステムの良し悪しは，機能の実現だけでなく，サービスやコストのパフォーマンス（性能）で決まります。システムである物流もまた「速い」「正確」「安い」などというようにサービスとコストのパフォーマンスが問われます。物流サービスが事業の維持や発展のために必要であればあるほど，より高いサービス・パフォーマンスが問われます。その一方で，使える資源が有限である以上，コスト・パフォーマンスも同時に問われるのです。

　さらにいえば，持続可能な社会に対する配慮が必須の時代ですので，その視点からのパフォーマンスも重要です。この点については第14章で言及することとします。物流のパフォーマンスは，コストやサービスの視点だけでなく，多面的な視点から評価される時代になっています。

　図6は物流の構造とパフォーマンスの関係を示した図です。物流の構造が2つのパフォーマンスを決めるわけですが，とくにコスト・パフォーマンスに影響を与える構造要因をコスト要因，サービス・パフォーマンスに影響を与える構造要因をサービス要因と名づけましょう。以下では，代表的なコスト要因とサービス要因について説明します。

2.1　コスト要因

　物流を実際に行うには多くのコストが必要となります。コスト・パフォーマ

ンスに影響を与える要因は多数ありますが，以下では代表的なものについて説明しましょう。

2.1.1 物理的特性

物流の語源が「physical distribution」であるように，物流は「physical（物理的な）」な扱いで実体化されます。したがって，「遠い」「重い」「大きい」「速い」「散らばっている」「冷やす（暖める）」モノの取扱いには，物理運動で費やすエネルギーやマンパワーが多く必要となり，コストもかかります。序章でも言及したトイレット・ペーパーの物流の場合，商品体積が大きいので輸送コストがかかります。したがって，消費地の近くに工場を建てて輸送の負担を減らすわけです。商品や包装を軽量化・コンパクト化する，大型輸送機関（例：大型コンテナ船）を活用するなどで物理的特性に由来するコストを軽減することができます。また，食品業界や医薬品業界などで普及している，一貫して低い温度帯を維持して行う物流サービスをコールド・チェーンといいますが，輸送や保管で低温を維持するためには多くのエネルギーが別途必要です。

2.1.2 多様性

作業をまとめられないほど，活動の形態が多様であるほど，規模の経済性が効かなくなります。商品の数だけ保管場所が必要です。顧客が多ければ仕分けが細かくなり，荷姿が異なれば荷役方法が異なります。多様性がより多くの形の活動を必要とし，より多くの資源消費を生んでしまうのです。最たる多様性の例は，「温度帯」です。品質を維持するために温度管理の必要な商品は，指定温度のもとで輸送や保管がなされなくてはなりません。食品や医薬品のように，商品によって指定の温度帯が複数ある場合，温度帯別に物流を構築する必要があります。したがって，指定温度が細分化されるほど，物流コストは確実に上昇します。

さらには，多様性が高くなると，管理も複雑になるので管理コストも上昇します。商品の数だけ需要予測と在庫管理が，顧客の数だけ受注管理が，温度帯の数だけ温度管理が必要です。ほかにも，複数の顧客への配送ルート（どのような順番で顧客を巡回するか）を決定する場合，配送先の数が重要となります。考えられる配送ルート案の数は配送先の数で大きく変動するからです。たとえば，配送先が20とすると，配送ルート案の数は20の階乗，つまり $20 \times 19 \times 18 \times \cdots \cdots \times 2 \times 1$ となり，約243京（！）通りという天文学的な数字になります。1つひとつを吟味して最適なルートを選択するのは，かなり気の遠くなる話ですので，最適解をあきらめて大体のところで妥協するいうのが現実的な手法に

なります。

　ちなみに，何度か言及してきたユニットロード化や荷合わせは多様性を緩和することで規模の経済性を獲得する具体的な手段といえます。

2.1.3　変動性と不確実性

　物流の需要は時間経過とともに変動しますが，輸送や保管のキャパシティは需要変動に合わせて柔軟には変えられません。倉庫や自動車をやたらと買ったり売ったり，従業員を簡単に辞めさせたりはできませんよね。したがって，**活動のキャパシティの大きさを決定するにあたり，需要の平均値ではなく，需要の最大値が参考にされます。**しかし，キャパシティを大きくもてば，暇なときに大きな遊休状態をつくることになります。遊休状態でもキャパシティ維持のためにはコストがかかってしまいます。このような未活用なキャパシティの維持にかかるコストをアイドル・コストといいます（不働費ともいいます）。こうした需要の変動性に基づくコスト上昇を問題視しなくてはならない代表例として，季節商品の物流があげられます。

　さらに，こうした**需要変動の規則性がわからず，予測の精度が上がらない場合，需要量と供給量を一致させることが難しくなります。**安全在庫に関して解説した際でも問題になった需要の不確実性の問題です。**供給が需要を充足できない場合，売上を得る機会を逃して損失が出ます。**このような損失を機会損失といいます。さらに，欲しかった商品が手に入らないことで顧客ロイヤルティ（顧客の愛着）を失う可能性もあります。一方，**供給が需要を超えた場合，在庫が余って陳腐化する可能性があります。**いずれにしても，需要と供給が一致しない場合には損失が生じるのです。このような損失を需給コストと呼ぶことにしましょう。不確実性によるコスト上昇を問題視しなくてならない代表例としては，新商品の物流があります。

　ちなみに，不確実性が発生するのは需要だけとは限りません。たとえば，供給にも起こります。新型コロナウイルスの感染が拡大したことで生産や物流が止まり，部品の供給がストップしました。外部からの供給にも不確実性は存在します。さらにいえば，発生個所は外部に限りません。品質不良で出荷できる商品が足りなくなるとか，コンピューター・トラブルで物流センターがストップするとかのように，社内で発生する場合もあります。こうした不確実性に対しても対応が必要でしょう。

2.1.4　管理可能性

　物流の活動は広範囲かつバラバラに行われるので，全体の動きをリアルタイ

ムに管理していくことは簡単ではありません。しかし，**成り行きに任せてしま**
うと，納入遅延，誤出荷，在庫の陳腐化などの問題が頻発したり，生産性が低
下してコストが増えたりしてしまいます。全体の活動に対して状況に応じて指
示や指導を与えていく必要があります。お金がかかりますが，それ以上のコス
ト回避ができるとすれば管理コストは正当化されます。

　しかし，やみくもに管理すればいいというわけではありません。物流がシス
テムである以上，個々の指示には整合性が問われます。たとえば，効率的な多
頻度小口配送を行うというのであれば，配送車が出発するタイミングでルート
別の荷合わせが完了しているように指示を与えないといけません。出荷に合わ
せて在庫調整ができるように，発注頻度を増やして在庫管理する必要もありま
す。管理単位の間での連携を通さなくては物流がうまく回らないのです。対価
がないにもかかわらず，やみくもに管理を行うのは努力の無駄遣いになります。

　また，こうした管理を自社で行わず，報酬を払って知識をもった専門業者に
任せてしまうという手もあります。いわゆるアウトソーシング（業務の外部委
託）ですね（☞第12章）。専門業者には積み重ねた経験とノウハウがあります
から，高い管理水準が期待されます。しかし，一方で自社の活動とうまく歩調
を合わせられなくなり，システムとしての一貫性が損なわれるという可能性も
あります。たとえば，物流センター運営はしばしばアウトソーシングされます
が，他の物流活動や商流活動との連携が不足していることで，生産性が上がら
なかったり，トラブルが多発したりする事例は少なくありません。

2.1.5　コスト・トレードオフ

　すでに何回か言及しましたが，**活動間において一方のコスト増がもう一方の**
コスト減につながる関係をコスト・トレードオフといいます。第1章で，すで
に輸送費用と保管費用のコスト・トレードオフについて紹介しました。コスト
が上昇してもトータルコストを引き下げることができれば，こうしたトレード
オフは是認されるわけです。これをトータルコスト・アプローチと呼びました
よね。物流全体の効率性を考えるためには，コスト・トレードオフをうまく活
用する必要があります。前述した輸送と保管の間のコスト・トレードオフ以外
に，以下のような例があります。

　　○パレットの導入によって，荷役作業のスピードがアップするとともに労働
　　　生産性がアップした。

　　○包装材を強化してより高い段積みを可能とした。トラック1台に積み込め
　　　るケース数が増えて，輸送効率が上がった。

○新型ガントリー・クレーンの導入でコンテナの積み替え時間が短くなり，より多くの船が接岸できるようになった。

2.2　サービス要因

　物流で顧客に評価されるアウトプットはサービスです。荷主である顧客が直接の物流サービスの提供先となりますが，顧客の顧客（たとえば，小売業者にとっての消費者）も物流サービスの受益者といえます。したがって，物流サービスは顧客からの評価だけでなく，顧客の顧客からの評価も気にする必要があるでしょう。

　物流サービスの中核は当然に利用可能性ですが，商品の届け方は「速く」「正確に」「商品を取り揃えて」など，いろいろとあるはずです。また，「速く」かつ「正確に」届けるというように，複数の届け方を組み合わせて届けることも求められるかもしれません。こうしたサービス要因の組合せ，いわゆるサービス・ミックスは無数にあるのです。

　サービス・ミックスは，企業にとって戦略的な価値をもたらすように整えられなければなりません。たとえば，病院へ医薬品を供給する物流では，多少コストがかかっても品切れと間違いは許されません。また，ホームセンターやドラッグストアのような店舗に納品する場合，幅広い品揃え物を取り扱う能力が求められます。建築資材の物流では，建築現場によって物流の条件が大きく変わるので，柔軟な対応が求められます。第5章で紹介したポーターのバリューチェーンを思い出してください。物流も含めた多様な活動の連結関係が，企業の競争優位を生みます。事業戦略に貢献する物流サービスのあり方が求められるわけです。

　以下では，物流に関する代表的なサービス要因をみていきます。

2.2.1　利用可能性

　利用可能性（アベイラビリティ）は，その言葉のとおり，顧客が望む状態で商品を利用可能にすることです。具体的にいえば，顧客が望むタイミングで，顧客が望む場所に，顧客が望む品揃え物を届けるということです。適切にタイミング，場所，品揃えが同時提供されないといけませんので，場所的機能，時間的機能，集散機能を同時にうまく活用しなくてはなりません（図1参照）。また，利用可能性を高い水準で保つには在庫管理がカギとなります。利用可能性にとって品切れは大敵です。

　利用可能性は，物流が絶対実現しなければならない機能目標です。商品が届

かなければ，顧客にとって物流は存在しないのと同じだからです。したがって，利用可能性の確保はサービス提供という視点から最上位の目標となります。利用可能性の実績評価は，顧客の注文に対して品切れを起こさず対応した割合を意味する，前述のサービス率で行われます。サービス率は品切れ率（欠品率）を裏返した数値ですので，（1－品切れ率）で計算されます。サービス率は，商品点数，顧客数，売上高（金額）など，多様な単位で計算されます。サービス率を100％に近づけることが理想ですが，在庫が大きく膨れ上がってしまうので，どこまで許容するか決めることも重要です。在庫理論に基づくと，サービス率90％の場合の安全在庫を1とすると，95％の場合は1.28倍，99％の場合は1.81倍，99.9％の場合は2.40倍必要となると計算されます。100％に近づけるほど，必要な安全在庫がどんどん増えていくことがわかると思います。

2.2.2　品　揃　え

　前述したように，品揃えは取扱品目数とロットサイズを変化できる能力を意味します。前述の集散機能によって実現されます。基本的には，納品できるロットサイズが小さいほど，取り扱える商品の種類が多いほど，顧客から喜ばれます。納品できるロットサイズが小さくなれば，顧客の在庫負担は軽くなり，納品1回当たりの品目数が多くなれば，納品回数が減り，かつ荷捌きのスペースも少なくて済むからです。

2.2.3　応　答　性

　応答性は顧客からの要求変化に対してより迅速に対応できる能力をいいます。「必要だ」と思ったときに間髪を入れず届けてもらうサービスは，顧客にとって大変にありがたいといえます。応答性の評価では，顧客が発注してから商品が手元に届いて利用可能になるまでの時間を表す注文リードタイム（☞第1章），一定の期間（主に週単位）において納品配送してくれる頻度を表す納品頻度などが応答性に関わってきます。注文リードタイムは短いほど，そして納入頻度は多いほど，応答性は高いといえます。

2.2.4　柔　軟　性

　柔軟性は，顧客の要望やイレギュラーなトラブルに応じて対応ができるサービス能力の幅を意味します。たとえば，顧客が希望する納入時間はさまざまです。業務が開始する朝までに欲しいという顧客もいれば，従業員の時間が空いている昼間に欲しいという顧客もいます。ほかにも納入場所として，顧客の建物の入口まで商品を運搬して受け渡す「軒下渡し」だけでなく，建物内の指定場所（棚や作業場など）まで運搬して受け渡す「置場渡し」が要求されるかも

しれません。こうしたさまざまな顧客のサービス要求に対して，どこまで対応できるかを問われるのが柔軟性です。また，工場の操業停止，地震や台風などの自然災害，港湾の労働争議などの不測の事態に対応できる能力，レジリエンス（resilience）の能力もここに含めます（☞第14章）。

2.2.5　商品の完全性

商品の完全性とは，汚破損（汚れがついたり，壊れたり，傷んだりすること）から商品を守って，供給拠点で出荷されたときの品質状態を需要者に手渡すまで維持する能力です。前述したように，品質維持機能を司る包装のあり方がまずは問われるべきですが，物理的な衝撃リスクが常にある荷役，湿度や温度を管理する保管，振動リスクのある輸送など各活動の協力も欠かせません。物流が複数のプレイヤーによって担われる場合，完全性の責任を明らかにするために，商品引渡し時に品質チェックされることが一般的です。また，医薬品や半導体などのように厳しい品質維持が求められる場合，品質そのものだけでなく，品質管理の仕組み（組織，資源，計画，運用，記録，評価，改善など）が問われることもあります。

2.2.6　信頼性

信頼性は，サービスを約束した内容で提供できる能力をいいます。たとえば，顧客から納品時間を指定されることがあります。それを受諾した場合，許容できる時間差内にきちんと届けないと信頼性が損なわれます。ほかにも，注文された商品を過不足なく届けたり，品切れ率を合意された数字の範囲に抑えたり，送り状の内容が正確であったりすることも信頼性の確保に関わるといえます。さらに，顧客の不安を解消させるための情報（貨物追跡情報や事前出荷通知など）の提供も信頼性を高める方法に属します。

2.3　コスト要因とサービス能力の関係

顧客を喜ばせようとしてサービス水準を上げようとすれば，その分コストがかかります。サービス水準は青天井ではありません。前述したコスト要因とのトレードオフが発生することで，コストがかかるのです。図6のコスト要因とサービス能力の間に向きを示す矢印がありますが，それは両者間のトレードオフ関係を示しています。

といっても，両者の関係はトレードオフだけではありません。互いにプラスになる関係も部分的にはあります。両社は複雑な関係にあるといえるでしょう。図7は代表的な関係を示した図です。図に基づいて，両者の関係をみていくこ

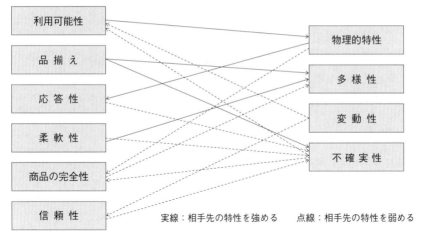

図7　コスト要因とサービス能力の関係

実線：相手先の特性を強める　　点線：相手先の特性を弱める

注：「管理可能性」はすべてのサービス要因に関係するため，割愛した。

とにしましょう。

○利用可能性——利用可能性の確保には在庫量と保管スペースが必要なので，物理的特性との関係があります。また，受注時に在庫があるか否かが問われるわけですが，前述したように，需要の変動性と不確実性が高いと必要な在庫（見越在庫と安全在庫）が増えるため，これら2つのコスト要因が利用可能性の制約となります。

○品揃え——品揃えサービスを強化するにあたっては，多様性に基づくコスト増をどのように抑えるかがカギとなります。包装の標準化やユニットロード化などを用いて，荷扱いをまとめることが求められます。また，在庫を分割して管理することで在庫プール効果が機能しなくなり，品切れや在庫の陳腐化が増えます（不確実性の増加）。

○応答性——応答性の障害は物理的特性といえます。移動距離や商品重量は輸送や荷役の速度に関する大きな制約となるからです。一方で，需要変動を見極めてから意思決定ができるので，需要の不確実性への耐性が強化されます。

○柔軟性——柔軟性も品揃えと同様に多様性を強めますので，コスト増を抑える対策が必要となるでしょう。一方で，柔軟性が高ければ不測の事態にも対応できるので，不確実性を弱める力があるともいえます。

○商品の完全性——物理的特性が汚破損リスクと強く関連しています。また，

不確実性が高いと在庫が残りやすいので，物理的陳腐化のリスクを高めます。一方，商品の完全性の水準が高いと，業務の多様性を緩和します。返品，修復，再出荷などの後始末の処理が減るからです。

○信頼性——トラブルが減るなど，自組織が生み出す不確実性が減る効果があります。また，信頼を得るには安定した対応を継続することが欠かせないため，変動性は信頼性の「天敵」といえます。信頼性を確保するのであれば，変動性を抑える工夫も必要かもしれません。

さらに学習したい読者に推薦したい図書 ────────

武城正長・國領英雄［2005］『現代物流——理論と実際』晃洋書房
　⇨同書の第2章で取り上げられた活動と機能との関係の議論は，本書の議論でもベースになっています。

D. J. バワーソクス, D. J. クロス, M. B. クーパー著：松浦春樹・島津誠訳者代表［2004］『サプライチェーン・ロジスティクス』朝倉書店
　⇨アメリカの代表的なテキストを翻訳した文献です。物流のパフォーマンスに関する記述が豊富で参考になります。

阿保栄司［1990］『物流サービスの戦略的展開』白桃書房
　⇨日本の物流サービス研究をテーマとした数少ない文献です。より物流サービスについて知りたい方は必読。

阿保栄司［1996］『成功する共同物流システム——グリーン・ロジスティクスへの挑戦』生産性出版
　⇨物流に応用すべきシステム観を刷新することで，物流の研究に新しい展開をもたらした名著です。

第7章

物流ネットワークの基本構造

学習目標

- ○ 物流のネットワーク構造を供給者側，需要者側，物流拠点側の3つの視点から理解する。
- ○ デカップリング・ポイント（中間在庫の位置）を基準に物流の性質が，プル型とプッシュ型に分かれることを理解する。
- ○ 品揃え形成位置を基準に物流の性質が，業種型とチェーン型（業態型）に分かれることを理解する。
- ○ デカップリング・ポイントと品揃え形成の2つの位置が，物流構造にとって大きな意味をもつことを理解する。

はじめに

　前章では，物流の構造を学ぶために必要な基礎知識の説明を行いました。前置きが長くお待たせしましたが，これより物流の構造に迫ってみたいと思います。システムはシステムらしく，説明をしなくてはいけません。まとまりのある1つの構造体として，多様なトレードオフ関係に対して説明が可能なモデルを示します。このモデルを理解することで，物流サービスがどのように形成されて，どのようにコストやリスクが発生するか，という物流システムの動きを理解してもらいます。

　前述したとおり，集散機能の追求によって物流の構造はネットワーク化します。製造業者が出荷した商品は，流通業者の拠点で他の製造業者の商品と「遭遇」します。また，特別積合せや宅配便を利用すれば，不特定多数の荷主の貨物とも「遭遇」するでしょう。そのようなつながりで全体をとらえると，物流のネットワークの範囲は広大であることがわかります。ネットワークを包括的に考察する方法もあると思いますが，前述したように，今回は個別企業的な視点（ミクロの視座）に基づく考察です。したがって，ここではネットワークの視点を固定して考察する方法をとります。本章では，①供給者側の視点，②需

要者側の視点，③物流拠点側の視点の3つの視点から物流のネットワーク構造を考察していきます。

1. 供給者側の視点に基づく物流ネットワーク構造

1.1 デカップリング・ポイント

　製造業者のような供給者にとっては，自社製の商品が販売機会を逃さないように滞りなく市場に到達することが重要です。しかし，供給拠点（製造工場）から市場に発送となると，市場が許容する注文リードタイム以内に商品が届かないかもしれません。海外生産の場合はなおさらでしょう。このような場合，第6章で説明したように，市場との間に中間在庫を配置する必要があります。

　図1は，許容注文リードタイムと配送可能距離との関係を示しています。業界や商品によって，顧客や市場が許容する注文リードタイムは異なります。たとえば，賞味期限の短い食品の場合，店舗の発注から納品に至るまでの注文リードタイムは1日程度の短い時間である場合が多いです。一方，自動車（新車）の場合は，購入者は急いで入手する必要を感じていないので，数週間や1カ月以上のリードタイムが許容されるかもしれません。図1で示した式のとおり，**市場が許容する注文リードタイムから配送可能時間が決まり，グラフで示した関係から配送可能距離が求められます**。実際には時間と距離がきれいな比例関係になるわけではないですが，単純化のために図のような比例関係であることを前提として話を進めたいと思います。

　図1の関係に基づいて，配送地域を鳥瞰したものが図2です。円の中心が物流センターの立地する位置であり，その円の領域が物流センターの配送可能なサービス・エリアを意味します。したがって，円が大きいほど，多くの顧客にサービスを提供できることを意味します。図1において許容注文リードタイムの違いで配送可能時間が異なるAとBのケースが示してありますが，図2の実線の円がAのケースでの配送エリアを示し，点線の円がBのケースでの配送エリアを示しています。BのほうがAよりも配送可能時間が短いので，配送エリアの円は小さくなります。しかし，違いがそれだけでない点に注目してください。カバーすべきサービス・エリアが同じだとすれば，AとBで必要な物流センターの数は異なります。つまり，**許容注文リードタイムが短くなれば，物流センターが配送可能なサービス・エリアも小さくなって，必要な物流センターの数が増える**ということになるのです。

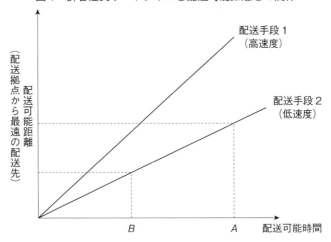

図1　許容注文リードタイムと配送可能距離との関係

配送可能距離（配送拠点から最遠の配送先）

配送手段1（高速度）

配送手段2（低速度）

B　A　配送可能時間

注：配送可能時間＝許容注文リードタイム－必要処理時間（発注から出荷まで）
出所：中田［1976］63頁を参考に作成。

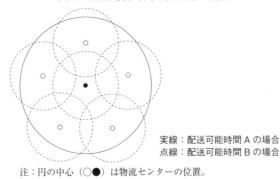

図2　配送可能時間と拠点数の関係

実線：配送可能時間Aの場合
点線：配送可能時間Bの場合

注：円の中心（○●）は物流センターの位置。

　以上の因果関係に供給拠点と中間在庫の配置を加味して図化したものが，図3です。在庫型センター（☞第2章）にある在庫が中間在庫となります。この**中間在庫の位置を決めるにあたり，許容注文リードタイムから導き出される配送可能時間が制約となります**。中間在庫は配送可能時間内で届けられる場所に配置しなくてはならないからです。したがって，配送可能時間が短い場合，図3の(b)のように，物流センターが多く必要となります。一方，配送可能時間が長い場合，図3の(c)のように，中間在庫を置かずに，供給拠点からの直接出荷で済むかもしれません。ただし，許容注文リードタイムの制約は供給拠点の位

図3 配送可能時間，中間在庫の位置，拠点数の関係

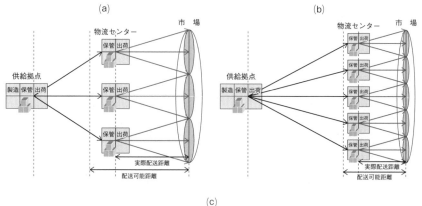

(a)　　　　　　　　　　　　　　　　　　　　　　(b)

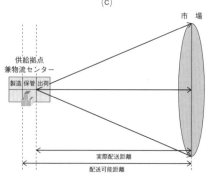

(c)

出所：橋本［2007］66〜67頁を参考に作成。

図4 デカップリング・ポイントと物流の性格

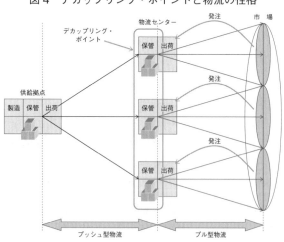

出所：図3に同じ。

置を市場に近いところに再配置することでも緩和できるのですが，一般的に物流拠点のほうが配置を変えやすいことから，ここでは供給拠点は固定しているものとして考えていきます。

中間在庫の位置は物流の特性を変えるため，大きな意味をもっています。図4をみてください。中間在庫の位置は注文を受けて在庫を引き当てる位置でもありますが，このような地点をデカップリング・ポイントといいます（Hoekstra and Romme［1992］）。「デカップリング」（decoupling）とは「切り離された」という意味です。デカップリング・ポイントの前後で物流やサプライチェーンの性格が二分されるので，このようなネーミングがなされました。デカップリング・ポイントよりも手前，すなわち中間在庫を補充する物流ではプッシュ型物流，デカップリング・ポイントを過ぎた，すなわち中間在庫を活用する物流ではプル型物流という形で分かれます。

1.2 プル型とプッシュ型

プル型物流とは，顧客の注文に基づいて動く物流をいいます。顧客注文が引き金となって荷役や輸送などの物流活動が動き出し，あたかも顧客が商品を「引っ張る」ようにみえるので，「プル」（pull）と名づけられています。プル型物流の特徴は，活動量の変動が注文量の動きと同調してしまうことにあります。第6章で紹介した変動性の問題ですね。注文量に大きな波がある場合に問題が生じます。忙しいときには注文を断りたいところですが，断れば顧客のロイヤルティが損なわれるかもしれません。かといって，何でもかんでも受けるとなるとそれなりのキャパシティが必要です。トラック，倉庫，人員は降って湧いて出てきません。こうした資源を自前で揃えておくという選択肢もありますが，そうすると閑散期のときに能力が余ってアイドル・コストが発生してしまいます。外部業者へ委託しようとしても，繁忙期はどこも忙しいので相手にしてくれないかもしれません。このように，プル型物流には変動性への対応が必須となります。

一方，プッシュ型物流は，顧客の注文が来る前に見込みで動く物流をいいます。将来の注文量を予測して，中間在庫を物流センターまで輸送して積み上げておく，事前の備えが中心の物流といえます。プル型物流と違って，物流の変動性に振り回される必要はありません。注文が来る前ならば，好きなタイミングで活動を行うことができるからです。一定のキャパシティの範囲内で収まるように活動を計画的に展開することができます。たとえば，当面100個の在庫

しか必要ないとしても，その後に来る繁忙期でトラックの都合がつかなくなることが予想されれば，さらに100個プラスして先に供給しておくことが可能です。

　ここまでの話だけだと「プッシュ型物流はすばらしい！」と思われるかもしれませんが，プッシュ型にも大きな欠点があります。プッシュ型物流はあくまでも見込みで動きます。中間在庫を販売消化できず，売れ残るかもしれませんし，逆に品切れが起きるかもしれません。つまり，第6章で紹介した不確実性の問題ですね。一方，プル型物流の場合，在庫は注文が来てから動かしますので，予測が外れるリスクとは無縁となります。ちなみに，このようなプル型物流での在庫移動は，その決定は注文があるまで引き延ばされているので，在庫形成の延期化と呼ばれることがあります。第6章で紹介した「在庫形成の投機化」とは対比関係にあります（コラム7-1）。

コラム7-1　延期の原理と投機の原理

　延期と投機の概念を「聞いたことある」「知っている」という読者は少なくないかもしれませんね。マーケティング論や流通論の多くのテキストで紹介される有名な概念です。2つの概念について簡単に説明しておきましょう。

　商品のフローにおいて，延期は商品の形態変化（加工や組立など）ないしは位置の変化（商品在庫の輸送）をできる限り遅いところで行うこと（Alderson [1957]）であり，逆に投機はできる限り早いところで行うこと（Bucklin [1966]）です。延期では，2つの変化をできる限り遅らせることで市場の変化を見極めてから生産や輸送ができるという利点が強調されます。第3章で紹介した流通加工は延期の利点を生かしている方法といえます。一方，投機では注文が来る前に計画的に生産や輸送を行うことで規模の経済性をねらえる利点が強調されます。大量生産や大量輸送をねらう方法ですね。ここまで勉強してきた読者にとっては，理解が難しい概念ではないでしょう。

　しかし，他の文献と読み比べる際には注意が必要です。実は，日本では購買地点の近くに在庫を置くことを「延期」ととらえる場合があります。購買地点の近くに在庫を配置するということは，在庫の移動が「早い」ので，「投機」になるはずです。先の説明からすれば，完全に矛盾していますよね。

　なぜ，このような矛盾が起きるのかというと，小売業者のような特定プレイヤーの立場から「遅い」か「早い」かを判断しているからです。たとえば，在庫型センターをできる限り店舗の近くに立地させることができれば，注文リードタイムを短縮できるので，小売業者は購買決定を「延期」することができます。しかし，このやり方は物流全体からみれば，決して延期ではありませんよね。本来の延期と投機の概念では，特定のプレイヤーの視点からではなく，商品のフロー全体からみて

「遅い」か「早い」かを論じています。小林 [2000] も「在庫位置の変更の延期は，可能な限り購買時点に近づくまで在庫位置を変えないことを意味するため，財は購買地点から遠いところに在庫されること」であり，「活動フローの終（地）点に近いほど延期」とする考え方は「概念上誤った用法」と指摘しています（73頁）。

1.3　物流の2種類の性質

　デカップリング・ポイントの位置で，物流の支配的な性格がプッシュ型か，プル型かが決まります。もう一度，図3をご覧ください。(b)の場合，デカップリング・ポイントの位置が市場寄りとなり，プッシュ型の範囲が大きくなるので，プッシュ型が支配的であるといえます。一方，(c)の場合，デカップリング・ポイントの位置が供給者寄りのため，右側のプル型の範囲が大きくなり，プル型が支配的であるといえます。両者の物流の性質を比較したのが表1です。物流サービスとコスト効率性が対照的で，トレードオフの内容も大きく違います。以下では，2つの性質の違いについてみていきましょう。

1.3.1　プッシュ型が支配的な場合

　最大の利点でいえば，中間在庫の拠点（デカップリング・ポイント）が市場に近接しているため，注文リードタイムが短くて済むということになります。また，顧客が小さいロットサイズでの納品を求める場合，対応がしやすいです。市場の近くまで比較的大きなロットサイズで積載効率の高い輸送ができるからです。ほかにも柔軟性と信頼性で有利であるといえます。これも拠点が市場に近接していることが理由ですが，前者は地域ごとに異なるニーズに合わせてサービス内容を開発することができること，後者は配送距離が短いのでサービスが安定しやすいことから有利であるといえます。また，コスト面では，前述のとおり，計画に基づいて効率の良い輸送を行うことができれば，輸送コストを抑えられます。

　一方，最大の欠点は，見込みに基づくので，予測が外れて需給コスト（☞第6章）が高くなる可能性があることです。予測が外れて展開した在庫が販売消化しきれず，在庫が陳腐化する可能性があります。一方で利用可能性の問題もあります。中間在庫を保管する拠点の数が多くなるので，十分な安全在庫を手当てしない場合，品切れが多発して利用可能性の水準が低くなる可能性もあります。つまり，ある拠点では在庫が余り，ある拠点では品切れが起きるという需給コストの問題があります。また，拠点数が多くなることで負担すべき固定費も大きくなることも忘れてはなりません。

表1 物流の特性比較

比較項目 ＼ 拠点位置	川 下 寄 り（市場に近接）	川 上 寄 り（供給者に近接）
支配的な物流の型	プッシュ型	プ ル 型
サービス・パフォーマンス	利用可能性は悪くなるが，リードタイム，ロットサイズ対応，信頼性，柔軟性は良くなる。	利用可能性は良くなるが，リードタイム，ロットサイズ対応，信頼性，柔軟性は悪くなる。
コスト・パフォーマンス	在庫の陳腐化リスクは高い。計画的な配送が容易なため輸送コストは低くなるが，拠点の数が増える分，固定費は多くなる。	在庫の陳腐化リスクは低い。計画的な配送が困難なため輸送効率は悪くなるが，拠点の数が減る分，固定費は少なくなる。

1.3.2 プル型が支配的な場合

利点と欠点はプッシュ型物流とは正反対のものとなります。**最大の利点は注文後にスタートする活動なので，活動が空振りになるリスクがないということ**です。また，中間在庫を保管する拠点の数が少なくなるので，在庫プール効果（☞第6章）も働き，安全在庫も少なくて済みます。つまり，品切れが起こったり，在庫が陳腐化したりする可能性は低く，需給コストが少なくて済むということです。また，拠点数維持のための固定費の負担も少なくなります。

最大の欠点は，中間在庫の拠点が市場から遠いため，注文リードタイムが長くなることです。許容注文リードタイムが長いからといっても，顧客にとっては注文リードタイムが短いに越したことはありません。また，顧客から小さいロットを求められても対応がしにくい問題もあります。というのは，プル型では輸送量はそのときの注文量で決まるので，ロットのまとまった輸送が難しいからです。ほかにも，柔軟性と信頼性で不利であるといえます。前者は，拠点数が少ないためサービスが画一的なものになりやすいことによります。後者は，拠点と市場が離れているのでサービスが不安定になりやすいことによるものです。また，コスト効率性の面では，前述のとおり，輸送量が需要量と同期化するので，積載効率が低くなるという問題があります。

1.4 トレードオフの克服

以上のように，デカップリング・ポイントの位置が異なれば，物流サービスとコスト効率性のトレードオフもまた異なることがわかると思います。では，このトレードオフをそのまま甘受していいのでしょうか。理想をいえば，トレ

ードオフのいい面だけ受け入れて，悪い面を軽減する方法があればいいですよ
ね。少し難しい議論になりますが，そのような方法について検討してみましょ
う。

1.4.1 プッシュ型物流が支配的な場合

まず，プッシュ型物流が支配的な場合です。リードタイムを短くするために，
需給コストや拠点コストが高くなるというトレードオフを抱えています。その
対策は4つあります。

第1に，**航空輸送のような高速の輸送機関を使用する**ことです。図1で示し
てあるように，市場への配送に高速の輸送機関を使用すれば配送可能距離が延
び，中間拠点を減らすことができるかもしれません。高速の輸送機関はコスト
がかかるので，利用を部分的にする方法もありです。遠距離の顧客だけに使用
する方法，あるいは動きの悪い商品については中間拠点で在庫を持たずに供給
拠点から高速の輸送機関を使って直送する方法です。

第2に，**注文リードタイムを変えずに必要処理時間**（☞図1）**を減らして，
配送可能時間を増やす**方法がそうです。注文を受けてから発送までいろいろな
業務に時間がとられます。その最たるものが注文処理時間と荷役時間です。注
文処理では，在庫の引当て，顧客の信用状態の確認，会計処理，作業指示，伝
票作成など，行わなければならない仕事が盛りだくさんです。物流センター内
の荷役作業でも，ピッキング，検品，包装，仕分け，流通加工，積込みなど，
多数の作業があります（☞第2章）。こうした作業の時間を短縮して配送時間
に回せば，拠点数を減らすことができるかもしれません。具体的な手段として
は作業改善だけでなく，物流施設における機械化や自動化も有効でしょう。

第3に，**横持ち輸送があります**。横持ち輸送は物流センター間で在庫を転送
する方法です。在庫を循環させてリスクを軽減する効果があります。追加の輸
送コストはかかりますが，商品価値が高い場合や陳腐化の速度が速い商品であ
れば，陳腐化による損失が大きいので十分に採算がとれます。

最後に，**在庫プール効果の活用です**。第6章で説明しましたが，図5のよう
に中間在庫の一部をまとめて保持する段階を新たに設けることです。これで全
体の安全在庫は確実に減ります。拠点コストが新たにかかりますが，これも陳
腐化による損失の回避が上回れば正当化できるかもしれません。

1.4.2 プル型物流が支配的な場合

次にプル型物流が支配的な場合です。需給コストや拠点コストが低い代わり
に，リードタイムが長いことや輸送効率が悪いというトレードオフを抱えてい

図5　在庫プール効果の活用

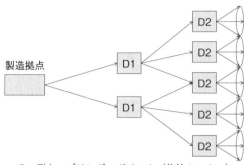

D：デカップリング・ポイント（物流センター）

ます。その対策は4つあります。

　第1に，これも**航空輸送のような高速の輸送機関を活用する**ことです。コストはかかりますが，確実にリードタイムを短縮化できます。

　第2に，**特別積合せ輸送**（☞第1章）や**共同輸送**（☞第12章）**を活用して荷合わせの効果を得る**ことです。輸送の積載効率は高まりますが，荷合わせに時間がかかるので，注文リードタイムがさらに延びてしまう可能性が高いです。

　第3に，**VMI**（vendor managed inventory）**の導入**です。VMI は直訳すれば「納入業者による在庫管理」となります。供給者が顧客の在庫管理を代行する方法です。供給者が顧客の発注タイミングをコントロールできるので，デカップリング・ポイントを顧客の在庫拠点に移し，プッシュ型の物流に切り替えることができるのです。この方法は重要ですので，第8章で詳細に解説します。

　最後に，**プル型物流をあきらめて中間在庫の拠点を増やす**方法です。プル型物流が支配的な場合は，許容注文リードタイムや配送可能時間の制約がかなり緩いはずです。したがって，中間在庫の拠点を増やして，プッシュ型物流の性格を強めるほうに舵を切ることも可能です。たとえば，信頼性や柔軟性に高い水準が求められて，市場の近くに在庫拠点を持たざるをえない場合があります。簡単にいえば，あれやこれや要求してくる「面倒くさい」顧客が多い場合ですね。実は日本は国際的に「面倒くさい」市場として認識されていまして，グローバル企業が日本市場専用のローカルな物流ネットワークを構築するケースは結構あります。

2. 消費者側の視点に基づく物流ネットワーク構造

2.1 品揃え位置の違い

　次に消費者側の視点に基づいて，物流ネットワーク構造をみてみましょう。第5章で説明したとおり，流通革命以降，豊富な品揃え物を売りにする店舗が増え，消費者もそのような傾向を支持してきました。スーパーですべての食材を手に入れられることが消費者の負担を減らし，生活シーンが大きく変わったわけです。こうして，消費者に対する物流サービスとして，品揃えサービス（☞第6章）は欠かせないものとなりました。

　そこで図6をご覧ください。(a)は**業種別物流**です。たとえば，酒類だけを扱う，医薬品だけを扱う，青果だけを扱うなど，特定業種の商品に特化した物流となります。この場合，消費者はサザエさんのような買い物行動をとることになります。野菜が欲しければ青果店に，お肉が欲しければ精肉店に，お魚が欲しければ鮮魚店に行く（どら猫に注意！）ことになるのです。このように，業種別物流によって商品が供給される場合，消費者は欲しい商品がある店舗を自分の足で回って商品を品揃えすることになります。

　次に(b)をご覧ください。この場合でも業種別物流であることに変わりませんが，消費者に代わって店舗が品揃えする形となります。普及し始めのスーパーやコンビニでは，納入業者が直接店舗に商品を届けていました。1974年にセブン-イレブンが日本で創業しますが，創業当時は1つの店舗に1日70台ものトラックが配送しにきた（セブン-イレブン・ジャパン［2000］）そうです。当時は牛乳メーカーごとに異なる配送車が来ました。店舗前に路上駐車したトラックが渋滞を引き起こし，近隣から多くの苦情が来たそうです。店舗従業員もトラックが来るたびに検品などの納品対応をしなくてはいけませんので，大忙しだったでしょう。

　店舗の荷受け負担を減らすために生まれたのが，(c)のような物流形態です。**店舗ではなく，物流センターで品揃えする形態です**。物流センターで納入業者からの荷受けを行い，そこで店舗別に仕分けして出荷する方法をとります。このときの物流センターは品揃えができればいいので，在庫型と通過型のいずれの形態でも機能的に問題ありません。たとえば，コンビニ業界では図7のように温度帯ごとに物流センターで商品を取り揃えて店舗に納品しています。その結果，1日当たりの店舗納品車の数を1桁台にまで抑えることに成功していま

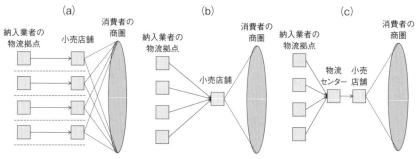

図6 品揃え位置の比較

注：図では省略していますが，納入業者と物流センターは他の小売店舗にも商品を供給しています。
出所：矢作ほか［1993］99頁を参考に作成。

す。こうした品揃え形成の前倒しは品揃え位置の投機化といわれています（矢作ほか［1993］）。**品揃えを早期に行うことで荷合わせ効果（☞第6章）を生み出し，トラックの積載効率を高めているわけです。**

　このような品揃え位置の投機化は「負担を物流に押し付けているだけじゃないか」と思われるかもしれません。しかし，消費者が品揃えをすれば消費者の数だけ，店舗が品揃えをすれば店舗の数だけ品揃え行為が必要となります。それを物流センターで一括処理しようとする工夫だと思ってください。筆者が行った調査で，食品スーパーの物流センターは平均で35店舗に商品を供給していることがわかっています（秋川［2021b］）。1店舗の来店者数が2000人／日前後といわれているので，物流センターは1日当たり平均7万人の消費者の品揃えを代行している計算になります。第2章で学んでもらったように，物流センターは荷扱いに特化した能力をもち，コンピューターで制御されています。大量作業を短時間で処理できる能力を物流センターはもっているのです。その能力が消費者に対する品揃えサービスの提供に生かされているわけですね。

　図6(c)の形態では，**物流センターで　品揃え物を形成してしまうわけですから，この段階で店舗が売るべき商品の組合せが決まっています。**したがって，この場合，特定の小売チェーンや小売業態の供給に特化した物流センターが設けられることが一般的です。実際，小売業向けの物流センターは，特定小売チェーンの店舗に供給先を限定した，いわゆる専用センターであることが多いです。したがって，業種別物流と比較するためにチェーン別物流あるいは**業態別物流**と名づけておきます。

　図6の(a)→(b)→(c)を一続きの発展段階のように説明しましたが，(a)や(b)の形

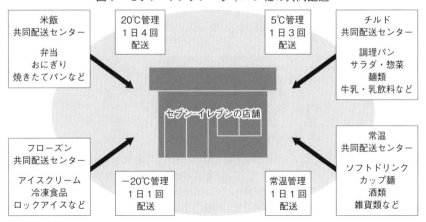

図7　セブン-イレブン・ジャパン社の共同配送

| 米飯
共同配送センター

弁当
おにぎり
焼きたてパンなど | 20℃管理
1日4回
配送 | | 5℃管理
1日3回
配送 | チルド
共同配送センター

調理パン
サラダ・惣菜
麺類
牛乳・乳飲料など |

セブン-イレブンの店舗

| フローズン
共同配送センター

アイスクリーム
冷凍食品
ロックアイスなど | −20℃管理
1日1回
配送 | 常温管理
1日1回
配送 | 常温
共同配送センター

ソフトドリンク
カップ麺
酒類
雑貨類など |

センターの設置状況

	延べセンター数	拠 点 数			センター数
5℃管理	76	5℃　11	−20℃管理		22
20℃管理	79	20℃　14 共同　65	常温管理		52

出所：セブン＆アイ・ホールディングス［2022］41頁より作成。

　態が完全に廃れたというわけではありません。店舗で複数の製造業者の商品を取り揃える必要のない業界，たとえば自動車業界やブランド・アパレル業界では，完成品に限っていえば，業種別物流で十分ですよね。また，(c)の形態は小売チェーンでないと難しいので，納入業者からの直接配送に頼る独立店の場合は(b)の形態をとらざるをえない事情もあります。チェーン店のほうが独立店よりも品揃えが豊富であるのは，こうした物流能力の違いにもよります。

2.2　2つの物流の特性比較

　表2は業種別物流とチェーン別物流の特性を比較したものです。ここでも2つの物流形態の間にトレードオフが発生します。物流サービスの点からいえば，品揃え能力の高いチェーン別物流が優れていることになります。さらに，店内の作業時間短縮のために陳列棚ごとに商品を仕分けして納品することをカテゴリー納品といいますが，このようなチェーンに特化した付加価値サービスの提供もチェーン別物流では可能です。コスト効率性では，複数の納入業者からの商品を物流センターで荷合わせできるので，輸送効率の面でもチェーン別物流が優れているといえます。

表2　品揃え位置の相違に基づく物流特性比較

比較項目　　　品揃え位置	川中（物流センター）	川下（消費者や店舗）
支配的な物流の型	チェーン別物流，業態別物流	業種別物流
サービス・パフォーマンス	品揃えニーズにより広く対応できる。消費者と店舗の負担は軽減する。また，チェーンに特化したサービス（例：カテゴリー納品）も提供できる。	品揃えの対応力が低い。消費者や店舗の負担が大きい。
コスト・パフォーマンス	荷合せ効果で配送効率が高められる。しかし，品揃え拠点の増設に伴うコスト増と，センター納品トラックの積載効率が低くなるリスク，早い段階で最終的な販路が確定されることによる需給コスト増の問題がある。	輸送効率は低い。しかし，最終的な販路の決定を引き延ばすことができる。

　ここまでの話だと圧倒的にチェーン別物流が優れているように思えますが，チェーン別物流には3つの欠点があります。第1には，品揃え拠点のコスト負担です。前述のとおり，専用センターを設けることが一般的ですが，それには相当の投資と運営コストがかかります。それを誰かが負担しなくてはいけません。こうしたコスト回収のために小売業者は納入業者に**「使用料」を支払わせる商慣行が定着しています。**この料金はセンター・フィーと呼ばれており，「納入業者の代わりに店舗配送を行う」名目で料金が納入業者に請求されています。しかし，独自の配送ネットワークを有して，店舗配送も問題なくこなせる納入業者もいます。そのような納入業者にとってはセンター・フィーの支払いに納得はできないでしょう。合理的な根拠なく高額のセンター・フィーの支払いを強要することは，優越的地位の濫用として独占禁止法の違反行為とみなされる可能性があります。

　第2の問題は，**物流センターに納品する商品のロットサイズが小さくなるリスクがあることです。**供給対象が特定の小売チェーンに属する店舗に限られるので，物流センターが供給する店舗の数は少なくなります。その結果，物流センターに納品される商品のロットサイズが小さくなり，納品車の積載効率が低くなるリスクがあるのです。こうした問題に対して複数の納入業者の荷物をまとめるための拠点が別につくられることがあります。こうした拠点は，物流センターに納品するためにつくられた物流センターなので，**センター前センター**

と呼ばれています。こうした対応にかかるコストはチェーン別物流の選択に帰すべきコストです。ただし，高密度の店舗配置を意図的に行って物流センターの供給店舗数を増やすことで問題を回避することができます。こうした店舗配置をドミナント出店といいます（☞第11章）

第3に，**商品の販路が早期に決まってしまう問題**です。チェーン別物流では，物流センターの時点で店舗の品揃え内容がある程度完成してしまいます。そうなると，その小売チェーンで販売消化できずに残った商品はどうなるのでしょうか。図6(a)や(b)のような業種別物流では店舗まで納入業者が物流を行っているので，売れる見込みがないと判断すれば，別の小売業者に売り込んで買ってもらうことができます。しかし，チェーン別物流では，専用センターに商品が着いた時点で他の小売業者に販売する機会がほぼ潰えてしまいます。

「納入業者に返品すればいいじゃないか」と思った読者の方，それは事実として「正解」です。実際に専用センターから納入業者への返品が行われています。返品といえば，消費者が店舗に行うイメージが強いかもしれませんが，物流センターから納入業者に行う返品のほうが量は大きいのです。返品された商品を再販売すれば万事解決，とは残念ながらなりません。未開封とはいえ，他人の手に一度渡った商品の品質に自信はもてないでしょう。また，再販売のための返品処理には手間がかかり，コストも馬鹿になりません。高額商品でなければ，焼却処分したほうが安上がりです。実際に食品業界や日用雑貨業界などでは，一時期まで，返品商品を焼却処分することが当たり前でした。最近では，食品ロスやSDGsの問題意識が消費者に浸透しているので，返品は減少傾向にあるようです（なくなったわけではありません）。専用センターからの返品を減らすには，無駄な発注をしない，残った在庫を売り尽くすというシンプルな方法が一番です。これらは物流ではなく，商流の問題ですね。

見過ごすことのできない問題を抱えたチェーン別物流ですが，品揃えは現在の小売業者にとって生命線です。この方法は，コンビニやスーパーだけでなく，ドラッグストア，家電量販店，ホームセンターなどのほとんどの小売チェーンで普及しています。ただ，幅広い品揃えを提供できる大規模卸売業者（通称「メガ卸」）が誕生してから，現在では専用センターに基づくチェーン別物流でなくても，同様の品揃えが実現できるようになりました。流通業界に専用センター活用を見直す機運もあるので，今後の小売物流の動向が注目されます。

3. 物流拠点視点に基づくネットワーク構造

前述したように，製造業者のような供給者にとって自社商品が販売機会を逃さないように市場に到達すること，消費者のような需要者にとっては欲しい品揃え物が提供されることに関心があります。**両者の間を媒介する物流ネットワークは，両者の要求を1つのシステムで実現しなくてはいけません。**表3は2つの視点の違いを比較したものです。ここでのポイントは，**物流拠点に求める機能がそれぞれ第6章で紹介した「時間的機能（在庫機能）」と「集散機能」であるということです。**物流センターは両方の機能を同時に果たせます。しかし，必ずしも1つの物流センターで2つの機能を同時に実現する必要はありません。**機能を果たしてほしいタイミングがそれぞれ異なるのであれば，別々の物流拠点に分けて機能配置してもいいのです。**以降では，2つの機能が別々の場所で果たされるケースを考えてみたいと思います。

3.1 デカップリング・ポイントが先行するケース

どの程度売れるか読みにくい商品，陳腐化のスピードが速い商品，動きの悪い商品などの需給コストが高い商品は，早い時期に在庫を押し込んで分散配置させるのは得策ではありません。このような商品は注文が来てから移動させるプル型物流が適しています。したがって，デカップリング・ポイントをできる限り，川上に位置させたほうがいいということになります。しかし，品揃えの位置はこれに付き合う必要はありません。図8(a)のように，**供給拠点をデカップリング・ポイントとし，受注後に通過型センターで品揃えを行う方法があります。**たとえば，消費期限が短く，腐敗スピードが速い日配食品はこの方法をとっています。

さらに，図8(b)のように，デカップリング・ポイントを使い分ける方法もあります。たとえば，需給コストの高い商品はデカップリング・ポイントを川上に配置し，需給コストの低い商品は川下に配置するというような使い分けです。前者の取扱いに対しては在庫プール効果でリスクを軽減できますし，後者の取扱いに対しては計画的な輸送で積載効率を高めることができます。ただし，条件として川上に在庫配置された商品については，処理時間を確保するために，注文リードタイムを長めに設定してもらう必要があります。

表3　2つの物流ネットワーク視座の比較

視　　点	問 題 意 識	問われるべき拠点機能	物流タイプの対比
供給者側の視点	商品を市場に分配するにあたり，どこに中間在庫を配置して注文を反映すべきか	中間在庫を有する拠点（時間的機能）	プッシュ物流 vs. プル物流
需要者側の視点	複数の供給者から供給される商品をどこで品揃えすべきか	品揃え機能を有する拠点（集散機能）	チェーン（業態）別物流 vs. 業種別物流

図8　デカップリング・ポイントが先行するケース

(a)

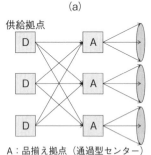

A：品揃え拠点（通過型センター）
D：デカップリング・ポイント

(b)

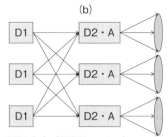

A：品揃え拠点（通過型センター）
D1：高リスク商品のデカップリング・ポイント
D2：低リスク商品のデカップリング・ポイント

3.2　品揃え機能が先行するケース

　供給拠点が1つのエリアに集中している場合，図9(a)のように，そのエリアの拠点で出荷商品を荷合わせしてからまとめて市場に輸送したほうが効率がよくなります。たとえば，小規模の農家から集荷して市場に出荷するケースや，ヨーロッパ中の雑貨を集めて1つのコンテナにまとめて買い手に出荷するケース（いわゆるバイヤーズ・コンソリデーション〔☞第13章〕に相当するケース）がそうです。また，物流センターが各エリアにある場合，図9(b)のように，物流センターが配送だけでなく集荷も行い，集荷商品を幹線輸送で相互融通するネットワーク構築を行う場合もあります。

　同様の効果を得る方法としてミルクランで集荷する方法もあります。ミルクランとは，複数の出荷先を1台の車両で巡回して商品を集荷する方法です。集散機能をトラックが代替する形となり，中継の物流拠点を用意する必要がなくなります。しかし，ミルクランを実現するには供給拠点同士が近接している以外に，以下の条件をクリアする必要があります。第1に，供給拠点が対応できることです。他の出荷とは異なる出荷方法になる可能性が高いからです。たとえば，時間調整が厳しい，大型のトラックが入構できないなどの制約が発生す

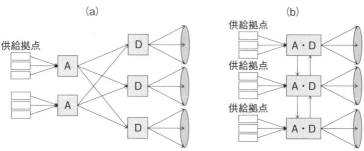

図9　品揃え機能が先行するケース

A：品揃え拠点（通過型センター），D：デカップリング・ポイント（物流センター）

る可能性があります。第2に，荷積みに時間がかけられないことです。1台の車で巡回するので，荷積みに時間がかかると遅延が生じやすくなります。最後に，コスト負担の調整が可能なことです。第5章で説明したとおり，輸送コストは売り手側が負担することが一般的です。しかし，ミルクラン方式では買い手側が負担することになります。したがって，その分納入価格を引き下げてもらわないといけないのですが，その話に売り手側が乗るとは限りません。このように条件をクリアすることで，初めてミルクランが可能となるのです。

さらに学習したい読者に推薦したい図書

ルイス・P. バックリン（田村正紀訳）［1977］『流通経路構造論』千倉書房
⇨流通論の名著として扱われていますが，現在の物流構造の議論に大きな影響を与えた書でもあります。難解な内容ですが，読んでもらいたい一冊です。

中田信哉［2001］『ロジスティクス・ネットワークシステム』白桃書房
⇨物流（ロジスティクス）をネットワーク・システムとして体系的に議論しようとする数少ない和書です。

矢作敏行・小川孔輔・吉田健二［1993］『生・販統合マーケティング・システム』白桃書房
⇨品揃え位置の投機化について詳しく説明している文献です。

橋本雅隆［2007］「ロジスティクスとビジネス・プロセス」中田信哉・橋本雅隆・嘉瀬英昭編著『ロジスティクス概論』実教出版，50〜73頁）
⇨デカップリング・ポイントの位置に基づく物流の性質変化についてわかりやすく説明しています。

第8章

物流ネットワークにおける情報

学 習 目 標
　○物流における情報の役割について理解する。
　○情物分離の意味と意義について理解する。
　○情物分離と情報の粘着性の関係について理解する。
　○物流情報のデジタル化の意義と方法について理解する。
　○物流の構造と情報の関係について理解する。

はじめに

　物流の活動に情報・管理が入っていました。物流をコントロールする情報については第3章で触れましたが，まだ詳しい説明をしておりませんでした。物流にとって情報の存在が生命線となるので，詳しく説明したいと考え，単独の章を設けた次第です。といっても，モノを扱う物流で「情報が生命線」といわれても，ピンと来ないかもしれませんね。本章では，まず物流における情報の重要性を確認してもらうところから始めます。そのうえで，前章までの物流の基本構造の理解に基づいて，情報がどのように役立つのかを理解してもらうことをねらいとします。

1．物流における「情報」の意義

1.1　情報の定義

　情報の定義はいろいろとありますが，本書では「意思決定にとって意味のある言葉や形象」と定義しておきます。

　一般に「情報」といってしまうと，よく国語辞典で見られるような「ある事柄の知らせ」とか，コンピューターによって処理される「デジタル・データ」とかを想像してしまいがちですが，ここではそれらに限定しません。「知らせ」といってしまうと，他者からもたらされることが前提となりますが，自分で必

要な情報を生みだすという「自己完結型」の情報活動を本書では否定しません。また，目の前に「10ケースの在庫が存在する」という視覚的な意識（形象）も，それが意思決定に役立つという条件を満たせば，これを情報とみなします。物流では見聞きした認識に基づいて管理活動を行うという場合がよくありますが，これを知的ではない行為とみなすのは早計です。実際，長年の間，そのような方法で現場は回ってきたのです。したがって，このような方法には「情報処理の技術は存在しない」と考えるのではなく，「情報処理の技術が隠れている」と考えて，その内容をつまびらかにすることが重要であると考えます。明らかになった技術を多くの人と共有したり，情報通信技術（information and communication technology：ICT）をベースにデジタル化したりすることで，物流のよりよい発展を導くことができるはずです。

　情報の種類には，事柄の状態を示す認知情報（例：「○○の在庫は△個ある」），行ってほしい行動を示す指示情報（例：「○○を△個，□□向けに出荷しろ！」），要件の充足／不充足を示す評価情報（例：「○○のサービス率はいまいち」）の3種類があります（吉田［1990］）。こうした情報を記録，保管，伝達，変換する活動を情報活動と本書では定義します。したがって，一般的な管理行為も情報活動に含まれるものと考えます。

1.2　支援物資の物流と情報

　2011年に発生した東日本大震災のときの話（以下の内容は，秋川・久野［2012］，秋川［2014］［2019］［2021a］に基づきます）です。津波で住宅や店舗が流され，倉庫の商品棚も地震で倒れて，被災地に食品などの必需品が決定的に不足してしまいました。そこで，政府や自治体などによって支援物資の物流体制が構築され，被災者に対する物資供給が始まったのです。しかし，序章でも述べたように，結果として多くの物資が物資拠点で滞留してしまいました。**支援物資の物流がシステムとして機能しなかったのです。**物資を切望する被災者に物資は届かず，マスコミや世間から大きな非難を浴びました。

　なぜ，物流システムが機能せず，物資が滞留したのか。その理由に情報が大きく関連していました。発災直後，携帯電話や固定電話が使用できず，情報の伝達がほとんどできなくなってしまったのです。どこに被災者がいて，どの物資を必要としているか，まったくわかりません。さらに，物資拠点では，いつ何時に何の物資が届くかわかりませんし，予告なく次々と到着する物資の記録もままならず，何がどこに保管されているのかもわからない状態となりました。

そのような混乱を司令塔である自治体の災害対策本部が収拾することになります。防災無線や人手による伝令で何とか伝達手段を確保します。しかし，情報の混乱は収まりません。対策本部では，災害状況を把握したうえで，避難所の物資の要求を収集して整理し（①），さらには今後必要となりそうな物資を予測して（②），拠点の在庫を確認して不足している物資を調達しなければなりません（③）。政府に要請したり，あるいは民間の寄付の申し出を受けたりする組織間の調整も必要となります。さらには，輸送手段を確保したり（④），物資拠点に物資到着を連絡したり，避難所に向けて物資の出荷を指示したり（⑤）する必要もあります。一般的な物流でいうと，①は受注管理，②は需要予測，③は在庫管理，④は輸送管理，⑤は倉庫管理に相当します。こうした物流管理に関する情報活動を対策本部が一手に引き受けたのです。

　しかし，被災者の数や物資の量が多いことで，情報の処理量と記録量もまた膨大になります。当時は停電していたので，パソコンの使用もままなりませんでした。とはいえ，いきなり支援物資物流用の情報システムを構築することは当然できませんので，コンピューターが使えたとしても表計算ソフトの使用にとどまりました。ただでさえ災害で人手が不足している災害対策本部には，こうした大量情報の処理と記録をこなす人手がなく，現場への連絡や指示の遅延が発生してしまいます。適切なときに適切な指示を現場に送ることができないことは，物資拠点の混乱に拍車をかけました。どこから来たのかわからない物資が唐突に届き，物資を届けたくても届け先がわからない。その結果として，拠点に物資が滞留してしまったのです。

1.3　情物分離とは

　以上の東日本大震災時の支援物資の問題は，情報面から整理すると以下の2つに集約されます。すなわち，**①本部と現場との間の情報の伝達がままならなかったこと，②本部の情報活動が間に合わなかったこと**です。これらの問題が，支援物資の物流をシステムとして機能することを阻んでいたのです。一般的な物流においては，①は電話やインターネットなどのような通信回線，②はコンピューターの活用で対応しています。両方の手段が禁じ手になって，物流における情報活動がすっぽりと抜け落ちてしまったことが原因となったわけです。

　しかし，ここまで本書を深く読み込んできた読者なら，1つのツッコミができるはずです。「そんな手段は昔にはなかったはずだ」と。そうですね。コンピューターが普及したのは第二次大戦後ですし，電話が普及したのは19世紀

後半ですよね。それまでは，そのような手段がなくても物流は成立していました。では，なぜ当時は問題にならなかったのでしょうか。

　その1つの理由は，求められる物流のサービス水準が今と昔とは違うということです。昔は今ほど多くの品揃えは要求されなかったはずですし，商品が品切れしたら「売切れ御免」といってもお客さんは許してくれました。注文して翌日に届かないと怒る，なんてこともなかったでしょう。今では「失敗」や「混乱」にみえる物流も，当時では「日常茶飯事」と認識されていたのでしょうね。したがって，現代よりも物流の情報管理に求める厳しさや複雑さは低かったといえるでしょう。

　いま1つの理由は，そもそも情報の活用の仕方が根本的に異なったということです。前述したように，かつての物流管理は基本的に知覚認識がベースとなります。たとえば，倉庫に積み上がっている商品を目視で数えて在庫管理をし，実際の作業状況を見聞きして確認して倉庫管理をしていたのです。したがって，言い方を変えれば，物流を完璧に管理するのであれば，すべて知覚できる範囲に収めないといけなくなります。それができないものは情報をもたない外部の人間に管理を任せなければいけないので，ある程度の非効率や失敗を許容しなければならなくなるわけです。

　しかし，ここで新たにツッコミができます。「災害対策本部に物資拠点を置いて近くで管理すればよかったじゃないか」と。確かに情報論としてはそれが正解ですが，現実はそうなりませんでした。実は，防災計画などの当初の手はずでは，物資拠点は災害対策本部のある役所の構内に設置を予定していた自治体が多かったのです。しかし，発災後，ある理由から運動施設や民間倉庫などの他の場所に移転を余儀なくされます。その理由とは，役所は保管や荷役を行う施設としては不適切であったからにほかなりません。大量の荷物を保管し荷捌きするには大きなスペースがいります。普通の床では耐荷重性が弱く，床が抜けてしまいます。そのような条件を満たす場所が役所にはなかったのです。多くの自治体がやむなく物資拠点を移転する事態となり，その結果として情報処理をして指示を出す場所と，指示を受けて物流活動を行う場所が分離してしまったのです。

　このように目で見たり耳で聞いたりする知覚情報で物流管理を行うのではなく，実際の現場から離れて伝達される情報に基づいて物流を管理する状態を情物分離と名づけておきましょう。知覚情報で管理する場合，情報は現場と一体のものとなっています。そこから情報を数値や文字で表現される記録データと

して抜き出し，離れた場所にいる管理者（人間とは限りません。コンピューターも含みます）に伝送することで，物的活動（保管や荷役など）と情報活動を「切り離す」のです。

支援物資物流の例では，情物分離を否定的に扱ってしまいましたが，一般の物流においてはそうではありません。課題さえ解決すれば，むしろ物流にとって非常に力強い味方となります。というのは，**管理者と現場の間で，管理に必要な情報と指示を与える情報の円滑な伝達ができれば，システムとして統括的に管理できる範囲を拡大させられるからです。**第13章で詳しく説明しますが，企業物流の範囲はますます広域化しています。多数の物流拠点や輸送機関から構成される物流ネットワークを物流部門が俯瞰的に監視して，意思決定を統括していく必要があるのです。そのためには，離れた場所にいる管理者と作業者との間で必要な情報をタイミングよく，正確に伝え合うことが可能かどうかが問われます。そのようなコミュニケーションが1つのシステムとしての振る舞いを生み出すのです。

2. 情物分離の意義と課題

2.1 情物分離の課題——情報の粘着性

情物分離を考えるにあたって，情報の粘着性という概念が大きなヒントを与えます。情報の粘着性とは，離れた場所で生まれた情報を必要とする人に伝達するコストの高さを表現する概念です（Von Hippel [1994]）。コストが高ければ粘着性は高いと，コストが低ければ粘着性は低いと表すことができます。**情物分離を実現するためには，情報の粘着性を低く抑えることが必要です。**

物流における情報の粘着性は，管理の内容によって異なるので，管理ごとに情物分離を考えていく必要があります。物流における主な管理（管理内容の詳細は第10章を参照のこと）として以下のものがあります。

　○倉庫管理——倉庫内の業務全般に関する管理で，主に入荷から出荷までの荷役などの作業管理と物品を保管する場所を管理するロケーション管理からなります。特定の人間しか業務のやり方がわからない状態，いわゆる「属人化」になっていると，情報の粘着性が高まります。属人化が進むと，業務の内容がブラックボックスとなります。

　○在庫管理——利用可能性を確保しつつ，在庫コストがかかりすぎないように，適切な在庫水準を維持する管理です。発注時期ないしは発注量をどの

ように決めるかがカギとなります。また，広い意味では，どの拠点に在庫を配置するかを決定することも含まれます。まず，どの商品がどこに何個在庫されているかという情報をとる必要があります。入荷数と出荷数で加減すれば在庫数を計算できるはずなのですが，実際には記録ミスや紛失・盗難などで計算値と実際値が合わないことが多いです。そのために実地棚卸（現品を目視で数えること）を定期的に行う必要があります。また，在庫管理も属人化する傾向があるので，要注意です。商品在庫の単位をコード化して在庫情報に関する粘着性を軽減する必要があります（後述）。

○需要予測——将来における顧客からの注文数を予測することです。需要予測情報は，物流においては，在庫，人員，輸送手段，保管スペースなど，事前に用立てておくべき資源を決定する情報となります。その精度はすべての活動の質を決める重要な要因となります。需要予測に用いる情報が「粘着」する位置を理解することが重要です。たとえば，顧客や市場の最新情報が必要なのであれば，営業部門に情報が「粘着」します。

○受注管理——顧客からの注文を受けてから出荷までのプロセスを管理することをいいます。プル型物流においては業務の「引き金」となりましたね。注文に対応する在庫の引当てをして，物流センターに出荷指示を出します。また，顧客に対して納期回答をする場合もあります。属人化という視点からすれば，受注管理に必要な情報は物流の現場ではなく，営業の現場に粘着しやすいといえます。したがって，問題は営業が得た注文情報の伝達にありますが，注文情報は標準化しやすいので，情報の粘着性は低く，難しくはありません。

○輸送管理——輸送手段の確保と積載効率の管理が中心となります。トラック輸送の場合，配車管理，ルート設定，運行管理などから構成されます。配車管理では，必要なトラック台数を計算し，出荷商品の割付をしてトラックを手配します。ルート設定では，配送先，指定納品時間，車両の種類，ドライバーの技量，交通状況などの複数の条件を勘案してルートを決定する作業です。最後の運行管理では，運行状況を把握して安全性と積載効率を維持する管理を行います。輸送管理（とくにトラック輸送）には，現場回りのさまざまな情報が必要なので，情報の粘着性が高い管理であり，情物分離が難しい管理であるといえます。

理想をいえば，図1のように，物流活動の現場から必要な情報を漏れなく伝達したうえで現場の見える化（可視化ともいいます）を図って，管理の情物分

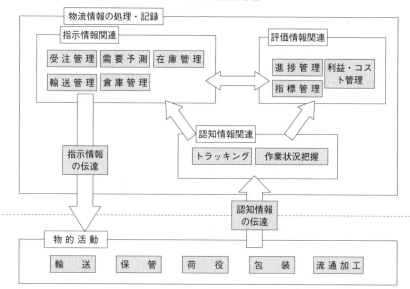

図1　完全な情物分離

注：環境との関係は省略しています。

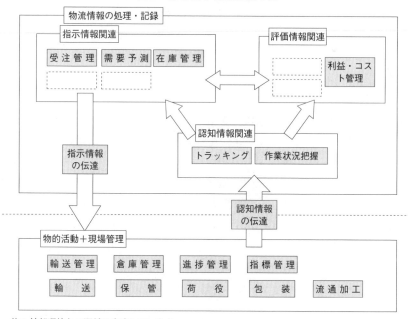

図2　部分的な情物分離の例

注：外部環境との関係は省略しています。

離を実現することが望ましいです。それは，**物流の現場が複数あっても，情報を共有して各種の管理活動を統合することができるからです。**

　たとえば，需要予測を行い，それに基づいて各物流拠点の在庫計画（商品在庫の配置と量を決める計画）を決めるとします。需要予測と在庫計画に基づいて積載効率が少しでもよくなるように輸送計画（いつ何をどの輸送手段で運ぶかの計画）を組みます。一方，予測と計画が実現するとキャパシティが足りず，パンクする物流センターがあるのであれば，事前に対策を講じたり，あるいは計画の見直しを要求したりできます。計画策定後も実際に受注が進んでいくなかで，定期的に実績値と予測値の差に基づいて計画は修正され，各現場への作業指示に反映させていきます。また，計画から逸脱した活動をしている現場に注意を与えたり，サービスとコストの両パフォーマンスの目標に対する達成が難しくなりそうな場合は，速やかに対策を講じて，関係者に指示したりすることもできます。

　このように一貫した管理活動が可能となり，その積み重ねで物流のシステムらしい振る舞いが実現するのです。情物分離が物流にとって重要な点はまさにこの点にあります。しかし，図2のように，**現実には，粘着性の高い情報を利用する一部の管理を現場に委ねるということが少なくありません。**現場に委ねられた管理は物流全体からは調和のとれていないものとなる可能性があります。そうした不調和を補うために，人員や在庫などの余剰資源を持つことを強いられるようになるのです。

2.2　情報の粘着性の克服

　執筆している現時点で，物流の現場で情報の粘着性を一発で取り除く「魔法」は残念ながら発見されていません（今後も発見されないと思います）。小さい工夫を積み重ねるしかないのです。その工夫の数々を，ダメダメ事例への「ツッコミ」を通じてわかりやすく学んでいきたいと思います。ちなみに下記の事例はフィクションであり，筆者が「わかりやすくするため」につくった創作物です。こんなひどい現場があちらこちらに存在するわけではないので，勘違いしないようにご注意ください。

　ある物流センターの事例

　　状況——情物分離ができていない現場で，現場任せの成り行き管理をしている，とある物流センター（在庫型センター）が舞台。以下は，物流センター長の問いかけに対する従業員の返事です。

「×××（商品名）①ですか？　何回か入荷したはず②ですけれど。古い在庫はいつものところになくて③，奥のパレットラック④に２つのパレット⑤に分けて 50 ケース⑥ありましたね。なんか，数が記録と微妙に違うんですけどね⑦。消費期限ですか？　記録にないみたいだったので，さっき直に確認したら大丈夫そうでしたよ⑧。えっ，これも明朝に出荷できるかって!?　勘弁してくださいよ，配車計画を一から作り直し⑨じゃないですか。今日も残業ですよ（トホホ）」

事例へのツッコミ（数字は事例のツッコミ場所を示しています）

①商品の特定を「商品名」で行っていますが，この方法では伝達ミスが起きやすいです。「花王　ビオレ u うるおいしっとり　フローラルフルーティの香り　詰替 340 ml」のような長い商品名もあります。アパレル商品なんかもそうですが，サイズなどの属性の違いで品目が多様化する商品も多く存在します。したがって，**商品情報を正確かつ効率的に伝えるには，コード化を行うのが一般的です。**コード化とは，他の商品と重複しない記号（主に数字）をつけて管理する方法です。コード化を行うことで，伝達ミスがなくなると同時に，伝達する情報量も減るので，コミュニケーションの効率化にもつながります。

②同じ商品が何回も入荷する場合，データを商品単位だけで管理してはいけないときがあります。たとえば，同じ商品でも生産日や品質（良品か否か）などが異なる場合です。このような場合は，同じ商品でも入荷ごとに管理単位を分ける必要があります。在庫管理や保管を行うときの最小管理単位を SKU（stock keeping unit）といいますが，この単位は商品単位よりも小さくなることが一般的です。それから，「はず」といった曖昧な情報はNG です。とくに，入荷や出荷のような倉庫の出入に関する情報に漏れやミスがあったら，すべての倉庫内情報の精度がおかしくなってしまいます。記録の正確性を確保する方法も重要です。

③業務の方法が一定していないことがうかがえます。**業務の標準化を行い，そのとおり実施しているという前提があれば，伝える情報量も少なくなり，情報管理の効率化が図れます。**

④「奥のパレット棚」といっても阿吽（あうん）の呼吸でもなければ，どこだかわからずに探してしまうかもしれませんよね。このような曖昧な表現でムダやミスが生じてしまいます。**保管場所もたとえば「A-28-5-3」（A エリアにあ**

る28棚の5段目左から3番目）のように番地を振ってコード化すべきです。ちなみに，このようなコードをロケーション番地といいます（☞第10章）。ロケーション番地で倉庫管理をすれば，目視に頼らない入出庫の指示が可能になります。

⑤物流の場合，データ管理はSKU単位だけとは限りません。パレット単位やオリコン単位のようなユニットロード単位もあります。したがって，**個々のユニットロードもコードを振って管理する必要があります**。また，目視に頼らず，パレットに何の商品が載っているかがわかるように，SKU情報と「紐づけ」する記録も必要となります。

⑥50ケースといっても商品によって1ケース当たりの入数は異なります。この会社がピース単位でも出荷しているのであれば，ピースでの個数に換算する必要があります。さらに，商品ごとにケースの寸法，重量，耐荷重は異なります。1パレットにケースを何個積み付けることができるかは，トラックやコンテナの積載効率を左右します。**商品ごとに物流に関わる情報を，商品コードでいつでも検索できるように台帳化しておく必要があります**。こうした一覧表を**マスター**といい，商品情報のマスターを**商品マスター**といいます。受注処理や輸送効率を管理するのであれば，商品マスターを共有しておくことが必須となります。

⑦物流のあるある話です。**在庫情報は在庫管理や受注管理にとって大事な情報ですので，記録が実物と合わない事態は避けるべきです**。数や位置などの商品の状態に変化があるたびに，まめに記録を更新しておく必要があります。記録の漏れやミス，盗難がないように常に気をつけなければなりません。このように情報と実物とで内容が一致することを**情物一致**といいます（情物分離の対義語ではないので，注意してください）。しかし，残念なことに現実にはどうしても不一致は出てしまいます。情物一致を維持するために，定期的に実地棚卸を行い，在庫記録を訂正しておく必要があります。

⑧これも業務の標準化が徹底していないことによる問題ですね。現場であれば，すぐに確認しにいけばいいです。しかし，現場から離れた場所で在庫の引当てをするのであれば，曖昧な情報の在庫を怖くて引き当てることはできませんよね。間違って消費期限を過ぎた商品を出荷すれば，信頼を失う問題になります。このように**意思決定時に必要な情報がない在庫は「存在しないもの」と同じ扱いを受ける**わけです。情報には正確性だけでなく，タイムリー性も求められるといえるでしょう。

⑨配車計画は1つ前提が変わると全体がおかしくなり，一からの再検討が必要となることが多いです。したがって，情報の後出しはNGとなります。残業する従業員がかわいそうですね。前述したように，輸送管理に必要な情報は「粘着性」が高いものが多いです。ドライバーの能力，トラックの種類，貨物の特性，顧客のサービス要求，交通状況など，多種多様な情報が必要であり，いちいちこれらを誰かに伝達していくことは，かなり面倒です。また，こうした情報を一括で処理しなければならないことも大変な負担になります。実際，配車計画の立案は，経験豊かな従業員の「職人芸」に頼ることが多く，属人化がしやすい作業です。

以上の事例のツッコミ（という名の考察）を整理すると，物流において情報の粘着性を軽減するために，以下のような取組みが効果的であることがわかります。

〇コード化とマスター共有

〇業務の標準化

〇記録の正確性の維持

〇情報のタイムリーな提供

〇貨物単位間の「紐づけ」

こうした取組みを積み重ねることが情報の粘着性を軽減し，情物分離への実現を近づけるわけです。

3. 物流情報のデジタル化

3.1 デジタル化とは

情物分離を達成するためには，情報をデジタル・データに変換するデジタル化は避けられません。そして，デジタル化に成功すれば，情報処理のスピードは格段に上がります。したがって，デジタル化によって，情物分離を進めて物流を統括的に管理できる範囲を拡大させるだけでなく，生産性の向上も進むのです。作業プロセスをプログラム化できれば，意思決定や作業をコンピューターや機械・ロボットに任せることのできる自動化（☞第3章）を推進できます。物流の広域化と自動化が進む現代においては，避けては通れない課題といえるでしょう。

具体的には，ICTを駆使し，情報システムを構築して物流活動を支援するということになります。しかしながら，情報システムの導入プロジェクトを成

功させるのは一筋縄ではいきません。2018年に実施された『日経コンピュータ』の調査では，「SCM・生産管理・物流管理」のシステムの成功率は「45.9%」（日経コンピュータ［2018］39頁）とされています。実に半数以上が「失敗」しているのです。同調査によれば，**プロジェクトの失敗理由の筆頭は要件定義です**（日経コンピュータ［2018］31頁）。要件定義とは，情報システムを実際に構築する前に，使用者とコミュニケーションをとって実現すべき機能や，その機能を実現するための方策を明らかにしておくことです。主にICTで構築される情報システムという仕組みは，一度構築されたら変更するのに大きな手間とコストがかかります。人間系に頼る情報処理系では，試行錯誤しながら改善を繰り返す，段階的な構築が可能ですが，ICTベースの情報システムではそれが困難なのです。ですから，どのような機能をもったシステムを構築するのか，事前にはっきりと定義しておく必要があるのです。

　しかし，**物流の情報システムは，とくに要件定義が難しいといわれます**。その理由は，業務を現場任せにしてきたために，業務内容が属人化してしまったことにあります。人によって実際に行っている作業方法が異なり，標準の作業手順が形骸化している現場が数多いのです（石川［2021］）。いざ，このような現場に情報システムを導入しようとしても業務の流れが固まらないので，誰にどのタイミングでどのような内容の指示を出すべきか，どの作業をどのような基準で測定すべきか，といった要件を定めることができません。かといって，要件定義をそこそこに無理やり情報システムを構築すると使いづらいものができてしまい，業務に混乱を招いてしまいます。

　「DX（デジタル・トランスフォーメーション）の推進」「AI（人工知能）の時代」「ロボットの活躍」とか，カッコイイことがいわれていますが，物流に情報システムを導入する難しさは，実は昔も今も大きく変わっていません。まずは，情物分離をしっかりと行う。そして，物流のデジタル化に対する課題を理解し，現実的な手段を問題に先んじて打っていくことが求められます。

　以下では，物流のデジタル化に対する課題について，情報の「記録」「保存」「伝達」「変換」という情報管理の4つのフェーズから，アナログ技術と対比しつつ，みていきたいと思います（表1）。

3.2 記録の課題

　物流での見える化と情物一致を確保するためには，作業がなされるたびに，商品が動くたびに正確かつ漏れなく記録をとっておく必要があります。つまり，

表1　物流応用におけるアナログ技術とデジタル技術の比較

	アナログ技術	デジタル技術
記録	**手書き** 利点：導入が手軽。 欠点：ミスが多く，時間がかかる。人件費がかかる。	認識技術 利点：認識が早い。ミスが少ない。人件費を抑えられる。 欠点：導入コストがかかる。コード管理が必要。
保存	紙媒体による台帳 利点：手軽で自由度が高い。 欠点：データ加工がしにくい。検索に時間がかかる。台帳がかさばり，保管コストがかかる。	電子媒体によるデータベース 利点：加工や検索が迅速。ペーパーレス化が可能。 欠点：導入コストがかかる。一度構築すると変更が難しい。
伝達	電話やFAX，伝票 利点：手軽。メッセージの自由度が高い。 欠点：伝達ミスが多い。人件費がかかる。	EDI（電子データ交換） 利点：正確に伝わる。人件費を抑えられる。 欠点：導入コストがかかる。メッセージ内容の範囲が固定化する。相手も同じ仕様のEDIが導入されていないと使えない。
変換	人間による手計算や勘 利点：導入が手軽。ロジックが曖昧でもOK。 欠点：時間を要する。ミスが多い。人件費がかかる。	コンピューター演算（アプリケーション使用） 利点：処理が速い。ミスが少ない。人件費を抑えられる。 欠点：導入コストがかかる。ロジックが不明の処理は難しい。ロジックの変更が難しい。

作業記録と商品照合記録をとるということです。手書きによる記録では時間がかかり，記録ミスも多くなります。したがって，物流の現場では記録の機械化が進んでいます。

　人手による作業記録の場合，ハンディ・ターミナル（携帯端末）がもっぱら活用されます。作業が終了すれば，その場で画面上のハンディ・ターミナルの指示に従って操作をすれば記録完了です。デジタル化された作業データは，無線LANやBluetoothでコンピューターにリアルタイムで伝送することができます。最近では，スマートフォンをハンディ・ターミナルの代用として利用する事例も出てきました（コストを抑えられますが，故障しやすく，読み取り性能が劣るようです）。

　商品や貨物の照合処理の場合，バーコード技術を用いることが一般的です。商品やユニットロードにコード（番号）を付し，これをバーコードに変換して包装に貼付ないしは印刷します。バーコードの読み取りは光学技術やレーザーを用いて行われます。専用のバーコード・リーダー（ハンディ型と置き型がある）を用いるほか，ハンディ・ターミナルのスキャナで行う方法，コンベアな

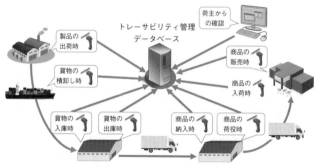

図3　貨物のトレーサビリティ・システムの例

出所：東ほか編［2022］64頁。

どの荷役機器に小型のリーダーを組み込む方法などがあります。対象物のバーコードを読み込み，それをデータベースの情報と照合することで対象物を識別できます。

　図3のように，物流のプロセスに沿って時系列に同一貨物のコードを読み取り，その情報をリアルタイムで共有すれば，「どの貨物がいつどこにあるか」がわかる，貨物追跡が可能となります。こうした貨物追跡情報を提供できる能力をトレーサビリティといいます。商品照合技術はトレーサビリティの実現には欠かせないです。

　コード体系は，自社内でだけ通用するコードを独自開発することもできますが，標準規格のものがあれば，そちらを使用したほうが便利です。商品のコード規格としてはおなじみのJANコードがあります（図4）。JANコードは日本国内での呼称であり，国際的にはEANコードあるいはGTIN-13，GTIN-8と呼ばれています。段ボールのような外装用のコード規格にはITFコードがあり，これは国際的にはGTIN-14と呼ばれています（図5）。GTINは流通コードの管理と標準化に関する国際機関であるGS1による国際標準コードですが，そのコード規格体系には物流用梱包単位の識別コードであるSSCCもあります。SSCCは，パレットやコンテナなどのさまざまな物流単位に付与することができます。

　コード記録の媒体として，光学技術に頼るバーコードだけでなく，最近では無線技術に頼るRFID（radio frequency identifier）が注目されています。RFIDは，電波や電磁界を用いて，ICチップを内蔵したタグのデータを接触せずに読み書きできる技術です。複数の対象を一気に読み取ることができるので，読み取り作業の効率化が期待できます。また，内蔵電池を用いて自ら電波を発す

図4 JAN シンボル例

JAN シンボル 13 桁　　　JAN シンボル 8 桁

4 569951 116179　　　4996 8712

出所：GS1 Japan（一般財団法人流通シス
テム開発センター）のウェブサイト。

図5 集合包装用商品コードを ITF シンボルで表現した例

ITF シンボル

集合包装用
商品コード

インジケータ　　集合包装に内包される単品の　　チェックデジット
　　　　　　　　JAN コードの先頭 12 桁と同じ　（JAN コードのチェックデジット
1 45 12345 67890 3　　　　　　　　　　とは異なる）

出所：図4に同じ。

るタグ，いわゆるアクティブ型であれば，タグが数十 m 先にあっても読み取りが可能といわれています。一方，リーダーから受け取る電波を電源として動作する IC タグである，パッシブ型のタグは，数センチ程度の距離しか通信できませんが，極小化が進み，安価で生産ができるようになったため，アパレル業界などで商品単体に活用する事例が増えてきています。

　最近では，画像認識で商品を識別する技術，センサーや RFID などで作業員やフォークリフトの動線を記録する技術，作業の手をふさがず入力が可能な音声認識技術など，多様な認識技術の導入が試みられています。モノの動きだけでなく，作業員の動きや物流機器の稼働実績も自動でデータがとれれば，より高度な生産性の分析や改善が可能となります。

　認識技術を用いれば，手入力での記録と比較して，ミスが少なく迅速に記録ができるという利点がありますが，課題もあります。まず，リーダーと運用システムに高額な投資が必要ということです。さらに，コード管理が必要となります。コード体系を維持・更新し，かつコードのマーキングやタグの付与といった手間が必要となります。

3.3 データ保存の課題

　物流活動は，無数の商品を対象に日々行われるので，関連するデータも膨大に蓄積されます。記録，伝達，処理の結果として生まれるデータを後にタイムリーに活用できるように正確に記録しておく必要があります。こうした記録は台帳のような紙媒体による記録ではなく，データベースのような電子媒体を活用したほうが効率的なのは明らかです。データベース技術を活用すれば，データが膨大であっても検索時間は短くなります。好きなときに必要なデータを取り出すことができるのです。SQL（最も普及しているデータベース言語）のような既存のデータベース管理技術を用いれば，データ加工も短時間で処理できます。たとえば，商品単位で一定期間の出荷数を集計し，出荷数が多い順に並べ替えるといった面倒なデータ加工も迅速に行うことができます。また，SQLを使えば，前述の貨物単位間の「紐づけ」も容易です。貨物コードをキーとして複数の貨物データのテーブルを結合するのは難しいことではありません。

　在庫管理などの使用目的ごとにデータベースを分散するのではなく，使用目的に縛られることなく一元管理することが一般的です。たとえば，在庫のデータベースは在庫管理だけでなく，在庫量の変動を書き換える倉庫管理や在庫引当てを行う受注管理にも使用します。データベースを一元化することでデータ保管の効率を上げるとともに，同じデータを参照することで情報の整合性を確保することができます。データベースを分散するとどうしても記録の時間差などの理由で，内容に違いが生じてしまいます。たとえばＡデータベースでは在庫があっても，Ｂデータベースでは在庫がない，という状況が生じれば，Ａのデータを参照した決定とＢのデータを参照した決定とは当然に矛盾が生じてしまいます。そうした矛盾を避けるためにも，データベースの一元管理が求められるのです。

　データベースを物理的に置いてあるコンピューターをとくに「データベース・サーバー」といいますが，かつては自社の施設に設置して運用する方法（いわゆる「オンプレミス型」）が一般的でした。しかし，サーバーの設置コストは高額ですし，運用のためには専門知識をもった技術者が必要です。そこで，最近はクラウド・サービスを用いたデータベース（いわゆる「クラウド型」）の活用が急速に普及しています。クラウド・サービスは，事業者側のサーバーが提供する情報サービスをインターネット経由で利用者に提供するものです。したがって，利用者は自前でサーバーや技術者を用意する必要がなく，容易にデータベースを利用できる環境を手に入れることできるわけです。

データベース技術の活用の課題として，データ要件の定義があります。たとえば，保管される在庫のステータスに関するデータ要素として，良品／不良品，入庫日，有効期限，ロットナンバー，容積・重量，特定顧客向け，出荷留めなど，多数考えられます（石川［2021］）。データ要素の取捨選択は，要件定義で事前に行う必要があるのですが，実際ではシステムの開発中ないしは開発後に，ユーザーから追加の要求が出ることが多いです。一元化されたデータベースの変更は，複数のプログラムと関わっているため，システム全体に大きな悪影響を与えるリスクが高いです。慎重に，かつ熟慮を重ねてデータ要件を定義することが求められます。

3.4　伝達の課題

　物流をシステムとして円滑に動かすためには，活動を担うプレイヤーに正確でタイムリーな情報提供が必要となります。物流の物理的領域が拡大すればするほど参加するプレイヤーは増えます。社内の物流部門や物流拠点だけでなく，取引相手や委託業者などの社外のプレイヤーとも情報交換が必要となるのです。物流における情報のメッセージは多岐にわたります。たとえば，輸送に関連した情報に限っても，輸送計画，輸送依頼，集荷情報，輸送状況，完了報告などの情報のやりとりが必要となります。そのほかにも入荷，出荷，在庫，流通加工などに関して，多岐にわたる情報のやりとりを想定しておかなければなりません。

　こうした情報のやりとりを伝票や電話・FAX で行ってもよいのですが，やはり人を介するので伝達ミスも多いですし，時間と人件費もかかります。そこでデジタル・データ化し，通信ネットワークを介して，コンピューター間でデータを交換する方法がとられるわけです。こうした方法を電子データ交換（electronic data interchange：EDI）と呼びます。EDI の回線として，以前では電話回線や ISDN 回線が用いられていましたが，現在ではインターネット回線の利用が普及しています。こうしたインターネット技術を使用した EDI をとくにインターネット EDI と呼びます。

　組織間で EDI を利用する場合，事前に運用ルール，通信手順（例：文字コード，セキュリティ方式，データ圧縮方法），情報表現方法の規約（データ項目，シンタックス・ルール，コード）などを決めておく必要があります。通信方式やデータ様式は標準化したものがあり，それを利用することが手っ取り早いです。EDI の通信手順としては，「全銀 TCP/IP」「ebMS」「EDIINT AS2」「SFTP」

などがありますが，最近では当事者間が異なる通信手順を採用しても問題ない
ように，複数の通信手順に対応する「マルチプロトコル対応」を採用すること
もあるようです。情報表現方法の規約においては，送受信すべきデータ項目を
決めて，さらにデータ項目を組み立てる方法（並べ方など）とコード体系を合
わせて決めておく必要があります。情報表現方法も標準があり，日本国内で代
表的なものとしては「JTRN」（Japanese Article Number Code）や「物流 XML
／EDI 標準」があります。また，EDI でやりとりしたデータを自社の情報シ
ステムが使用できるデータに変換する作業を行う「EDI トランスレータ」と
いうソフトがあります。EDI トランスレータを使用することで，組織間で異
なる情報表現方法を使用していても EDI の利用が可能となります。

　EDI の構築によって，伝達ミスや人件費を抑えるというメリットを享受で
きますが，課題もあります。まずは導入コストがかかるということです。ただ
し，最近はクラウド対応の EDI システムもあるので，以前よりも手軽で安価
に導入できるようになっています。それでも，中小企業にとっては EDI の導
入はいまだハードルの高いものと認識されているようです。さらに，データベ
ースの場合と同じで，一度構築すると，変更が難しい問題もあります。当事者
同士の合意がベースで構築されているので，自分だけの意思だけでは変更でき
ません。たとえば，導入後にデータ項目を増やしたいとしても，追加するため
には相手側の協力が必要となるのです。

3.5　変換の課題

　上記のように自組織での記録や他の組織からの伝達などで手に入れた情報を
活用して，物流活動の指示を出したり，評価を行ったりすることとなります。
そのためには情報の「変換」を行う必要があります。**システムの機能性を高め
るには，情報変換の精度を高める**ことが求められます。在庫管理であれば，在
庫情報と需要予測の情報に基づいて発注指示の情報を作成します。また，受注
管理であれば，顧客から注文情報を受け取って在庫情報に基づいて在庫の引当
てを行い，倉庫に出荷指示を出します。指標管理であれば，各所から集めた物
流活動の実績情報から多様な指標を算出し，時系列の変化，組織別比較，標準
値との差異などの評価情報をつくる必要があります。

　こうした情報変換のロジック（みちすじ）が明確な場合，上記に示したデジ
タル・データでの記録，保管，伝達の体制が整っていれば，情報変換もまた難
しくありません。しかし，明確でない場合は相当の困難が予想されます。難し

さの要因は対象が「計画系」であるか，ないしは「実行系」であるかによって異なります。計画系の処理とは，将来の行動を決めるための情報を作り出すものといえましょう。たとえば，需要予測や配送計画などが該当します。一方，実行系の処理とは，特段の判断を伴わず，事前に決まっていたルールに基づいて情報を作り出すものです。たとえば，受注管理や倉庫管理などが該当するでしょう。

　計画系の難しさは，最適解を導き出す解法が必ずしも存在するとは限らない，ということに尽きます。スーパーコンピューターをもってしても，商品の販売量予測を 100 パーセント正確に当てることはできません。同様に，第 6 章で説明した配送ルート計画も，考えられるルールの組合せが無数にあるため，コンピューターを用いても最適解を出すことは容易ではありません。少しでも短時間で最適解に近づけるための手法が現在も研究し続けられています。実務では，こうした問題には人間の勘，いわゆる「勘ピューター」に頼ることが一般的でした。勘ピューターは当てにならないことも多いですが，経験と研鑽を積むことで勘ピューターがコンピューターでも実現できない精度をもつこともあります。しかし，それはあくまでも「職人芸」のなせる業です。その域までに達するには多くの経験が必要なのです。最近では，需要予測や配送計画のためのパッケージ・ソフトの能力はかなり向上しており，導入する企業も増えています。それでも，現実的な運用としては，ソフトが導き出した「解答」を人間が補正するという方法がとられているようです。

　一方，実行系の難しさは，業務の標準化にまつわるものです。はっきりいってしまえば，業務の標準化が徹底されていれば，実行系のデジタル化は難しくありません。しかし，とくに日本企業に多いのですが，業務の設計で現場が主導権をもつ場合は，業務の標準化は難航する可能性が高いです。現場が業務改善を行うこと自体は，経営にとってむしろ良いことですが，短いスパンで業務内容を繰り返し変更したり，同じタスクでも組織や人員によって業務方法が異なったりするとデジタル化は難しくなります。業務方法を絞り込む必要があるのですが，現場の人間は慣れ親しんだ方法に固執する傾向があります。現場に「頭脳」があることが日本的経営の「美学」なのですが，情報システム化においては障害になりうることも理解する必要があります。現場からは非効率にみえても，それを補填して余りある「果実」がデジタル化にあることを理解してもらう必要があるのです。実行系では，倉庫管理の機能をセットにした倉庫管理システム（warehouse management system：WMS）のパッケージ・ソフトが

普及しており，導入がかなり進んでいます（コラム 8-1）。

　余談ですが，業務の標準化には別の情報上の利点として，作業に必要な時間と資源の予測が容易になることもあります。たとえば，予測された需要が実際のものとなると，物流センターのどこの作業がパンクするとか，その作業をバックアップするために人員を何人増やす必要があるとか，といった計画の実現精度を高める議論が可能となります。計画精度が高まるということは，情報（計画）と実際の物流業務との差が縮まることを意味しますので，情物分離がより進みます。業務の標準化は情物分離を進めることでも物流のシステム化に貢献できるといえます。

コラム 8-1　倉庫管理システム（WMS）

　物流に関する情報を管理するのが，倉庫管理システム（WMS）です。WMS は倉庫や物流センターの「頭脳」といえる存在であり，現代の物流にとって欠かせない中核の情報システムです。WMS の導入に成功すれば，物流のデジタル化が大きく進みます。

　WMS は施設内の入出庫，保管，荷役といった活動を管理する機能をもちます。具体的には，①入庫準備，検品，入庫判断，入庫指示などといった一連の入庫処理を行う入庫管理機能，②在庫ロケーション（在庫保管場所）の管理，現品在庫の状況（どこに何の商品がいくつ保管されているかの在庫情報）の把握，商品ロットごとの製造年月日や賞味期限等のステータス情報の管理を行う保管管理機能，③受注後の在庫の引当て，ピッキング指示，梱包指示，仕分け指示，出荷指示，伝票印刷などといった一連の出庫処理を行う出庫管理機能から構成されます。

　WMS の導入はパッケージ・システムを使用して，現場の意見に基づいてカスタマイズ（改造）するのが一般的です。現場の意見を聞きすぎるとカスタマイズ費用がかかりすぎてしまいますが，かといって意見を聞かないと現場が使いにくいシステムができあがってしまうというジレンマがあります。本文で言及したように，WMS の導入でも失敗することは少なくありません。石川［2021］は WMS 導入の留意点として以下をあげています（217 頁）。

　　○倉庫業務の業務設計をきちんとすべし。
　　○倉庫業務のベテランと改善意欲のあるエースを投入すべし。
　　○他のシステムとの連携を明らかにすべし。
　　○適切なパッケージと習熟したベンダーの選定を行うべし。
　　○何でも受け入れず，追加開発要求への適切な対応をすべし。
　　○熟練したプロジェクト・マネージャーを参画すべし。

　上記に「他のシステムとの連携」とありますが，他のシステムとして，受注管理，在庫管理，財務会計を機能としてもつ基幹システム（ERP），配車管理と運行管理を行う輸送管理システム（transport management system：TMS），パフォーマ

ンスを見える化するパフォーマンス管理システム，輸送中の貨物を追跡する貨物追跡システムなどがあります。WMS はこうしたシステムとリアルタイムのデータのやりとりができるように開発すべきです。

4. 物流の構造と情報の関係

　本章の最後では，これまでの議論を踏まえつつ，情報と物流ネットワークの構造との関係について説明したいと思います。とくに，第 7 章で説明したプッシュ型・プル型の物流，チェーン型物流との関係について言及しましょう。

4.1 プル型物流と情報

　プル型物流における情報活動においては，時間の使い方が大きな焦点となります。ほとんどの場合で納品時間が決まっており，その時間までにすべての作業を終える必要があります。その時間のなかには，情報の処理や伝達も含まれます。したがって，情報伝達の方法を電話や FAX ではなく EDI で行う方法に変えたり，注文処理を人手から高い計算力を有するコンピューターで処理する方法に変えたりすることで，処理時間を短縮できます。かつては，注文処理に一晩中かかる，なんてこともざらだったようです。**情報活動に使える時間を短縮できれば，注文リードタイムを短縮して応答性を高めることもでき，その分，配送や荷役などの他の活動を拡大することもできます。とくに配送に使える時間が増えれば，物流センターの届けることのできる距離（配送可能距離）を拡大できます。**第 7 章の図 2 の円を大きくできるのです。「半導体の性能（集積密度）が 18 カ月で 2 倍になる」とした有名なムーアの法則に従って，確かにコンピューターの処理速度は日進月歩でした。その結果，注文処理に要する時間が大きく削減されます。同時期に広域をカバーする物流センターが台頭するのですが，これは情報処理速度の向上が支えていたといえます。物流センターを広域化できれば，物流拠点を減らすことができるだけでなく，物流段階も削減できる可能性もあります。単なる情報処理時間の短縮が，回り回って物流の構造そのものを変える力もあるというわけで，「風吹けば桶屋が儲かる」のような話ですよね。

　情報という観点でのプル型物流のもう 1 つの焦点が，受注のまとめ方にあります。受注後の注文充足の方法として，注文を受け取ったつどに処理を行う方

法であるリアルタイム処理と，ある程度注文をためてから処理するバッチ処理
があります。注文リードタイムが短くなることから，顧客の視点からいえば，
リアルタイム処理が歓迎されるでしょう。しかし，**情報処理の効率性の視点か
ら評価すれば，バッチ処理が優れています**。リアルタイム処理では注文を待っ
ている間，常にコンピューターを稼働し続けて待機していなければなりません
が，バッチ処理であれば短時間でまとめて処理することができるからです。

　さらにいえば，バッチ処理のまとめ効果は配送や物流センターの活動にも及
びます。**複数の注文をまとめてピッキングしたり，1台の車両で巡回配送した
り**することもできるからです。まとめ効果で活動の生産性を向上させることが
できるのです。したがって，実務ではほとんどの場合でバッチ処理が採用され
ています。一定の間隔で受注の締め切り時間を設定し，注文をプールすること
が行われています。とはいえ，どの程度まで注文をまとめることができるかに
は相当違いがあるようです。1週間の場合もありますし，1日の場合もありま
す。こうしたまとめる量の大きさでバッチ処理の効用の大きさが決まるのです
が，注文間隔を大きくすればするほど，納期が後ろ倒しになるので，サービス
の応答性が悪化します。バッチ処理の効用は，応答性とのトレードオフ関係に
あるといえるでしょう。情報のまとめ方が物流活動の生産性とサービス水準を
決める大きな要因となるのです。

4.2　プッシュ型物流と情報

　プッシュ型物流では，需要の見込みに基づく活動のため，活動を計画的に行
える利点がありました。たとえば，ある在庫型センターで次週と次々週で各
100ケースが必要であると需要予測されたとしましょう。100ケースだけ送り
込むとトラックの積載率が半分にも満たないとなれば，次々週分もあわせて送
り込むという意思決定が可能となります。このように，プッシュ型物流には，
在庫管理と輸送計画を連動させることで，より効率的な物流の運営が可能とな
るという利点があります。

　ただし，こうした利点はあくまでも需要予測が正確であることが大前提とな
ります。需要予測が外れれば，在庫型センターで品切れや在庫の陳腐化が発生
することになります。第10章で説明しますが，需要予測は過去の販売実績情
報に基づいて行われるのが一般的です。販売実績情報を分析して，需要変動の
パターンや変動に影響を与える要因を特定して予測を行うのです。しかしなが
ら，このような方法は販売実績のない新商品や販売の前提条件を変えてしまう

特売品には通用しません。たとえば，日本の消費財市場（加工食品や日用雑貨品など）の場合，新商品投入や特売は頻繁に実施されます。国土の狭い日本では，家庭にストックを置く余裕があまりありませんので，買い物の頻度が多くなります。来店回数が多くなると飽きがきやすいので，常にお店には変化が求められるのです。その手段として新商品投入や特売が日常化したのだと考えられます。新商品投入や特売が頻繁に起こる市場では，精度の高い需要予測を追求することは大変に難しくなります。実際にこのような業界では，需要予測は「当たらないもの」という認識が一般的となっています。

　需要予測が正確でない場合，プッシュ型物流はきわめてリスクの高い方法となります。したがって，リスクの低いプル型物流に転換すべきなのですが，そうは問屋が卸しません。プル型物流に移行して在庫リスクを抑えるためには，物流センターの数を減らす必要があります。しかしそうなると注文リードタイムは長くなってしまい，サービス水準が悪化してしまいます。これを顧客が許容すればいいのですが，日本の消費財市場の場合では許容される可能性は低いといわざるをえません。というのは，需要予測が難しいのは店舗も同じです。かつ，店舗も在庫を置くスペースに余裕がありません。したがって，品切れや在庫余剰を発生せずに店舗運営するためには，多頻度で注文リードタイムが短い形での納品が求められます。したがって，物流センターを店舗近くに配置せざるをえないことになるわけです。実際に日本の消費財市場では，狭い国土にもかかわらず，物流センターを多数設置するケースが一般的となっています。

　では，どうすればよいのでしょうか。そうですね。賢明な読者は，第7章で紹介した「在庫プール効果の活用」の話を思い出したのではないでしょうか。物流センター向けの物流センターを設置して，2つの物流センターの間もプル型物流とする方法ですね。図6の(a)から(b)へのシフトがそうです。まとめ役となる物流センターで在庫が集約されることで在庫プール効果が働きます。別の表現でいえば，一気に市場の近いところまで在庫を押し込むのではなく，市場の状況がわかるまで在庫の移動を留保し，少しずつ市場展開を広げていくことで在庫や品切れのリスクを回避することができます。

　流通革命（☞第5章）が喧伝（けんでん）されたときに，組織小売業者が台頭することで卸売業者は役目がなくなり，淘汰されるとの予想がありました。しかしながら，卸売業者は全国に物流センターを確保することで，こうした在庫や品切れのリスクを小売業者や製造業者に代わって負担するという役割を担い，現在でも存在感を維持しています。その理由の1つには，在庫プール効果の存在があると

図6　プル型物流の多層化

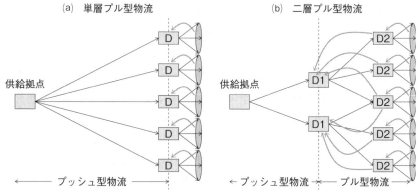

(a)　単層プル型物流

供給拠点

←――――――　プッシュ型物流　――――――→

D：デカップリング・ポイント（物流センター）

(b)　二層プル型物流

供給拠点

← プッシュ型物流 →　←―― プル型物流 ――→

D：デカップリング・ポイント（物流センター）

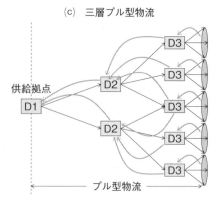

(c)　三層プル型物流

供給拠点

←―――――　プル型物流　―――――→

D：デカップリング・ポイント（物流センター）

いえるでしょう。

4.3　多層プル型物流とその問題

　ここで，このような複数の階層にプル型物流が展開する物流を**多層プル型物流**と名づけましょう。日本の消費財市場では卸売業者を介すことでプル型物流の多層化が進み，図6の(c)のように製造業者までプル型物流の階層化が行われる業界も少なくありません。こうして需要予測の精度の悪さを補っているのです。

　しかし，こうした多層プル型物流には大きな欠点が4つあります。第1に，**確実に物流段階が増える**ということです。物流拠点を設置して日々運営するためには，多額の費用が必要となります。トータル・コストで判断すれば，在庫

図7　ブルウィップ効果の発生構造

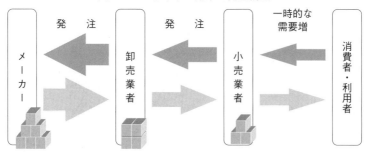

や品切れのリスクを顕在化させるよりも大きな費用がかかっている可能性もあります。

　第2の欠点は，**プル型物流が多層化することでブルウィップ効果と呼ばれる現象が発生しやすくなることです。**ブルウィップ効果とは，図7のように，一時的な需要の変動が，物流の段階をさかのぼるにつれて大きくなる現象（Lee et al.［1997］）です。その結果，保有在庫量も物流の段階をさかのぼるにつれて増加してしまいます。第1段階の小売業者で一時的な需要増がある場合，今後需要が落ち着くという確固たる情報がなければ，将来の品切れを回避するために，より多くの在庫を確保しようとする防御行動を小売業者が選択します。在庫確保の行動が図7のように各物流段階に伝播していきますが，第6章で説明したように，需要動向が不確実であればあるほど，各段階で計算される安全在庫の量は増えます。したがって，実際の需要増加よりも多くの在庫が，物流段階をさかのぼるにつれて雪だるま式に増えていくことになるわけです。伝言のたびにメッセージが歪んで，最終的には大きくメッセージ内容が変わってしまう「伝言ゲーム」と同じ原理です。段階を経過するごとに，「見えない需要」が膨らんでいくのです。需要の増加が続くうちはいいのですが，需要の減少する局面に到達したときに問題は顕在化し，物流全体に大きな在庫が残ってしまいます。

　以上の注文や在庫の変動を時系列としてグラフ化したものが図8です。注文や在庫の変動が，カウボーイが使う牛追いの鞭（むち）のように「しなっている」ので，ブルウィップ（bull whip：牛の鞭）と名づけられたそうです。ブルウィップ効果は，変動性と不確実性を拡大させることでコストを増大させる現象なのです。

　発注を繰り返して，そのたびにバイアスが入る機会のある多層プル型物流では，ブルウィップ効果が発生しやすいことはいうまでもないでしょう。在庫プ

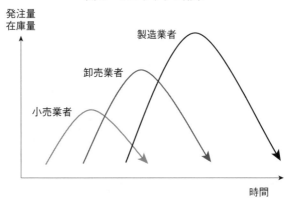

図8 ブルウィップ効果

発注量
在庫量

製造業者

卸売業者

小売業者

時間

ール効果でせっかく在庫を抑制したのに，ブルウィップ効果が減殺してしまう可能性があるわけです。

　では，ブルウィップ効果を抑制する対策はないのでしょうか。それは，**最終購買者（消費者）への販売の実績や各段階が保有する在庫の情報を共有化する**ことです。前の段階からの注文の実績から需要予測を立てるのが一般的ですが，この方法ではブルウィップ効果を抑えることができません。しかし，顧客の顧客，さらにはその先の顧客の販売実績（出荷実績）の情報があれば，話は別です。たとえば，リアルタイムで店頭では販売がすでに落ち着いたとわかれば，たとえ直接の顧客からの注文が減っていなくても，近い将来減ることがわかります。したがって，これ以上の在庫の確保は必要ないという判断ができるかもしれません。また，納品先の店頭や物流センターが多くの在庫を抱えているという情報を入手した場合，自分たちが慌てて在庫を確保する必要がないということもわかります。自分の物流段階から下流にあるすべての在庫を合計したものをエシェロン在庫といいますが，エシェロン在庫を考慮した在庫計画がブルウィップ効果の抑制につながるとされています。

　第3の欠点は，**通過する物流センターが多いため，荷役の回数が増えることで汚破損のリスクが高まるという問題**です。日本は比較的丁寧に荷役を行うので，このリスクはあまり問題になりません。しかし，荷役を乱暴に行う傾向のある国は少なくなく，国際物流で多層プル型を活用する場合はこのリスクを覚悟する必要があります。

　多層プル型物流の最後の欠点は，**輸送効率が悪い**ということです。1回の輸送が短距離になるため距離の経済性（☞第1章）が得られないだけでなく，基

本はプル型物流ですので，輸送効率が悪いという欠点は多層化しても残ります。この欠点を克服するには，第7章で紹介したVMI（vender managed inventory）とミルクランが有効です。

VMIは，物流センター（在庫型センター）の在庫管理の権限を納入業者に委ねる方法でしたね。納入業者は，物流センターの在庫情報や出荷情報をリアルタイムにもらい，顧客の物流センターにある自社商品の在庫を遠隔で管理します。**納入業者が在庫補充のタイミングを決めることができるので，自分たちの配送計画と連動した形で納品ができることになります。**たとえば，同じ方面の複数の顧客と納品タイミングを合わせることでトラックの積載率を改善することができるようになります。川上の意思で物流を動かすことができるという意味では，実質的にはプッシュ型物流になるといえます。しかし，多層プル型物流の利点である在庫プール効果は変わらず享受できますし，納入業者が在庫管理するのでブルウィップ効果を抑制することもできます。

実際に，多くの物流センター（とくに小売業者向けの専用センター）でVMIが導入されています。ただし，現実としてVMIの利点を生かした運営は簡単ではありません。納入業者が代わりに需要予測をしなければならないのですが，それに必要な情報が遅れなく共有されていなければなりません。そのような環境を構築するには情報システムへの投資が必要となります。さらには，複数の納入業者がばらばらにVMIを行うことで，物流センター全体の在庫が膨らんでしまう可能性もあります。VMIを実施するには，環境とルールの設定においてきめ細かい配慮が必要であることはいうまでもないでしょう。

また，人手もかかります。納入業者がほかに複数の顧客を抱えていた場合，さらには顧客が複数の物流センターを抱えていた場合，納品先の物流センターの数に取扱品目数を乗じた数の分の在庫管理を引き受けることになります。かといって，在庫管理の「委託料」がもらえることはない（むしろ，第7章で説明したように，物流センターを「使わせてあげている」理由でセンター・フィーがとられることが多いです）ので，納入業者はかかる人件費を負担する必要があります。実際には，面倒くさい在庫管理を納入業者に丸投げでき，さらには物流センターの在庫責任も納入業者に負担させられる根拠（「あなたが管理しているのですから，在庫リスクはあなたが負担してね」という考え方）としてVMIが悪用されているという「納入業者いじめ」の側面があることは否定できません。

同様の輸送効率の問題に対して，複数の出荷先を1台の車両で巡回して商品を集荷するミルクランも有効です。ただし，第7章で説明したように，利用に

は少なからず制約があります。したがって，実際の導入は制限されてしまうようです。

4.4　チェーン別物流と情報

　品揃え位置を早期に行うチェーン別物流では，多数の商品が物流拠点で取り揃えられます。ここでの情報活動の特徴は，物流センターが在庫を有する（つまりディカップリング・ポイント機能も有する）在庫型センターであるか，在庫を持たず品揃えに特化した通過型センターであるかで，大きく異なります。

　在庫型センターの場合，商品在庫の品揃えを店舗の品揃えに合わせていく必要があります。店舗で取り扱う商品は漏れなく揃える必要がありますが，逆に店舗で取り扱っていない商品を有することは問題となります。そのような商品はすでに販路がないので，陳腐化するのを待つしかないからです。日本のような成熟した市場では，新商品の投入が日常的であります。新たに商品が採用されれば，売り場から去る商品もあるわけです。こうした商品の「新陳代謝」に即応しなければ，在庫型センターは陳腐化した在庫であふれてしまいます。**売り場から撤去される商品の情報は，小売業者の商品本部などから，できる限り早く入手しなければなりません。**実際に取扱いがなくなった後では遅いです。在庫型センターに残った在庫を販売消化しなくてはならないので，新たな補充発注は止めないといけないからです。とくにコンピューターで自動発注を行っている場合，再設定せずにそのままにしておくと，販売消化できない在庫が次から次へと補充されることになります。簡単なことに思われるかもしれませんが，品揃えが強化されている在庫型センターです。品目数も1000を超えることもざらです。したがって，頻繁な商品の改廃があると，かなり面倒な作業となります。実際に，変化に即応できず，在庫型センターに商品を余らせて卸売業者や製造業者に返品する事例は少なくないようです。

　次に通過型センターの場合ですが，第2章で説明したとおり，入荷した商品はすぐに仕分けされて在庫して滞留することなく，顧客に向けて出荷されます。したがって，**商品が通過型センターに届く前に，どの出荷先にどの商品を割り当てるのかに関する情報が揃っている必要があります。**そうでないと，通過すべき商品が処理できずに滞留してしまい，物流がストップしてしまいます。さらには，入荷する商品の情報も事前に届いている必要があります。こうした通知を**事前出荷通知**（advanced shipping notice：ASN）といいます。通過型センターには，常に注文どおりに商品が届くとは限りません。欠品が出ることを想

定しておく必要があります。在庫型センターと違って在庫がないので，不足があれば出荷先の間で出荷数を調整するしかありません。事前に連絡をもらえないと，調整が難しいのです。また，通過型センターの作業は時間との勝負ですので，事前に入荷量がわかれば，用意すべき人員や入荷スペースもわかります。事前出荷通知は物流拠点の事前準備に貢献する貴重な情報にもなるのです。

　さらには，拠点内のモノの流れを完全に把握しておく必要もあります。通過型センターの場合，必要以上に商品は入荷されません。したがって，商品の紛失は，顧客に対して注文どおりに商品を届けることができなくなる，顧客の信頼を揺るがす事態を生み出します。しかしながら，そもそもセンターには入荷していなかった可能性もあります。そのような可能性をつぶすためにも，入荷時の検品が欠かせません。こうした検品は前述した認識技術が活用されますが，入荷時だけでなくセンター内の各所で認識作業を行ってモノの流れをトレースしておけば，どこで商品が紛失したかもわかります。

　以上のように，通過型センターの運営では，高度な情報管理活動が必要であることがわかると思います。

さらに学習したい読者に推薦したい図書

遠山曉・村田潔・古賀広志［2021］『現代経営情報論』有斐閣
　⇨物流の本ではないのですが，経営情報を学ぶうえで最適の書です。このテーマで陥りがちの「はじめにコンピューターありき」の技術決定論ではなく，人間・組織・社会という点から情報化の実状を述べている点が特徴的です。

石川和幸［2021］『エンジニアが学ぶ物流システムの「知識」と「技術」（第2版）』翔泳社
　⇨本書でも参考にしていますが，実務の視点から物流情報システムを学ぶうえでは最適な文献です。

秋川卓也［2014］「広域型の緊急支援物資サプライチェーンにおける上流過程」『日本物流学会誌』22号，157-164頁
　⇨本章で述べた災害時の緊急支援物資物流に関する論文です。情報がない状態で物流を行おうとするとどのような状態になるかがわかります。物流における情報の重要さと意義を考えるうえで参考になると思います。

第9章

物流ネットワークの分離と統合

学習目標

○商物分離の意義と条件について理解する。
○商流分離の問題と商流と物流の統合の意義について理解する。
○商品特性が物流に影響を与えることを知る。
○製品ライフサイクルの段階によって求められる物流の内容が異なることを知る。
○チャネル，価格，プロモーションと物流との関係を知る。

はじめに

　皆さんは商品を買うときに，実物の商品が目の前にあることが当然と思っているかもしれません。実物を直接見て，買うか買わないかを決める。そのような購入方法がスタンダードであると。しかし，一方で実物が目の前にはない買い方もあります。そうです，インターネット・ショッピングです。「いや，画面越しに商品を確認している！」と突っ込んだ読者の方，それは実物ではないですよね。それは「情報」です。画面のデザインどおりの，または説明どおりの商品が届くかどうかはわかりません。インターネット・ショッピングは，「情報どおりの商品が届く」「情報だけで商品の品質を確認できる」という信用が前提となっています。その前提が保証されない場合，実物を確認してから購入することを選択するのではないでしょうか。

　このような前提を守れば，「売った」「買った」の意思疎通，所有権（モノを自由に使うことの権利）の移転，代金の支払いなどからなる**売買取引の手続きのほとんどは，商品が目の前になくても成立するのです**。こうした売買取引に関わる流通の側面を**商的流通**（商流）といいました（☞第4章）。一方で，商品を目の前にした物理的な商品の取扱いは物的流通（物流）の担当です。したがって，商流と物流は同じ場所と同じ時間に成立しなくてもいいということになります。このように商流と物流を分離することを**商物分離**といいましたよね（☞第4章）。

このように商流と物流はくっついたり，離れたりできるのですが，歴史的な傾向でみれば，両者は切り離されてきた傾向にあるといえるでしょう。**それは商流と切り離されることで，物流システムの展開の自由度が増すからだといえ**ます。売買を決める人が実物を確認できるようにするというのは，商流の都合です。その商流の都合が，物流にとって非合理的な在庫配置や輸送負担などを強いる可能性があります。物流にとって商流は存在意義を与えるものなのですが，制約にもなる邪魔な存在でもあるのです。愛憎相半ばする関係（？）で，何か親子関係みたいですね。

しかしながら，親子関係と同じように，活動が独立しても，影響関係が分離するわけではありません。商流が物流の需要とサービス内容を規定する以上，相互の影響関係がなくなるわけではないのです。したがって，**活動を「分離」しても，システムは「統合」する必要があります。**

本章では，物流の構造に大きく関わる商流との分離と統合の関係について説明したいと思います。

1. 大航海時代における商人と輸送の分離

第4章でも言及しましたが，大航海時代の商人は自ら船に乗り，自分の命を賭して未知の土地に航海し，一攫千金をめざしました。これがRPG（ロールプレイング・ゲーム）か，異世界アニメならば，今でも期待に胸はずむのですが，現代のビジネスの常識から考えれば「商人は船に乗る必要なくない？」という疑問を感じてしまいますよね。船に乗れば長い間，何もできず，せっかくの商才を発揮できなくなるわけですから。今であれば，現地に支店をおいて，そこを拠点に商人がバンバン商品を買い付けて，モノだけを本国に送ればいいかもしれません。国際通信が利用できるのであれば，通信で交渉や注文を行えばことが済むので，商人が渡航する必要すらないですね。第13章で紹介する，船荷証券や信用状を中心とした貿易決済の仕組みを活用すれば，遠距離の取引相手とも実際に会うことなく代金決済ができます。

このように商人が商品と一緒に航海する必要がなければ，商人は商才を生かした商いに集中できるわけです。ではなぜ，大航海時代ではできなかったのでしょうか。先に述べた国際通信や貿易決済の仕組みがなかったということもありますが，**輸送貨物が曝される危険性が担保されていなかった**という理由もあります。輸送中には，破損，紛失，盗難，不着などの危険性が，輸送の時間や

距離が長くなればなるほど大きくなっています。当時は，所有者自身である商人がそのような危険性から商品を守らなくてはいけなかったわけです。しかし，第4章で説明したように，産業革命を経て，航海の安全性が確保されていくこととなります。さらに，海事条約によって貨物危険の責任に関するルールが国際統一され，海上保険が広く普及します。これは，簡単にいってしまえば，貨物に対する船主の責任範囲を明らかにして，それ以外の損害補償は荷主が保険に入ってカバーしましょう，という枠組みが国際的に統一されたということです。責任負担の枠組みが普及したおかげで，危険性を担保するために必要な金額が明確になります。危険担保を商人自らの生命を賭すことなく，金で買えるようになったわけです。これらが商人から海上輸送を切り離すことができた理由といえます。

以上のような商人と海上輸送の分離は，商物分離の萌芽ともいえます。商人は商売に専念でき，船員は自分たち以外の人命に配慮する必要がなくなって負担が減ります。まさに Win-Win ですね。「餅は餅屋」という分業の原理が商物分離にも働くわけです。

2. 商物分離の意義と条件

前節の事例では，商流と物流が切り離せることの一端が示されましたが，それは輸送と商流の分離についてのものでした。システムとしての物流との分離までには至っていないので，真の意味で商物分離とはいいません。以下では，商流とシステムとしての物流との分離を考えてみたいと思います。この節では，システムとしての商物分離の主な舞台となった，企業と企業の間の取引（たとえば，製造業者と流通業者）を例に，商物分離が進展した理由と条件について説明することとします。

2.1 商物分離の意義

真の意味で商物分離が積極的に取り組まれたのは日本では戦後であり，加速したのが1970年代のオイルショック以降といえます。第5章で説明したとおり，オイルショックが引き金となった戦後初めての不況を乗り切るため，合理化による物流コストの削減が進められます。その合理化策の1つとして商物分離が進められたわけです。

昔ながらの営業は，営業拠点に商品を保管し，営業担当者がセールスだけで

なく配送を兼任するというやり方です。営業担当者がトラックやバンを運転して，営業先を巡回して配送しつつ商談をまとめたり，注文を集めたりするという，いわゆる「御用聞き営業」ですね。このような営業スタイルの場合，営業拠点が在庫機能などを有する物流センターの役割も担うことになります（当時は「物流センター」という言い方は一般的でありませんが）。

　もちろん，このような方法がすべてではなく，戦前においても配送は輸送業者に任せていた部分もあったでしょう。ただ，御用聞き営業は関係性が重視される個店に対しては有効な営業方法であり，個店が多かった時代では支配的な方法であったのです。しかし，小売業界でチェーン化が進むことで，商談の場が店舗から本部になり，御用聞き営業が通用しなくなります。こうなると商流と物流を一緒に行う意義が薄まります。このような傾向は小売業者だけでありません。製造業者や卸売業者も，仕入や購買を現場任せにするのではなく，本部組織に集中させるようになったのです。このような組織的な購買の台頭が商物分離のきっかけを与えたといえるでしょう。

　商物分離が推進される意義は，営業拠点と物流拠点とで拠点の配置に関する論理が異なる点にあります。その相違の１つは，拠点の数に関する考え方です。皆さんは営業と物流が一緒になって「一石二鳥」と思われるかもしれません。しかし，営業担当者の訪問先は見込み客が含まれることを忘れてはいけません。見込み客には成約まで配送は必要ありません。見込み客への訪問が多数を占める場合は，物流拠点と兼用する意味が薄れます。また，物流拠点は配送コストだけでなく，保管コストを含めたトータル・コストで決まることも忘れてはいけません。安全在庫の増加を抑制する在庫プール効果だけを考えれば，在庫を置く物流拠点は少ないほうがいいです。物流拠点には，拠点数をまとめる方向へ向かわせるコスト力学も働くわけです。

　一方，営業拠点の数は別の要素で決まります。その１つが市場との関係性です。顧客との関係構築が営業の成功要因とするならば，営業拠点は顧客に近接した場所に立地することが求められます。営業担当者は顧客に足しげく通う必要があるので，顧客との距離が遠くなると，営業担当者の労働時間と移動コストが多く費やされます。したがって，営業エリアを拡大しようとすると，より多くの営業拠点が必要となるのです。この場合，図１(a)のように，営業拠点の最適数は物流拠点のそれよりも多くなります。1970年代から活発化した商物分離もこのパターンによるものです。営業拠点が物流拠点を兼ねる場合，営業拠点数の最適化が優先されていた場合，拠点数がαとなります。そこで商物分

図1　最適拠点数と商物分離

(a)　最適数が物流拠点＜営業拠点の場合

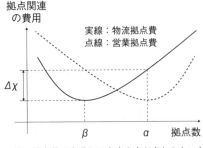

(b)　最適数が物流拠点＞営業拠点の場合

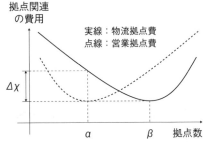

注：拠点数が変動しても売上高が変わらないという前提。営業拠点費用は拠点コスト，移動コスト，機会損失から，物流拠点費用は拠点コスト，輸送コスト，在庫維持コストから構成される。

離をすれば，それぞれの拠点がαとβとなり，物流拠点数が減ったことでΔxだけ物流拠点コストを削減することができるわけです。

　この場合における，製造業者の商物分離に伴う物流ネットワークの変化を図にしたのが図2です。ここでの営業拠点は自社拠点でもいいですし，販社（特定の製造業者の商品を専売する卸売業者）や特約卸（一定の商圏について協力関係にある卸売業者）の拠点と読み替えても問題ありません。営業拠点での配送と商品保管の活動をやめさせて，別の場所（一般には郊外）に物流センターを設置して，2つの活動を集約化します。それにより，在庫が集約化されて在庫プール効果が働き，全体の保有在庫を減らすことができるわけです。このように物流を商流の制約から解放して，より高度な物流ネットワークに移行することができるのです。

　ちなみに，最適拠点数が物流よりも営業のほうが少ない，逆のパターンもありえます。前述のような集中仕入が進んでいる顧客会社の本部が，東京などのような特定の大都市に集中立地している場合です。この場合，一都市のなかで商流が完結してしまいます。また，現在でいえば，インターネット上で商談や注文が完了できる場合もそうです。この流れは，リモート営業が普及した新型コロナウイルス感染症問題以降，強くなっていくでしょう。これらの場合のコスト変化は，図1(b)のようになります。営業拠点が物流拠点を兼ねる場合，営業拠点コストだけの最適化を図れば，拠点数はαとなります。商物分離をすれば，最適な拠点数であるβに物流拠点数を増やすことでΔxだけ物流拠点コストを削減することができるわけです。つまり，逆の条件下でも，商物分離のメリットを享受できるのです。

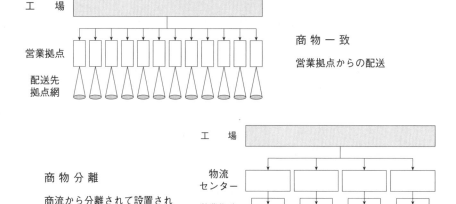

図2　製造業者の商物分離

工　場

営業拠点

配送先
拠点網

商 物 一 致

営業拠点からの配送

工　場

商 物 分 離

商流から分離されて設置され
た物流センターからの配送

物流
センター

営業拠点
（積替え）

配送先
拠点網

出所：中田ほか［2003］132～133頁を参考に作成。

　いま1つの論理の違いは，**求められる立地が異なる**ということです。営業拠点の立地は，商業が発展した地域や人口（とくに昼間人口）の密度が高い地域が望ましいでしょう。しかしこうした地域は，えてして地価が高いです。日本では戦後，1990年代のバブル崩壊まで地価は段階的に上がり続けました。営業拠点だけであれば大きな用地はいらないのですが，物流拠点を構えると話は別です。事業を拡大するためには物流能力も拡大させる必要があるわけですが，地価の高い地域で用地を確保するのは難しいです。物流拠点の立地もまた顧客に近い場所が望ましいですが，営業拠点ほどこだわりはありません。ガソリン税を財源とした道路政策により，全国で道路整備が進みます。したがって，幹線道路や高速道路にアクセスがしやすい場所であれば，地価が安い郊外でも問題はないです。さらに，第5章で述べたように，都市部の渋滞や排気ガス問題に直面していた行政も，物流拠点の郊外移転を「流通業務市街地の整備に関する法律」の施行などで，後押しします。地価高騰の問題も商物分離の流れに拍車をかけることとなります。

2.2　商物分離の条件

　実際に商物分離を進めるにあたっては，いくつかの条件をクリアしなければなりません。商物分離が進み出した1970年代当時，こうした課題をクリアで

きる環境が整ったのです。以下では，商物分離の4つの条件について説明しましょう。

第1に，**商品の現物を確認しなくても商談や注文が問題なくできなくてはいけません**。商品が手元に届いて，「思っていたのと違う」となる問題を避けられるか，ということです。しかし，この点はあまり問題でなかったようです。というのは，工業化が進み，戦前にすでに規格品の大量生産が日本で定着したからです。規格品の場合，サンプルがあれば，現物なしに商品について知ることができます。したがって，工業製品に関していえば，この問題はすでにクリアされていました。問題は規格化が難しい農産物や鮮魚のような生鮮食品です。生鮮食品については，卸売市場を介する，商流と物流が一体化した流通が制度化されました。しかし現在では，農産物でも規格化の技術が発展することで，あるいは流通業者の目利きを信用することで，部分的ではありますが，商物分離が拡大しています。

第2に，**在庫情報と販売実績情報が共有化されていなくてはいけません**。営業担当者が，物流拠点にある在庫の状況を知らないと，在庫のない商品を顧客に薦めてしまったり，逆に余剰商品を売り込まなかったりすることになります。一方，物流の担当者も，営業拠点が有する販売実績の情報を得ることができないと，需要予測の精度が落ちて品切れや余剰在庫を発生させてしまいます。営業と物流の活動をちぐはぐなものにしないために，リアルタイムの情報共有化が必要となります。しかし，この問題も時機に投ずることができました。1971年の公衆電気通信法が改正されたことによって，データ通信サービスの民間利用ができる環境が整ったのです。データ通信を利用することで，営業拠点と物流拠点が遠隔にあっても，リアルタイムでの情報交換が容易になりました。

第3に，**顧客の理解を得なくてはならない**ことです。それまでは営業担当者が笑顔で商品を届けていたのが，商物分離後は愛想のないドライバーが届けるように変わり，最初は抵抗があったようです（教育が行き届いた現在では，ドライバーの接客レベルは上がっています）。また，トラックが駐車して荷捌きする場所が確保できない納品先も多かったようです。しかし，これらの課題も次第に解消されました。主に流通業者を中心とした顧客も商物分離を志向して，物流センターを導入したからです。とくに流通革命を経て増えた，チェーン小売は専用センターをこぞって建設しました。この場合，納品先も物流専門の拠点となるので，以上のような問題は起きません。現在では，ドライバーにも接客教育を行うことが一般的となっていますし，多くの自治体で一定規模の建築物

には荷捌き駐車施設を設置する条例が施行されています。

　第4に，**社内の理解も必要なことです**。前述のように，商物分離によって営業担当者は配送や荷捌きから解放され，営業に専念することができます。当時，営業担当者はどのような気持ちになったか，想像してみてください。「よっしゃ，煩わしい仕事がなくなったので，もっと営業して出世してやる！」と思った人，あなたは営業向きの性格ですね。一方で世の中には，「荷物作業で時間を稼いでいたのに，仕事が営業だけになるなんて，めっちゃ憂鬱（泣）」というように考える，本音では営業の苦手な人も少なくないのです。このように考える従業員に職務変更を理解してもらう必要があります。さらに，商物分離を引き金に営業組織の再編が実施されれば，配置転換や人員整理のような「痛み」を伴う改革となる可能性もあります。商物分離が盛んになった1970年代は不況に見舞われました。そのような厳しい経営環境のなかであれば，このような改革は比較的社内で受け入れられやすくなるでしょう。この点からも当時の商物分離が時宜にかなったものであったといえるのかもしれません。

　以上のように，商物分離にあった複数の課題は，時勢が解決してくれた部分も少なくなく，当時の変革は必然性を伴った部分があったと考えられます。

2.3　商物分離の利点

　次に商物分離の利点について整理してみます。前述したとおり，商物分離は拠点配置の数と立地の点で経済性の論理が異なるという問題に基づくものです。商物分離によって物流は商流のくびきから解放され，用地コストの適切化と安全在庫の削減という2つの「果実」を得るわけです。

　さて，以上の2つが商物分離の意義といえますが，利点はこれ以外にもあります。**商物分離によって分業化が進む**という利点です。第4章で説明したように，アダム・スミスは分業が進めば，①技術増進，②時間の節約，③機械化の促進によって生産性が向上するとしました。外回り営業をしながら配送を行うと，顧客とのコミュニケーションに時間がとられて，配送が滞ってしまう問題が起こります。しかし，商物分離して，配送専門のトラックで回れば，営業担当者よりも多くの配送を短時間でこなすことができます（②時間の節約）。さらに，商物分離と同時に物流専属の組織も次々と設立されます。第5章で説明した物流部ですね。所属職員は常に物流に従事して経験を積んでいきます。物流のことばかりを考えて，業務を改善していこうと努力もするでしょう。経験や改善が蓄積し，物流技術が向上するスピードも速まるはずです（①技術増進）。

また，新しく郊外に取得した広くて使い勝手のいい用地と建屋で，機械化もしやすいでしょう（③機械化の容易化）。このように商物分離によって，多くの分業の利益を享受できるのです。

商物分離は組織内での分業でしたが，組織を越えた分業にも発展します。その形態の1つとして①専業者への外部委託があります。**商流から輸送や保管を切り離すことで初めて，トラック輸送業者や倉庫業者に活動を委託しやすくなった**のです。その証拠に，1975年に42.8%であった物流の社外支払費は，85年には50.7%に上昇しています（西澤［1994］）。その後，第5章で説明したとおり，1990年から物流の規制緩和が始まります。それによって3PL事業者（☞第12章）のような，物流の業務を包括して受託する事業者が現れます。商物分離によって商流から独立した物流拠点が，運営だけでなく計画とシステム構築も含めて外部委託するという流れが加速化します。そして2021年現在では，物流の社外支払費（物流子会社への支払いは含めない）は74.6%（日本ロジスティクスシステム協会［2022］）まで上昇しています。こうした物流の外部化については，第12章で詳細に説明します。

いま1つの組織間分業の形態が，②物流子会社の設立です。**物流子会社**とは，複数の事業を営む企業グループにおいて，各事業内で商物分離（正確には事業からの分離で「事物分離」）によって切り離された物流を統括して，グループ内の物流を一元管理するグループ会社です。物流子会社は，専業者と同様に，分業と規模の利益を得ることを目的としていますが，統制可能なグループ会社とすることで物流サービスの独自性も確保することができます。また，物流子会社の損益計算書がグループ内の物流の収益性を表すので，コストの透明化を図れるという利点もあります。現在では多くのグループ会社が物流子会社を有していますが，なかにはグループ外の会社を対象とした委託事業を展開する物流子会社も少なくありません（☞第12章）。さらに，物流子会社を専業者に売却し，グループの物流機能全体を外部委託化する企業グループも現れています。

以上のように，組織内と組織外の分業の基礎を商物分離が提供し，分業の利益や規模の経済性を獲得することで物流の高度化に貢献しているといえるでしょう。

3. 商流と物流の統合

第4章で述べたように，アダム・スミスによれば，職能分化は労働生産性の

向上に貢献するので，商物分離もまた生産性向上に貢献するはずでしょう。し
かし，**職能分化によって，部門間で調整の手間が新たに必要となっただけでな
く，態度や思考の相違も生まれます**。ドラッカーは，職能分化は組織規模の増
大に伴って衝突（コンフリクト）を生み出し，「急速に誤解，反目，分派，ベル
リンの壁」（Drucker [1974]）が現れると指摘しています。こうした問題はどの
組織でも直面する普遍的な課題といえますが，バワーソクスらが商流部門（マ
ーケティング部門や営業部門）と物流部門の関係には「大分水嶺」（great divide）
（Bowersox et al. [2002]）があるとたとえているように，両部門の間にも深刻な
対立をもたらす可能性が存在します。以下では，商物分離がもたらす新しい課
題，商流部門と物流部門の対立と統合について説明しましょう。

3.1　対立と調整

　両部門の間にある潜在的な対立要因を列挙したのが，表1です。商流部門は
「売上拡大主義」「顧客第一主義」を，物流部門は「コスト最小主義」を追求す
ることを使命とします。いずれも本質的には会社の利益になる主義のはずです。
しかし，**同じ組織内で同時に追求すれば，ときに互いの主義の間でトレードオ
フが発生してしまうのです**。商流部門は，売上を少しでも上げるために在庫を
大量に用意して欠品をなくしてほしいですし，顧客を喜ばすために注文リード
タイムを短くしたくなるのです。そのような要望を，物流コストのコントロー
ルを使命にしている物流部門は，むやみやたらに引き受けることはできません。
こうしたトレードオフが部門間で対立を生むのです。

　ローレンスとローシュは，こうした部門間の対立を越えて，統合を維持する
ことが会社の高業績につながることを実証しました（Lawrence and Lorsch
[1967]）。「足を引っ張りあうよりも，協力して1つになったほうがいいね」と
いうことであれば，仲間意識の強いとされる日本人にとっては，「当たり前」
とか「得意分野」とか，思われるかもしれませんね。しかし，日本でも自部門
の利益や権限にこだわるセクショナリズムの実例は少なくありません。せっか
くの商物分離の利益も，セクショナリズムによる対立があれば，台無しになっ
てしまいます。セクショナリズムの「罠」にはまらないように統合をめざして
いくことになります。

　ただし，統合といっても，商流と物流が混然一体であった過去に戻れ，とい
っているのではありません。**職能分化を維持しつつ，互いの緊密な調整でもっ
て，あたかも1つのシステムのごとく振る舞え，といっているのです**。細胞

表 1　商流部門と物流部門の間におけるトレードオフ要因

	問 題 領 域	典型的な商流部門の考え	典型的な物流部門の考え
1	キャパシティと販売予測	「販売予測を当てるのは不可能。キャパシティを十分にもって対応すればいい」	「販売予測を正確にしてほしい。キャパシティを維持するコストも考慮してほしい」
2	リードタイム	「迅速な対応が必要。わが社のリードタイムはおかしい」	「リードタイムが短いと，物流センターの対応範囲が小さくなるし，車両の確保も難しい」
3	在　　庫	「十分な在庫を持って欠品をゼロにしてもらいたい」	「欠品をゼロにするというが，そうなると在庫がとてつもなく膨れ上がる」
4	配　　送	「営業エリアを拡大して，遠方の新規顧客を獲得して売上を拡大させたい」	「配送ルートが組めない地域で顧客を獲得することに対して慎重であってほしい」
4	配送頻度	「顧客の在庫負担を抑えてあげたい。配送頻度はできる限り増やしてほしい」	「トラックの積載効率が下がるので，配送頻度は増やしたくない」
5	ロットサイズ	「ロットサイズが小さいほうが顧客の受けがいい」	「小分け作業もタダではない。また，小分けした後の包装はどうするのか」
6	製品ラインの幅	「顧客は多様な製品を求めている」	「製品ラインが広すぎる。多様性が物流コストを増大させている」
7	価格政策	「売上目標確保のため，割引販売やリベート拠出で需要を刺激したい」	「価格が変動すると販売予測が大変だし，受注が平準化しなくなる。顧客の買いだめで返品も増える」
8	物流コスト	「わが社の物流コストは高すぎる。市場で競争力がない」	「低コストで短時間の出荷，幅広い品種，急な変化対応，高品質を維持できない」
9	新製品の導入	「新製品は私たちの活力源だ」	「新製品発売のたびに，旧モデルの在庫が残り処分が大変」
10	製品設計	「顧客ごとに仕様を変えたい」	「流通設計の負担が大きいので，仕様の幅はできる限り狭めてもらいたい」

出所：Shapiro［1977］p. 105 の表を参考に作成。

だって，人間だって，1つのシステムに組み込まれる以前にれっきとした「個体」です。調整に基づいてシステムの一員として振る舞い，それらの整合された力がシステムを機能させているのです。

　マーチとサイモンによれば，調整行動は，①フィードバックによる調整と②計画による調整という2つの類型に分類できます（March and Simon［1958］）。①は，部門間における情報の交換で基準の逸脱を監視して，必要な際に調整を行う方法です。繰り返しが多い物流では，この方法は向いていないかもしれません。何度も基準逸脱が起こるたびに，部門間で調整していたら現場が疲弊します。「いい加減，学習しろよ」と突っ込みたくなりますよね。一方，②はどのような活動がいつなされるのかを事前に合意しておく調整方法です。事前調整は面倒に思うかもしれませんが，トラブルが発生してから対処する①の方法よりも効率的な方法といえます。

　さらに②の方法は物流の視点から2つに分類できそうです。1つは**各部門の**

図3　営業部門と物流部門の計画のすり合わせイメージ

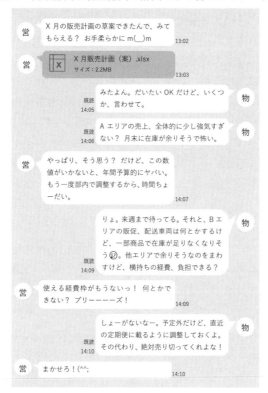

営　X月の販売計画の草案できたんで、みてもらえる？　お手柔らかに m(__)m　13:02

営　X月販売計画（案）.xlsx　サイズ：2.2MB　13:03

既読 14:05　みたよん。だいたいOKだけど、いくつか、言わせて。　物

既読 14:06　Aエリアの売上、全体的に少し強気すぎない？　月末に在庫が余りそうで怖い。　物

営　やっぱり、そう思う？　だけど、この数値がいかないと、年間予算的にヤバい。もう一度部内で調整するから、時間ちょーだい。　14:07

既読 14:09　りょ。来週まで待ってる。それと、Bエリアの販促、配送車両は何とかするけど、一部商品で在庫が足りなくなりそう😣。他エリアで余りそうなのをまわすけど、横持ちの経費、負担できる？　物

営　使える経費枠がもうないっ！　何とかできない？　プリーーーーズ！　14:09

既読 14:10　しょーがないなー。予定外だけど、直近の定期便に載るように調整しておくよ。その代わり、絶対売り切ってくれよな！　物

営　まかせろ！(^^;　14:10

注：画像はイメージです。実際はSNS上ではやらない（はず）。

オペレーション計画をすり合わせておく方法です。商流部門は「販売計画」や「商品計画」（マーチャンダイジング），物流部門は「在庫計画」や「輸送計画」などのオペレーション計画に基づいて日々活動しています。計画を立案する際に「こっちはこうする予定だから，そっちはそうしてほしい」という感じで，内容を事前にすり合わせておくやり方です（イメージが図3にあります。あくまでもイメージです）。製造業者では商品を供給する生産部門とのすり合わせも必要です。このような生産計画も含めたすり合わせを行う計画を「PSI計画」（Pは production，S は sales，I は inventory の略）とか，「製販在計画」とか呼んでいます。

　しかしながら，計画のすり合わせだけでは物足りません。確かにトラブルの顕在化は少なくなりますが，面倒なやりとりが事後から事前に移っただけで，問題の根本的な解決になっていないからです。**根本的な解決を志向する，もう**

１つの事前調整の方法として，業務プロセスの再設計による調整があります。簡単にいえば，両部門をまたがる業務プロセス自体を見直して，調整の原因を緩和してしまう方法です。たとえば，特売商品は別枠にして，レギュラー商品とは異なる条件（たとえば，注文リードタイムや最小ロットサイズ）で受注するという，部門間における新しいルール設定がそうです。互いの業務プロセスをすり合わせておくことで，オペレーション計画立案時の調整負担を減らすことができるかもしれません。調整の負担のなさからすれば，業務設計レベルの調整が最もふさわしいといえますが，自分たちの仕事内容が変化するため，関係者の合意形成にかなりの労力が必要です。こうした合意形成のためには，関係者を集めて議論する「場」が必要となります。その点については後述します。

3.2　部門間のインターフェース

　部門間の調整を行うにあたって重要なのは，自部門の意思決定が相手部門にどのような影響を与えるかという部門間のインターフェース（接点）に関する知識です。相互の理解がなければ，協力して前向きに調整を行う気にならないでしょう。ここでは，商流部門からみた物流への影響を考えてみたいと思います。さて，なぜ視点が「物流部門」でなく，「商流部門」に置かれるのでしょうか。「物流を学んでいるのだから，物流部門からみた商流への影響のほうがみたい！」と思われるかもしれません。それも大事ですが，より大事なのは「商流部門」からの視点です。金を稼ぐ（make money）のは商流です。物流自体は金を生みません（その実現のサポートはしますが）。ビジネスは常に商流主導なのです。事業計画やビジネスモデルを考える際に，物流から考え始めることはないのです。

　商流の管理方法を設計するのはマーケティング戦略によってです。したがって，ここではマーケティング戦略として最もポピュラーな 4P のフレームワークを用います。4P とは，マーケティング・ミックス（具体的なマーケティング方法の組合せ）を「Product（商品）」「Price（価格）」「Place（場所，すなわちチャネル）」「Promotion（プロモーション）」のグループにまとめたものです。以上の４つの視点から戦略の実体化を考えるわけですが，以下でも４つの視点から物流との関係性を考えてみたいと思います。

3.2.1　商　　品

　会社がどのような商品を扱うかによって，物流の内容が大きく変わります。とくに重要な商品特性と製品ライフサイクルの２つの点の話をしましょう。

物流として，最も気になる商品特性はやはり物理的な特性でしょう。以下に
代表的な物理的な商品特性を列挙してみました。

○<u>重量と容積</u>——輸送と保管のコストを決める基本要素。貨物輸送の料金は，
　容積換算重量と実重量の重いほうを基準に計算されます。容積換算重量と
　は，容積を重量に換算した数値です。

○<u>形状</u>——液体や気体の場合，専用の容器が必要。個体であっても，立方体
　でない場合は，積載・保管の効率と可搬性が悪くなるため，包装で立方体
　化することが望ましいです。

○<u>脆弱性</u>——衝撃，水分，異物混入，温度変化，気圧変化，紫外線，放射線
　などに対する耐久度が低いこと。包装の強化が求められるとともに，輸送
　や荷役での慎重な対応が求められます。

○<u>腐敗性</u>——製造日別に商品を管理することになります。先入先出が大原則。
　温度帯別の取扱い（例：コールドチェーン）が必要となることもあります。

○<u>危険性</u>——発火性・引火性を有する，ないしは健康や環境に有害な毒性を
　有すること。保管，輸送，荷役，包装などすべての活動で特別な配慮が必
　要なため，他の商品とは切り離されて扱われることが多いです。

○<u>匂香性</u>——匂いや香りがあること。他の商品に匂いが移ってしまう可能性
　があるので，隔離するなり，包装を強化するなりの対応が必要。香料への
　アレルギー反応（化学物質過敏症）の問題もあるので，過度の香料の使用
　は控えるべき（香料の匂いが充満している物流センターもあります）。

○<u>汚損性</u>——他のものに汚れを付着させる可能性のある商品。匂香性と同様
　に，隔離や包装強化が必要。（例：土のついた野菜）

○<u>個別生産性</u>——毎回，製品仕様が異なる特性。物流の要件を毎回確認する
　必要があります。設計，製造，営業などとの連携によって事前に物流要件
　を明らかにして，対応することが必要。（例：建築物の構造材）

○<u>規格性</u>——製品の形状や耐久性など規格化されていること。作業の標準化
　に貢献し，荷役や包装の機械化を促進。業界内で規格化できれば，物流共
　同化の素地となります。

○<u>多様性</u>——同一商品であってもサイズ，色，部分的機能などで多様な取揃
　えが求められること。違いを顧客が重視する以上，物流では別々に管理す
　る必要があるため，管理負担は大きくなる，品切れや在庫の陳腐化が発生
　しやすい。（例：色物化粧品）

○<u>リサイクル・再販売可能性</u>——リサイクルや再販売の可能性があること。

回収のための輸送や回収物の荷役や保管などからなる回収物流の仕組みが必要となります。（例：家電，自動車）

○生体——生き物を輸送する場合は，生活できる環境を確保・維持する必要があります。（例：家畜，ペット）

以上のように，さまざまな**物理的な特性が物流に影響を与える**ことがわかります。物流構造に与える影響も少なくありません。たとえば，腐敗性が強ければ，在庫としての保有が難しくなります。経過する物流拠点の数を少なくするか，あるいは通過型センターなどの活用で物流拠点の滞留を極力減らす工夫が必要です。脆弱性や危険性がきわめて高い商品については，通常商品とは別の物流システムが必要になるでしょう。また，重量や容積が大きい場合は，物流コストが高くつくので，むしろ生産拠点の立地のほうが問題になるかもしれません。

さらに，物理的な特性以外にも，物流に影響を与える商品特性は，表2のように数多くあります。**すべての商品が何らかの「普通でない」物流特性をもっている**と考えてください。商流部門は商品ラインナップを拡張することを志向しがちですが，何気ない商品選択が物流の内容を大きく変えてしまう可能性を有していることを理解すべきでしょう。

こうした商品特性を意図的に変えて，物流コストを抑える DFL（design for logistics）という方法もあります。その名のごとく，物流（ロジスティクス）の視点で製品や包装の設計を見直そうとする取組みです。たとえば，製品と包装の大きさを見直して，パレットに隙間なく積み付けられるようにすることで，積載効率を変えることができます。

商品が製品ライフサイクルのどの段階にいるかという点も，求められる物流を変える要因になります。**製品ライフサイクル**とは，製品が市場に投入されてから市場に退出するまでのプロセスを，生物の誕生から死までのライフサイクルになぞらえて，体系的に説明する理論です。導入期，成長期，成熟期，衰退期の4つの段階があります。各段階における物流の特徴について説明しましょう。

○**製品導入前**——新製品の需要が不確実なため，初期在庫の設定が課題となります。営業担当者の「手ごたえ」が有力情報になるかもしれませんね。できれば，顧客から前倒しで注文をもらいたいところです。

○**製品導入直後**——想定外のトラブル（例：品質不良による返品，緊急出荷）が発生することが多いので，専門チームをつくっておいて，臨機応変に対

表2　物理的な特性以外の商品特性の例

特　性	内　　　容
安 全 性	商品利用における安全性の保障が必要なこと。物理的な品質劣化や偽造品とのすり替えを防止することで，商品状態が出荷時と変わらないことを保障する。そのために輸送，保管，荷役，包装で特別な配慮が必要となる。（例：医薬品）
季 節 性	季節によって需要量や供給量が変化する可能性。在庫陳腐化の可能性が高い。季節ごとの需要傾向を把握して，在庫や輸送などの物流能力を変化させる必要がある。（例：冷暖房機）
代 替 性	他の商品が代替できる可能性。代替性が高いと，競合する商品の販売条件が変化したときに需要が大きく変化するので，不確実性が高い。競合商品の動向を把握して，需要予測に加味する必要がある。（例：缶コーヒーのブランド）
補 完 性	他の商品やサービスと互いに補完しあうことで利用者の欲求が満足する可能性。同一の物流プロセスで処理されることが多い。この場合，他方の商品需要が減れば，当方の商品需要も下がる。（例：プリンターとインク）
投 機 性	相場変動で値ざやをねらうこと。保管期間が読めないため，保管スペースに冗長性が求められる。価値の減耗が厳禁なので，保管コストが高くつく。保管が長期にわたる場合，費用が累積加算される。（例：ヴィンテージ・ワイン）
希 少 性	同一の代替商品を用意できず，希少価値があること。当然に，毀損や紛失に対してのリスク対応を厚くする必要があるため，輸送，保管，荷役，包装のコストがかかる。トレーサビリティの確保も求められる。（例：美術品）
偏 好 性	一部の消費者にだけしか価値が認められない（いわゆる「マニア向け」である）こと。需要の地域的分布が分散する傾向がある。消費者の移動負担ないしは流通の輸送負担が大きくなる。（例：ガンプラ）
地 域 性	需要ないしは供給の地域的分布が集中する傾向。物流ネットワークの広がりを限定する。荷合わせを実現しやすくする。（例：半導体チップ〔生産地が限定〕，土産商品〔需要地が限定〕）
価 格 統 制	公的な規制でもって商品価格が統制されること。価格競争や価格変動がないため，需要予測が比較的しやすい。しかし，在庫が余剰化しても，消化販売が難しいという問題もある。（例：処方薬）
流 行 性	一時的に需要が拡大すること。需要が収まる時期の見定めが重要となる。在庫陳腐化やブルウィップ効果発生の可能性が高い。（例：いわゆる「バズった商品」）
情緒的購買性	購買意思が商品の物理的品質や機能性でなく，心理的要因によって決まること。心理的要因が大きいほど需要変動の不確実性は高まり，在庫管理は難しくなる。（例：いわゆる「映える」商品）
輸入依存性	輸送のコストと時間が大きくかかる。遅延や毀損などの輸送リスクも高い。保有在庫も増えるため，在庫陳腐化の可能性も高い。
機 密 性	商品情報が外部の人間に知られてはいけないこと。盗難リスクのある貴重品はもちろんであるが，競争優位を保つために調達元や販売先をライバル企業に秘密にしたい商品もある。包装の工夫だけでなく，輸送や保管が他の商品と分離されて行われることもある。
付加サービスの必要性	備付けやメンテナンスなどの付加サービスが前提となっていること。（例：大型家具，事務用コピー機）

応することが望ましいです。初動販売の勢いが直近需要を予測する情報として参考になります。早期の品切れは「うれしい悲鳴」でもありますが，顧客のロイヤルティを失う可能性もあるので極力避けたいところです（とはいっても，「ない袖は振れない」）。地域ごとに販売速度が異なるのであれば，地域間で転送して在庫調整をする手もあります。一方，売れないとき

は，物流ではなす術がありません（こちらのほうが多い）。その場合，撤退を視野に入れ，むやみに在庫を増やさないようにすべきでしょう。

○成長期——運よく新製品が成長段階に乗ったら，安定的な供給が必要なため，レギュラーの物流対応に切り替えることになります。問題は，成長期がいつまで続くか，という点になります。その期の見極めを間違うと，ブルウィップ効果（☞第8章）の餌食となる可能性があります。この段階で欠品を出すと，成長に水を差す形になり，偉い人に怒られる可能性が高いので，注意が必要です。

○成熟期——需要が安定するので，最も物流がやりやすい時期となります。需要変動のパターンを特定し，ルールに基づく在庫管理体制の確立に努めるべきでしょう。実質的に衰退期に移行していても，マーケティング部門がそれを認めないことがあります。実需に基づいて説明することで，すでに衰退期に達していることを認めさせることも物流部門の仕事です。

○衰退期——終売時において在庫をすべて販売消化することが最大の使命となります。在庫を増やすわけにはいかないので，基本的には地域間の在庫転送が在庫調整の手段となります。受注をいつ止めるかも重要な意思決定です。早すぎては在庫が残り，遅すぎては欠品が発生することになります。そのためには，営業部門との連携が重要です。また，受注を止める日が決まったら，顧客に周知させることも重要になります。

以上のように，**製品ライフサイクルに応じて物流に変化をつけることが重要**です。マーケティング部門と物流部門は，対象商品がどのステージにいるかについて常に認識を共有して，ステージに合った物流を展開していく必要があります。

3.2.2 価　　格

価格設定はマーケティングにとどまらず，会社の収益性に大きな影響を与えるので，重要な意思決定となります。一方で物流固有の重要性もあります。ここでは3つの点を確認しましょう。

第1に，価格帯です。**価格帯を低くするのか，高くするのかによって，物流活動がとるべき選択肢が変わります**。商品の価格を高くしたとしても，重量や容積が変化しないのであれば，それに比例して自動的に物流コストが上昇することはありません。一方で，価格を高くすることで，利用できる物流コストの枠も拡大するので，活動の選択肢が増えるのです。たとえば，輸送を船舶から航空に変更したり，包装を特殊な仕様に変更したりすることができます。その

ような変化で，物流サービスの内容と質も変えることができるのはいうまでも
ありません。

　第2に，価格変更の頻度です。価格変更で買い手の意欲が変わりますので，
当然に需要パターンが変わります。第6章でお話したように，需要が変動すれ
ば，その分，大きな物流キャパシティを用意する必要があります。また，需要
予測は過去のデータから求められた需要パターンに基づいて行われています
（☞第10章）が，価格変更で前提が変わってしまえば，既存の需要パターンが
予測モデルとして使えなくなるかもしれません。変更幅が小さければ微調整で
使用できますが，大きい場合はパターンを破棄して新たな予測モデルを模索す
ることになります。需要予測が頼りないものになれば，需要の不確実性が増し，
安全在庫が多く必要となってしまいます。**変更頻度が多ければ，物流に関して
需要の変動性と不確実性がもたらされるのです**（コラム9-1）。

　第3に，顧客の地域によって価格を変えることができるか，という点です。
顧客の位置が変われば，配送コストも変わります。遠隔地の顧客であれば，配
送コストが大きくなるのは当然のことです。したがって，**異なる配送コストを
回収するために，顧客の立地に応じて料金を柔軟に変更できることが物流とし
ては望ましい**といえます。こうした配送コストの違いの問題は，長距離輸送が
基本の国際取引における課題と考えている読者もおられるかもしれません。し
かし，むしろ国内取引のほうが厄介な問題といえます。というのは，第13章
で詳しく紹介しますが，国際取引においては輸送の責任とコスト負担について
の国際的な取決め（インコタームズ）があるからです。国内取引には（少なくと
も日本国内には），基準となる取決めが存在しないため，コスト負担の問題は買
い手と売り手との間で有耶無耶にされがちです。日本では，離島などでない限
り，地域によって異なる配送料金を顧客に請求することは一般的ではありませ
んが，「狭い国土だから配送コストなんて，大したことないよね」などと考え
ないでください。第1章で説明したように，国内輸送の大半はトラックによる
ものです。トラック輸送のコストの内訳で大半を占めるが人件費です。1時間
多く運転すれば，1時間の追加人件費が必要になるのです。配送コストの増分
を請求できない場合，遠い顧客と取引すれば，その分の追加人件費が利益を減
額してしまうと考えなければならないのです。実は，配送コストの負担を曖昧
にする慣行は，昨今，注目を集めているドライバー不足の問題を引き起こして
いる要因の1つとなっています。この点は第13章で詳しく説明したいと思い
ます。

コラム9-1　ダイナミック・プライシングと物流

　価格変動もうまく活用できれば，物流の味方になることもあります。経済学でいわれているように，価格が需要と供給の関係を調整できるからです。需要＞供給であれば価格を上げて購入意欲を削ぎ，需要＜供給であれば価格を下げて購入意欲を刺激することで，需要と供給を平準化させることができます。このように需給状況に応じて柔軟に価格を変動させる戦略を「ダイナミック・プライシング」といい，最近注目を集めています。すでに宿泊サービスやイベント・チケットの販売などで実用化されています。

　しかし，ダイナミック・プライシングには，購入者に不公平感を与えるという問題があります。同一の商品を，友だちよりも高い価格で買わされてしまう事態もありうるわけです。消費時期によって価値の変わるサービスならともかく，消費時期で価値の変わらない物品の場合は，購入時間の違いで生まれる価格差に消費者が納得することは難しいかもしれません。

　一方で，時期で価値の変わる，たとえば腐敗性のある商品は消費時期によって価値が変わるので，ダイナミック・プライシングは消費者に受け入れられるでしょう。すでに賞味期限が近づいたことによる値引き販売は，スーパーなどで行われていますよね。店員が値札ラベルを貼りかえることで価格変更するのではなく（夕方の貼りかえタイミングに出くわすと，少し期待しちゃいますよね），人工知能が状況に応じて設定価格を考え，瞬時にデジタル価格表示器で新しい価格に変更する，というような「ダイナミック」な価格変更を可能とする実用例が広がることが期待されるところです。

3.2.3　チャネル

　チャネルとは，商品を消費者や利用者に届けるプロセスとその組織であり，そこでは商流と物流が同時に扱われます。物流は「チャネル問題（政策）である」（中田［1987］［2001b］，出牛［1968］）と考える学者もいるほど，その選択は物流にとって重要といえます。消費財の場合，図4のような複数のチャネルが考えられます。以下では，チャネルによる物流の違いについてみていきましょう。

　図4のチャネルAは直販（直接販売）といわれるチャネル形態となります。卸売業者を通さないので，製造業者自らが消費者までの物流を展開していく必要があります。ここでは，**ロットサイズとして最も扱いが厄介なピースを扱う**ことが前提となります。具体的なチャネル政策として，製造業者による通信販売や直営店販売があります。また，最近では，D to C（direct-to-consumer）と呼ばれる，製造業者がECサイトを通じて消費者に直接販売するビジネスモデルも流行っています。いずれの場合でも，自社で物流センターを確保し，配送

図4　チャネル形態の種類

A　製造業者─────────────────────────────→消費者

B　製造業者──────────────────────→小売業者──→消費者

C　製造業者──────────────→卸売業者──→小売業者──→消費者

D　製造業者──→一次卸売業者──→二次卸売業者──→小売業者──→消費者

を輸送業者に委ねる方法となるでしょう。

　チャネルBは卸中抜きといわれるチャネル形態となり，チャネルAと同様に卸売業者を通さないので，製造業者自らが物流を展開していく必要があります。この場合，サプライチェーンが地産地消のように小さい地域で完結している場合は問題ありませんが，複数の地域にまたがる場合は厄介です。というのは，**一小売店が仕入れる量は製造業者からすれば少量であり，適正な物流規模が得られない**からです。チャネルAの物流と大きな違いがないにもかかわらず，卸売価格で販売することになるので，製造業者の利幅が減ってしまいます。この問題の解決には，小売業者側でも物流機能を担う歩み寄りが必要です。地域にある複数店舗の商品を荷合わせできる物流拠点（物流センターないしは通過型センター）を小売業者が用意し，そこに製造業者がまとめて納品させるようにすればいいのです。第7章で紹介した専用センターですね。したがって，このようなことができるのはチェーン小売しかありません（個店では無理）。

　世界最大級のチェーン小売であるウォルマートが，この方法を使って卸中抜きを実現しているのは，つとに有名です。しかし日本では，個々のチェーンの売上規模が大きくなく，かつ扱う品揃えが広いなどの理由のため，センター納品であってもロットサイズが製造業者の求める大きさに至らない場合が多いようです。よって，日本では今後も卸中抜きの実現は難しいかもしれません。

　チャネルCとチャネルDは伝統的な流通チャネルといえるでしょう。この場合，製造業者は物流を含めた流通機能の大部分を卸売業者に任せることができます。**他社製品と荷合わせがされるので，効率的な物流が可能となります。**ただ，任せる弊害もあります。物流能力が高くない卸売業者に任せれば，在庫を抱えて安売りを繰り返してしまったり，欠品を乱発して消費者や小売業者を何度も怒らせたりと，商品ブランドに回復できない傷をつけるかもしれません。**任せる前に卸売業者の物流能力をチェックすることが必要です。**

　さらに，小売業者（とくにチェーン小売）からの値下げ要求に届したり，卸

売業者同士で値下げ競争を行ったりする問題もあります。こうなると製造業者の利幅も小さくなるので見過ごすことができなくなります。こうした問題に対し，製造業者は流通系列化を進めることがあります。具体的には，特定地域における独占販売権を卸売業者に与える「テリトリー制」や小売業者に対して仕入先の卸売業者を一社に限定する「一店一帳合制」などの方法があります。テリトリー制や一店一帳合制は，結果として出荷する卸売業者を限定できるので，より大きな荷合わせ効果も期待できます。

資本力のある製造業者では，流通系列化をより進めるために専売制をとるところもあります。自社商品だけを扱う卸売会社である販社（販売会社）を地域ごとに設立する方法です。大資本を生かして消費者に広告やプロモーションを行ってブランド力を高めます。ブランドに魅せられた消費者のほうから自社商品を指名購買させるようにできれば，小売業者や卸売業者はその商品を扱わざるをえません。商談と仕入れの窓口を地域ごとで販社に一本化しようとすることで，チャネルに対するコントロール力を手に入れるわけです。しかし，**専売制を選択すれば，物流が自社商品に限定されるという，チャネルBと同じ物流問題を抱える**ことになります。つまり，専売制はチャネルC・Dがもつ他社商品との荷合わせ効果を捨てるという選択でもあるのです。したがって，資本力だけでなく，1社で大きい物流規模を維持できる販売量を有していることが実施する条件の1つとなります。そのためには，販社から物流機能を切り離す商物分離を徹底し，販社の組織を越えた物流の統合化で規模の確保を行う物流の再構築が必要となります（この点は中田［1987］が詳しいです）。

3.2.4　プロモーション

プロモーションは消費者の購買意欲を刺激する手段で，広告，人的販売，販売促進，パブリック・リレーションズなどのツールがあります。季節イベントや新製品販売などの時機を活用する方法も多いですね。最近では，ウェブ技術を活用して，企業と消費者との双方向コミュニケーションを使った新しいプロモーション方法（例：ウェブ広告，SNS運用）が増えてきています。**物流としては，需要変動が意図的に起こされることから，新規プロモーションを導入する際には，きめ細やかな調整を求めたいところです。**

新しいプロモーションを実施する前には，計画内容を共有して，物流部門と協議すべきです。物流にとって，プロモーションによる需要増に関した予測が鍵を握りますが，こうした予測を行わない組織も少なくありません。たとえ予測を行っても，この予測情報がなかなかの「曲者<ruby>曲者<rt>くせもの</rt></ruby>」である可能性があります。

というのは，マーケティング部門が提示する予想値が「頑張って，ここまで届くといいな！」という努力目標値である可能性があるからです。言わずもがなですが，このような値はたいてい実現しません（泣）。この数値に基づいて在庫や物流キャパシティを用意したら，空振りに終わる可能性が高いです。物流部門はリアリティのある数値が欲しいですが，そのような数値を示すことで「やる気がない！」と批判されることをマーケティング部門が嫌います。こうした現象は，プロモーションの効果や戦略的価値よりも，プロモーション努力をみせることが目的化している会社ほど，よく現れる現象です。こうした特徴をもつ会社では，新規プロモーションのたびに，物流部門は在庫の余剰化や欠品の対応に追われて，泣きをみることになります。それを避けるためにも，**マーケティング部門との間に現実的な数値で議論できる関係性を構築しておく必要があります**。

　プロモーション実施後は，需要変動がねらいどおりに実現できればいいですが，そうでない場合は事後対応が必要となります。放置しておけば，上振れの場合は品切れが，下振れの場合には余剰在庫が発生するからです。物流部門としては，テレビ・ショッピングのように，残り在庫の大きさに応じてターゲット顧客に伝える内容を即座に変えられるのが理想です。新聞広告のように一度決めたら変更できないプロモーション手段もありますが，現在ではウェブ技術を活用したプロモーション手段もあります。このような方法であれば，プロモーションの内容や量を柔軟に変更することができます。新しい技術を使ったプロモーションと物流の連携が今後期待されます。

3.3　調整行動を成功させるために

　これまでの説明から，商流が物流に与える影響を理解されたと思います。前述したように，商流と物流は，分業の利益を得るために実態としては別々に行われるにしても，その設計や管理については相互の調整が必要です。こうした調整行動を導く際の注意点を本章の最後に説明しておきましょう。

　第1に，**商流と物流にあるトレードオフを常に解決する「万能薬」はない**，ということです。トレードオフを技術的なイノベーションが解決することがあります。こうしたイノベーションについては第11章で詳しく説明しますが，人間が常にイノベーションをひねり出すことはできません（だいたい，簡単に作り出せたら「イノベーション」ではないですよね）。多くの場合は，どちらかが（あるいは両者が）「妥協」するというのが現実的な対応となります。妥協とい

うと後ろ向きに聞こえますが，そんなことはありません。大事なことは，組織の戦略性や利益に貢献することです。そのための妥協は立派な戦略なのです。妥協の際に重要なのは，部門間で感情的な対立を残さない（秋川［2022a］）ということです。その点についても相当の配慮が必要になります。

第2に，**物流が強すぎても駄目**，ということです。この教科書をここまで読んでいただいたら，「物流をどうにかしたい！」「物流を変えるべきだ！」と熱くなっている読者もいらっしゃるかもしれません。そうなれば，筆者としては大変うれしいのですが，前にも申したように物流はあくまで「裏方」であることを忘れないでください。あくまでも会社や経済をよくする基本は，売上が増えて，利益が得られることなのです。物流に対する考慮が強すぎると，営業やマーケティングの選択肢を奪うことになります。「在庫を増やすべきでない」「遠い顧客とは取引すべきない」「顧客のわがままに耳を貸す必要はない」などと物流側の理屈だけを一方的に押し付けると，会社の営業活力を削ぐことになり，売上が伸びなくなる恐れがあります。

第3に，**議論する「場」が重要である**ことです。感情的な対立を起こさず，かつ裏方として営業やマーケティングの活動を尊重しつつも，組織の利益のために物流をよくしたいのであれば，物流部門の主張も通さなければなりません。そのためには，関係者の間で理解の共有を促進し，合意を形成し，意思決定や調整を行うことのできる「場」が必要となります（秋川［2008］）。物流に影響を与える，あるいは影響を受ける人間は数多いです。組織の一部にしか理解者がいないというのでは意味がありません。理解の対象としての物流は，感覚だけでは把握できないシステムです。しかも時間とともに移りゆく存在ですので，定期的な理解の「アップデート」も必要となります。組織のなかで公式的な会議体を設ける必要はいうまでもありませんが，関係者の活発なコミュニケーションを通じて，物流という文脈での自分と相手の立場について相互理解ができる場づくりが重要となります（コラム9-2）。

最後に，**組織のトップの関与が欠かせない**ということです。商流と物流のトレードオフに基づく組織的な対立が重症化する原因に，トップによる放置があります。「関係者同士，話し合いで解決しなさい」などという，他人事の態度はトレードオフ問題や対立を悪化させるだけです。コラムで述べているメタ・マネジメントを推進するためにはトップ・マネジメントの参加が必須だけでなく，時には会社全体の利益のために誰かに犠牲を強いる非情な決断も必要となります。それをできるのはトップしかいないのです。しかし，残念ながら，

物流について理解のある経営者が日本には少ないのが現状です。

コラム 9-2　物流における「場」━━━━━━━━━━━━━━━

　ここで「場」というと，物理的な場を想起するかもしれませんが，皆さんご存知のように，ただ会議室に関係者が集まるだけでは意味がないですよね。権限やトップの意向のような「力」も必要ですが，日本企業のように現場の意思が尊重される組織では関係者の意識共有が重要です。ここで取り上げている場は，一人ひとりの意識に映し出された「場所」を意味します。皆さんも多くの人と「心が1つになった」という経験を一度はされたことがあるでしょう。「心が1つになった」ときは，物事が一方向に向かって進みますよね。この「心が1つになった」意識状態がここでいう場なのです。

　ここでの場という概念を，清水［1996］［1999］に基づき，図を用いて説明しましょう。図5における「場所中心的自己」とは場所のなかにいる自分を客観的にみている自分であり，「自己中心的自己」とは場所と切り離して自己を中心としてみている自分です。自己中心的自己はそれぞれが見聞きする現実の現場で形作られる一方，場所中心的自己の形成では物流という文脈で自分や所属する組織を客観的にみたときにどのように感じるかが問われます。

　参加者の意識において，2つの自己が矛盾しないような状態ができたとき，初めて場が共有されます。たとえば「期末に頑張って営業して，何とか目標達成できた」自分を好意的にとらえている営業担当者の自己中心的自己があるとします。一方で，物流という文脈からみれば「需要変動をもたらした」とか「返品を増やした」とかで物流に大きな問題を引き起こした，という矛盾した自分がいることがわかりました。こうした矛盾を解消するために，営業担当者は「特定の時期に頑張るのではなく，日常的に営業努力すべき」という新しいあるべき自己を見出すかもしれません。このように2つの自己が整合した意識を多くの参加者で共有できれば，物事は1つの方向へ向かいます。

　場の共有のためには，物流を文脈とした場所中心的自己をどのように認識しても

図5　場のフレームワーク

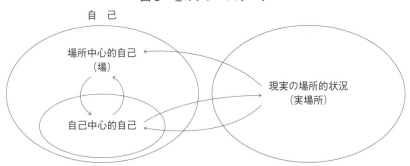

出所：清水［1996］［1999］に基づき作成された秋川［2008］4頁の図（一部修正）。

らうかがカギとなります。具体的な方法として，自分たちの行動が物流を通してコストや利益にどのように跳ね返るのかを，管理会計を用いた実績分析やシミュレーションで明らかにする方法があります。また，直観的な方法としては，物流の現場体験をさせる方法もあります。たとえば，ピッキング作業や在庫処分などを営業担当者に体験させることです。現実を知ってもらうことで物流における自身の立場を強制的に理解させる方法といえます。

　物流を文脈にした場が成立することで，物流をより高度な視点から共同管理できるようになります。場の構築は，第8章で言及した情物分離と並び，物流システムの統合規模を決める要因となります。これはマネジメントの場をつくるマネジメント，すなわち高次のマネジメントであるので，筆者は「メタ・マネジメント」と名づけました（秋川［2008a］［2008b］［2009a］［2009b］）。前述した商流と物流のトレードオフ問題を発展的に解消するためにも，物流の場を設定するメタ・マネジメントが重要となります。

　第6章のコラム6-1で「自己構築に基づくシステム観」の話をしました。物流を自分で変えていく「場」を含めて1つの物流システムととらえる考え方は，自己構築に基づくシステム観に基づいていると考えていいでしょう。

さらに学習したい読者に推薦したい図書

中田信哉［1987］『戦略的物流の構図』日通総合研究所
　⇨マーケティングと物流との関係について，かなりの紙幅を割いて説明しています。

田村正紀［2001］『流通原理』千倉書房
　⇨商流と物流を統合した流通システムを体系的に説明する名著です。物流をより大きなシステムの視点から眺めることで新しい発見があると思います。

石川和幸［2017］『図解でわかる　販売・物流管理の進め方──顧客満足度を高め，競争力を強化する』日本実業出版社
　⇨実務の観点から物流と商流の関係について知るにはうってつけの文献です。具体的な話を知りたい方はぜひ読んでください。

秋川卓也・戸田裕美子［2013］「プライベートブランドのサプライチェーン・マネジメント──セブンプレミアムの事例考察から」『一橋ビジネスレビュー』61巻2号，144〜156頁
　⇨生産，マーケティング，物流の3つの統合についてプライベート・ブランドの事例に基づいて説明しています。小売業者，卸売業者，製造業者の三層を横断する統合について説明しています。

第4部

物流を管理する

　第4部では，物流の管理について説明します。第10章では，在庫管理や輸送管理など，主な物流管理の手法について解説します。この領域は多数の書籍がありますので，詳細はそちらに譲ります。第10章ではエッセンスをコンパクトに説明し，物流管理に関する基本的な知識の習得をめざします。第11章では，コンビニ業界とインターネット通販業界の2つの事例を用いて，物流のデザインについて学びます。事例学習を通して，物流がシステムであるということを改めて実感してもらいたいです。また，第3部までの知識を多数応用することになるので，良い復習にもなるはずです。

物流の経営管理とオペレーション管理

学習目標

物流システムのパフォーマンスを具体化する物流活動の管理として，以下4つの管理方法を学びます。

- ○需要予測
- ○在庫管理
- ○輸送管理
- ○コスト管理

はじめに

第3章で物流活動について具体的に見てきました。本章では，輸送や保管などの実活動をいかに管理するか，その方法について考えていきます。第5章で示した物流の定義に「管理を含む情報活動がそのシステム化を担う」という一節があります。管理を中心とした情報活動には，実活動を連携して，システム化を実現する大切な役割があります。事業戦略の達成や物流システムのパフォーマンス向上に結び付くか否かが，物流管理の価値を決める基準となります。

表1は物流管理を2つの管理視点で整理したものです。経営管理には，事業戦略や物流戦略のような全社の方針や計画を具体化する役割があります。業務プロセスに資源を割り当てる取組みとなりますので，売上高に影響を与えるサービス水準といったパフォーマンスに関心があります。一方，オペレーション管理は与えられた資源を使って，業務プロセスを構築し，実活動を管理していく取組みです。ここで重視されるのは活動量やその効率です。

物流活動を管理する際には，経営管理とオペレーション管理の両方の視点が必要です。物流に理解のない経営者は物流活動を単なるコストと考え，オペレーション管理に対して関心をもちません。反対に，現場担当者は物流活動を数量や容積・重量といった作業対象としてとらえるため，商品価値を忘れがちです。商品を破損して弁済が必要になるときに初めて商品の金額を意識するので

表1　物流活動を行うための管理階層

	需要予測	在庫管理	輸送管理	物流コスト管理	活動を見る視点
経営管理	需要予測の実施	適正在庫量決定	輸送体制の構築	物流コストによる統制	金額（コスト）とサービス水準
オペレーション管理	需要予測の活用	在庫コントロール	輸送ルート計画と統制	カイゼン活動	数量・容積・重量

す。経営者もオペレーションの内容に関心をもち，現場担当者も経営管理的な視点を意識することが重要だと考えます。

　物流管理の範囲は幅広いですが，第6章で利用可能性の提供を物流システムの固有機能とみなしました。そこで，本章ではアベイラビリティの実現にとくに関係する，需要予測，在庫管理，輸送管理，物流コスト管理の4つについて説明します。個々の領域は専門書があるくらい，1つひとつが奥深いテーマです。ここでは，紙幅の関係もあるので網羅的な解説になりますが，詳しく勉強したい場合は，章末の推薦図書をぜひ読んでみてください。

1. 需要予測

　物流の活動に需要予測はなぜ必要なのでしょうか。生産と消費のギャップ（懸隔）を架橋するのが流通ですが，そのなかで物流は輸送で空間的ギャップを，保管で時間的ギャップを架橋する役割があります（☞第4章）。サプライチェーンのグローバル化（☞第12章）は進み，2つのギャップはかなり広がっています。生産や物流は消費よりも先行する経済活動です。したがって，先行して生産と物流を進めるにあたり，より遠くにいる消費者がより遠くの未来で消費する商品が何か，予測する必要があります。それができないと，消費者が望む商品を届けられなくなります。利用可能性の喪失は物流の存在意義に関わる由々しき問題で（☞第5章），グローバル化によって需要予測の重要性はいっそう高まったといえます。

　実務において，需要予測の役割は多面的です。物流部門や生産部門などが同じ販売計画に基づいて計画立案しますが，需要予測は販売計画の基礎となる数字を提供します。さらに，輸送や物流センターなどのキャパシティを決める際や，後述する在庫管理を行う際にも需要予測が用いられます。

　また，予測ができる環境づくりも重要です。需要予測は多くのデータを使用するので，必要なデータを必要な時期に入手できるようなデータ整備が必要で

す。さらに，予測技術を習得するために知識と経験も必要です。これまで需要予測はKKD（経験・勘・度胸）に依存してきました。KKDはこれからも予測精度のカギを握ります（石川［2014］，山口［2018］）が，それだけに依存しすぎると需要予測が属人化してしまい，いつまでも組織の予測能力は向上しません。組織として，科学的かつ体系的に予測能力を育成していく必要があります。

1.1 需要予測の実施

1.1.1 需要予測のポイント

需要を予測するといっても，具体的にはどうすればよいのでしょうか。需要予測を行う際に留意すべきポイントがあります。

第1に，需要予測の対象となる時期です。天気予報でも明日の予報は比較的当たりやすいですが，週間予報になると当たる確率は下がるでしょう。3カ月予報では，例年より暖かいとか何月頃は雨が多いといった大まかな傾向が示されるだけです。**需要予測も同様に，時期が近ければ近いほど，不確定要素が少なくなるので正確な予測が可能となります。**

第2に，需要予測対象の単位です。予測の単位として，たとえば「清涼飲料」のようなカテゴリー，「コカ・コーラ」のようなブランド，「コカ・コーラPET 350 ml」のようなSKU（stock keeping unit；☞第8章）など，さまざまな単位があります。さらに，これらの数値をエリア，物流センター，店舗ごとのセグメント別に，あるいは四半期，月，週，日ごとの期別に分けて予測していきます。このように**需要予測には多様な分析単位がありますが，分析単位が細かくなれば予測は難しくなります。**物流において，予測対象となるのは主にSKU単位です。実際に購入する顧客にとっては，同じブランドだとしても違う商品とみなす可能性があるからです。350 mlのコカ・コーラを欲しい消費者が，品切れだからといって1.5 Lを買うとは限りません。利用可能性の確保を使命とする物流には，最も難しいSKU単位での需要予測が求められるのです。

1.1.2 需要予測の手法

予測の方法は大まかに分けて，数値データに基づく定量的な方法と，数値化できない情報に基づく定性的な方法があります。前者はデータ分析できますが，後者は先述したKKDによる主観的な判断です。どちらの方法も一長一短があります。定性的な方法はあまりコストはかかりませんし，熟練すれば精度の高い予測も可能です。一方，定量的な方法はコストがかかりますが，精度の高い

モデルを開発できれば素人でも同じレベルで予測ができるようになります。

需要予測のプロの頭の中を理論化するのは難しいので，以下では定量的な方法について説明します。定量的な方法は，過去の需要のパターン（規則性）をつかんで利用する時系列モデルを使った方法（以下，時系列分析法）と，需要に影響を与える要因をつかんで活用する因果モデルを使った方法がありますが，ここではよく使用される時系列分析法を紹介しましょう。

すでに販売実績のある商品の需要予測には，大きな販売条件や販売環境に変化がなければ，過去の販売データをもとにした時系列分析を用いるのが一般的です。需要変動に一定の法則性があると仮定して，時系列の予測モデルを開発します。簡単にいえば，「○日後には×個売れる」ことがわかる数式をつくるということです。需要変動の傾向やパターンをどのようにつかむかが，カギとなります。以下に3種類の予測法の概略を説明しましょう。詳細な計算方法は専門書（小林［1992］や大野［2011］がわかりやすい説明をしています）を参照してください。

最もシンプルな方法は移動平均法です。**移動平均法**は「過去のある期間の実績を平均して未来を予測する方法」（石川［2014］163頁）です。たとえば，曜日によって売行きの差が大きい商品では，1日ごとの増減率だけみてもよい予測はできません。この場合，直近7日間の売上平均の推移をみると，曜日ごとの細かい変動がならされて全体の傾向を把握できるようになります。移動平均法は，日々のばらつきに惑わされずに一定期間の増減傾向を知るのに適した方法です。

指数平滑法も移動平均法と同じく傾向を知る方法ですが，考え方が異なります。移動平均法では古いデータと新しいデータを同じ価値として扱っていますが，指数平滑法ではどちらを重視するか，差をつけることができます。

指数平滑法を発展させた予測手法が，**ホルト・ウィンタース法**（ウィンタース法ともいいます）です。この手法の画期的なところは，需要変動の規則性を周期的パターンと増減傾向に切り分けている（Winters［1960］）という点です。需要変動をパターン別に分析し，その結果を総合して予測するという考え方は，現在における定量的な需要予測技術の基礎となっています。

以上の手法以外にも高度な統計学を活用した手法や機械学習を活用した手法もあります。しかし，こうした高度な予測手法の導入と運用にはコストがかかります。予測精度が高まるとしても，費用対効果を考えて予測手法を選択する必要があります。

ただし，時系列モデルにも弱点があります。過去データが残っていないとか，画期的な新商品の需要を予測するといった場合には使えません。さらに，商品販売の前提に大きな変化があると使用が難しくなる問題もあります。たとえば，大規模なプロモーションを行った，販売価格を変更した，強力な競合商品が出た，景気後退が始まったなどです。時系列モデルを使用する際には，こうした要因を考慮した調整が必要となります。

1.2 需要予測の活用

　需要予測に基づいて物流活動も計画されます。製造業でいえば，需要予測に基づいた生産量が決まれば，輸送量や保管量も決まるからです。予測精度が高まると，物流活動にも影響を与えます。第7章で説明したプル型物流の存在意義は，予測が当たらないことを前提とした在庫リスクの軽減にあります。仮に予測が完璧であるとしたら，在庫の欠品や陳腐化を恐れる必要はなくなります。したがって，効率的であり，かつ注文リードタイムを短くできるプッシュ型物流が全面に展開されることになるでしょう。

　しかし，どのような技術を用いたとしても，需要予測を的中させるのは困難です。ライバル企業がキャンペーンを行ったり，自社商品がSNSで注目を集めたり，感染症の蔓延や紛争が起こったりします。したがって，**需要予測と実績の差をとらえて，そこにずれがあれば，需要予測を見直すプロセスが大切で**す。ずれをすばやく把握できれば，担当者にフィードバックして，問題が深刻化する前に計画や施策の見直しができます。予測しっぱなしにするのではなく，情報として生かす仕組みづくりが重要になります。

2. 在庫管理

　需要予測を行い，販売計画を立てたら，それに基づいて在庫を準備する必要があります。在庫管理は利用可能性の維持に直接関わる重要な管理です。製造業であれば在庫は生産によって補充されるので，生産計画の内容が問われます。これは物流管理というよりも生産管理の問題です。一方，流通業であれば仕入や他拠点からの転送に基づく補充となります。これは物流管理の問題です。ここでは後者を前提にして，流通在庫，すなわち第6章で紹介した中間在庫の管理の仕方について説明します。

　また，在庫を管理するにあたり，どこに（どの地点に在庫を配置するのか），

何を（どの商品）いくつ置くかの意思決定が必要ですが、ネットワーク全体の在庫配分の問いに答えるのは容易ではありません。デカップリング・ポイントをどこに置くか（☞第7章）、施設をどこに配置するかという問題になります。したがって、この意味での「在庫管理」は「物流そのもの」（中田［2001a］61頁）であるといえます。一方、一般にいう在庫管理は、ある1拠点の在庫を適正水準で維持する管理と考えます。本章では後者の在庫管理をみていきます。

2.1　適正在庫量の決定

2.1.1　在庫管理の意義

第6章でも触れましたが、そもそも企業はなぜ在庫を保有するのでしょうか。受注生産の商品であれば、受注前に製品在庫を準備する必要がありません。しかし、お客さんが商品をすぐに手に入れたい場合もあります。皆さんも欲しい商品がなくて、他の店舗に行ったり、他の商品を買ったりしたことがあるでしょう。それは企業間の取引でも同様です。注文を受けたときに在庫を持っていなければ、ライバル企業に受注を奪われる可能性があります。**顧客の注文があったときに即納して、企業間の競争に負けないことが在庫保有の大きな理由となります**。利用可能性の確保を目的とする在庫管理は、物流において重要な役割を担っているのです。

しかしながら、欠品しないように在庫がたくさんあればよいのかというと、そうではありません。第6章で在庫のコストとリスクについて学んだように、**過剰な在庫は商品の陳腐化や資金繰りの悪化といった問題を引き起こすだけでなく、物流効率にも悪影響をもたらします**。物流施設内の限られたスペースに売れる見込みのない在庫がたくさん保管されていたらどうなるでしょう。売行き好調の商品の保管場所が狭くなります。入出荷作業を行うスペースが狭くなったり、商品の探索時間が長くなったりして、作業効率も低下します。過剰在庫は物流の効率性にも影響を与えるのです。

このようなリスクだけに注目すると、「在庫は悪」のような感じがするかもしれません。しかし、前述したように在庫は利用可能性を確保するという大事な役割があります。顧客へのサービスを維持するために欠かせない存在です。**在庫管理では、在庫が過剰になるのを抑えつつ、物流システムのために在庫を上手に生かすことが求められるのです**。

2.1.2　在庫量の適正水準

それでは在庫の「適正水準」とは、何をもって「適正」なのでしょうか。利

用可能性を維持するために欠品を避けつつ，かつ過剰になって問題を引き起こさない程度の在庫量となるべきです。**在庫がなくなる前に補充されれば欠品は起きないので，日々，維持すべき適正水準の在庫（以下，適正在庫）は，次の入荷日まで維持できる在庫の量となります。**したがって，X を次の入荷までの日数とすると，ある日の適正在庫は以下のように定義できます。

適正在庫＝X 日分のサイクル在庫
　　　　＋X 日間で需要が上振れする可能性に対応する安全在庫

サイクル在庫とは，仕入時期と消費時期のギャップを埋めるために必要とされる在庫（藤本［2001］）で，1 日当たりの平均需要×日数で求められます。ここでは日々確実に消費される在庫と思って問題ありません。次の納品が 1 週間後だとすれば，1 週間（$X=7$）の間に売れる（見込みの）在庫を確保しておく必要があります。

しかし，サイクル在庫だけでは需要が上振れしたら直ちに欠品になってしまいます。第 6 章で説明したように，**安全在庫は需要が変動しても欠品にならないように持つ予備の在庫です。**安全在庫の計算方法は，統計学に基づく手法と人間の判断に基づく手法の 2 つがあります。前者では，需要のバラツキ（標準偏差）が一定の確率分布（たとえば，正規分布）に基づくとみなし，許容できる欠品率に対応した安全在庫量を導き出すことができます。後者は，経験則に基づく主観的な判断の方法です。現場では「〇日分の在庫を持つ」という考え方があります。「1 日の平均需要の〇倍の在庫を保有すれば欠品が起きにくい」という経験則を発見し，それを活用しているのです。

2.1.3　許容できる欠品率の決定

ただし，欠品をゼロに近づけようとすればするほど，必要な安全在庫量は青天井で大きくなります。**どれだけ欠品を受け入れることができるかという組織の判断を経て安全在庫を決定しなくてはなりません。**

許容できる欠品率を決めるにあたり，よく活用される方法としてパレート分析があります。パレート分析では，商品を売上高の多い順に A，B，C の順でグループ分けを行います。このようなグループ分けを行うので，ABC 分析と呼ばれることもあります。経験的に 80% の売上は上位 20% の商品で構成されるとするパレートの法則に従い，上位 20% の商品を A グループ，次いで売上の 90% までを占める商品群を B グループ，それ以外の全商品を C グループとします。そして，**A⇒B⇒C の順で許容できる欠品率を緩めるのです。**A グループは主力商品ですので，欠品すると痛手です。反対に，めったに売れない C

グループの欠品率を厳しく設定しすぎると，売れない在庫をたくさん抱えてしまうことになってしまいます。ただし，BグループやCグループでも絶対に欠品させてはならない商品もあります。そのような商品はAグループと同じものとして扱うべきでしょう。

2.2　在庫コントロール

2.2.1　在庫補充方式

在庫水準を適切に保つために，適切な在庫補充が必要です。在庫補充方式は大きく4つに分けられます。

第1に，**定期定量方式**です。決まったタイミングで決まった量の発注を行う方式です。発注量が固定され，在庫が多い場合でも同じ量が補充されてしまうので，在庫が過剰になる場合もあります。したがって，長期の売買契約があったり，需要が安定している場合に限定されます。

第2に，**不定期定量方式**です。任意のタイミングで決まった量の発注を行う方式です。在庫量が一定の水準を切ったら，いつも同じ量を発注する方法で，発注するタイミングとなる在庫量を発注点というので，**発注点方式**とも呼ばれます。納品は発注日から調達リードタイム（発注してから商品が納品されるまでの期間）を経た後になるので，調達リードタイムの間の需要をまかなえる在庫量が発注点となります。運用のしやすさもあり，不定期定量方式は実務でもよく使われる方法です。**事前に発注点と発注量を決めてルール化しておけば，誰でも運用できます。**

第3に，**定期不定量方式**です。決まったタイミングで任意の量を発注する方式です。たとえば，毎週火曜日に商品を発注すると決まっていて，在庫量を見ながら発注量を変動させる方式です。発注タイミングは納品業者との取決めや発注コストなどを勘案されて決められます。発注量は適正在庫の考え方に基づいて決められます（コラム10-1）。定期不定量方式は，**他の商品と納品日を揃えることができるので，配送効率を高めることにも活用できます。**しかし，発注ごとに発注量の計算が必要であり，人による運用だと面倒なので，Cグループの商品にまで適用するのであれば，コンピューターによる計算支援が欲しいところです。

第4に，**不定期不定量方式**です。任意のタイミングで任意の量を発注する方式です。発注点を切るたびに，そのつど必要な量だけ発注します。具体的な方法はいろいろとあるのですが，最もポピュラーなのがミニ・マックス法です。

発注点（ミニ値）を切ったら，あらかじめ決めておいた最大値（マックス値）に戻るように発注を行う方法です。発注点の考え方は不定期定量方式のそれと同様です。最大値をどのように決定するかが重要となります。

コラム 10-1　在庫管理の発注点と発注量の考え方 ─────────

　詳細は専門書を参照していただきたいのですが，簡単に各在庫管理法における発注点と発注量の決め方について説明しておきます。本文で示した適正在庫の考え方がベースになります。

　不定期定量方式では，調達リードタイム（たとえば1週間だとすれば7日間）の需要をまかなえる適正在庫が発注点となります。ただし，発注量の計算方法は複数あります。まずは，経済的発注量を用いる方法です。発注回数を増やせば，発注者の負担は大きくなりますし，納品業者が手配する出荷や配送の回数も増えて発注に関するコストは増加します。しかし，発注回数を減らせば今度は在庫量が増えるので，在庫コストが大きくなります。発注コストと在庫コストはトレードオフの関係にあるので，両コストの総計を最小化する経済的発注量を計算で求めるのです。

　次に，ダブルビン方式（ツービン方式）です。在庫セットが1個なくなったら（これが発注点）1個を発注して在庫補充する方法です。ビンを2本用意して，片方が空になったら，1本注文するところから名前が付けられています。簡便的な方法で運用がしやすいのが特徴です。

　定期不定量方式の発注量は，以下の計算式で求められます。

　　発注量＝{発注間隔（X日）＋調達リードタイム分}のサイクル在庫＋{発注間隔
　　　　　（X日）＋調達リードタイム分}の安全在庫－残在庫－発注残

　式だけだとわかりにくいと思いますので，計算例を示しましょう。1週間に1回（$X=7$），決まった曜日に発注するケースを考えてみましょう。そのほかの条件は以下とします。

　　○調達リードタイム：2日
　　○サイクル在庫：5個/日
　　○必要な安全在庫：1週間分の安全在庫は18個で，2日延長するとプラス2個
　　　必要。
　　○発注日当日の在庫残：20個
　　○発注日当日の発注残：0個
　　式に当てはめると，発注量は以下のとおりに計算されます。

　　発注量＝（7日＋2日）×5個＋（18個＋2個）－20個－0個＝45個

　調達リードタイムがあるので，発注間隔に調達リードタイムを加えてサイクル在庫を算出します。ただし，需要が変動する可能性もあるので，その間で消費される安全在庫を発注量に加えておく必要があります。また，それまでの販売動向で残っ

ている在庫（残在庫）があれば，その分だけ発注量を減らします。さらに，納品側の都合等で，発注済みなのに納品されていない在庫（発注残）があれば，これも発注量から差し引きます。こうして発注量を決めていきます。ちなみに，必要な安全在庫の数が日数に比例しない理由は，第6章のコラム6-2「大数の法則と在庫の関係」で示した在庫プール効果のロジックで説明できます。日を越えて在庫をまとめていくと，必要な安全在庫の増加分は少しずつ減っていきます。

2.2.2　数量管理

適正な在庫管理のために，商品の保管量を常に把握しておくことは欠かせません。そのためには，何の商品がいくつ入荷したのか，何の商品をいくつ出荷したのかをそのつど正確に記録する必要があります。日単位で確認を行う場合，前日の在庫量＋当日の入荷量－当日の出荷量＝当日の在庫量になります。商品の出入りを把握することで，在庫の量も把握できるのです。

数量管理の正確性を支えるのは，日々行う**検品作業**です。入荷時と出荷時に商品の品番と品数が予定どおりかチェックします。予定どおりであれば入出庫を許可し，データを更新します。検品は目視で行う方法も多いですが，バーコード・スキャン技術を使うのが一般的です。

また，定期的に**棚卸し**を行います。日々，検品作業を経て入出荷を正確に記録していれば在庫数も正確になるはずです。しかし，実際にはそうならない場合があります。たとえば，商品を落として破損したり，盗難があったり，販売期限切れになっていたりと，さまざまなトラブルが発生します。そのため，理論上の在庫数と実際の在庫数が整合しているか，棚卸しを行います。物流施設内に在庫されている商品の数量をカウントして，帳簿上の在庫数と一致しているかを確認します。

2.2.3　ロケーション管理

入庫した商品がどこにあるかわからなければ，在庫が引き当てられず，在庫管理もままなりません。そこで，ロケーション管理を行います。**ロケーションとは，物流施設内における商品の「所在番地」**です。家の住所の場合，丁目・番・号ですが，物流センターでもよく見られるロケーション番地は列・連・段です。図1のように，○列目にある○連目のラック（☞第3章）の中の下から○段目というふうに，保管場所を表します。

巨大な物流センターでは列が多くなりすぎるので，その上にゾーンを設ける場合もあります。たとえば，物流センターの「2階北側エリア」といったゾーンです。また，保管商品の種類が多かったり，サイズが小さかったりすると，

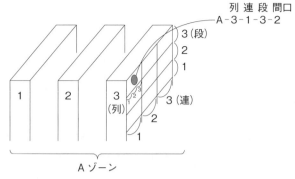

図1　ロケーション番地のイメージ

列 連 段 間口
A-3-1-3-2

出所：廣田［2015］45 頁を参考に作成。

同じ段に複数の商品が保管されることもあります。このとき，段の中を間口で仕切ってロケーションをさらに細分化することもあります。その場合，ゾーン→列→連→段→間口という５段階の番地に基づくロケーション管理が行われることになります。

　ロケーション管理では，入庫した商品をどの番地のスペースに保管するかを決めます。**その考え方には，固定ロケーションとフリー・ロケーションの２つがあります。**固定ロケーションは，どのロケーションに何の商品を保管するかを事前に決めておく方式です。一方でフリー・ロケーションは，どのロケーションに保管するかを商品が入庫するつど決める方法です。

　商品アイテムが少ない場合は固定ロケーションを採用する場合が多いでしょう。作業者からみれば固定ロケーションは，どこに何の商品があるかイメージしやすいというメリットがあります。さらに，出荷量の多い商品を出荷エリアの近くに保管するといった作業の生産性を考慮したロケーション設定も可能です。しかし，ロケーションは決まっているので，目の前に保管できる空きスペースがあっても，遠くにある保管ロケーションまで商品を運搬しなければならない場合も出てきます。

　商品アイテムが多い場合はフリー・ロケーションが有効です。フリー・ロケーションを採用すると，空いたスペースに商品を自由に保管できるので，保管効率はよくなります。ただし，フリー・ロケーションでは，入庫のつど，商品をどこのロケーションに格納したかを記録する必要があります。これを忘れると商品の所在がわからなくなってしまいます。また，同種の商品の保管場所が異なるロケーションに点在する現象も発生します。

　物流センター内のレイアウトや運用方法の設計はかなり専門的な領域であり，紙幅の都合上，本書では詳しくは扱えません。勉強したい方は専門書（たとえば，鈴木［1997］，佐藤［1993］，北岡［1990］，高橋［1990］）を参照してください。代わりに，レイアウトや運用方法の基本設計に大いに役立つ EIQ 分析を紹介します。

　EIQ 分析は，客先ごとの注文（order entry），商品アイテム（item），注文数量（quantity）の 3 つの観点から注文データを分析して，物流センターの設計や改善に使える情報を引き出す方法です（鈴木［1997］，鈴木ほか［2009］）。受注伝票のデータから，どの顧客（E）がどの商品アイテム（I）を何個（Q）注文したかがわかります。EIQ データを分析にかけることで，以下のようなことがわかります。

○商品アイテム（I）ごとに注文数量（Q）をまとめて，多い順に並べます。商品ごとに必要な在庫量と保管スペースの計算に使えます。また，商品配置の決定にも参考になります。注文数量が多い商品アイテムを出荷場近くに配置すれば，ピッカー（ピッキング作業者）の動線を短くできます。パレット，ケース，ピースといった荷姿別に分けて分析すれば，商品ごとに適した保管機器（☞第3章）の選択にも参考になります。

○商品アイテム（I）ごとに注文（E）が重複した数をまとめます。重複が多い商品は種まき方式のピッキングが，少ない場合は摘取り方式のピッキングが向いています（☞第3章）。

○注文（E）ごとに商品アイテム（I）の数をまとめます。この数値は注文ごとのピッキング数を意味します。多い場合には 1 人のピッカーが 1 件の注文のピッキングをすべて行うシングル・ピッキングが，少ない場合は 1 人のピッカーが同時に複数の注文をまとめて処理するバッチ・ピッキングが向いているといえます。

○注文（E）ごとに注文数量（Q）を荷姿別にまとめます。出荷時におけるパレット，かご台車，オリコンなどのユニットロードの使い分けを考えるときに役立つ分析です。

以上の例は分析成果の一端です。EIQ 分析から多くの有益な情報を引き出すことができます。

3. 輸送管理

　需要予測と在庫管理の後は，顧客に貨物を届ける輸送管理の出番です。輸送は物流活動のなかで最もコストがかかっています。さらには，顧客に接する輸送はサービス品質に直結します。国際輸送の管理は第 13 章で説明するので，ここでは国内輸送の大半を占める自動車（トラック）輸送に関する管理につい

て説明しましょう。

3.1　輸送体制の構築

　第1章でみたように，自家輸送にするのか，営業輸送にするかを事前に決めておく必要があります。また，用途に合ったトラックを確保する必要があります。たとえば，ロールボックス・パレットを店舗に輸送する場合，昇降機能をもつテールゲートの付いた車両が必要です。冷蔵や冷凍といった温度管理が必要な商品であれば，保冷車や保冷設備が欠かせません。厳格な納品時間指定がある商品の場合，位置情報や通過情報が把握できる貨物追跡が求められる場合もあります。複数の物流施設がある場合，どのエリアをどの物流施設で対応するか，配送テリトリーを決定する必要があります。道路の交通渋滞の発生状況も踏まえながら，柔軟な配送テリトリー設定が求められます。

　ドライバーを確保する要員計画も重要です。車両やドライバーが急に必要になってもすぐに手配できるとは限りません。トラックドライバー不足（☞第14章）が進む環境において，需要予測に基づいた車両や人員の確保も経営管理の課題といえるでしょう。

　一方，貨物自動車運送事業者は，利用者や社会の信頼に応えるため，安全で確実な輸送を行う義務があります。安全運行を確保するために，営業所単位で車両数に応じた人数の運行管理者を配置することが義務づけられています。運行管理者は国家資格であり，配車管理をするだけでなく，乗務記録の管理，乗務前後の点呼，安全指導などの業務を行います。

3.2　輸送ルート計画と統制

　日々の輸送計画をどのように策定するか，オペレーションズ・リサーチに輸送問題や巡回セールスマン問題と呼ばれるテーマがあります。輸送問題は複数の供給元から複数の需要先へ輸送する N 対 N のネットワークにおいて，その輸送コストが最小になる組合せを導き出す解法です。複数の工場から流通業者の複数の物流センターへ輸送するイメージに近いでしょう。この場合，工場と物流センターの間で発生する輸送コストがそれぞれ異なるという前提で，各流通業者の需要数を満たすことのできる輸送の組合せ（どの工場からどの流通業者に何個輸送するか）のなかで，輸送コストが最小となるものを導き出すのが目的となります。この問題は基本的には線形計画法で解くことができます。

　複数の需要先をまわる巡回集配の際に，すべての需要先を1台の車両で巡回

できる場合は巡回セールスマン問題といわれる問題となります。1つの供給元から複数の需要先へ配送する1対 N のネットワークにおいて，車両が全部回って戻るまでの移動コスト（移動距離や移動時間）が最小になるルートを考えます。配送先が増えると選択可能なルートの数が天文学的に増えるので，すべての選択肢のコストをしらみつぶしに当たる方法ではコンピューターでも計算できません（配送先を N とすると，選択できるルート数は N の階乗となります。たとえば，第6章でも述べたように，$N=20$ とすると，243京2902兆81億7664万とおりになります）。巡回セールスマン問題は，長年の間，計算科学において注目を浴びてきた問題でして，解法（アルゴリズム）を求めて世界の計算科学の研究者が日々研究しているという，物流の枠を越えた数学問題となっています。おかげさまで，近似解を出してくれるコンピューター・アルゴリズムが一般に利用可能となっています。

しかしながら，巡回セールスマン問題は1台で巡回できることが前提です。実際には，トラック積載量には限度がありますし，複数の顧客に同じ時間帯で納品をしなくてはならない場合もあります。また，トラックの種類を使い分ける必要もあるかもしれません。こうした制約条件から，実務では複数車両を束ねる運行が余儀なくされることが多いのです。この場合，「どの順序で回る」という問題に，さらに「どの車両が」「どの商品を積んで」という問題が追加されます。こうした複数の車両を運用することを前提とした配送問題を**配車問題**といいます。制約条件は数多くあるので，最適解を算出するのは大変に難しいです。実務では配車係がこの問題を担当しますが，基本的には KKD に基づく職人芸の世界となっています。ただ，最近では AI による計画立案も徐々にですが導入されています。**輸送管理システム**（transportation management system：TMS）のパッケージ・ソフトには，配車計画を作成する機能が搭載されていますが，配車計画のシステム化は相当に難しい（石川［2021］）と指摘されています。

4. 物流コスト管理

第6章で説明したように，サービスとコストのパフォーマンスはトレードオフの関係にあり，バランスが重要となります。したがって，サービス水準に見合ったものかどうか，物流コストを管理する必要があります。また，物流への意識を維持するために，経営陣や他部門に全体の物流コストを認識してもらう

のも重要です。

4.1 物流コストによる統制

4.1.1 物流コストの把握

物流コスト管理をするためには物流コストを把握する必要があります。たとえば、輸送を外部委託していれば、その請求額がそのまま物流コストに算入できます。このように委託料として支払ったコストを**支払物流費**ないしは**委託物流費**といいます。支払物流費は請求された金額がそのまま物流コストになるので、把握するのは簡単です。しかし、自社が一部でも物流活動を行っているのであれば、支払物流費だけが物流コストではなくなります。自社が物流活動を行うために発生したコストである**自家物流費**を加える必要があります。

企業会計は、外部報告のための財務会計と内部管理のための管理会計に分かれます。たとえば、財務会計目的で作成が必須の損益計算書に「給料手当」という費目があります。そのなかには営業担当者や物流担当者、管理部門などで働く人々の人件費が混ざってしまっているので、一見して物流コストに該当する人件費を見出すことはできません。減価償却費や光熱費も同様で、物流関係とそれ以外のコストが合算されてしまっています。これらのなかから自家物流費に該当するコストを抽出してとらえる必要があります。第5章で言及したとおり、**自家物流費を把握して初めて、物流コスト全体の管理が可能となります。**そのために、財務会計のシステムとは別枠で、物流活動にかかるコストを把握して計算する枠組みが必要です。そのような枠組みを物流原価計算といいます。計算方法については次項で説明します。

全体の物流コストを把握したら終わり、というわけではありません。コストが高いと感じたのならば、削減する方法を考えなくてはいけません。そのためには物流コストの中身を分析する必要があります。たとえば、作業の生産性に問題意識があれば、作業当たりのコスト（例：ピッキング1件当たりのコスト）を知りたいと考えるかもしれません。あるいは、商品の特性によって保管や荷役の仕方が異なる（例：温度帯が異なる商品）のであれば、商品カテゴリー別の物流コストが知りたいと思うでしょう。さらには、顧客ごとに対応人員を増やしたり、特別なサービスを行ったりしているのであれば、顧客別の物流コストを知る必要があります。物流原価計算では、コスト情報の使用目的に従って、コストの計算対象を変えられる柔軟性が求められます。

計算対象ごとに物流原価計算を行う必要がありますが、一筋縄ではいきませ

ん。物流では前述の人件費だけでなく，ファシリティ・コスト（施設の賃借料や建物の減価償却費など），機械設備費（減価償却費やリース料など），光熱費，資材費など，多様な資源コストが発生します。これらの資源コストが特定の計算対象のためだけに発生しているコストであれば，そのまま計算対象に割り振ることができます。このようなコストを**直接費**といい，直接費の割り振りを**直課**といいます。たとえば，ある顧客の配送に宅配便を使用すれば，その料金を直接費としてそのまま直課できます。しかし，物流では多くの資源が計算対象の間で共通で利用されている場合が多くあります。フォークリフトはさまざまな顧客の注文のために，さまざまな商品を運びます。したがって，**こうした共通利用されている資源コストは，その利用度に応じて計算対象に割り振っていく必要があります**。このように計算対象に直課できないコストを**間接費**といい，間接費を割り振ることを**配賦**といいます。

　物流原価計算（というよりも一般的な原価計算）には，計算対象のコスト計算の方法として，直接費と間接費の両方を割当コストとする**全部原価計算**と，直接費だけを割当コストとする**直接原価計算**の2つがあります。以下で順に説明していきましょう。

4.1.2　物流 ABC と直接原価計算

　物流を対象とした全部原価計算の手法として，**活動基準原価計算**（activity based costing：ABC）を採用するのが一般的です。物流を対象とした ABC を**物流 ABC** といいます。

　物流 ABC では，図2が示すように，間接費の配賦のためにいったん「アクティビティ」という単位にコストを集約します。アクティビティは「活動」という意味なので，物流活動と考え方が似ています。アクティビティの分類は，大枠としては輸送，保管，荷役，包装，流通加工，情報・管理活動というカテゴリーでいいのですが，物流 ABC ではさらに細分化するのが一般的です。同じ物流活動でもコストの性質が異なることがあるからです。たとえば，ピッキングであれば，ケース・ピッキングとピース・ピッキングでは作業時間や使用する物流機器が異なります。このようにコストの特性が異なるものは別々のアクティビティとして設定されることになります。

　まず，各アクティビティに資源コストを割り当てます。直接費はそのまま直課します。たとえば，ケース・ピッキングに従事している作業者の人件費はそのまま割り当てます。間接費は資源の消費程度に応じて配賦することになります。たとえば，ケース・ピッキング作業が物流センターのスペースの1割を使

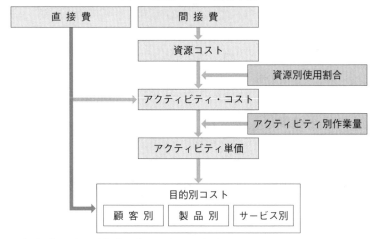

図２　物流 ABC の計算手順

出所：苦瀬・梶田監修［2017］229 頁を一部変更。

って行われているのであれば，ファシリティ・コストの１割をケース・ピッキングのアクティビティに配賦するのです。

　次に，累計されたアクティビティ・コストを計算対象に割り当てます。計算対象に限定した直接費があれば，そのまま直課します。たとえば，前述の特定顧客のための宅配便で生じる配送費が該当します。アクティビティに累計された間接費は，アクティビティの量に応じて計算対象に配賦します。たとえば，ケース・ピッキングの単位当たりのアクティビティ・コストが 25 円/回と計算されたとします。顧客 A 向けの出荷に 1000 回数のケース・ピッキングがされたとしたら，２万 5000 円（25 円/回×1000 回）のアクティビティ・コストが顧客 A に配賦されることになります。

　割り振られたすべてのアクティビティ・コストを計算対象ごとに累計すれば，計算は終了です。計算対象単位が顧客別の物流サービスであれば，顧客別の収益性を比較できます。顧客との取引において得た粗利益から算定された物流コストを引くことで，顧客別営業利益を算出できます。ケース納品しかない顧客とピース納品も必要となる顧客では，たとえ物量や売上が同程度であっても，後者のほうが物流コストは高くなります。ピース納品のほうがケース納品よりも多くの資源活用を必要とするからです。赤字の顧客に提供しているサービス内容とその料金設定は見直す必要があります。物流 ABC の結果を顧客に提示することで，根拠に基づいた交渉も可能です。

　このように物流 ABC で活動量に応じたコスト計算ができれば，コストの責

任が誰にあるかを明らかにすることもできます。ただし，赤字の顧客との取引をやめるといった活動量を減らす方法では収益性は改善しません。ピース・ピッキングを減らしたところで，空いたスペース分だけ賃借料が減るわけでもありませんし，すでに投資してしまった物流機器の代金が返ってくるわけでもありません。間接費はおおむね固定費であることが多く，その多くが将来の意思決定によって変動しない埋没原価です。したがって，物流 ABC のような全部原価計算の結果をそのまま将来の意思決定に利用することはできません。

　意思決定目的の際は，**直接費だけを計算対象に割り当てる直接原価計算**が向いています。直接費は間接費と異なり，将来の意思決定によって増減するコストである場合がほとんどです。計算対象ごとに売上高から直接費を差し引いた**貢献利益**の大きさで意思決定をします。たとえば，貢献利益がプラスの顧客は，たとえ物流 ABC では赤字でも，取引をやめてしまったら営業利益は減少してしまいます（少なくとも短期的には）。これは新規の取引にも利用できます。貢献利益がプラスになりそうな顧客との取引は，最終利益に貢献できると判断できます。また，短期的には間接費であっても，長期的には直接費になるコストもあります。たとえば，長期の傭車契約があって配送車両をすぐには減らせなくても，数年後の契約更新時に見直しできます。このような場合は直接費に含めてもいいでしょう。ただし，貢献利益がプラスになれば，何でも OK というわけではありません。すべての貢献利益でもって間接費を回収できなければ，結局，赤字になります。したがって，直接原価計算を運用する際には，間接費の回収に必要な貢献利益総額を計算する損益分岐点分析を活用して，収益性を管理することが必要になります。

4.2　カイゼン活動

　物流コストを把握したら，コストを適正な水準に統制する必要があります。物流コストの削減のために日本でよく導入されるのが，カイゼン活動です。カイゼン活動の源流はトヨタ自動車のトヨタ生産方式（Toyota Production System）にあります。**トヨタ生産方式の基本である「徹底したムダの排除」**（大野［1978］9 頁）**がカイゼン活動の行動原理です。**ただし，やみくもにムダの排除を追求すると現場は疲弊します。目標とするコスト・パフォーマンスやサービス水準の達成に必要な改善対象を見つけ，達成に必要な水準を現場が追求すべき KPI（key performance indicator：重要業績評価指標）として，カイゼン活動の方向性を定めておくべきでしょう。

物流活動のなかのムダを見つけるには，どうしたらよいでしょうか。1つの考え方は**物流活動を付加価値活動と非付加価値活動に分類する方法**です。顧客にとって価値の視点でムダか否かを判断します。たとえば，物流センター間の横持ち輸送は売上に直結しません。もちろん，先々の売上につながるという意見もあると思いますが，最初から適切な在庫配置ができていれば必要がなかったかもしれません。また，特定の作業がなく，手待ちしている作業者がいれば，それもムダかもしれません。要因配置や作業手順などを見直すべきでしょう。さらには，在庫の中からもムダを探すことができます。第6章で説明した在庫の意義の視点で見直すことができます。

非付加価値活動をなくしていけば，コスト削減につながることはもちろん，少ない人数で物流活動を行えるようになるので，労働力不足への対応としても効果的です。本来は必要のなかった輸送をなくせば，よけいなCO_2排出もなくなるので，環境負荷の低減にも貢献します（☞第14章）。現代社会において物流活動のムダをなくすのは，社会的な要請ともいえるでしょう。

さらに学習したい読者に推薦したい図書

山口雄大［2018］『品切れ，過剰在庫を防ぐ技術』光文社

山口雄大［2022］『すごい需要予測』PHP 研究所
　⇨本章で扱ったいろいろな需要予測のテーマを新書で簡潔に理解できます。

百合本茂・片山直登・増田悦夫［2015］『ロジスティクスの計画技法──ロジスティクスの分析・設計で用いられる手法』流通経済大学出版会
　⇨数学が得意で，物流の分析・設計・計画に関する技法を学びたい方にお勧めです。

阿保栄司［1977］『流通在庫管理入門』同文舘出版
　⇨流通在庫を理論的に丁寧に説明した入門書であり，在庫管理の名著です。

石川和幸［2014］『在庫マネジメントの基本』日本実業出版社
　⇨在庫管理の実務を知りたいのであれば，読んでほしい1冊です。

第11章

物流のデザイン

学習目標
○物流のデザインについての考え方を理解する。
○ケース学習を通して，これまでに学んだ内容の応用を経験する。
○見えないところで，さまざまな要件を考慮されたうえで物流が成り立っていることを知る。
○物流がシステムであるということを実感する。

はじめに

　本章では，物流が実用化されるにあたり，人間の手によってどのようにデザインされているかを学びたいと思います。ねらいとしては，これまでの学んできたことを応用して知識を深めるということもありますが，あわせて物流が漫然とデザインされているのではなく，いくつもの意図をもってデザインされているということも学んでほしいです。第6章で説明したように，物流は組織の事業戦略に貢献したものでなくてはなりません。したがって，戦略的意図（会社としてこうありたい！）を実用するために，必要な物流サービス（こういうサービスで会社のねらいに貢献する！）を明らかにし，そのサービス内容を実現するように業務活動（こうした活動でサービスを実現！）を構築しなくてはなりません。もちろん，活動の構築の維持にかかるコストとキャパシティは許容範囲に収める必要があります。

　図1のように，**戦略的意図，物流サービス，業務活動という3つのデザイン段階を試行錯誤しつつ行き来して，物流システムが具体化されていく**のです。

　本章で注目してもらいたい点がもう1つあります。それはトレードオフを克服するイノベーションです。物流をデザインしていくと，必要な物流サービスを実現することを阻む，トレードオフ問題に直面することが多々あります。トレードオフの相手は，コストやキャパシティであったり，他のサービス要素であったり，他部門や他組織が追求するパフォーマンスであったり，多種多様で

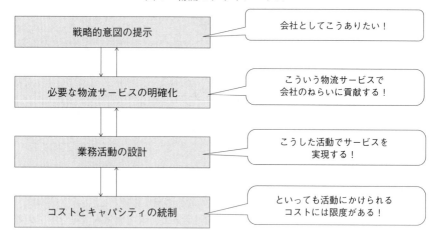

図1　物流のデザイン・フロー

戦略的意図の提示	会社としてこうありたい！
必要な物流サービスの明確化	こういう物流サービスで会社のねらいに貢献する！
業務活動の設計	こうした活動でサービスを実現する！
コストとキャパシティの統制	といっても活動にかけられるコストには限度がある！

す。第9章でも述べたように，実務ではどちらかが妥協することで，トレードオフと付き合っていく方法がとられますが，ときに**技術的なイノベーションでトレードオフを無効化する**ことがあります。

　ここで注意してもらいたいのは，イノベーションはインベンション（発明）と同義語ではないということです。イノベーションというと「世紀の大発明」とイメージするかもしれませんが，どのような発明でも実用化（商用化といったほうがいいかもしれません）して社会的な価値がなければ意味がありません（Aulet［2013］）。すでに発明されていた技術であっても，新しい状況で実用化し，未解決の問題（トレードオフ）を解決することができれば，これも立派なイノベーションなのです。物流でも数多くのイノベーションが実現されています。そのたびにトレードオフ問題が解決され，物流は進化してきました。物流イノベーションが物流サービスの革新を生み，事業戦略に貢献することを通して，新たな価値を社会に提供しています。その仕組みを本章で確認してもらいたいと思います。

1.　ケース①：コンビニの物流

　本章では，2つのケースを紹介したいと思います。まずは，生活シーンでなくてはならない存在になったコンビニエンス・ストア（以下，コンビニ）の物流です。皆さんの目に触れないのでお気づきでないと思いますが，コンビニ店

舗は数多くの物流の工夫のうえに成立しています。コンビニ物流で打ち出された新機軸は他の業界でも採用されてきました。コンビニ物流が日本の物流をリードしてきたといっても過言ではありません。完成度が非常に高いこともあり，ケース学習の対象としてはうってつけでしょう。実際，日本のコンビニ物流は先端的な事例としてアメリカのテキストでも紹介されています（Chopra and Meindl［2007］）。

　以下の事例内容は，川辺［2003］［2007］［2008］，矢作［1994］，信田［2013］によりますが，一部については筆者の独自調査やインターネットの情報が補っています。

1.1　コンビニ物流の概観

　まず，コンビニの物流について概観を確認しておきましょう（図2）。工場で製造された製品は，製造業者ないしは卸売業者の物流拠点を経由して，商品管理温度帯（後述）に分けられて設置された，コンビニ・チェーンの物流センターに納入されます。

　一般にコンビニの物流拠点は，1つの小売チェーンにしか商品を供給しない専用センター（☞第7章）です。在庫型センターと通過型センターの2つのタイプが使い分けられています。在庫型の場合はそこがデカップリング・ポイントになります。ほとんどの段階がプル型物流で動くので，典型的な多層プル型物流です。

　販売期限が短い弁当・総菜や日配食品を扱う定温管理と低温管理のセンターでは，通過型センターを採用することが一般的なようです。設計，運営，業務は信頼のおけるベンダー（商品を供給する業者のこと。一般に卸売業者か製造業者）や3PL事業者（☞第12章）にアウトソーシング（外部委託）されます。コンビニ本部の社員が常駐することはあまりありません。また，センターに保管されている在庫はベンダーによって管理される，いわゆるVMI（☞第8章）が採用されるのが一般的です。また，店舗側への所有権移転はセンターではなく，店舗の納入時に行われる契約となっています。したがって，店舗に納入されるまで在庫のリスクはベンダーが負担することになります。

　店舗で携帯端末機による発注が行われると，発注データはオンラインでホスト・コンピューターに送られます。膨大な発注データがバッチ処理（☞第8章）されますが，コンピューターの能力増強に伴い，処理時間が大幅に短縮されています。センターに出荷指示データが送られ，WMS（☞第8章）からの

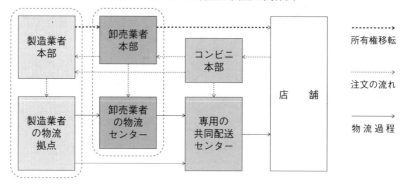

図2　コンビニの物流と商流の関係図

表1　セブン-イレブンの物流拠点数

センターの種類	設置数	平均配送店舗数
5℃（チルド）管理	76	約299
20℃（定温）管理 （うち5℃・20℃の共同管理）	79 (65)	約287
−20℃（冷凍）管理	22	約1032
常温管理	52	約437

出所：セブン＆アイ・ホールディングス［2022］41頁

　指示に基づいて，配送ルート別の仕分け作業が納品車の発車予定時間までに完了します。納品車はあらかじめ決められたルートで店舗を巡回して配送を行います。

　以上のように，コンビニ物流は情報システムを通じての管理が徹底されています。物流の動きは情報システムを通じて把握され，現場はシステムの指示に基づいて作業します。このように情物分離（☞第8章）が徹底して進んでおり，さらに生鮮食品の扱いも少なく，規格化された商品がほとんどですので，図2のとおり商物分離も徹底されています。したがって，店舗までの物流の運用は商流の影響が最低限に抑えられた仕組みとなっています。

　コンビニは国内に約5.7万店舗ありますが，そのなかで最大のシェアを占めるのが，ご存知のセブン-イレブンです。2021年時点で約2.7万店舗が全国にあり，4割以上のシェアを占めています。表1はセブン-イレブンに商品を供給する全国の専用センターの数です。拠点の数が他の業界と比較して大きいのは，供給先である店舗の数が多いだけでなく，店舗発注から納品までの注文リードタイムが短いことも理由です。管理温度帯によって大きく異なりますが，

1センターにつき，数百の店舗に商品を供給していることがわかります。

1.2　コンビニの戦略要素と物流

　コンビニがコンビニたるには，いくつかの特性を有していることが求められます。ここでは物流の制約や要件に関連した特性をあげておきます。まず，店舗面積が30〜40坪程度で小さく，商品保管のスペースは限られるなかで，3000品目の品揃えを維持しなくてはならない点です。したがって，1商品当たりに許される在庫量は限られているわけで，納品はケース単位だけでなく，ピース単位が基本となります。

　コンビニの利用者は購入即消費を前提に購入しに来るために，欠品は他の業態よりも許容されづらいといえます。"convenience"と冠するところには，消費者に保管スペースや買い物時間を節約させるという，生活の利便性を売りにするストア・コンセプトが隠れているわけです。しかし，店舗の在庫スペースは限られているため，欠品を防ぐために在庫量を増やすという手段がとれないという制約があります。

　扱う商品の管理温度帯が多岐にわたる問題もあります。弁当や惣菜などの20度の定温管理，調理パンや日配食品などのチルド管理（5度管理），アイスクリームや冷凍食品などの冷凍管理（−20度管理），飲料，カップ麺，雑貨などの常温管理の4つの管理温度帯があります。物流では異なる温度帯を1つにまとめて行うことは技術的に難しく，温度帯ごとに物流を構築しなくてはなりません。さらに，定温管理やチルド管理が必要な商品は販売期限が短い商品なので，きめ細やかな需給管理も必要となります。

　また，**品揃え内容に新商品が他の業態よりも多いことも重要な特徴です。**新商品は毎週発売されます（火曜日が多いようです）が，そのほとんどは1カ月以内に終売を迎えるとされます。終売までに売りつくすことは難しく，陳腐化のリスクが高い商品であるともいえます。したがって，新商品にもきめ細やかな需給管理が必要となるのです。

　最後に，店舗の従業員に関係した特徴もあげましょう。フランチャイジーである加盟店の資金余力は小さいですが，従業員の作業が多岐にわたり，24時間営業もあって労働時間と労務費が膨張しやすいです。**作業の軽減や平準化が求められます。**棚入れの作業を効率化できる形態で納品したり，レイバー・スケジュールに合わせて正確な時間で納品したりすることが望まれます。

1.3　求められる物流サービスとトレードオフ

　以上の特性からコンビニ物流における物流サービスのニーズを考えてみましょう。あわせて，物流サービスを追求する際に直面するトレードオフも考えてみます。第6章で説明しましたが，物流サービスは大枠で利用可能性，品揃え，応答性，柔軟性，商品の完全性，信頼性の6つがありましたよね。順にみていきましょう。

　まず，**利用可能性に関して，欠品率**（店舗注文に対してセンター在庫が充当できない割合）**を極力抑える**というニーズがあります。したがって，専用センターの在庫管理の精度が問われるわけですが，精度を上げるためには在庫管理を担うベンダーだけでなく，商品を供給する製造業者や原材料業者にも正確で鮮度の高い情報を提供する仕組みを構築しなくてはなりません。

　第2に，**品揃えに関してですが，多品種をピース単位で小分けしなくてはならない**というニーズがあります。しかし，ピース単位に小分け作業するには人手がかかります。作業コストとのトレードオフがこのニーズの問題となります。また，商品を4つの温度帯別で管理しなくてはならないという問題もあります。物流が分割されることで，トラックの積載率やセンターの生産性を高めることが難しくなります。

　第3に，**応答性に関連して，短い注文リードタイムと多頻度納品**というニーズがあります。販売期限の短い商品や新商品のような陳腐化リスクの高い商品の需給管理に有利に働くからです。注文リードタイムを短くすると，店舗での発注タイミングが実需時に近づくことにより，需要の見極めが行いやすくなります。実際には店舗発注から1日程度，早くて半日程度で商品が店舗に納品されているようです。しかし，専用センターが供給できるエリアが狭くなり，生産性が低くなってしまうという問題があります。さらに，デカップリング・ポイントが市場寄りになるために，物流の性格が投機的なものになってしまいます。センター在庫が分散するので，在庫プール効果は得られにくく，在庫管理の難易度が高まる問題もあります。

　多頻度納品は，店舗在庫を少なく抑えつつ，需要の動向に合わせたきめ細やかな対応を可能にします。しかし，トラックの積載率低下を招くという，これもまた生産性の問題を抱えることになります。さらに，店舗側にも，トラックの納品回数が多くなることで荷受け負担が増えるという問題が生じます。

　第4に，**柔軟性に関しては，店舗作業時間を短縮化するカテゴリー納品**が要求されます。カテゴリー納品とは，店舗の陳列棚ごとの商品構成に合わせて，

同一系統（カテゴリー）の商品を取り揃えて納品する形態のことをいいます。カテゴリー納品によって，店舗で棚別に仕分けする作業がいらなくなります。一般的には，カテゴリー別に仕分けされた商品は「クレート」と呼ばれるプラスチック製の容器にまとめられて納品されます。カテゴリー納品のためには，複数のベンダーから供給される商品をセンターでまとめる必要があります。さらに，店舗レイアウトを考慮して仕分けしなくてはならないため，センター作業が複雑化してしまうという問題もあります。

第5に，**商品の完全性**はコンビニ物流でも重要です。食品が多いため，劣化商品の提供は大きな問題となります。また，品質劣化で商品の販売価値がなくなれば，欠品が生じます。前述のとおり，コンビニ物流は複数の温度帯をキープすることで商品品質を保たなければなりません。他の物流よりも商品の完全性のために必要なコストは大きいといえるでしょう。

最後に，**信頼性**に関連して，**納品の定時化と納品ミスの最小化**に対するニーズがあります。納品の定時化は店舗作業の平準化を実現するためでもありますが，店舗の欠品を防ぐ効果もあります。しかし，納品の定時化は効率的な配送ルート設定に制約を与えるため，積載効率を悪化させる要因となります。また，配送時間管理のために追跡や記録の仕組みも必要となります。納品ミスの最小化もまた店舗の欠品を防ぐためです。このためには，センターでの検品を強化する必要がありますが，これもまた手間がかかります。

1.4　実現されたイノベーション

以上，めざすべきコンビニの戦略上の要求から物流サービスのニーズが見出されます。そして，ニーズに対応した結果として数々のイノベーションが実現されてきました。その関係を整理したのが図3です。事例説明の締めくくりとして，コンビニ物流の発展に貢献している5つのイノベーションを紹介しましょう。

1.4.1　各種データ等の共有

在庫管理の精度を上げるために，ベンダーや製造業者などの取引先と，発注動向，POS（point of sales：販売時点情報管理）データ，センター在庫などに関する情報が情報システムを通してリアルタイムで共有されています。発注動向とセンター在庫量がわかれば，在庫不足分の早期予測がしやすくなります。さらに，最新のPOSデータを用いれば，各物流段階の需要予測と在庫管理の精度が上がり，欠品を防ぐと同時に，ブルウィップ効果の発生を抑制すること

図3 コンビニ物流の戦略要素，サービス，イノベーションの関係

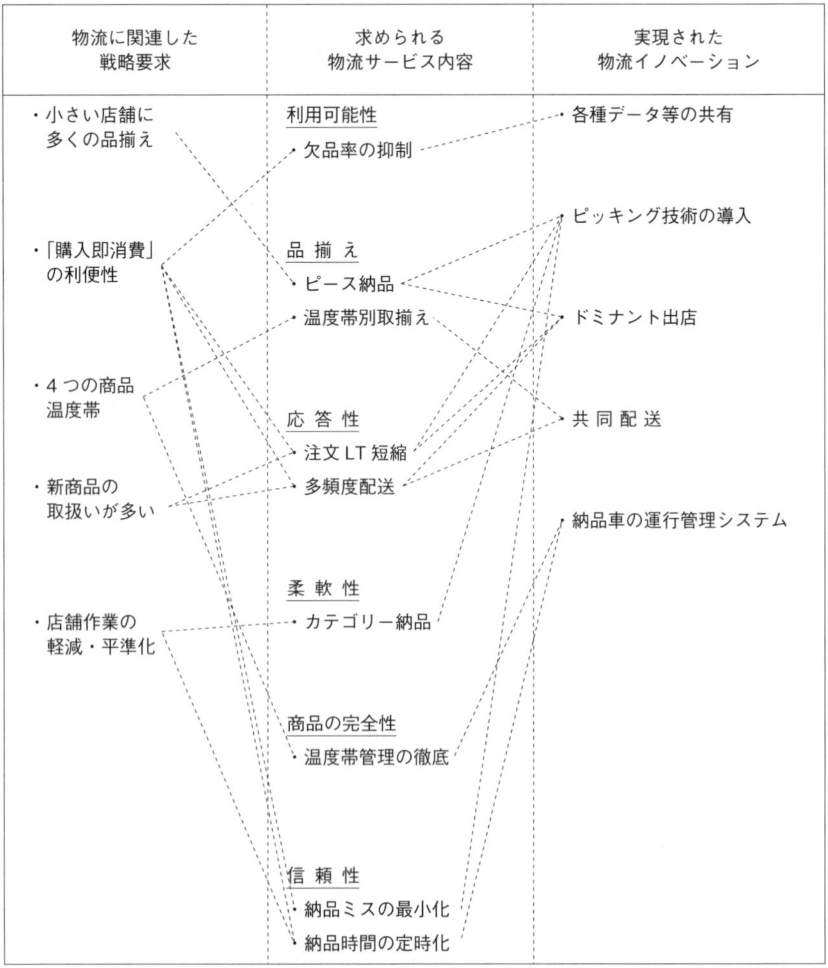

物流に関連した 戦略要求	求められる 物流サービス内容	実現された 物流イノベーション
・小さい店舗に 多くの品揃え	利用可能性 ・欠品率の抑制	各種データ等の共有
・「購入即消費」 の利便性	品 揃 え ・ピース納品 ・温度帯別取揃え	ピッキング技術の導入 ドミナント出店
・4つの商品 温度帯 ・新商品の 取扱いが多い	応 答 性 ・注文LT短縮 ・多頻度配送	共 同 配 送 納品車の運行管理システム
・店舗作業の 軽減・平準化	柔 軟 性 ・カテゴリー納品	
	商品の完全性 ・温度帯管理の徹底	
	信 頼 性 ・納品ミスの最小化 ・納品時間の定時化	

注：LTはリードタイムを指す。

ができます。コンビニ業界が「情報産業」といわれるように，コンビニ会社は数百億円を情報システムに投資して，こうした情報共有基盤を整備しています。

1.4.2 ピッキング技術の導入

　小分け作業は煩雑な作業のため，かつては卸売業者から敬遠されていましたが，現在ではデジタル・ピッキングを筆頭にしたピッキング技術の導入で効率化が進んでいます。第3章で紹介したように，デジタル・ピッキングは，作業者が次にピッキングすべき商品をデジタル表示器で指示する方法でしたね。デジタル・ピッキングはピース単位の仕分けにうってつけの技術です。デジタ

ル・ピッキングはもともとコンビニ物流向けに開発された技術ではないですが，コンビニ物流での活躍がデジタル・ピッキングの発展に一役買ったことは間違いないでしょう。すべての仕分け方法がデジタル・ピッキングで行われているというわけでなく，リスト・ピッキング（例：ケース納品の商品）や種まき方式（例：通過型センターでの仕分け）などと使い分けられています。いずれの場合においても，荷役機械やWMSの支援を生かした方法が導入されています。ピッキング・ミスが減ったりピッキング作業時間が短縮されて注文リードタイムの短縮化に貢献したり，WMSの作業指示がカテゴリー納品を支えたりしている点も見逃せません。

1.4.3　ドミナント出店

ドミナント出店は限定した地域に多数の店舗を立地させる出店政策です。普通に考えれば，同じ地域に複数の店舗を出店すれば，お客さんを奪い合うので営業にとって大きなマイナスのように思えます。しかし，**ドミナント出店にはそのようなマイナスを補ってあまりある物流上の利点があるのです。**

ドミナント出店は，店舗のある所にセンターを設置するのではなく，センターがある場所に店舗を立地させる戦略です。前述のとおり，コンビニ物流の注文リードタイムは短いので，センターのカバーできるエリアが狭くなるだけでなく，温度帯ごとにセンター運営や配送が分割されてしまうことからも，センターと配送の生産性が問題となってしまいます。こうした生産性の課題を解決するために，狭い地域に多くの店舗を立地させるドミナント出店が導入されたのです。その結果として，表1のとおり，1センター当たりで数百店舗がカバーできる生産性が実現されるのです。コンビニ本部はセンターの生産性を落とす，店舗密度を薄くする出店を嫌います。戦略を徹底しているセブン-イレブンでは，最近まで店舗のない県があったくらいです（2019年に沖縄県に出店したことで，現在では空白県はなくなっています）。狭いエリアに密集させて配送の距離と時間を抑えることで，注文リードタイムを短くすることもできますし，配送計画を時間通りにこなして店舗納品の定時化を維持することもできます。また，1配送車当たりの積載効率を高められるので，小さいロットサイズ（ピース単位）の商品を多頻度で店舗納品することもできるのです。

1.4.4　共同配送

共同配送とは，多数のベンダーから供給される商品を物流センターに納入させて荷揃えし，1台の納品車でまとめて店舗配送することです。第7章の図7で示したように，セブン-イレブンでは，雑誌やタバコなどの一部商品を除い

て，4つの温度帯ごとに共同配送センターを通して店舗に一括納品されています。センターに集まった商品在庫については，前述のとおり，VMIで管理しています。

　共同配送は，トラックの積載効率を高めると同時に，店舗当たりの納品回数を減らすことができます。セブン-イレブンでは，1974年の創業時に1店舗につき1日70台のトラックが納品しにきましたが，共同配送を進めることで現在では10台程度にまで抑えることができているようです。また，カテゴリー納品ができるのも，ベンダーを超えて商品を物流センターで集約できる共同化のおかげといえるでしょう。まさに「一石数鳥」の仕組みといえます。

　しかし，欠点もあります。お気づきの読者も多いと思いますが，共同配送は，第7章で説明した品揃えの前倒しを行うチェーン別物流を具現化したものです。チェーン別物流は共同配送でもって実現化されたのです。しかしながら，第7章で学んだように，チェーン別物流には販路が限定されるという問題がありましたよね。当然に，共同配送も同じ欠点をもちます。その詳細についてはコラム11-1をご覧ください。

コラム11-1　小売業者の「傲慢」と消費者の「わがまま」─────

　今ではチェーン別物流はコンビニ業界に限らず，小売業界で広く普及しています。しかし，他社の模倣に基づいた表面的な導入事例が増えています。賢明な読者であれば，チェーン別物流の内容に違和感を覚えたのではないでしょうか。販路が限定されるのであれば，センター在庫のリスクをベンダーに押し付けず，小売業者がすべて買い取るべきではないのか，と。それがフェアな取引というものです。しかし実際は，廃番となった商品を販売消化できず，店頭に並ぶことなく「返品」されることも少なくないようです。「返品」といっても，VMIの場合はセンター在庫の所有権はベンダーにあるので，小売業者にとっては返品という意識すらないかもしれません。しかし，実際のモノの流れとしてはベンダーに戻るので，返品であることに変わりはないのです。

　食品の場合，保管時に販売期限が近くなってしまうので，返品商品は処分（リサイクル処理ないしは廃棄）されるケースが少なくありません。こうしたベンダーへの在庫リスクの押し付けが，小売業者の「傲慢」であると批判されないためには，販売期限前にセンター在庫を残らず販売消化できる能力が必要です。それを実現できる販売能力がない小売業者は，本来，選択してはいけない方法であるといえるでしょう。

　また，納期遅れや欠品に対して，機会損失（商品が店舗にあったら得られた利益）の補償と称して，ベンダーや配送業者にペナルティ（罰金）を課す商慣行も小

売業界で横行してします。このような商慣行は，人手不足で疲弊している物流現場をより荒廃させる行為であり，すぐにやめるべきです。そもそも，そのようなギリギリの仕組みを構築した側にも責任があるはずです。減点主義はやめて，一定の基準を維持できたらインセンティブ（報酬）を与える加点主義に切り替えるべきです。

　さらにいえば，小売業界には前に紹介したセンター・フィー（☞第7章）の問題もあります。筆者の食品スーパー・チェーンに対して行ったアンケート調査でも，物流従事者の人手不足問題の解決に対して消極的な姿勢であることがわかっています（秋川[2021b]）。しかし，小売業者にも言い分があります。高品質・低価格に対する消費者のあくなき志向に応じるために，小売業者は利益を削り続けてきました。物流にコストをかけたくてもその資力がすでにないのです。つまり，この問題の遠因は消費者にあるのです。物流を駄目にする商慣行について，業界内だけで議論するのではなく，社会全体で議論していくことが求められているといえるでしょう。

1.4.5　納品車の運行管理システム

　納品車の配送計画は綿密な計算に基づいています。配送ルートは，距離や物量だけでなく，曜日や日付，道路状況，右折進入の回避（右折事故が多いから）なども考慮されて決められます。コンビニの納品車はハイテクでして，コンピューター・システムが搭載されており，移動体通信網を通して配送車の状況を本部とセンターが把握できる仕組みをもっています。走行ルート，車速，店舗の滞在時間だけでなく，荷台の温度状況を本部がリアルタイムで確認できるのです。ちなみにトラックの荷台の扉（リアドア）を開くと，ドアセンサーが探知して時間を記録する車両もあります。この時間が店舗到着時間として認知される仕組みとなっているのです。**配送の進捗状況をもとに指定時間どおりに運行しているか，荷台の指定温度が常に維持されているかがリアルタイムで管理されています。**

2. ケース②：インターネット通販の物流

2.1　EC市場の拡大

　なぜ，皆さんは店舗に行かずにインターネット通販を利用するのでしょうか。インターネット通販は，24時間いつでも利用できます。実店舗は営業時間内に訪問する必要があるのに対して，インターネット通販はいつでも，どこでも購買可能です。店舗に出向き，商品を持ち帰る手間もいりません。その利便性から，インターネット通販が登場して以降，一貫して市場は拡大しています。

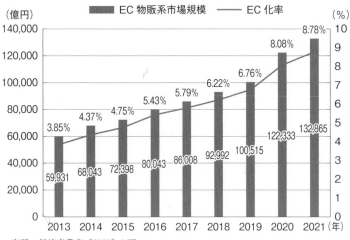

図4　物販に関する EC 市場の規模および EC 化率の経年推移

出所：経済産業省 [2022] 5 頁。

インターネット通販市場は EC（electric commerce）市場とも呼ばれ，図4に
あるように物販に関する EC 市場は 2021 年現在で 13 兆円を超える市場規模と
なっています。2013 年は約半分の 6 兆円程度でしたが，19 年に 10 兆円を超え，
20 年以降も成長の勢いは衰えていません。新型コロナウイルスの影響で，今
まであまりインターネット通販を利用していなかった人も加わって，市場の拡
大は加速しています。

　2021 年の EC 化率は 8.78% です。皆さんが，月に 10 万円の買い物をしてい
るとしたら，平均して 8780 円分はインターネット通販を利用している計算で
す。アメリカの小売市場の EC 化率は 13.2%（経済産業省 [2022]）なので，日
本のインターネット通販はまだまだ成長する余地があると思われます。日本で
は，食品や飲料の EC 化率が低かったり，医薬品では対面販売が求められるこ
ともあったりと，EC 化があまり進んでいない商品があります。

　私たちがインターネット通販を利用する場合，通常は商品を自宅で受け取り
ます。皆さんが実店舗に行って買い物をする場合と比べて何が異なるでしょう
か。実店舗での購買では，店舗に出向いて，商品を自ら選択し，商品をレジま
で持っていき，お金を支払い，自宅まで持ち帰ります。すなわち購買プロセス
における活動の大半を消費者自身が行います。一方でインターネット通販の場
合，これらの活動は消費者ではなく売り手側が手配します。その結果，**インタ
ーネット通販事業では企業側が行う物流活動は増加するため，物流の重要性が
増す**と考えられます。

2.2 インターネット通販物流の概観

　インターネット通販は大きく自社サイト型とモール型に分けられます（図5）。

　自社サイトでインターネット通販を行う事業者は，消費者から直接注文を受けます。小規模で注文が少ない段階では店舗や事務所の片隅で出荷業務を行い，宅配便で消費者へ商品を届けるという例もありますが，規模が拡大すると物流センターに在庫を保管して出荷業務を行わないと受注に対応できなくなります。物流センター業務は3PL事業者（☞第12章）にアウトソーシングする場合もあれば，自社で物流センターを構える場合もあります。受注した商品の在庫がないと，ECサイトで「在庫あり」の状態になりません。そのために，注文前に商品が物流センターに入庫されている必要があります。したがって，ここでの物流センターは在庫型（☞第2章）であり，デカップリング・ポイント（☞第7章）となります。そのため，物流センターより川下はプル型の物流となります。ただし，ECサイトによっては在庫を持たずに，注文を受けたらメーカーに出荷依頼するドロップ・シッピングと呼ばれる仕組みを利用している場合もあります。出荷された貨物は宅配便を利用して届けられるのが一般的ですが，そこで課題となるラストマイル配送については次項で述べます。

　ただし，自社サイトをつくっても消費者にアクセスしてもらうのは簡単ではありません。そこで，集客力のあるECモールへの出店が行われます。この場合，消費者からの注文はECモールを経由して出店者に伝えられ，出荷作業が行われます。ECモール運営業者は商流には関与せず，出店者から手数料を収受する形になります。代表的なECモールに楽天市場があります。ただし，楽天は書籍については自社で販売しているので，自ら商品を仕入れて販売するインターネット通販業者でもあります。一方で，アマゾンジャパンは自ら商品を仕入れ販売するインターネット通販業者ですが，マーケットプレイスという形で商流に関与せず，取引する場を提供するモール型も展開しています。したがって，楽天やアマゾンジャパンはインターネット通販業者とモール運営業者という2つの顔をもっているといえるでしょう。

　第2章でも触れたように，受注から配送までの一連の業務プロセスをフルフィルメントと呼びます。その内容は多岐にわたります。まず，インターネットや電話などの通信手段で商品を受注する必要があります。注文があれば，在庫の中から必要な商品をピッキングし，その商品を方面別や購入者別に仕分けします。商品によっては，値札を付けたり，販促物を同梱したりといった流通加工を行う場合もあります。商品が揃ったら，袋や段ボールに梱包して発送しま

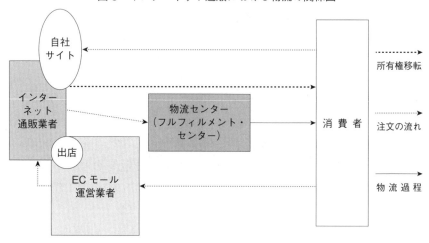

図5　インターネット通販における物流の関係図

す。商品が顧客に到着した後も，商品に関する問合せや返品などに対応するための顧客対応が必要です。こういった一連のプロセスをインターネット通販業者が責任をもって対応しなくてなりません。こうしたフルフィルメント業務を行う物流センターをフルフィルメント・センター（☞第2章）と呼ぶことがあります。

2.3　インターネット通販に重要な物流活動

2.3.1　ラストマイル配送

　インターネット通販において重要な物流活動にラストマイル配送があります。前述のとおり，実店舗での買い物では消費者が店舗に出向いて自分で商品を持ち帰りますが，インターネット通販では商品は消費者の自宅に届けられます。すなわち，宅配の終了をもって取引が完結するのです。マイルは距離の単位で，1マイルは約1.6 kmに当たります。宅配が担当するのがインターネット通販を利用した消費者に商品を届けるための最後の「マイル」になるので，ラストマイル（☞第14章）と呼ばれます。

　インターネット通販業者は，ラストマイル配送を宅配便に任せるか，別の運送会社に依頼するか，それとも自社で配送するかの選択を迫られます。皆さんがよく利用するインターネット通販のラストマイルは，誰が担っているでしょうか。ヤマト運輸・佐川急便・日本郵便といった大手宅配企業が思いつきますが，最近では，インターネット通販業者専属の配送業者が宅配を行う場合もあ

ります。ヨドバシカメラの通信販売は，地域によっては自社の社員が宅配を行っています。店舗を持たないインターネット通販業者にとって，ラストマイルはリアルな消費者との接点であるため，そのサービス品質が重要になります。

2.3.2　出荷作業

注文を受けた商品は決められたリードタイムで届ける必要があります。物流センターの視点で考えると，たとえば明日の配送予定に間に合うために，今日の何時までに物流センターから出荷しなければならないかという出荷スケジュールを組む必要があります。早く出荷したければ，第8章で述べたように注文情報をリアルタイム処理すればよいのですが，個人から注文を受けるインターネット通販では，バラバラに作業すると生産性が上がりません。そこでバッチ処理を行い，複数の注文を一括して処理するのが一般的です。ただし，大規模な物流センターではその日に処理すべき注文を一括してバッチ処理すると出荷時間に間に合わない場合も出るため，何回かにわけてバッチ処理を行います。バッチ処理して複数の注文を一括してピッキングできれば，第10章で説明したパレート分析が役立ちます。出荷頻度の高いAグループの商品は，まとめてピッキング（トータル・ピッキング）する種まき方式（☞第3章）が有効です。また，1アイテムのみの受注分だけまとめてピッキングすれば，1アイテムずつ別個にピッキングを完了するより効率はよくなります。反対に，アパレルのようにアイテム数が多く注文アイテムがばらつくのであれば，摘取り方式（☞第3章）が適切でしょう。バッチ処理は現場における出荷作業の工夫の余地を広げられるため，多くの物流センターで採用されています。

消費者向けの出荷では，企業向けにはあまりみられない細かな出荷作業が必要です。たとえば，消費者が注文した商品が3種類あれば，3カ所の保管場所から商品をピース・ピッキングする必要があります。ピッキングを終え，注文商品がすべて揃ったら，注文と相違ないかを確認する出荷検品を行います。注文どおりの内容になっていれば梱包しますが，その際に納品書や販促用のチラシを同梱する作業を行う場合もあります（納品書は信書扱いになる場合があるので，注意が必要です）。すべての梱包物を入れたら，封をして届け先の住所が記された送り状を貼付して完了です。商品が出荷されると，いつも皆さんが自宅で受け取る通販商品となって届けられます。いかに短い作業時間で正確かつ効率の良い出荷作業を行えるかが，インターネット通販の生命線です。

2.4 求められる顧客サービスとトレードオフ

前節と同様に，インターネット通販の物流における顧客サービスのニーズ，そして顧客サービスを追求する際に直面するトレードオフも考えてみましょう。

第1に，**品揃えに関連して，インターネット通販の仮想店舗では品揃え形成を無限に行えるため，取り扱う商品数が非常に多くなる傾向があります。**実店舗での商品陳列スペースは店舗面積によって制約されますが，物理的制約のない大手インターネット通販では取扱いアイテム数が20万〜30万に及ぶ場合もあります。前節で紹介したように，コンビニエンス・ストアが約3000品目ですから，その差は歴然としています。

インターネット通販ではロングテールという用語が使われます。先にも述べたように，第10章で，売上の高い順に商品をグラフの左側から並べるパレート分析（ABC分析）について説明しました。インターネット通販の取扱い商品に対してパレート分析を行うと，グラフの右のほうはめったに売れない商品がずっと並びます。そのグラフの形が「長いしっぽ」に見えることが名前の由来です。スペースに限りのある実店舗では，めったに売れない商品で陳列棚を占有するわけにはいきません。当然，売れ筋中心の品揃えになるため，消費者のニッチな要望に応えるのは難しくなります。しかし，インターネット通販の巨大物流センターなら，そのような在庫をわずかでも保管しておけば，注文があったとしてもすぐに販売可能ですし，在庫プール効果（☞第6章）も享受できます。広い商圏をもつインターネット通販の強みといえるでしょう。

しかし，膨大な品揃えを取り扱うには，保管効率を踏まえた保管ロケーションを考えなくてはいけません。また，保管場所を正確に記録しておかなければ商品を見失ってしまいます。取扱い商品数と保管スペースや管理コストとの間にはトレードオフが存在するのです。

第2に，**品揃えに関連して，インターネット通販の受注ではピース単位の出荷が必須となります。**製造業者から出荷する際の荷姿はパレットやケース，流通業者からの出荷はケースやクレートといったユニットロードになることが一般的です。しかし，前項で説明したとおり，インターネット通販の出荷単位はピース単位が中心となります。その結果，ピッキング作業や梱包にかかる工数と時間も増加します。出荷予定時間までに業務を終了させるために，煩雑な作業を首尾よく処理する工夫が必要となります。

コラム 11-2　ネットスーパーの普及

　新型コロナウイルスの影響もあり，ネットスーパーの利用が広がっています。ネットスーパーは生鮮食品を扱うために配送時にオリコンなどを使用する場合が多くなるため宅配便での輸送は難しく，専用の宅配ドライバーが必要になるでしょう。納品リードタイムが短かったり，細かい時間帯指定もあったりするため，配送キャパシティが上限に達した時間帯では注文を終了するといった対応が必要になります。

　実店舗をもつ小売業者が始めたネットスーパーは，当初は店舗から出荷する店舗型が一般的でした。皆さんは，スーパーマーケット店舗で，リストを見ながら商品をピッキングする店員さんを見たことはないでしょうか。あれは，ネットスーパーで受注した商品のピッキングです。店舗から商品を配送すれば，近所に住む消費者宅に早く商品を届けることもできます。しかし，店舗で働く従業員は，品出しやレジといった他の業務も変わらずあります。ネットスーパー経由の受注が増えると，ネットスーパー業務の対応が困難になります。店舗内でフルフィルメント業務を行うわけですが，店舗は販売に適した構造になっているので，物流作業の効率性は上がりにくいです。

　こうした問題意識を受け，ネットスーパー専用の物流センターを開設する例も増えてきました。物流業務を店舗ではなく物流センターで行う方式です。物流センターなので作業効率もよく，自動化といった投資もしやすくなります。ただし，近隣の店舗からの商品発送ではないため，注文リードタイムは長くなると考えられます。そのため，見た目は実店舗だけど来店対応はしない，物流活動に特化した「ダークストア」を活用する事例も増えています。ダークストアは空き店舗を居抜きで活用することも可能なので，投資額を抑えられるメリットもあります。小売店舗をデカップリング・ポイントにするか，物流センターをデカップリング・ポイントにするか，同じネットスーパーでも物流は大きく異なっています。

　第3に，応答性に関連して，短い注文リードタイムに対するニーズがあります。消費者にとって商品の入手が早いに越したことはありません。他社に追随する形で注文リードタイムを短く設定するインターネット通販業者が増えています。翌日配送が当たり前のようになっており，一部地域で当日配送も実施する大手インターネット通販業者も存在します。クイック・コマースといわれる，1時間を切るような注文リードタイムで配送を行うサービスも登場しています。注文リードタイムを短くするには，出荷作業の時間を短くする必要があります。しかし，大急ぎで出荷作業をすると，ミスを誘発してサービスの信頼性を損ねてしまうかもしれません。それができなければ，フルフィルメント・センターを増設して，消費者との距離を短くしたいところです。ただ，それには大きな投資が必要となりますし，在庫が分散することによる需給コストの問題も生じます（☞第6章）。信頼性を失わずに，出荷作業時間を短縮する必要があるの

です。

　第4に，柔軟性に関連して，多様な配送サービスに対するニーズがあります。インターネット通販は自宅で商品を受け取るのが一般的ですが，消費者によっては宅配ロッカーやコンビニ店舗での取置きで商品を受け取る方法を望むかもしれません。手渡しではなく，玄関先などに商品を置いていく置き配（☞第14章）も試みられています。受取り方法のニーズに柔軟に対応していくためにはコストがかかります。具体的には，細かい配送指示を可能とする配送管理システムの導入は必須です。さらに，商品を受け取れる状態になったら購入者にメールやSNSなどで通知しなくてはならないため，貨物追跡システムの導入も求められます。

　第5に，信頼性に関連して，誤出荷の発生率が高くなりやすく，対策が求められます。誤出荷とは注文とは異なる商品や数量を出荷してしまうことです。パレット単位やケース単位の出荷と比較して，ピース単位の出荷はピッキング・ミスが発生しやすく，誤出荷のリスクは小さくありません。「お，やっと荷物が届いた」と思って箱を開けたのに，違う商品が入っていたら消費者のがっかり度も高いでしょう。インターネット通販業者にとってたった1つのミスでも，消費者にとっては「0点」のサービスになってしまう恐れがあるのです。誤出荷が発生すれば，返品対応が必要になると同時に，消費者の満足度を大きく損ないます。しかし，人員を投入して出荷検品を強化すれば物流コストが増加しますし，人間の目ですべてのピッキング・ミスを発見するのは困難です。ピッキングや検品の精度を高めるためのシステム投資が必要になります。

コラム11-3　ワークマンのEC店頭受取り一本化

　衣料品大手のワークマンは，2027年3月期までにEC販売商品の宅配を全廃する方針です。もともとECで受注した商品を宅配するか，店舗に来店して引き取るかを消費者が選べるサービスを展開していました。ただし，宅配には別途送料を徴収していたため，店舗での引取りを選択する消費者が多かったようです。衣料品は知覚リスクが高いため，商品を直接確かめたいというニーズもあります。実際，宅配の場合は商品実物を見て返品される率が高くなります。そこでワークマンは思い切って宅配をやめる決断をしたのです。小売店舗向けの物流ネットワークはすでに存在しているため，EC貨物も既存のネットワークに載せられます。追加費用は宅配するのに比べて低く抑えられます。第14章で説明するトラックドライバー不足により今後の物流費上昇が見込まれるなかで，このような戦略をとる企業も増えてくるかもしれません。

（参考文献）『日本経済新聞』2022 年 4 月 27 日朝刊。

2.5　物流イノベーション

　通販物流への消費者ニーズが引き起こすトレードオフを克服すべく，通販物流でもイノベーションが実現されています。その関係を整理したのが図 6 です。現在の通販物流の発展に貢献しているイノベーションを紹介しましょう。

2.5.1　通販向け物流情報システムの発達

　インターネット通販では圧倒的な品揃えを扱います。しかし，**大量の商品アイテムを取り扱うためには通販向けの倉庫管理システム（WMS；☞第 8 章）が不可欠ですが**，通販向けのシステム要件には特徴があります。たとえば，EC サイトと連携ができる，在庫と入出荷の状況をリアルタイムで照会できる，効率のいいロケーション管理ができる，多様な流通加工と包装に対応できる，個人情報保護に対応できるなどです。こうした要件に対応した通販用の WMS パッケージが多数販売されていて，以前よりも WMS 導入のハードルは下がっています。

　インターネット通販では，WMS 以外にも受注管理システム，配送管理システムなどの情報システムが必要です。たとえば，配送管理システムで配送が予定どおり行えているかといった配送状況を管理する必要があります。宅配便の貨物追跡システムと自社システムを連携したり，独自の配送管理システムを構築したりする対応が考えられます。到着予定時間帯を消費者にお知らせしたり，天候や事故といった何らかの事情で配送遅延が見込まれる場合に対応を検討したりできれば，消費者の満足度をより高められるでしょう。

　個々の情報システムの能力も重要ですが，情報システム間の連携も重要です。個々のシステムの開発ベンダーが異なるとしても，迅速かつ正確なデータ連携が求められます。こうしたデータ連携には API 連携が主に用いられています。API とは application programming interface の略で，インターネットを通じて外部システムとの連携を可能にするインターフェース（データを橋渡しする仕組み）のことです。第 8 章で紹介した EDI よりも，少量のデータをリアルタイムでやりとりするのに適したデータ連携方法です。API 仕様を開示することで，他のシステムと容易に連携利用できる環境を提供することができます。前述の WMS パッケージにも API 連携機能があり，受注管理システムから注文データを受け取ったり，出店会社の業務システムに発送済みデータを送ったりするデータ連携が可能です。

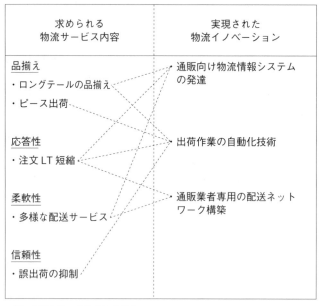

図6　通販物流のサービス–イノベーションの関係

求められる 物流サービス内容	実現された 物流イノベーション
品揃え ・ロングテールの品揃え ・ピース出荷	通販向け物流情報システム の発達
応答性 ・注文 LT 短縮	出荷作業の自動化技術
柔軟性 ・多様な配送サービス	通販業者専用の配送ネット ワーク構築
信頼性 ・誤出荷の抑制	

注：LT はリードタイムを指す。

2.5.2　出荷作業の自動化技術

　1個単位の出荷を行うには，多様な注文に応える柔軟性と間違いのない商品を出荷する信頼性が求められます。しかし，取り扱う商品の数が多くなるとピッキング・エリアは広くなり効率が悪くなります。人手に依存する方法では，迅速な作業を実現するために多くの作業者が必要となりますが，最近の人手不足がそのような人海戦術を許しません。**膨大な商品アイテムの中から迅速かつ正確に商品をピッキングするためにデジタル活用が有効です。**なるべく人手に頼らないピッキング・システムの採用がカギとなります。前項で紹介したデジタル・ピッキングに代表されるピース・ピッキングを正確かつ効率的に行える仕組みが必要です。

　さらに，**物流センター内ではロボットの導入も進んでいます。**現時点では商品をつかむ作業は費用対効果の点から人間のほうが優れています。**したがって，全自動ではなく，商品探索や移動などの「手でつかむ」作業以外の部分で自動化が進んでいます。**最近では，作業者が商品の保管棚に移動するのではなく，棚が作業者のところまで移動する GTP（goods to person）タイプのロボットや，ピッキングすべき棚まで作業者を誘導して指示を出し，ピッキングされた商品

を運んでくれる AMR（autonomous mobile robot：自律走行型ロボット）タイプのロボットがあります。

次に，誤出荷の抑制に欠かせない検品です。**目視による検品だけでは精度を高めるのに限界があるため機械化が進んでいます。**前述のスキャン検品以外にも，商品の重さで検品をする重量検品があります。最近では RFID（☞第8章）を用いた自動検品の導入例が出てきました。商品に RFID タグを貼付すれば，RFID リーダを用いて一瞬で検品を完了できます。さらに，AI による画像認識技術の利用も進みつつあります。

最後に，商品破損を防ぐ梱包の技術です。梱包を人手で行うと大変な時間がかかります。インターネット通販の場合，形状や脆弱性など梱包条件が異なるので，商品ごとに梱包資材と梱包方法を変える必要があり，技術的に自動化が難しいとされてきました。しかし，最近では技術革新が進み，自動梱包機の普及が徐々に進んでいます。ただし，手作業の梱包は柔軟な対応ができる，目視検品を兼ねられるなどの利点もあるので，自動梱包機の導入は安易に決められないところがあります。

以上のように，自動化技術の導入が進んでいますが，現時点では，**最新技術をもってしても通販向け物流センターの作業をすべて自動化することは難しく，**物流センターでは多くの作業者が働いているのが現状です。イノベーションの追求は続いていきますが，サービス志向を過剰に追求せず，同時に作業者に負荷がかかりすぎないようにする配慮も同時に必要といえるでしょう。

2.5.3　通販業者専用の配送ネットワーク構築

大手のインターネット通販事業者のなかには，既存の大手宅配便ネットワークに頼らず，個人事業主や地域の運送事業者と契約を結んだり，自社社員を活用することで，自ら配送ネットワークを管理する事例も出てきました。宅配便では不特定多数の荷主の貨物を扱うため，規格化されたサービス提供になります（☞第12章）。したがって，自社の貨物を優先的に配送するといった特別対応はしてくれませんが，**配送ネットワークを自ら管理すれば，自社の貨物を優先できるため，注文リードタイムの短縮につながります。**ただし，自社貨物だけでは積載効率が下がる地域もあるため，利用者の多い地域は直接管理し，その他の地域は宅配便を利用するという両面作戦を採用するのが一般的です。

自社管理を行えば，サービスの柔軟性も高められます。専用の配送ネットワークであれば，ドライバーに対する細かい指示が可能です。また，多様な配送方法のニーズに柔軟に対応をするためには情報管理が重要となります。受注管

理システム，WMS，配送管理システムを連携させて，消費者ニーズに応じた受取り方法の提供が必要ですが，自社管理であればこうした情報システムの構築と運用も自由にできます。アマゾンジャパンでは，置き配場所の選択肢として，玄関や宅配ボックスといった宅配便でも対応可能な場所以外にも，ガスメーター・ボックス，自転車かご，車庫，建物内受付といった場所を追加しています。これは自社管理だから，なせる業といえるでしょう。

しかし，専用の配送ネットワークについては個人事業主がラストマイル配送を担う場合が多く，問題も指摘されています。業務委託している個人事業主に対して詳細な業務指示を与えれば，実態は労働者とあまり変わりません。個人事業主であるにもかかわらず，自社の従業員のように業務指示を行う方法は問題となります。法律上は労働者でないので労働基準法が適用されず，長時間業務になる可能性がありますが，公共財である道路を使用する宅配では安全に配慮した対応は不可欠だと考えられます。

さらに学習したい読者に推薦したい図書

齊藤実・矢野裕児・林克彦［2009］『現代ロジスティクス論——基礎理論から経営課題まで』中央経済社
　　⇨流通業や製造業など，多様な立場から物流を説明しています。立場の違いによる物流を学ぶには最適な書籍です。

信田洋二［2013］『セブン-イレブンの「物流」研究——国内最大の店舗網を結ぶ世界最強ロジスティクスのすべて』商業界
　　⇨コンビニの物流を知るには最適な本です。本章の内容をより詳しく知りたい方は，ぜひ読んでください。

寺嶋正尚［2010］『事例で学ぶ物流戦略』白桃書房
　　⇨さまざまな事例（ケース）を通して物流を勉強したい人に最適な書籍です。

大下剛［2021］『オムニチャネル小売業のロジスティクス統合』同友館
　　⇨本書で言及できなかったオムニチャネル（実店舗販売とインターネット販売を統合した戦略）について，物流の視点から議論している貴重な書籍です。

林克彦・根本敏則編著（2015）『ネット通販時代の宅配便』成山堂書店
　　⇨インターネット通販と宅配便の関係に関する理論や事例が豊富な一冊です。

第5部

物流の広がり

最後の第5部では，「物流の広がり」と題して，物流について多様な角度から議論していきます。物流の外部化，物流のグローバル化，SDGs（持続可能な開発目標）との関係など，多数の最新トピックを紹介していきます。こうした裾野の広さが，物流論の大きな特徴です。紙幅の都合上，概略しか言及できませんが，関心のあるトピックがありましたら，ぜひ調べてみてください。第5部の学習を通して，物流論の広さと奥深さを理解してもらいたいと思います。

第12章

物流の外部化と物流業界の発展

学習目標

○ 物流業界の概況について知る。
○ 物流の外部化として，以下の事例を学ぶ。
　①3PL
　②宅配便
　③物流共同化
○ 企業はなぜ物流活動を外部化するのか，その判断の際に働く経済原理は何かについて理解する。

はじめに

　輸送や保管など，物流を支える活動を担う企業が集まる業界を**物流業界**と呼びます。表1のとおり多くの業種で構成され，全体の市場規模は20兆円を超える日本でも有数の業界です。

　物流業界では長らく日本通運が最大手です。2022年にNIPPON EXPRESSホールディングス（NXグループ）に名称変更して持株会社制に移行しています。国際物流も含めた総合物流企業です。ヤマト運輸を中核とするヤマトホールディングスは，宅配便の最大手になります。宅配便業界は，佐川急便を中核とするSGホールディングスと日本郵便の3社で寡占化が進んでいます。海運に目を向けると日本郵船，商船三井，川崎汽船が中心となり，大手3社で出資してコンテナ事業をオーシャン・ネットワーク・エクスプレス・ジャパン（ONE）に集約しています。倉庫・物流施設では三井倉庫ホールディングス，三菱倉庫，住友倉庫といった旧財閥系の企業が大手になります。また，物流アウトソーシングの広がりにより，2023年4月に日立物流から社名変更したロジスティードや，センコーグループホールディングスといった3PL事業者も成長しています。

　ただし，物流業界はこれらの大手企業だけで成り立っているわけではありま

表1 2019年度における各物流業界の概要

区　分	営業収入 （億円）	事業者数	従業員数 （千人）	中小企業率 （％）
トラック運送業	193,576	62,599	1,940	99.9
JR貨物	1,610	1	5	―
内航海運業	8,604	3,376	69	99.7
外航海運業	32,494	190	7	58.7
港湾運送業	9,784	859	51	88.2
航空貨物運送事業	2,719	22	42	50.0
鉄道利用運送事業	3,311	1,140	8	86.0
外航利用運送事業	3,797	1,105	5	81.0
航空利用運送事業	6,397	203	14	69.0
倉庫業	23,202	6,382	115	91.0
トラックターミナル業	319	16	0.5	93.8
計	285,813	―	2,257	

出所：経済産業省・国土交通省・農林水産省［2022］。

せん。表1にあるとおり，とくにトラック運送業界では6万社以上の事業者が存在し，その99.9％が中小事業者です。実際の物流活動の多くが中小事業者の手によって行われています。

　物流業界の規模が大きいということは，物流活動は外部の資源に依存する外部化が一般的であることを意味します。第1章や第2章で述べたように，企業は自家物流を選択できます。しかし，これだけ物流業界が発展しているということは，多くの企業が物流活動の外部化を選択しているのです。

　また，市場の変化や規制緩和（☞第5章）によって，外部化の内容が業種の枠組みを越えて多様化しています。その代表的な事例が本章で紹介する，サードパーティ・ロジスティクス（3PL），宅配便，物流共同化です。これらの取組みを通じて，企業はなぜ物流活動を外部化するのか，その判断の際に働く経済原理は何かについて考えていきます。

1. サードパーティ・ロジスティクス（3PL）

1.1 3PL概念の登場

サードパーティ・ロジスティクスという用語を，本書で初めて聞く方も多い

と思います。英語で表記すると，third-party logistics で，3rd-party logistics と表記される場合もあり，略して 3PL と称されます。サードパーティ (third-party) は「当事者でない第三者」という意味で，ビジネス用語として使われます。3PL はもともとアメリカでフォワーダー（☞第 13 章）やブローカーを意味する用語として誕生しました。フォワーダーやブローカーは，貨物輸送を依頼する荷主企業と，実際に貨物を運ぶキャリア（輸送業者）との間を仲介する存在です。顧客の輸送依頼を，あるいはキャリアの営業活動を代行します。フォワーダーやブローカーは，輸送の依頼者（first party）でもなく，運び手 (second party) でもない，第 3 の立場とみなされたのでサードパーティと呼ばれたのです。

　アメリカでは，1980 年代に物流業界の規制緩和が行われました。荷主企業のニーズも輸送だけでなく，保管や荷役，情報処理といった多様な物流活動の代行にまで広がっていきました。こうした状況のなかで，顧客の要望に応える形で複数の個別サービスをとりまとめて提供する長期的な関係（Murphy and Poist［2000］）として 3PL が生まれ，アメリカの 3PL 市場は大きく拡大していきます。

　一方，日本では 1990 年に物流二法の施行に伴う規制緩和が行われました（☞第 5 章）。具体的には，貨物自動車運送事業の参入規制が緩和されるだけでなく，輸送手段別に規定されていた運送取扱業の規制が貨物運送取扱事業法 (2003 年より貨物利用運送事業法に名称変更) に一本化され，貨物利用運送事業 (☞第 5 章) の参入規制も緩和されました。事業者が相互に参入することが容易になった結果，輸送や保管といった活動単位のサービスを展開するだけでなく，複数の活動を統合した物流サービスを提供できる「総合物流業」を自称する企業が登場したのです。1997 年に総合物流施策大綱 (☞第 5 章) が初めて閣議決定され，そのなかで 3PL は「荷主に対して物流改革を提案し，包括して物流業務を受託する業務」と定義されて，3PL という用語が普及しました。さらには，2002 年に倉庫業法が改正され，倉庫業の参入規制も緩和されたことが，3PL 市場の成長に拍車をかけました。

1.2　企業の物流システムと物流業者の関係

　それでは 3PL は，従来の活動単位のサービスとどのように違うのでしょうか。ここでは，その特徴をみていきたいと思います。

　図 1 は，従来型の企業と物流業者の関係を表しています。たとえば，トラッ

図1　従来の企業と物流業者の関係

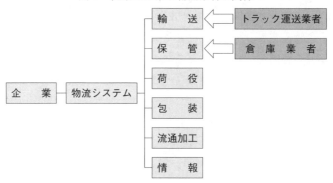

出所：齊藤ほか［2020］152頁。

図2　企業と3PLビジネスの関係

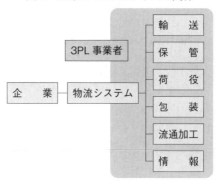

出所：齊藤ほか［2020］153頁。

ク運送業者は輸送サービスだけを提供します。同様に，倉庫業者は保管サービスを提供します。**荷主企業側からみると，物流を活動単位でしかとらえておらず，それぞれの活動ごとに物流業者に業務を依頼する関係になります。**したがって，物流システムの構築は荷主企業が行わなければなりませんでした。

　これに対して，企業と3PL事業者の関係性は図2になります。3PLでは，企業は物流活動ごとではなく，物流システム（の一部）を外部化します。たとえば，輸送だけ，保管だけという形ではなく，複数の物流活動をまとめてアウトソーシングするのです。**3PL事業者の立場からみれば，企業の物流システムを荷主企業に代わって設計・管理する必要があります。**

1.3　3PLの発展要因

　専門誌である『ロジスティクス・ビジネス』によれば，現在の国内3PL市

場は4兆円を超えるとされます（ロジスティクス・ビジネス［2022]）。なぜ，そこまで3PLが発展したのかを，アウトソーシングする荷主企業の視点と，それを受託する物流業界の視点から考えていきたいと思います。

荷主企業側の要因としてあげられるのは，経済のグローバル化に伴う競争の激化です。国内にとどまらずにグローバルにビジネスを展開するには，人材や資金といった経営資源が豊富に必要になります。しかし，企業が所有できる資源には限りがあるので，グローバルに事業を展開するにあたって，中核的な領域に資源を集中する必要があります。こうした企業の競争力形成に寄与する中核的能力をコア・コンピタンスといいます。バブルが崩壊した1990年代において，コア・コンピタンスに経営資源を集中して競争力を強化しようと考える企業が増えていきます。たとえば，製造業であれば製品開発，小売業であれば品揃え形成に力をいれるといった戦略です。その流れで，**物流がコア・コンピタンスとならないと判断した企業が物流のアウトソーシングを考えるように**なったのです。物流活動に充てていた自社の人員や設備投資を，アウトソーシングによってコア業務に振り向けることができます。

一方で，物流業界側の要因として規制緩和による競争激化があげられます。先ほど説明したように，日本では1990年代の規制緩和によって，物流市場への新規参入が進みました。市場のプレイヤーが増えるなか，輸送や保管といった単純な物流サービス提供だけではサービスの差別化は難しく，価格競争に陥りがちです。そこで，荷主企業に対して付加価値の高い物流サービスを提供することで，事業成長を試みる物流業者が増えていきます。これが3PL市場の成長につながっていくのです。

1.4 3PL ビジネスの特徴

実際に3PL事業者はどのような役割を担っているのでしょうか。コンサルティング能力，物流現場の運営能力，および情報システム構築能力が必要（齊藤ほか［2020]）とされますが，それらがどのように貢献しているかみていきます。

1.4.1 コンサルティングの提供

最初にコンサルティングの提供です。総合物流施策大綱の3PL定義に「荷主に対して物流改革を提案」というくだりがあるように，3PL事業者は荷主企業の物流改革を実現するために物流課題を洗い出して改革策を提案する必要があります。活動単体の外部委託では，トラック運送業者はその活動に限定した

話しかできません。物流改革に至る提案を行える余地は少ないでしょう。一方で，3PLでは物流システム全体が対象になります。物流活動の間にはコストのトレードオフがありますし，荷主企業が求めるサービス水準を満たす必要もあります。これらの条件を踏まえたうえで，物流システムの改革案を提示する必要があります。したがって，**3PL事業者は，荷主企業の物流システムの現状を把握して，効果や効率の高まる新しい物流システムを提案する，すなわちコンサルティング機能を提供しなければなりません。**

具体的には，適切な輸送モードを提案する配送方法の見直し，物流センター内の非効率な作業の見直し，新しい情報システムの導入，物流センターの最適配置，商慣行や物流慣行の見直しなどがあげられます。本来，コンサルティング機能は最も3PL事業者の力量が問われるところといえるでしょう。

1.4.2　物流センターの管理・運営

次に，物流センターの管理・運営です。第2章で言及したように，物流施設としての物流センターは，保管・荷役・流通加工・包装といった物流活動を実行する物流のシステム化に欠かせない存在です。人体にたとえれば，血液を送り出す心臓の役割といえるでしょう。**3PL事業者は，荷主企業に代わって物流センターの管理・運営を担うことになります。**

物流センターでは，荷主企業が求めるサービス水準を実現しなければなりません。具体的には，荷主が求めるリードタイム内で，正確な作業を行う必要があります。物流センターの品質が低く，望むサービス水準を実現できなければ，契約を継続する理由はないでしょう。ただし，サービス水準を満たすだけでは足りません。それをより低いコストで実行する必要があります。トレードオフ関係にある物流サービスと物流コストの最適解を求め，内部化による管理・運営よりも高い成果を出さなければならないのです。コンサルティングでいくらカッコいいことをいっても，実際にそれを遂行する力がなければ絵に描いた餅になってしまいます。

1.4.3　物流情報システム

最後に荷主企業に代わる情報システムの構築と運用です。第8章で物流における情報システムについて言及したとおり，物流センターの管理・運営において情報システムは不可欠です。物流がコア業務でない荷主企業は，物流関連の投資を安易に実行できません。**3PL事業者はサービスの一環として，荷主企業が構築できない物流情報システムの構築も求められるのです。**

とくに倉庫管理システム（WMS：warehouse management system）と輸送管

理システム（TMS：transportation management system）は重要です。WMS によって，物流センターのどこに何の商品が保管されているかロケーション管理を行ったり，荷主企業からの出荷依頼を物流センター内の作業指示に変換したりします。一方，TMS は，配車計画を立案したり，運行管理を支援したりする情報システムです（☞第 10 章）。

これらの情報システムを活用して，正確で効率のよい運営が実現できます。3PL ビジネスでは情報システムの構築が必須といえるでしょう。

1.5　物流事業者の 3PL 事業展開

さまざまな本業を有した企業が 3PL 市場に参入しています。本業の違いが 3PL 事業者の特徴にもつながっています。

第 1 に，トラック系の物流事業者があげられます。単なるトラック輸送では，利益が上げにくい環境のなかで，大手のトラック運送業者が 3PL 市場に参入しました。総合物流の大手である NX グループ，宅配便大手のヤマトホールディングスや SG ホールディングス，路線トラック事業者であるセンコーグループホールディングスといった企業が代表です。自前の輸送ネットワークを生かした提案が強みです。

第 2 に，倉庫系の物流事業者です。倉庫業を営むには土地を持っている必要があるため，古くからある財閥系の企業が中心です。トラック業界同様に，規制緩和の影響を受けて，三井倉庫ホールディングス，三菱倉庫，住友倉庫，安田倉庫といった財閥系の企業も 3PL 市場参入を果たしました。多様な業種の企業と取引してきた経験と自社拠点を生かした提案が強みです。信用力があるので，保管以外の活動の委託先の確保にも問題はありません。

第 3 に，メーカー系・商社系物流子会社です。日本では多くの大手製造業がグループ内の物流をまとめて担う物流子会社（☞第 9 章）を設立しています。本来，物流子会社は親会社やグループ会社の物流業務を効率的に行うことが使命でした。そのなかで，グループ内の仕事だけでなく，蓄積した物流ノウハウを生かして，グループ外の企業からアウトソーシングを受託する企業も出てきました。その代表格が，ロジスティード（旧日立物流）やキユーソー流通システムです。また，総合商社もグローバルにビジネス展開するなかで，物流子会社を設立して 3PL 市場に参入しています。親会社が扱う商品の荷扱いが得意という強みがあります。しかし，強みを生かそうとすると，親会社のライバル企業がターゲット顧客となってしまうという成長のジレンマが生じます。最近

では大手物流事業者がメーカー系の物流子会社を買収して，物流子会社の枠を越えた拡大をめざす事例が増えています。

第4に，利用運送系です。フォワーダー（☞第13章）は貨物を荷主から集荷して，キャリアである運送事業者を利用して貨物の輸送を担います。郵船ロジスティクスや近鉄エクスプレスといった海上貨物，航空貨物のフォワーディングを行っていた企業も，3PL事業者に進化していきました。やはり，海外の3PLサービスに関しては一目置かれる存在です。

第5に，インテグレーターです。先ほどフォワーダーの説明をしましたが，海外でも航空会社（キャリア）とフォワーダーの分業体制が一般的です。しかし，1970年代には両方の機能を統合するインテグレーターが登場します。その先駆者がフェデックスです。フェデックスは，アメリカ航空事業の規制緩和を契機に大型機を運行して，広大な全国翌日配送ネットワークを作り上げました。その後，UPS（United Parcel Service）やDHLといったインテグレーターが成長しました。1980年代後半になると，インテグレーターは国際輸送に参入して，世界中でスピード配送を実現します。企業活動のグローバル化につれて，サプライチェーンは長く，かつ複雑になっていきます。そのため，企業の物流管理の範囲が膨大になるため，とても荷主企業単独では対応しきれません。これらの市場環境のなか，インテグレーターも3PL市場に参入して，グローバルな物流のアウトソーシングを担っています。

1.6 荷主企業と3PL事業者のパートナーシップ

3PL事業者は，重要な機能を代行することで荷主企業のビジネスの一翼を担う存在です。したがって，両者の連携が不可欠であり，強力なパートナーシップ関係の構築が求められます。しかしながら，荷主企業のなかには，物流をコストの視点からしかとらえていない企業も多くあります。輸送業者や倉庫業者の選定において，複数の企業に声をかけ，一番安い見積もりを提示した企業を選ぶことで，物流コストを抑えてきた歴史があります。しかし，物流コストさえ低ければよいと考えていては，3PL事業者はパートナーではなく下請的な存在になってしまいます。筆者が荷主に対して行ったアンケート調査では，物流のアウトソーシングに際して，同業他社との差別化を最も重視すると回答した企業は29.8％だったのに対して，物流コストを最も重視する企業は70.2％でした（大下・秋川［2015］）。物流コストばかりに気をとられるとサービス水準も低くなり，ひいては荷主企業の販売力が低下するといった悪い循環にも陥

りかねません。3PL 事業者にとって，提供する物流サービスにどのような付加価値があるかを明確に示し，ともに繁栄するパートナーとして荷主との関係を築くことができるかが大きな課題になります。

2. 宅 配 便

　読者の皆さんにとって，最も身近な物流に関連したサービスは宅配便ではないでしょうか。宅配便は，貨物自動車運送事業法では特別積合せ貨物運送（☞第1章）に属する事業に分類されます。その特徴は，取扱い貨物の小ささにあります。宅配便で取り扱う貨物の定義は事業者によって異なりますが，おおむね3辺が160〜170 cm 以内で重量が25〜30 kg 以内の小口貨物とされています（図3）。

　もともと宅配便は個人間の輸送を担うサービスでした。物流は生産と消費のギャップを架橋する活動なので，個人間輸送の宅配便は物流とは関係がありません。しかし，宅配便の発展過程で企業利用も広がり，通信販売において宅配便は不可欠なサービスとなっています。現在では物流で重要な役割を担う宅配便について見ていきたいと思います。

2.1　宅配便の歴史

　かつては，個人で貨物を送ろうとすると，小包郵便（現在のゆうパック）か，国鉄（現在の JR）による鉄道手荷物（いわゆる「チッキ」）しか方法がありませんでした。当時は，自分で荷物を駅まで持参するしかなく，輸送時間もかかるうえ，いつ荷物が届くかわからない不便なサービスでした。一方，輸送会社の視点に立つと，企業間輸送であれば貨物は工場や倉庫から出荷されることから営業先は明確です。しかし，個人の貨物はどの家から出荷されるか見当もつきません。さらに，企業は一度に多くの貨物を出荷してくれるのですが，個人の場合は貨物を1つひとつ集めなければなりません。個人貨物の輸送は，手間がかかる割には採算がとれない仕事とされていたのです。

　そのような常識に対して，ヤマト運輸は既存のサービスが不便であるから需要がないのであってニーズ自体はあると考え，1976 年に個人間の宅配サービスである「宅急便」を開始しました。「小口の荷物の方が，1 kg 当たりの単価が高い。小口貨物をたくさん扱えば収入が多くなる」（ヤマト運輸ホームページ「宅急便の歩み」より）という逆転の発想で勝負に挑んだのです。同社は「荷物

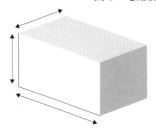

図3　宅配便扱いの貨物

3辺合計160～170 cm 以内
25～30 kg 以内
（事業者によって異なる）

1個から，電話1本で集荷に伺い，運賃は明瞭，翌日配達」といった個人にわかりやすいコンセプトを打ち出して，サービス開始5年で黒字転換しました。宅急便の急成長を目の当たりにしたトラック運送業者は，こぞって宅配便市場に参入しました。日本通運がペリカン，西濃運輸がカンガルー，名鉄がこぐま（小熊），フットワークがダックスフントと，動物をあしらったサービス名称で宅配便を開始したために，「動物戦争」と呼ばれました。

　その後も，ヤマト運輸はさまざまなサービスを開発して宅配便業界をリードしていきます。現在は，ヤマト運輸，佐川急便，日本郵便の大手3社で宅配便市場の90％以上のシェアを握る状況となっています。

2.2　宅配便市場の推移

　図4のとおり，年間の宅配便取扱個数は2021年度には年間49億個を超えています。365日で割り算すると1日で約1357万個の宅配便が集荷・配達されている計算です。2008年のリーマン・ショックの後は，さすがに個数が減少していますが，インターネット通販市場の拡大もあり，一貫して増加傾向にあるのがわかります。そして，新型コロナウイルスの影響で急拡大したEC市場の成長で，2020年度は対前年111.5％と，猛烈に宅配便個数は増えています。2021年度も伸びは衰えていません。しかし，第11章でも触れたように，アマゾンジャパンやヨドバシカメラのように宅配便を利用せずに，大手通販事業者が個人事業主や自社配送を活用する自社専用の宅配ネットワークを構築して宅配するケースも増加しています。その意味では，宅配便の数字だけで宅配市場全体をつかむのが難しくなっています。

2.3　宅配便の輸送ネットワーク

　宅配便は発着地の異なる多くの荷物を輸送するサービスです。したがって，1個ずつバラバラに運んでいては，ビジネスが成立しません。そのために輸送

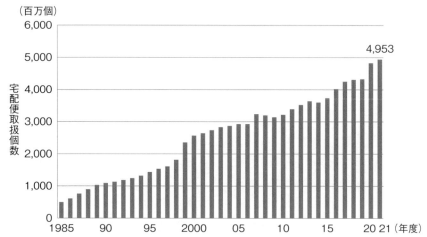

図4　宅配便取扱個数の推移

（百万個）

宅配便取扱個数

注：1999年は佐川急便が宅配便市場に正式に参入し，2007年には日本郵便のゆうパックが宅配便と
　　してカウントされるようになったため，個数が大きく増加しています。
出所：国土交通省［2022］をもとに作成。

ネットワークが必要になります。図5は宅配便の輸送ルートです。図に沿って，宅配便の輸送ネットワークがどうなっているか，説明しましょう。

　第1に，集荷です。宅配便は電話一本で自宅や企業まで貨物を集荷に行きます。また，コンビニエンス・ストアのような取次店経由で出荷される貨物も集荷する必要があります。集荷された貨物は営業所に集められます。皆さんが，日ごろ町で見かける宅配便の集配車両をイメージしてもらえればいいと思います。

　第2に，発地のトラック・ターミナルでの仕分けです。地域の営業所に集荷された貨物は，近隣のトラック・ターミナルに集められます。トラック・ターミナルでは，たとえば千葉県内で集められた貨物を，北海道向け・大阪向けといった方面別に仕分けします。営業所から集まってくる貨物すべてを仕分けないと，各方面へのトラックが出発できないため，短時間で貨物を仕分ける必要があります。そのため，自動仕分機が導入され，高速での方面別仕分けが行われます。

　第3に，幹線輸送です。たとえば，千葉のトラック・ターミナルで仕分けられた貨物を積載した大型トラックが，大阪といった到着地のトラック・ターミナルに向けて夜間に貨物を輸送します。集荷した貨物を集約するので，高い積載効率を確保できます。

図5　宅配便の輸送ルート

出所：齊藤ほか［2020］139 頁。

図6　宅配便の輸送ネットワーク

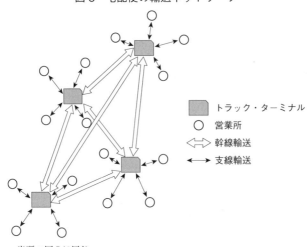

トラック・ターミナル
営業所
幹線輸送
支線輸送

出所：図5に同じ。

　第4に，着地のトラック・ターミナルでの仕分けです。幹線輸送によって仕向地域のトラック・ターミナルに明け方到着した貨物は，同じく自動仕分機で地域内の営業所別に仕分けられます。

　第5に，配達です。着地のトラック・ターミナルから輸送された貨物が営業所に届くと，宅配便車両単位に細かく仕分けて積み込みます。その後，宅配便車両が貨物を自宅や企業に配達して一連の作業が完了するのです。

　以上のように，宅配便というサービスを提供するためには，集荷や配達ができる車両，集配車両の基地となる営業所，方面別仕分けを行うトラック・ターミナルが必要です。トラック・ターミナルを設置していない地域では，宅配便を展開するのは困難です。営業所の数が少ないと，車両1台当たりの集荷・配達エリアが広くなりすぎたり，再配達依頼に対応できなくなったりといった問題が生じます。したがって，物流サービスは多額の設備投資が必要になるといえます。図6は宅配便の輸送ネットワークを図化したものです。第3章で説明

したハブ・アンド・スポークのネットワークになっているのがわかります（コラム 12-1）。

コラム 12-1 「ハブ・アンド・スポーク」に関する有名な逸話

　イエール大学の学生であったフレッド・スミスは，拠点間をすべて結ぶより，1カ所に貨物を集めて仕分けをしてから再度各拠点に輸送する，ハブ・アンド・スポークのほうが効率はいいと考えて，それを卒業論文で主張しました。しかし，スミスは指導教授から C 評価しかもらえませんでした。隣町まで貨物を運ぶ場合でも，遠く離れた拠点に一度送って仕分けするのは無駄だと判断されたのです。納得できないスミスは，自分の理論が正しいことを証明するために会社を起業します。それが FedEx です。FedEx はアメリカ中の貨物を飛行機でメンフィスにいったん集めてから，再度アメリカ中に輸送する輸送ネットワークを構築し，成功を収めました。

2.4 宅配便の成長要因

　それでは，宅配便市場が成長しているのは，なぜでしょうか。宅配便ニーズの変遷を追いながら，その要因について考えていきます。

　第1に，消費者需要の創造です。主婦をターゲット顧客にして「サービスが先，利益は後」を合言葉に取扱い個数を増やしていきました。当時は路線事業の参入規制が厳しかったのですが，宅急便のサービス・エリアを広げるために粘り強くネットワークを拡大していきました。実家からの仕送りニーズに応えるなどして宅配便の継続的な成長が続きます。こうした努力が今までなかった市場創造を実現したため，宅配便の誕生はイノベーションといえるのです。

　第2に，企業の物流需要の取り込みです。**個人間の輸送需要を想定した宅配便ですが，企業の利用も増えていきます。** 第 5 章でも説明したとおり，1980年頃になると消費者ニーズが多様化したり，その変化が速くなったりといった市場の変化が起こります。その結果，輸送においても多頻度小口配送の需要が高まりました。迅速で正確な小口配送を得意とする宅配便は，そのようなニーズを満たす輸送手段として評価され，企業間の輸送でも広く用いられるようになりました。

　第3に，宅配便の進化を活用した通信販売（☞第 11 章）の拡大です。かつての通信販売で用いられる媒体はカタログや新聞・雑誌などの広告が主流でした。しかし，1990 年代後半からのインターネットの登場により，低コストで通信販売を始められるようになり，通信販売市場が急激に拡大します。**宅配便事業**

者は通信販売を行う企業向けにさまざまなサービス開発を行い，日本国内の輸送ネットワークを強化しました。保冷宅配便の開発や貨物追跡のための情報投資を積極的に行い，通販市場の拡大を支えたのです。

このように，CtoC（consumer to consumer）を対象に始まった宅配便は，BtoB（business to business）の貨物を取り込み，さらには BtoC（business to consumer）へと利用が広がり，輸送サービスから物流サービスへと発展しながら成長してきたのです。

3. 物流共同化

物流共同化は，その名のとおり，特定の複数荷主が，物流活動ないしは物流システムの一部を共同して実施することです。多くの荷主が同じ物流活動を共有することで規模の経済性を得ようとする点は，第1章で紹介した混載輸送や第2章で取り上げた営業倉庫と同様です。それらと物流共同化が異なる点が2つあります。①参加荷主があらかじめ決まっていることと，②参加荷主が主体となって管理していくことです。したがって，完全な外部化ではなく内部化と外部化の中間にある資源依存状態であるといえるでしょう。

物流共同化をより理解してもらうために，2つの事例を紹介します。

3.1 物流共同化の事例①——ビール業界

人口減少が進む地域では，トラック1台分の貨物を集めるのが難しいため積載率を高められません。そこで輸送の共同化が広がっています。たとえば，北海道では札幌市に人口が集まる一方で，その他の地域では人口減少が進んでいます。そのため，ビールの販売量も低下しています。広大な土地をもつ北海道は主要都市間の距離が長いという特性があります。その結果，遠隔地へのビール輸送の効率が低下している問題に悩まされてきました。

そこで，大手ビールメーカー4社は，図7のように札幌から釧路までの輸送を共同で行うことにしたのです。札幌にある日本通運の倉庫に，各社から商品が納品されます。商品はJR貨物経由で釧路まで輸送され，届け先に納品されます。環境負荷の小さい鉄道輸送を使えるメリットもあり，トラックドライバー不足にも対応しています。

いいことづくめならば，どんどん共同化を進めればよいと思うかもしれません。しかし，簡単には実現できません。皆さんが，ビール・メーカーの営業担

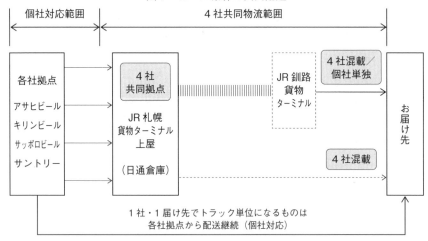

図7　ビール業界の共同配送

出所：アサヒビールほか［2018］5頁。

当であると想像してみてください。飲食店に対して自社ブランドのビールを扱ってもらうように日々，営業しています。同業他社と「取った取られた」の，しのぎを削る競争をしているのです。したがって，いざ共同物流を始めようとすると，「ライバルの商品と自社商品を一緒に運ぶなんてとんでもない」「納品条件に融通が利かなくなる」「取引条件や販売の情報が筒抜けになる」などの意見が出てきて話が進まなくなりそうです。実際，他の業界ではそのような反対論で物流共同化が頓挫（とんざ）する例は少なくありません。

　実は，4社連携はこの事例が初めてですが，ビール業界での共同化は長年の取組みとなっています。重量物であるビールの輸送はコストがかかるので，物流に対する危機感は他の業界よりも高いのです。一方で，寡占業界なので協力相手が限られており，かつ取引先が共通しているので，共同化の効果が出やすいという環境もあります。「店頭で競争して物流は協力する」という割り切りが他の業界よりも進んでいるのは，以上の理由があります。

3.2　物流共同化の事例②――加工食品業界

　加工食品業界では，さらに一歩進んだ取組みが始まっています。味の素，ハウス食品グループ本社，カゴメ，日清フーズ，日清オイリオグループの5社が出資して，食品の共同物流を行う F-LINE を2019年に設立しました。F-LINE は，全温度帯の食品や日用品における物流関連プラットフォーム（不特定多数が利用できる物流サービス提供の共通基盤）をめざしています。取組みの

背景には，労働力不足に対する危機感があります。同じ業界のライバル同士で会社を設立する形で物流危機を乗り越え，さらにはビジネスチャンスに変えようとしている取組みと理解できます。

2018年に開設したF-LINEの福岡第一物流センターでは，6社（先の5社とMizkan）の商品を集約し，2019年から九州地区の共同配送を実施しています。延床面積4万 m^2 超と国内最大級の大きさを有しており，最新の荷役機器で6社の商品を取り扱う物流センターです。

F-LINEでは，業界の協業をしやすくするために業務の標準化（☞第8章）に力をいれています。たとえば，納品伝票，識別コード体系，外装（外箱）サイズ，外装表示の標準化があります。物流共同化への貢献という意味では，外装サイズの標準化に大きな意味があります。食品メーカーの外装は，各社・各商品でバラバラなため，共同化の阻害要因になります。食品メーカーからの出荷ではパレット出荷が理想的なのですが，外装サイズがバラバラではパレットの積載効率も高められませんし，パレットに外箱を積み付けるのも難しく，積付け作業の自動化にも障害となります。外装の標準化は，トラックの積載効率と荷役の労働生産性の2つが向上する一石二鳥の取組みなのです。2020年7月に外装サイズ標準化協議会を発足して，21年4月にガイドラインを発行しました。今後，各メーカーの製品改廃時や新製品発売時にガイドラインに基づいた外箱を使用してもらい，3年から5年かけて標準化をめざしています。

3.3　物流共同化の類型と効果

図8のように，物流共同化には多様な形態があります。共同配送はF-LINEの事例のように，共同の拠点を設けて，配送で複数荷主の商品を混載化する取組みです。統合納品は，納品回数を減らすために，拠点で納品商品を集約化して一括納品を行う形態です。先のビール業界の事例はこの類型に属するといえるでしょう。共同出荷は，複数の生産者が共同して遠方出荷の業務を行う形態であり，農産物物流でよく利用されます。交換出荷は，異なる地域の生産者が自身の配送圏で共同相手の商品も同時に配送する形態です。先の事例とは異なりますが，交換出荷もビール業界で実現されています。

いずれの形態も，複数荷主の商品を混載輸送することが主な目的となっています。こうした共同輸送の効果は，浜崎［2015］によれば，①束ね効果，②ならし効果，③段取り効果の3つの効果があるとされます。①は輸送量を増やすことで規模の経済性を得る効果，②は輸送量の増減時期が異なる商品を組み

図 8　物流共同化の類型

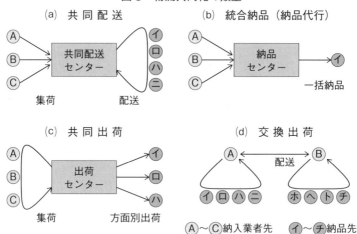

出所：宮下・中田［1984］172 頁を一部改変。

合わせることで輸送量の平準化を行う効果，③は運用ルールを標準化することで発荷主や着荷主の段取りを効率化する効果です。前述の事例では，①の効果は 2 つの事例でみられ，③の効果は F-LINE の事例でみられました。こうした効果を得ることで，物流コストを削減する，生産性を上げて少ない人手で現場を回せるようにする，CO_2 削減で環境負荷を低減するといった，物流共同化の目標を達成することができるのです。

コラム 12-2　物流業界のデジタル・トランスフォーメーション

　アナログだった物流業界にも IT の力を活用したプラットフォームが増えてきています。貨物を送りたい荷主と貨物を運びたい運送業者を結ぶ求車求貨サービスの老舗であるトランコム，軽貨物の個人事業主を対象とした求車求貨システム Pick-Go を展開する CBCloud は，デジタルの力を活用したマッチング・プラットフォームを展開しています。それ以外にも，物流センターでのトラック待機時間を解消するトラック予約受付サービス MOVO Berth を展開する Hacobu，EC 市場を対象に倉庫の空きスペースと荷主をデジタル・プラットフォームで結び付けるオープン・ロジといった企業が新たに物流業界に誕生して存在感を増しています。労働力不足の解消や車両・倉庫といった資源の有効活用のために，デジタル・プラットフォームも有効になるでしょう。

4. 外部化の類型

3PL, 宅配便, 物流共同化と物流の外部化の種類を紹介してきました。本章で紹介した3つの種類以外にも営業輸送（☞第1章）や営業倉庫（☞第2章）もあります。多種多様な形態の外部化が物流において活用されていますが, そのような外部化の使い分けはどのように考えられているのでしょうか。その問題を考えるうえで, まずは組織の外部化の基本的な考え方（パースペクティブ）を理解しておく必要があります。山倉［2001］によれば, 外部化の本質をとらえるパースペクティブとして, ①取引コスト・パースペクティブ, ②資源ベース・パースペクティブ, ③資源依存パースペクティブ, ④学習パースペクティブの4つがあるとされています。それぞれを物流の状況に当てはめて考えてみましょう。

第1に, 取引コスト・パースペクティブにおける取引コストとは, 外部との取引に要するコストを意味します。具体的には, 取引相手の情報収集・探索, 交渉・契約, 監視や取引実行にかかるコスト（明石［1993］）です。取引コスト・パースペクティブでは, 取引コストが小さい場合に外部化をしやすいと考えます。3PLと物流共同化は, ともに探索と交渉に大きなコストがかかります。一方, 宅配便を含む混載輸送はサービスが規格化されているので, 取引コストは小さくなります。ただし規格化されたサービスに業務を合わせる必要があります。このような調整にかかる手間も取引コストに含まれますので, 混載輸送も取引コストと無縁というわけではありません。

第2に, 資源ベース・パースペクティブは資源ベース理論に基づき, 資源のもつ経済価値（value）, 希少性（rarity）, 模倣困難性（inimitability）, 組織（organization）の4点に着眼するVRIOフレームワークから経営資源の競争優位性を評価します。こうした特性のある経営資源を内部にもつほど, その企業は競争優位をもつことになります。前述のコア・コンピタンスの考え方もこのパースペクティブに属します。したがって, 競争優位を有する経営資源は内部に残し, それ以外の資源は外部組織から得るべきであると考えるのです。ただし, 外部化で競争優位を得ることがまったくできないというわけではありません。たとえば, 3PL事業者と協力して, 経済価値や模倣困難性を生み出す新しい物流システムを作り出すことは可能です。実際, 物流で競争優位を獲得している企業はすべての物流資源を内部でまかなっているわけでなく, 外部の協力企業

表2 外部化の類型

	内部化	外部化（部分的なものを含む）		
		専用アウトソーシング	共同化	市場サービス
利用者	自社のみ	自社のみ	特定の複数企業	不特定多数
規模の経済性	小	小	中	大
カスタマイズ度	極大：自由にカスタマイズ可能	大：アウトソーサーのサービス能力に依存	中：参加企業全員の合意が必要	小：既定のオプションに限定
外部化の範囲　活動単位	自家輸送　自家倉庫	貸切輸送　専用倉庫	共同輸送　共同保管	混載輸送（例：宅配便）　営業倉庫
外部化の範囲　システム全体	自社設計・運用	3PL	共同物流	

の資源を上手に活用して，自社の資源とうまく融合することで物流システムを構築しています。

　第3に，資源依存パースペクティブは，外部化の理由を外部企業が有する資源や能力が必要であるという点に求めます。たとえば，全国津々浦々をカバーする配送ネットワークが欲しい企業にとって，宅配便事業者のサービス能力は魅力的に感じるでしょう。物流をシステムとして構築する力がない企業にとっては，3PL事業者の知識やノウハウが必要となります。こうした資源への依存度が協力企業との関係に影響を与えます。たとえば，特定の3PL事業者の技術が欠かせないという関係にあれば，利用企業は良好な関係を維持せざるをえません。

　第4に，学習パースペクティブは外部企業からの知識獲得や外部企業との共同学習に注目した考え方です。物流知識の乏しい企業にとっては外部の協力企業の知識が頼りです。しかしながら，環境や戦略的意図によってあるべき物流システムは異なります。そこで，自社と協力企業との間で共同学習が必要となるのです。とくに，3PLのようにカスタマイズが必要な外部化を行う場合は重要な視点になります。

　以上の視点を踏まえて，物流の外部化形態を整理したものが表2です。

　右に行くほど，多くの荷主企業と同一のサービスを共同利用することになります。 それにより，サービス提供基盤の規模が大きくなるので，規模の経済性（☞第6章）が発揮されるようになり，荷主企業は低廉なサービスを享受できます。しかし，**物流システムをカスタマイズするのは難しくなるため，競争優位を得るのは難しくなります。** 右に行くほど規模の経済性を得られますが，資源ベース・パースペクティブに基づけば，物流での競争優位は発揮しにくい外

部化形態となるのです。宅配便は規格化されたサービスを誰もが利用できるので、宅配便の利用だけで競争優位を得ることはありません。一方、3PLはカスタマイズしたサービス提供ができるので競争優位を得ることは可能ですが、反対に規模の経済性を得るのは簡単ではありません。両者の中間にある物流共同化は、カスタマイズには参加企業の合意が必要であり、参加企業間でサービスは同一になります。物流コストと競争優位とのトレードオフ関係を踏まえて外部化が行われていると理解できます。

　表の上下は外部に出す活動の範囲の違いを意味します。輸送や保管のような活動単位の外部化もあれば、3PLのように物流システムを対象とした外部化もあります。システム全体の外部化となれば、多くの調整が必要ですし、必要な知識も増えます。したがって、**対象が大きくなれば、取引コストが大きくなると同時に、共同学習もより重要になります。**

　表の右下、不特定多数のシステム全体の外部化は空欄になっています。F-LINEの共同物流に不特定多数の企業が参加できるようになったり、コラム12-2で触れたデジタル・プラットフォームが成熟したりすると、これらのなかからこのカテゴリーに入ってくるものが現れるかもしれません。

さらに学びたい読者に推薦したい図書

林克彦［2022］『現代物流産業論——ロジスティクス・プラットフォーム革新』流通経済大学出版会
　⇨物流業界のプラットフォームについては多様な認識があり議論も途上ですが、物流業界のプラットフォームに関して多様な視点からまとめられています。

齊藤実［1999］『アメリカ物流改革の構造——トラック輸送産業の規制緩和』白桃書房
　⇨日本の規制緩和に影響を与えたアメリカの物流事情を理解できます。

齊藤実編著［2005］『3PLビジネスとロジスティクス戦略』白桃書房
　⇨3PLビジネスを理解するために最適な書です。

ヤマトホールディングス編［2020］『ヤマトグループ100年史——1919-2019』
　⇨宅急便の発展の歴史を知ることは、宅配便ビジネスの内容を知る近道です。書籍だけでなく、ネット公開もされています。

阿保栄司［1996］『成功する共同物流システム——グリーン・ロジスティクスへの挑戦』生産性出版
　⇨当時、物流共同化の先駆けであったプラネット物流の成立の経緯を理論的に説明しています。共同化成功の示唆が多く示された名著です。

第 13 章

グローバル化の進展と物流

学習目標

○ 生産国ネットワークの決定について理解し，その決定と物流との関係を知る。

○ 原材料と完成品の商品特性の違いが物流に与える影響を理解する。

○ 3 つの物流のグローバル段階を理解する。

○ 貿易の取引条件に違いがあることを知る。

○ 国際輸送の実務について知る。

○ 通関の実務と物流に対する影響について知る。

はじめに

　物流をグローバルに展開しても，国内で展開した場合と本質は変わりません。とくに語ることもありませんので，この章はこれで終わって，次の章へ行きましょう……。

　としたいのですが，そうもいきませんよね（この手は 2 度目ですね。笑）。しかし，「本質は変わりません」という点は間違いないです（変わったら，それは別物ですよね）。世の中には，国際○○やグローバル○○などといった複合語が多く存在します。国内とグローバルという 2 つの視点で物事を見る見方が染みついています。とくに，極東の島国に住み，自国でしか通用しない母国語と慣習をもつ日本人からすれば，大きな意味をもつのは自然なことです。

　本書もそうですが，○○論とか，○○学というなかで扱うことは，基本的に「抽象論」です。ここでの「抽象論」は「頭の中だけで考えた，空虚な考え」といった，ネガティブな意味ではありません。『広辞苑（第 6 版)』によれば，「抽象的」は「抽象して事物の一般性をとらえるさま」のことです。簡単にいえば，抽象論は「本質論」なのです（こういうと，聞こえがよくなるのが不思議ですよね）。そこに，「国際」や「グローバル」という単語がくっつくということは，本質論に「国境を越える」という現実的条件を追加して，少し具体的な話をしましょうということなのです。「生物から脊椎動物へ」「脊椎動物から哺

乳類へ」「哺乳類からネコ科へ」と同じ，論点の具体化による産物といえます。

　それでは，「国際物流論」や「グローバル物流論」では，どのような「現実的条件」が追加されるのでしょうか。いくつも考えられますが，本書では2つの条件について説明します。

　1つは，生産地に関する条件です。経済のグローバル化によって生産地のあり方が大きく変わりました。物流は生産と消費を結ぶことに存在意義がありますので，生産地に変化があれば，物流も適応しなくてはなりません。したがって，生産地の変化は物流にとって大変に重要なものであるといえます。

　いま1つは貿易実務についてです。たとえば，通関実務は実務として物流と一体管理されています。通関は関税を確実に徴収したり，輸出入してはいけない品目の出入りを監視したりと国家的意義は大きいですが，こと物流においては制約でしかありません（通関関係者の方，ごめんなさい）。通関で多くの手間と時間が費やされるだけでなく，物流ネットワークの断絶，物流段階の追加を強制する存在です。つまり，物流ネットワークの構造に大きな影響を与える存在といえます。したがって，貿易実務を知ることは，実務知識を得る以上の意味をもちます。さらにいえば，貿易立国の日本では，間接的な場合も含めると，多くの仕事が貿易に関わっています。通関実務の知識を得ておくことは，物流の理解とは関係なくても大きな意味があることを申し添えておきます。

1. 生産地と物流の関係

1.1 物流のグローバル化とは

　「グローバル」という言葉が喧伝されて久しいですが，身の回りがほとんど海外からきたものに囲まれている昨今，こと物流の広がりに関していえば，ある程度の進展をみせたのではないかと思います。えっ，「Made in Japan もありますよね」ですって？　確かにそうですね。以前よりも減りましたが，国産もまだまだ健在です。しかし，ここでの焦点は「どこで作られたのか」ではなく，「どこから来たのか」です。原材料がどこのものである，つまりサプライチェーンがどこから始まったかについて言及しています。なぜならば，サプライチェーンをつなぐためには物流が必ず必要となるからです。その原材料を使った商品を世界の人が欲するのであれば，原材料は形を変えて世界に届けられることになるのです。日本の食卓に並ぶ豚肉を例にあげましょう。国産ラベルが貼られて販売される割合は，だいたい5割とされています。しかし，食肉1

kg 当たりに必要な飼料が約 3 kg なのですが，その飼料の約 9 割が海外産です。つまり，国産生産のために，食肉の約 2.7 倍の飼料が海外から輸入されていることになります。このように国産であっても，その原材料を得るために国際物流が必要となるわけです。しかも，豚肉のように，「国産」のほうが「外国産」よりもグローバルな物流を必要とする場合すらあります。

では，なぜサプライチェーンにおいてグローバル化がいまだ問題視されるのでしょうか。それは「どこで作られたか」という点，すなわち「生産地」も大きな意味をもつからです。記憶に新しいところでは，アメリカの前大統領のドナルド・トランプ氏が「アメリカの製品を買え」と訴え，海外への生産投資を強く制限しましたよね。生産国には付加価値が生まれます。この付加価値が再分配されて，その国の労働者の対価となって国民生活を支えたり，税金となって国づくりに貢献したり，再投資されて新しい未来を切り開いたりするかもしれません。生産地は，付加価値の世界的な分配を決める重要な要因ととらえられているのです。

では，生産地は物流において，どのような意味をもつのでしょうか。生産地が物流に与える影響は 2 つあります。1 つは扱う商品の特性が製造加工によって変えられるからです。商品特性の違いが物流に与える影響については第 9 章で学びましたよね。つまり，生産地は商品特性の変化地点でもあるのです。いま 1 つは，総輸送距離が変化することです。サプライチェーンの総輸送距離は，原材料の原産国から消費が行われる市場国に直接輸送される場合が最も短くなります。第 3 国で生産が行われるとすれば，サプライチェーンはその生産国に「寄り道」しなくてはならなくなります。生産地がどこになるかは，輸送距離を決める大きな要因となるのです。

それでは，生産地が物流に対する影響を考えるにあたり，まず前提知識を得るために，生産国，すなわち工場立地がどのように決まるかについて，概観してみましょう。

1.2 生産国決定の要因

生産国の決定は，製造企業においても重要です。どこで生産するかによって，製品やサービスの品質やコストが大きく変わり，組織の収益性が左右されるからです。図 1 が示すように，工場立地の決定はさまざまな要因が関わる複雑な意思決定となります。

1 つひとつの要因の説明は割愛しますが，ここでは**要因の 1 つに物流も含ま**

図1　工場立地の決定要因

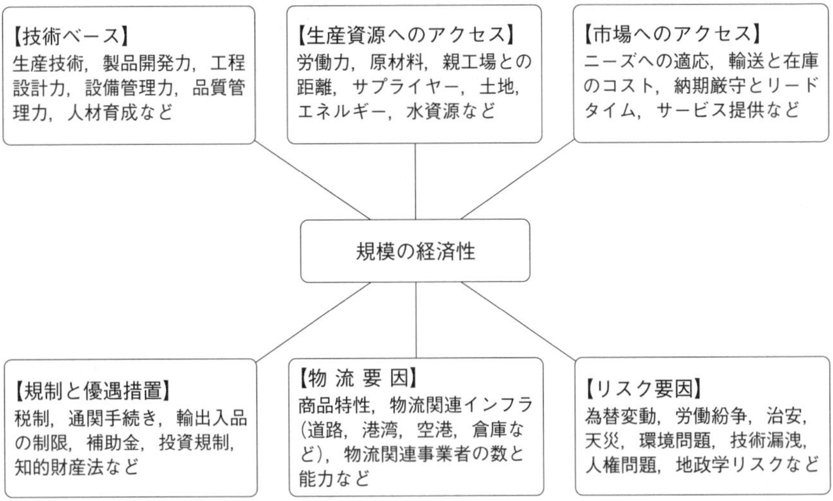

【技術ベース】	【生産資源へのアクセス】	【市場へのアクセス】
生産技術, 製品開発力, 工程設計力, 設備管理力, 品質管理力, 人材育成など	労働力, 原材料, 親工場との距離, サプライヤー, 土地, エネルギー, 水資源など	ニーズへの適応, 輸送と在庫のコスト, 納期厳守とリードタイム, サービス提供など

規模の経済性

【規制と優遇措置】	【物流要因】	【リスク要因】
税制, 通関手続き, 輸出入品の制限, 補助金, 投資規制, 知的財産法など	商品特性, 物流関連インフラ(道路, 港湾, 空港, 倉庫など), 物流関連事業者の数と能力など	為替変動, 労働紛争, 治安, 天災, 環境問題, 技術漏洩, 人権問題, 地政学リスクなど

れていることだけ, 触れておきます。たとえば, 加工後に腐敗性の高くなる商品であれば, 市場国に工場を設置する必要があります(例:パン工場)。こうした商品特性の変化は次の項で言及します。また, 物流関連のインフラ(道路, 港湾, 空港, 倉庫など)も重要な要因の1つです。インフラが乏しく, 能力のある物流事業者がいない地域に工場を設置すれば, コストや納期の問題が起きるのが目に見えています。

　また, 工場は1つとは限りません。表1は生産ネットワークの選択肢とその相違を示したものです。簡単にいえば, **生産資源や生産技術に重きを置く場合は, 資源や技術のある国に工場を集中立地して, グローバル市場に輸出するネットワークを志向します**(第5章で紹介した「グローバル生産拠点」を活用する方法)。一方, 市場との関係に重きを置くのであれば, **市場のある国や地域ごとに工場を分散配置する, 複数工場戦略を志向する**ことになります。この場合, 生産国=市場国となります。いずれも一長一短です。前者の集中型は生産で規模の経済性が生かせますが, 市場ごとのニーズを汲んだ製品の供給が難しいです。後者の分散型では, 各市場のニーズを汲んだ製品の供給が可能ですが, 規模の経済性はあきらめなくてはいけません。両者の弱点を克服しようと企図されたハイブリッド型もあります。**ある程度の加工を済ませた中間製品を親工場で集中生産し, 中間製品を市場地域にある子工場に輸送して, そこで各市場のニーズを汲んだ最終仕様に仕上げる方法**です(表1)。この方法であれば, 規模の経済性も生かせますし, 製品のカスタマイズも可能となります。しかし, 工

表1　工場立地の比較と物流への影響

タイプ	集中型		分散型	ハイブリッド型
配置場所	本国配置	第3国配置	市場国配置	グローバル配置
特徴	本国に配置した工場で集中生産する方法	本国でも市場でもない第3国の工場で集中生産する方法（いわゆる，オフショアリング）	市場国ないしは市場地域ごとに工場を設置して，分散生産する方法	親工場と子工場に2層化して，役割分担する。子工場は市場国に配置。親工場は本国に配置するのが一般的
ねらい	・本社と関係企業の雇用と事業の維持 ・技術漏洩の防止 ・開発と生産の一体化	低廉な労働力や調達品などの生産資源の入手	・市場国のニーズに合った製品とサービスの提供 ・納期の短縮化 ・貿易規制の回避	・集中型と分散型の両方のメリットの享受 ・マス・カスタマイゼーションの実現
成立条件	・労働生産性の維持 ・為替リスクの回避 ・納期の不利を補填できる高い製品品質をもつこと	・生産技術の移転が可能 ・低廉な生産資源が豊富に使える ・税制や投資規制などの優遇措置が得られる ・現地の物流インフラが整備されている	・生産だけでなく，開発技術も移転可能 ・現地調達が可能 ・進出国に高い技術力を有する企業とパートナー提携できる ・知的財産権侵害を予防できる	・親工場と子工場で工程分担が可能 ・親工場から子工場への資材供給を円滑に実行できる高いSCM能力がある ・国際3PL事業者との連携が可能
輸送トンキロ構成比	完成品の輸送が大きい	完成品の輸送が大きい	原材料の輸送が大きい	中間製品，構成部品の輸送が大きい
製品物流のタイプ	一般的にプッシュ型が支配的	一般的にプッシュ型が支配的	一般的にプル型が支配的	親工場－子工場間がプッシュ型，子工場－市場間がプル型

場間および市場間の複雑なサプライチェーンを統合管理する高度なSCM（☞第5章）が必要となります。

1.3　生産国と物流の関係

　以上の工場立地の成り立ちを理解したうえで，生産国と物流との関係について考えてみましょう。2つの視点がありますが，まずは製造加工による商品特性の変化です。

1.3.1　商品特性の変化と物流

　第9章で学んだように，商品特性は物流のあり方に大きな影響を与えます。具体的にいえば，原材料と完成品のどちらが物流として扱いやすいかという問

表 2　原材料と完成品の商品特性の比較

	原 材 料	完 成 品
輸　送	・形状や重量などの物理的な制約が多い ・専用輸送手段で大量のバルク輸送が実現できれば，トンキロ当たりの輸送コストはかなり低くなる ・短納期を要求される可能性が低く，船舶や鉄道による輸送に適している ・求められる輸送品質が比較的高くない	・パレットやコンテナによるユニットロード輸送に適している。複合一貫輸送にも対応可能 ・短納期が問われる可能性が高いため，航空や自動車のような高い料率の輸送手段の活用が必要となる ・高い輸送品質が求められる
在庫管理	・陳腐化リスクが低い ・取り扱う品種は少ないが，規格化がなされていない場合は一品管理になる ・在庫投資額が小さい	・陳腐化リスクが高い ・SKU が多い ・在庫投資額が大きい
荷役・包装	・機械化がしやすいが，専用機器が必要 ・包装の資材と作業の必要性は小さい	・ユニットロード化ができれば，機械化は容易であるが，ピースの扱いは労働集約的になる ・包装の資材と作業の必要性は大きい

題です。とくに，**製造加工による形状や重量などの物理的変化は，物流にとって必ず考慮しなくてなはならない条件となります。**しかしながら，製造加工による物理的変化に一定の法則はなく，商品ごとでまちまちです。加工で水分や空気などが混入して容積や重量が増える製品（例：生コンクリート，製紙）もあれば，逆に歩留まりが悪くて容積や重量が減る製品（例：半導体，加工食品）もあります。したがって，**物理的変化だけでいえば，原材料と完成品のどちらが物流にとって扱いやすいかという問いに，普遍的な「答え」はありません。**

　また，製造加工が変える商品特性は物理的なものだけではありません。物理的特性を除いて考えてみると，製造加工の影響に一定の「法則」がみえてきます（表2）。要点だけをいえば，**製造加工によって商品の需要に「不確実性」が伴うようになり，かつ仕様の異なる商品が並行で市場投入されることで「多様性」も伴うということです。**第6章で学んだように，不確実性と多様性はともに物流コストを増加させる要因でしたね。

　製造加工によって，商品の陳腐化の可能性が高まります。とくに，第6章で学んだ，機能的陳腐化と心理的陳腐化のリスクです。物理的陳腐化のリスクは製造加工で高くなったり（例：パン），低くなったり（例：乾麺）しますので，引き分けですね。機能的陳腐化と心理的陳腐化は，製造加工で実現した機能やイメージが消費者にそっぽを向かれるリスクといえます。したがって，商品価値が喪失する陳腐化リスクは，原材料よりも完成品のほうが高いのです。また，

多種多様な完成品が投入されれば，別々の包装と荷扱いが必要です。在庫管理も別々にしなくてはなりませんし，互いの品種が競合すれば需要予測もしにくくなります。一方，原材料であれば，包装いらず（いわゆる，バルク状態）で，まとまった荷役と輸送，在庫管理が可能です。したがって，**物理的特性を除いた商品特性の観点でいえば，未加工の原材料のほうが物流にとって扱いやすい対象といえるでしょう**（コラム 13-1）。

コラム 13-1　製造加工による物流サポート機能

　本文では製造加工は物流条件を一方的に変える「無慈悲な」存在でしたが，やりやすいように物流をサポートする「慈悲のある」存在になることもあります。

　たとえば，オレンジジュースは生産地の工場で搾汁された後，水分を飛ばすことで約 7 分の 1 に濃縮できます。重量と体積を減らすことで輸送コストを劇的に減らすためです。市場国の工場で水分を足し戻す還元工程が必要となるので，必然的にハイブリッド型の生産ネットワークを採用することになります。ほかにも，家具の場合のように，部品製造までを木材生産国で行って組立を市場国で行うことでコンテナの積載効率を改善する工夫もあります。最終組立によって容積が大幅に増える商品には有効な手段ですね。

　同じ組立工程を要するパソコン製造も，家具と同じように，市場国あるいは市場地域で組立を行うことがあります。しかし，この場合は主な理由が家具とは異なります。パソコンの部品はモジュール化が進んでおり，部品の組合せで製品仕様を多様に変化させることができます。したがって，市場国で注文後に組み立てることができれば，顧客の多様な仕様要求にきめ細やかに応えつつ，短い納期で顧客に届けられるという競争力のある供給サービスをリスクの高い完成品在庫を抱えることなく，実現することができます。工程間の地域分業が，顧客サービスと在庫負担のトレードオフ問題を解決してくれるのです。

　自動車でも部品一式を輸出して市場国で組み立てるという，いわゆる「ノックダウン生産」がとられることがあります。自動車は完成品のほうがかさばるので，輸送効率のためかと思ってしまいそうです。しかし，話はそんなに簡単ではありません。実は，自動車の場合，完成品として市場国に輸出するほうが，サプライチェーンの生産性が高い場合があります。というのは，部品ごとの荷扱い，包装，貿易手続きが追加されるからです。ポイントは，完成車を運ぶ，自動車専用の運搬船の積載効率にあります。運搬船の積載効率を高く維持できる，大量で安定した完成品輸送量があれば，コンテナ輸送を使うノックダウン生産よりも生産性は高くなる可能性が高いといえます。

　では，なぜノックダウン生産が採用されるのでしょうか。物流以外の要因である，図 1 でいうところの「規制」の問題があるからです。自国産業の保護のために，完成品に高い関税をかける国が少なからず存在します。たとえば，インドの自動車

に対する関税率は 100 ％（！）を超えるといわれます。このような国の市場に進出するためには，現地工場を配置するしか選択肢がないのです。最近では部品の関税率も引き上げられることが多く，部品製造も販売国の経済圏で行う必要性が増しています。

1.3.2　完成品を扱う場合の物流の型

　このように完成品のほうが厄介であるということを前提にして，次にその完成品についての物流の型について注目しましょう。第 7 章で物流にはプッシュ型とプル型があると学びましたが，覚えているでしょうか。表 1 に示したように，**工場立地が集中型の場合はプッシュ型，分散型の場合はプル型が，完成品の物流において支配的になる可能性が高いです**。後者の分散型では，完成品物流の総輸送距離が短いため，基本はプル型物流で展開できそうです。陳腐化しやすい完成品には，注文後に在庫が移動するプル型物流が適しているといえるでしょう。問題は，前者の集中型です。この場合の物流には 2 つの問題があります。

　問題の 1 つは，**在庫リスクの問題**です。完成品物流の総輸送距離が長いため，顧客が長い注文リードタイムを許容できないのであれば，注文のない見込みの段階で在庫を市場国方向に移動させる，プッシュ型物流を展開せざるをえません。輸送時間が長ければ長いほど，市場国に在庫を分散するほど，在庫リスク（投機化と陳腐化のリスク）は高くなります。こうしたリスクを軽減する方法としては，以下の 3 つあります。

- ○第 1 は空輸を使うことです。コストはかかりますが，高速輸送でプル型物流への移行を実現できます。第 7 章でお話したとおり，商品や条件ごとに，プッシュ型とプル型を使い分ける方法もありです。

- ○第 2 の方法は物流の方法ではないのですが，ハイブリッド型の生産ネットワークでもって，マス・カスタマイゼーションを行う方法です。マス・カスタマイゼーションとは，文字どおり，大量生産とカスタム生産（顧客要求で仕様変更できる生産）を両立させる生産手法です。この方法では，親工場で生産された中間製品を市場国で保管しておき，注文後に市場国の子工場で要求仕様に応じた最終加工を行います。最終仕様ごとに商品在庫を持つ必要がないので，在庫リスクが軽減されるわけです。

- ○第 3 に，在庫拠点を市場国ごとに置くのではなく，経済統合圏単位でまとめてしまう方法です。在庫拠点をまとめることができれば，第 6 章でお話したように，在庫プール効果でもってリスクが減りますよね。EC や

ASEAN のような経済統合圏では，参加国間の貿易障壁が撤廃されていることで，比較的自由な輸送が可能です。とくに内陸国の場合はトラックで国境を越えられるので，国境を意識せずに在庫拠点（物流センター）を配置できます。

いま1つの問題は，在庫管理の権限です。第7章でお話したように，プッシュ型物流ではデカップリング・ポイントに在庫を持つ必要があります。この在庫をしっかりと管理しないと，品切れで市場からの信頼を失ったり，あるいは余剰在庫の値引き販売でブランドが毀損したりするかもしれません。問題は，この在庫管理の責任と権限を誰がもつかです。現地の代理店に商流ごと託す方法もあります。しかし，彼らの在庫管理能力が必ずしも高いとは限りません。では，現地法人として販社を設立して在庫管理させたらどうでしょうか。これも有力な解決策ですが，お金がかかりますし，100パーセントの出資ができない場合（現地国の規制や物流以外の経営戦略上の理由から，現地資本との合弁事業になることは少なくありません），権限を完全に掌握できないという問題があります。

そこで，非居住者在庫の制度を利用する手があります。同制度は，その国に居住していない者でも通関業者を介することで通関が可能な制度です。この方法であれば，現地法人を置かずに在庫を配置し，直接管理することができます。商流を別組織に任せても，在庫を VMI（☞第8章）の形で生産国の企業がコントロールできます。当制度が認められている国では，在庫管理を行う有力な選択肢となるでしょう。

1.4 物流のグローバル段階と問題

1.4.1 物流のグローバル段階

先に「どこから来たのか」と「どこで作られたのか」の2つのグローバル観の違いについて触れました。前者の「どこから来たのか」が重要となる，主に第一産品や素材の貿易を中心としたグローバル化は，第4章で言及したように，18世紀の産業革命が呼び水になったといえます。とくに内燃機関をもつ船舶の登場が大きく貢献していましたね。このばら積み船が活躍する，物流のグローバル化段階を「第1段階」と呼ぶとします。

次に，「どこで作られたのか」が重要となる，**加工品や完成品の貿易に中心が移るグローバル化は「コンテナ革命」が呼び水になった**といえます。形状や商品特性の異なる多種多様な加工品を1つひとつ梱包し，それらを混載するの

はかなり面倒な作業です。1950年代の大西洋を横断する標準的な貨物船では，綿花や自動車などの20万点の貨物の積込みに2週間，100人以上の港湾労働者が必要であった（Levinson [2020]）とされます。こうした苦役をコンテナの導入が解放してくれたわけです。第5章で紹介したように，日本では戦後の早期にコンテナ船が導入され，日本の加工貿易を支えてきました。こうした第二次大戦後のコンテナが活躍する，物流のグローバル化段階を「第2段階」と呼ぶとします。

前項の生産地にまつわる議論は第2のグローバル化を前提としましたが，現在はもう一段上のグローバル化段階にあります。経済学者のリカードは，労働力に限界がある限り，各国が生産の得意な分野（他国より得意である必要はない）で集中生産し，それ以外の生産物は交換したほうがお互いの利益になるといっています（Ricardo [1817]）。戦後の資本主義経済はリカードの説に従い，資本の自由化，関税撤廃，規制緩和などでもって自由貿易を強力に推進します。しかし，国際分業の経済利益は確かに大きいですが，その分，国際間の輸送コストや取引コスト（調整，合意，相互監視のためのコスト）の負担は馬鹿にはなりません。このような限界を2つの状況変化が変えてしまいます。1つは，国際輸送の利用コストが低くなったことです。戦後，さまざまな国が造船産業と港湾開発に多額の補助金を投入しました。その結果として，世界の船腹量は拡大し，アジアを中心に多くの高機能港湾が誕生しました。荷主は国際輸送の利用コストを抑えることができるようになったのです。そしてもう1つは，IT革命です。とくにインターネットの普及が国境や距離の制約にとらわれないコミュニケーション手段となり，企業間の取引コストを大幅に省略させました。

国際輸送コストと取引コストが低減することで，生産ネットワークの企業間分業は「工程間」にまで細分化します（猪俣 [2019]）。たとえば，iPhone 12 Pro の部品の提供国は，金額ベースでいうと図2の割合になっています。部品がさまざまな国で製造されているのですが，付加価値が，図の割合で分配されていると決めつけることはできません。というのは，部品生産も工程間分業されて，部品の部品が他国で生産されている可能性があるからです。このように，工程間分業が徹底されたサプライチェーンは，複雑なネットワークの形をとるのです。

表1で示したハイブリッド型の生産ネットワークとの違いは，資本関係にあります。ハイブリッド型では，子工場は親工場をもつ企業の直接投資によるものです。しかし，新しいバリューチェーンの関係では，資本関係を必要とせず，

図2　iPhone 12 Pro における部品価格（付加価値ベース）の国別構成比

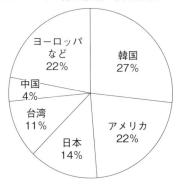

契約に基づく製造委託関係で十分です。つまり，「親」も「子」もない，フラットな生産ネットワークといえます。このような複数企業間での部品製造の分業を水平的分業といいます。

　こうした国際的な水平的分業が進むことで，**貿易の中心が第一産品や素材，完成品から中間財にシフトしました**。このように「どのようなネットワーク分業で作られたのか」を問うグローバル化における，中間財を中心に扱う物流グローバル段階を「第3段階」と呼ぶこととします。

1.4.2　第3段階の特徴と課題

　第3段階のグローバル物流では，どのような特徴と課題があるのでしょうか。2つの視点から説明しましょう。

　第1の視点は「調達物流」です。第3のグローバル化では，多種の部品を複数の国から調達することとなります。部品ごとの必要量も安定しているとは限りません。したがって，調達先ごとの輸送ではロットが小さくなり，輸送効率が悪くなってしまいます。さらに，輸送手配を調達先に任せておくと，納期もまちまちとなってしまいがちです。このような問題で対処する方法がバイヤーズ・コンソリデーションです。複数のサプライヤーからの部品を輸出国拠点の段階で1つのコンテナに混載して FCL 貨物（後述）にする方法です。この方法であれば，LCL 貨物（後述）と比較して，コンテナ運賃や通関などの諸費用の削減だけでなく，①供給頻度を増やすことの在庫圧縮，②リードタイムの一元化管理，③輸送中の貨物管理の効率化のメリットがあります（橋本［2015］）。拠点に直接サプライヤーが納入する方式もありますが，第7章で紹介したミル

クランによる集荷方式がとられることも多いようです。

　バイヤーズ・コンソリデーションは，先の調達物流の問題をすべて解決してくれる妙案ではありますが，課題もあります。まずは，集荷コストがかかります。また，集荷・混載だけでなく，書類手続きも煩雑になるので，フォワーダーの協力は欠かせません。しかし，バイヤーズ・コンソリデーションで彼らの利益が減ってしまう可能性もあるので，フォワーダーが必ずしも協力的であるとは限りません。フォワーダー選びが成否を握っているといえます。

　ちなみにバイヤーズ・コンソリデーションは，実は第7章で説明した品揃え位置の投機化の応用であったことにお気づきでしょうか。バイヤーズ・コンソリデーションは国境を越えた品揃え位置の投機化といえます。

　以上のように，中間製品の取扱いが多くなる第3のグローバル化では，販売側の物流と同様に，調達側の物流に対しても積極的な関与が必要となるのです。

　第2の視点は，サプライチェーン・リスクについてです。第3のグローバル化では，当然に総輸送距離が数倍にも膨れ上がります。日本で製造された部品が巡り巡って，中国製の輸入品となって日本に還ってくることもまれではありません。図1で示したように，サプライチェーンを途絶させるリスク要因は多様です。したがって，**第3のグローバル化へ移行することで，サプライチェーン・リスクが現実のものになる確率は格段に上がりました**。忘れてならないのは，部品1つでも供給が滞れば，工場生産が止まってしまうという事実です。部品は特殊仕様のものが少なくなく，その場合，他の調達先からすぐに供給してもらうことはできません。

　えっ，「在庫を持てばいいじゃん」ですって。そのとおりです。本当にそのとおりでして，安全在庫（☞第6章）を持つことは最強のリスク・マネジメントです。しかし，わかっているけれど，世界の製造企業は中間製品の安全在庫を多く持とうとしませんでした。中間製品は完成品と同様に在庫の陳腐化の可能性が低くありません。また，付加価値も高いので，在庫を多く持つとキャッシュフローが悪化して株主から怒られるのです。

　これまで多くの製造企業が「必要なものを，必要なときに，必要な量だけ」供給するジャストインタイム（JIT）の方針を堅持してきました。しかし，新型コロナウイルスの感染拡大によって考え方が変わってきています。自然災害やストライキのような局所的なリスクとは異なり，新型コロナウィルスの感染拡大では世界中で同時多発的にリスクが顕在化しました。その例は，中国の都市封鎖，アメリカの港湾機能の停止，イギリスのトラックドライバー不足など，

枚挙にいとまがありません。第二次大戦後最大の物流途絶に大いに苦しめられた結果，製造企業はリスク・マネジメントに対する考え方を改めました。ジャストインタイムの考え方を完全に排除するわけはないのですが，**ほかからの調達が困難で事業の存続に関わる中間製品や原材料については，安全在庫を厚く保持するように舵を切り始めています**。これは「もしもの場合に備えておく」という「ジャストインケース」へのシフトといえます。

　また，最近ではこうしたリスクの対応に嫌気がさす企業も少なくなく，行きすぎた工程間分業を見直す動きもあります。こうした動きは，アメリカやイギリスなどの貿易政策が保護貿易主義に傾いていることにも後押しされ，今後も広がっていく可能性があります。そうなれば，物流に新しい形を求める，第4，第5のグローバル段階への移行も遠い将来ではないかもしれません。

2. 貿易実務

　前節でも述べたように，物流のグローバル化が進んでいます。物流が国際化すると，国内で完結する物流にはない専門的な実務が追加されます。こうした実務は追加のコストを生み出すだけでなく，新たな制約条件となって物流の構造に対しても大きな影響を与えます。本節では，とくに重要と思われる，①取引条件，②国際輸送，③通関の3点について説明したいと思います。

2.1 取引条件

　第5章でも説明したように，日本国内の商取引では，商品代金に運賃などの物流コストを含む場合が多いです。そのため，購入側は物流コストをあまり意識していません。しかし，国際取引の場合は輸送プロセスが長くなるため，輸送コストだけでなく，紛失や破損といった貨物事故のリスクも大きくなります。そのため，**売買契約を結ぶ際に，誰が輸送手段と通関を手配し，どの輸送時点でリスク負担者が変わり，誰がどの範囲の運賃や保険料を負担するかといった取引条件を決めるのが一般的です**。このような貿易の取引条件を国際規則として定型化したのが，インコタームズ（Incoterms）です。インコタームズは1936年に国際商業会議所によって制定されました。international（国際）のcommerce（商業）terms（条件）の頭文字をとっています。最新版は2020年1月1日に発行されており，表3と表4はその全規則となります。

　たとえば，表3のEXW（Ex Works）は，「工場渡し」なので，売主の工場

表3　インコタームズ2020：全輸送手段用の規則

EXW	Ex Works	工場渡し
FCA	Free Carrier	運送人渡し
CPT	Carriage Paid To	輸送費込み
CIP	Carriage and Insurance Paid To	輸送費保険料込み
DAP	Delivered at Place	仕向地持込渡し
DPU	Delivered at Place Unloaded	荷卸込持込渡し
DDP	Delivered Duty Paid	関税込持込渡し

出所：JETRO ホームページ（https://www.jetro.go.jp/world/qa/J-200309.html）。

表4　インコタームズ2020：船舶輸送の規則

FAS	Free alongside Ship	船側渡し
FOB	Free on Board	本船渡し
CFR	Cost and Freight	運賃込み
CIF	Cost Insurance and Freight	運賃保険料込み

出所：表3に同じ。

からすべてのコストとリスクを買主が負担する取引条件です。CPT（Carriage Paid To）であれば輸送（Carriage）の支払負担が，CIP（Carriage and Insurance Paid To）であれば輸送（Carriage）と保険（Insurance）の支払負担が売主になることを意味します。表4のとおり，海上輸送は輸送日数が長いため別途取引条件が設定されています。表3と表4のいずれの場合も，下に行くほど売主が負担するコストと責任範囲が大きくなっていきます（図3）。

　売主が輸出する港で，買主（輸入者）の指定する船舶に貨物を積み込む時点で売主の義務が完了するのがFOB（Free on Board）で，よく使われる取引条件の1つです。この場合，船舶引渡し以降の運賃と保険料は買主が負担します。FAS（Free alongside Ship）は，輸出港に停泊する船の側に貨物を置くところまでが売主負担です。CFR（Cost and Freight）は，運賃は売主が負担し，保険料は買主が負担する取引条件です。CFRでは，売主の運賃負担は輸入港まででですが，売主のリスク負担はFOBと同様に輸出港で船に貨物が積み込まれた段階で切り替わっているので，注意が必要です。CIF（Cost Insurance and Freight）では，FOB価格（輸出港の船積みまでに要したコスト）に輸入港までの運賃と保険料を加えた条件になるため，売主が船舶を手配して輸入港までの運賃と保険料を負担することになります。CIFもよく使われる取引条件の1つ

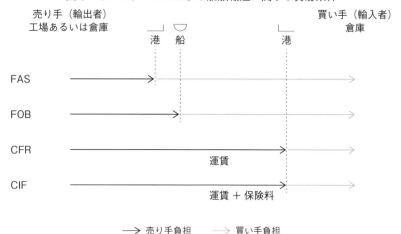

図3　インコタームズによる船舶輸送に関する貿易条件

です。

2.2　国際輸送の実務

　国内輸送については第1章で詳しく説明しました。ここでは国境を越える輸送を学ぶにあたり，追加される必要な実務知識について説明しましょう。島国である日本において国際輸送の方法は海上輸送，航空輸送，国際複合一貫輸送の3つに限られます。3つの輸送モードごとに説明していきます。

2.2.1　海 上 輸 送

（1）　船 荷 証 券

　輸出者である荷送人（shipper）が貨物を海上輸送で輸出しようと思った場合，運送人である船会社と運送契約を結びます。その際に，船会社は荷送人に貨物を受け取った証書として**船荷証券**（Bill of Lading：B/L）を発行します。発行した後，船会社は契約した仕向地まで貨物を輸送する義務が生じます。長旅を終えて荷渡地に着いたら，船会社は誰に貨物を引き渡せばよいでしょう。それはB/Lを持参した相手です。**B/L原本（オリジナル）を譲渡された人間に貨物を受け取る権利があるのです。**B/Lは運送人に対する引渡請求権を有する書類でもあります。したがって，輸入者である荷受人（consignee）が貨物を引き取るためにはB/Lの譲渡を受ける必要があります。実は，B/Lは裏書によって他人に譲渡可能です。B/Lを持っていれば，運送中の貨物を所有しているのと同じ意味をもちます。株式や小切手のように，それ自体で財産的価値を有す

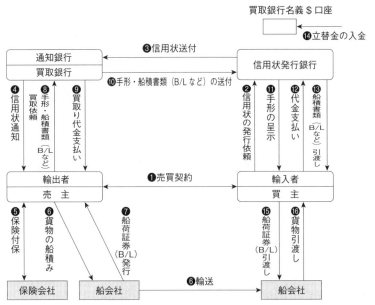

図 4　信用状と B/L を用いた貿易実務の流れ

出所：日本貿易実務検定協会編［2017］52 頁。

る証券を有価証券といいますが，B/L も有価証券になります。

　海上輸送で B/L を用いるのは，資金決済に関するリスクを回避するという意図があります。海上輸送は輸送時間が長いため，支払いが前払いの場合は買主（輸入者）に，後払いであれば売主（輸出者）に資金負担が生じます。さらに，代金を支払ったのに商品が届かない買主側のリスク，あるいは商品を送ったのに代金が回収できない売主側のリスクもあります。こうした問題をクリアするために，信用状を用いた決済が行われます（図 4）。**信用状**（Letter of Credit：L/C）とは，輸入者の取引銀行が輸出者に対して支払いを保証する書類です。信用状の開設を先に済まし（図の②〜④），輸出者は B/L を担保として手形（荷為替手形）を振り出し，それを輸入者の取引銀行が買い取ることで，輸入者からの支払いを待たずに代金を受け取ることができます（図の⑧と⑨）。有価証券である B/L に担保価値がある（資金回収できなければ，現金化できる）ので，銀行は安心して手形を買い取ることができるのです。その後，輸入者の取引銀行が輸出者の取引銀行から B/L と手形を受け取り，手形を輸入者に呈示します（図の⑩と⑪）。輸入者は手形を決済することで銀行から B/L を受け取ることができます（図の⑫と⑬）。このように，**B/L を用いた L/C 決済を使えば，輸出者は代金を確実に回収でき，かつ輸入者も確実に商品を入手するこ**

とができるのです。

　ところが，海上輸送においてコンテナ船の高速化が進んだため，荷受人にB/Lが到着する前に貨物船が先に到着してしまう問題，いわゆるB/L危機が発生しました。B/Lがなければ貨物を引き渡せず，保管料も余分に発生します。この状況を解決するために生まれたのが，**海上運送状**（Sea Waybill）です。海上運送状は貨物受取証と運送契約書の役割をもちます。**貨物引取り時に提示する必要はなく，海上運送状に記載された荷受人であることを証明できれば引取りが可能です。**海上運送状はB/Lと異なり有価証券ではなく，譲渡もできないのでL/C決済には利用できません。海上運送状は，輸入者の支払いがない状態で引渡しがなされてしまうリスクがあるので，取引相手の顔が見えるグループ内での取引等で使用されます。

　そのほかにも，B/L原本を船会社が現地で回収して，"Surrendered"（Surrenderは「所有権を明け渡す」や「譲る」といった意味があります）と表示したコピーをメールやFAX等で荷受人に送り，船会社から貨物を受け取るサレンダーB/Lや，輸入者が船会社に**保証状**（Letter of Guarantee：L/G）を差し入れることで，B/L原本がなくても貨物を引き取れる保証状渡しといった方法があります。

(2)　FCL貨物とLCL貨物

　コンテナ輸送の場合，単独荷主の貨物でコンテナが使用するFCL（Full Container Load）**貨物と，複数荷主の貨物を混載するLCL**（Less than Container Load）**貨物の2種類に分けられます。**図5のとおり，コンテナ貨物が船舶に搭載されるプロセスはFCL貨物とLCL貨物で異なります。荷主単独でコンテナに積載する十分な貨物量がある場合はFCL貨物を，そうでない場合はLCL貨物としての扱いを選択することになります。料金は，FCL貨物ではコンテナ単位で，LCL貨物では重量または体積で計算されます。

　FCL貨物の手配方法として，直接，船会社に依頼する方法と，第12章でも取り上げたフォワーダーを活用する方法があります。大量のコンテナを扱う場合は有利な契約をとれる前者が採用される場合もありますが，後者のほうが一般的です。輸出者である荷主がフォワーダーを介してコンテナを船会社から借り受け，荷主やフォワーダーの拠点で貨物をコンテナに積み込み（バンニング）ます。その後，トレーラーによって港湾にあるコンテナ・ターミナル内のコンテナ・ヤード（CY）に直接搬入され，輸出許可が出たのちに船積みされます。

　一方で，LCL貨物では，貨物の量が少ないため荷主単独でバンニングを行

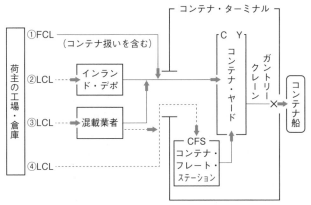

図5 輸出コンテナ貨物の輸送経路

注：──（実線）➡ FCL 貨物（コンテナ詰めされた貨物）の流れ
　　-----（点線）➡ LCL 貨物（コンテナ詰めされる前の貨物）の流れ

出所：鈴木［2017］159 頁。

えません。一般的には，混載業者が複数の荷主から小口貨物を集荷し，コンテナ・フレート・ステーション（CFS）と呼ばれる場所で混載にして，バンニングしたコンテナをコンテナ・ヤードに搬入するという手順を踏みます。混載業者はフォワーダーであることが一般的です。LCL 貨物は運賃が安いというメリットがありますが，CFS チャージ（バンニングとデバンニングの手数料）が発生する，ダメージを受けやすい，引取りに時間がかかるといったデメリットがあります。貨物量だけでなく，こうしたデメリットも考慮して FCL と LCL の選択を考える必要があります。

　図5にあるインランド・デポとは，港湾から離れた内陸地に設けられた通関機能と保税機能を有する拠点です。港湾と同じ機能を有するので，「内陸の港」と呼ばれています。インランド・デポで LCL 貨物を集荷してバンニングできれば，そのままコンテナ・ヤードに持ち込めます。小口貨物を港湾まで個別に輸送せずに，自拠点に近いインランド・デポから一貫輸送の利用が可能になります。

2.2.2　航空輸送

　航空輸送の特徴は他の輸送手段に対する圧倒的なスピード優位性です。しかし，費用が高いため高付加価値の商品が輸送対象になります。第1章で説明したように，航空機による貨物輸送には旅客機の航空機の胴体腹部にある貨物室（ベリー）を利用する方法と，フレーターと呼ばれる貨物専用機を使う方法があります。前者では，旅行者の手荷物と同じベリーに貨物が搭載されています。

そのため，搭載できる量はフレーターに比べると少ないです。一方，フレーターは貨物専用機なので大量の貨物を搭載できますが，それだけの貨物を集める必要があります。

　航空貨物輸送においても，航空会社（キャリア）とフォワーダーが役割分担しています。荷主による輸送依頼には，代理店を通してキャリアと直接契約する方法もありますが，一般的にはフォワーダーと契約します。フォワーダーは，小口貨物を集荷して大口貨物にし，フォワーダー自らが荷主となり，大口貨物で割引された運賃で航空会社と契約を結びます。その差額（混載差益）がフォワーダーの収益となるのです。

　航空輸送において，荷送人と運送人の間の運送契約書に当たるものが航空運送状（Air Waybill）です。航空運送状は，航空会社がフォワーダーに発行するMaster Air Waybill と，フォワーダーが荷主に発行する House Air Waybill の2種類があります。航空運送状は運送契約書であると同時に貨物受取証でもあります。貨物の引取りには航空運送状の原本は必要なく，荷受人であることを証明するだけで可能です。**航空運送状は海上運送状と同様に，B/L のような有価証券ではありません。他人に譲渡できる流通性はなく，担保力もありません**。したがって，決済は電信送金や信用状なしの取立手形（輸入者の手形決済の後に輸出者に代金支払いがなされる手形）によってなされます。航空輸送は輸送時間が短いため，B/L のように貨物引取り証原本の受渡しが間に合わないですし，そもそも資金決済のリスクが海上輸送よりも低いのです。

コラム 13-2　新型コロナウイルスが航空貨物輸送に与えた影響 ━━━━
　2020 年に発生した新型コロナウイルスの影響で，国境を越えた人の移動が著しく制限されました。旅客機がほとんど飛ばない事態になった結果，ベリーを使用した貨物輸送ができなくなり，国際航空貨物輸送の需給がひっ迫した状況になったのです。そのため，航空各社は，旅客機に乗客を載せずに貨物だけを搭載した運航を行うという対応に追われました。全日空（ANA）でも，一部の中国路線において，床下の貨物室（ベリー）のみを使用した旅客便（ベリー便）を運航しました。しかし，旅客スペースがガラ空きなのはもったいないです。そこで，輸送力を向上させるために，床上の客室にも貨物を搭載する新しい取組みが実施されたのです。普段，旅客機を利用する際には，乗客の手荷物以外の貨物が一緒に搭載されていることを意識しないと思いますが，旅客機によるベリー輸送の存在感を再認識させられる出来事でした。
　（参考文献）「全日空プレスリリース」2020 年 4 月 16 日。

2.2.3 国際複合一貫輸送

コンテナが登場する前は，輸送手段ごとに運送人と個別に契約を結ぶことが必要でした。また，貨物の積替えや通関手続きも各業者と個別に契約する必要があったため，多くの時間と労力を要していました。しかし，コンテナリゼーション（☞第3章）の普及によって，国際輸送においてドア・ツー・ドアの一貫輸送が可能になりました。そのためには，**港間の海上輸送や空港間の航空輸送だけでなく，鉄道やトラックを組み合わせた国際複合一貫輸送が必要になります。**

国際複合一貫輸送を担う組織を，実際に輸送手段を保有するキャリアと，輸送手段を有さずに利用運送人（他社の運送手段を利用して運送責任を果たす者）の立場であるフォワーダーに分類できます。しかし，海上輸送のキャリアである船会社（Vessel Operator）が，国際複合一貫輸送に関するすべての輸送手段を自前で用意するのは容易ではありません。一方で，利用運送を行うフォワーダーには，荷主にとって最適な輸送サービスを組み合わせて提供できる柔軟性があります。フォワーダーの中心業務はＮＶＯＣＣ（Non-Vessel Operating Common Carrier）業務です。Non-Vessel が語義のとおり，自ら船舶を持たずに実運送人のサービスを利用する利用運送人です。荷主はフォワーダーと契約することで，煩雑な手続きに悩まされることなく，ワンストップ・サービスを受けられるのです。

2.3 通 関

日本国内での輸送では，特殊な場合（特殊車両の使用など）を除いて，どこに何を持っていくかについて，許可をとる必要はありません。しかし，関税法第67条に「貨物を輸出し，又は輸入しようとする者は，政令で定めるところにより，当該貨物の品名並びに数量及び価格（輸入貨物〔特例申告貨物を除く。〕については，課税標準となるべき数量及び価格）その他必要な事項を税関長に申告し，貨物につき必要な検査を経て，その許可を受けなければならない」と規定されています。したがって，輸出入の場合には規制当局からの許可が必要なルールになっています。

関所ともいえる税関を通過するための手続きを通関といいます。通関が必要な理由の1つには，輸出入してはならない貨物，たとえばドラマや映画でよく見る違法薬物や武器などが輸出入されるのを防ぐ役割があります。もう1つには，輸入品にかかる関税を徴収する役割があります。輸入が許可される前の関

税未徴収の状態を保税（Bond）といいます。

　通関業務や港湾の貨物の取渡しは，一般的には荷主（輸出入者）が直接手がけることはなく，海貨業者（通称「乙仲」）に委託することになります。海貨業者の正式名称は「海運貨物取扱業者」であり，港湾運送事業法の許可を受けて港頭地区で貨物の取扱いを行う業者で，通常は通関業者とフォワーダーを兼ねています。

　輸出時においては，輸出者は依頼書と通関必要書類を海貨業者に提出し，海貨業者はその内容に基づいて通関手続きを代行します。多くの国で輸出入通関手続きはシステム化されており，日本ではNACCS（Nippon Automated Cargo and Port Consolidated Systems）というシステムを通して手続きを行うのが一般的です。通関許可が下りる前に貨物は海貨業者の保税倉庫に搬入され，許可が下りた後に船積みされます。船積み後，輸出者は海貨業者を通してB/Lや輸出許可書などの書類を受け取ります。

　一方，輸入時においては，輸入者は依頼書とB/Lを海貨業者に提出します。海貨業者が税関に輸入申告をして輸入許可をもらい，船会社とコンテナ・ヤード（ないしはコンテナ・フレート・ステーション）から貨物を引き取ります。その後に，貨物は輸入者に手渡されることになります。

　以上のように，輸出入には多くの手続きが必要であり，時間とコストがかかります。本章冒頭でも述べましたように，通関は物流の側面からみると制約条件です。**物流ネットワークが広がり，国境を越えた貿易が増えると，通関による分断が物流に大きな影響を与えます。**ヨーロッパでは1993年に欧州連合（EU）が発足しました。域内での通関撤廃が進み，ドイツポストに代表される巨大なグローバル・インテグレーターが誕生しました。単一市場となったヨーロッパ内で生産拠点の集約も進みました。物流ネットワークが大きく変化したのです。しかし，2020年にイギリスがEUを離脱しました。そのため通関手続きの復活により物流が停滞したり，自動車メーカーがイギリスの工場を閉鎖したりといった物流ネットワークへの影響が出ています。貿易は国によって貨物の種類によって多様な制約があり，グローバルな物流ネットワークを考える際には忘れてはならない要素になります。詳しく勉強したい読者は，ぜひ章末の推薦図書を読んでみてください。

　また，2011年9月11日発生したアメリカの同時多発テロの影響を受けて，安全保障の観点から海上・航空ともに24時間ルールが設けられました。具体的には，アメリカに輸入される海上貨物やアメリカを通過する海上貨物につい

て，米国税関庁宛てに，米国港に入港する本船が積地を出港する 24 時間前までに船積情報（マニフェスト情報）を提出することを義務づけるルールです（航空貨物は 4 時間前）。これにより，アメリカはテロの可能性がある貨物を特定しています。しかし，これでは迅速な国際輸送に支障が生じます。そこで，貨物のセキュリティ管理と法令遵守（コンプライアンス）の体制が整備されていると税関から承認・認定された事業者には，税関手続の迅速化・簡素化が可能になる AEO 制度が導入されています。

さらに学習したい読者に推薦したい図書

マルク・レヴィンソン（田辺希久子訳）[2022]『物流の世界史——グローバル化の主役は，どのように「モノ」から「情報」になったのか？』ダイヤモンド社
　⇨まさに「物流の世界史」を知るうえでの良書。とくに，物流がグローバル化する経緯が詳細に語られている。また，グローバル化の負の側面も論じている点も注目。

猪俣哲史［2019］『グローバル・バリューチェーン——新・南北問題へのまなざし』日本経済新聞出版社
　⇨物流の本ではないですが，物流のグローバル化を促進させた国際分業ネットワークを知るうえでは最良の書。

鈴木暁編著（2017）『国際物流の理論と実務 6 訂版』成山堂出版
　⇨国際物流に関する内容が網羅されています。

小林潔司・古市正彦編著（2017）『グローバルロジスティクスと貿易』ウェイツ
　⇨グローバル・ロジスティクスに関する講義集で，多くの実務家の経験を知ることができます。

第 14 章

SDGs と物流

物流と持続可能な社会との関連について，以下の 6 つのテーマで学びます。
- ○ CO_2 問題と物流
- ○ 廃棄物問題と物流
- ○ 物流業界の働き方改革
- ○ ラストマイル問題
- ○ 物流の危機対応
- ○ 女性活躍と物流

はじめに

これまでの物流の議論において深く取り扱ってこなかったトピックがあります。それは「持続可能な社会」に関わるトピックです。最近では SDGs という言葉を聞かない日はないかもしれません。Sustainable Development Goals の頭文字で「持続可能な開発目標」を意味します。2015 年国連において「我々の世界を変革する：持続可能な開発のための 2030 アジェンダ」が採択され，17 の目標と 169 のターゲットが設定されました（図 1）。世界のあらゆる組織や個人がこの目標の達成に関わっているといっても過言ではないでしょう。物流も SDGs と無縁ではありません。

第 6 章で，持続可能な社会に関わるパフォーマンスも，コストやサービスとならんで重要であると言及しました。それでは，なぜこれまで本書で取り扱ってこなかったのでしょうか。それは既存の理論との融合が難しいからです。図 1 のとおり，SDGs の目標は多面的であるので，こうした諸目標を統合した議論は不可能でしょう。議論は目標や対象ごとに行うべきです。本章では，物流に関連する 6 つの個別テーマを取り上げ，物流と SDGs との関わりをみていきます。

図 1　SDGs17 のゴール

出所：国際連合広報センター［2019］。

1.　CO_2 問題と物流

1.1　物流における CO_2 問題の現状

　図 2 は，環境省と国立環境研究所が毎年発表している「温室効果ガス総排出量の推移」を表したグラフです。日本全体の CO_2 排出量は，2013 年度に 14 億トンを超えていましたが，20 年度では約 11 億 5000 万トンまで減少しています。CO_2 削減の動きが進んでいたのに加えて，新型コロナウイルス感染拡大の影響で経済活動が滞った関係もあるでしょう。人間にとって敵ともいえるウイルスが CO_2 排出量を少なくさせるというのは，何とも皮肉なものです。

　図 3 のグラフは，CO_2 排出量を分野ごとに表しています。物流に最も関連する「運輸部門」は，「工場等の産業部門」に続いて 2 番目に排出量が大きいことがわかります。運輸部門の CO_2 排出量のピークは 2001 年度の 2 億 6200 万トンです。その後は，一貫して低下傾向にあり，2020 年度は 1 億 8500 万トンにまで下がり，第 3 位とほぼ同じ水準になっています。その意味では，この **20 年間，運輸部門は CO_2 排出量削減に取り組み，ある程度の結果が出ている**と理解できます。

　ただし，2015 年 12 月の気候変動枠組条約締結会議（COP21）で採択された

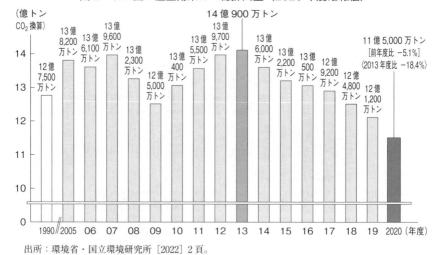

図2　わが国の温室効果ガス総排出量（2020年度確報値）

出所：環境省・国立環境研究所［2022］2頁。

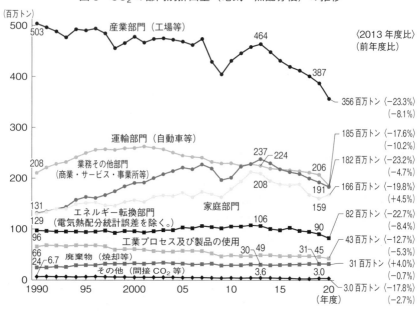

図3　CO₂の部門別排出量（電気・熱配分後）の推移

出所：環境省・国立環境研究所［2022］6頁。

パリ協定を踏まえて，日本政府が2016年5月に閣議決定した「地球温暖化対策計画」では，運輸部門は30年度までに，13年度比でCO_2排出量を約28%減らす目標となっています。さらに，日本政府は2050年までに温室効果ガス

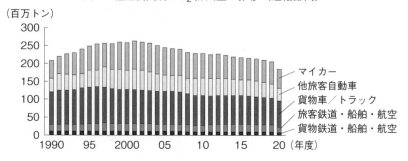

図4　輸送機関別 CO_2 排出量の推移（運輸部門）

（百万トン）

凡例（グラフ右側）：
- マイカー
- 他旅客自動車
- 貨物車／トラック
- 旅客鉄道・船舶・航空
- 貨物鉄道・船舶・航空

	2020 年度（百万トン）	シェア（%）	変化率（%）	
			2013 年度比	前年度比
マイカー	53	28.5	−20.1	−14.7
他旅客自動車	37	19.9	−22.3	−7.5
貨物車／トラック	72	39.2	−9.7	−4.4
旅客鉄道・船舶・航空	15	8.1	−30.9	−25.4
貨物鉄道・船舶・航空	8	4.3	−13.2	−6.2
計	185	100	−17.6	−10.2

注：他旅客自動車は，タクシー，バス，二輪車，社用車等を含む。
出所：環境省・国立環境研究所［2022］18 頁。

の排出を全体としてゼロにするカーボン・ニュートラルをめざすと宣言しています。したがって，CO_2 排出量のさらなる削減が求められます。

　さらに，図4は運輸部門の CO_2 排出量を輸送モード別に分類したものです。グラフの真ん中にある「貨物車／トラック」は，1996 年の1億 200 万トンがピークでしたが，2020 年度は 7200 万トンと約3割減少しています。ただし，依然として5つの分類のなかでは最も比率が高くなっています。

　意外に思われるかもしれませんが，次に多いのは「マイカー」，すなわち私たちがプライベートで使用する自動車です。「貨物鉄道・船舶・航空」は 4.3%のシェアとなっています。第1章で輸送モードの分担率を説明しました。重量ベース，すなわちトン数ではトラックが9割以上を占めていましたが，重量に距離を掛け合わせたトンキロ数でみると，内航海運が4割程度のシェアでした。船舶に鉄道・航空も加えると，トンキロの分担率はトラック輸送とほぼ同じ割合になりますが，CO_2 排出量のシェアは9倍近い開きがあるのです。ここからもトラック輸送の環境負荷の相対的な高さがわかります。

1.2　物流の CO_2 対策

　環境に対する負荷軽減のためにいくつかの対策が考えられます。図5にある

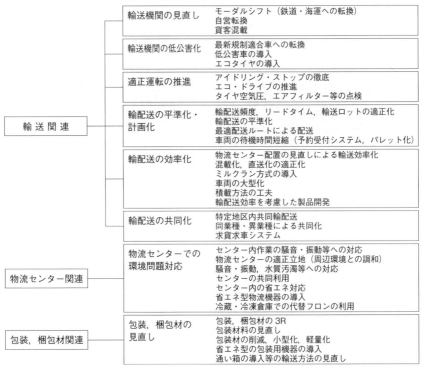

図5　物流関連の環境対応の施策

輸送関連	輸送機関の見直し	モーダルシフト（鉄道・海運への転換） 自営転換 貨客混載
	輸送機関の低公害化	最新規制適合車への転換 低公害車の導入 エコタイヤの導入
	適正運転の推進	アイドリング・ストップの徹底 エコ・ドライブの推進 タイヤ空気圧，エアフィルター等の点検
	輸配送の平準化・計画化	輸配送頻度，リードタイム，輸送ロットの適正化 輸配送の平準化 最適配送ルートによる配送 車両の待機時間短縮（予約受付システム，パレット化）
	輸配送の効率化	物流センター配置の見直しによる輸送効率化 混載化，直送化の適正化 ミルクラン方式の導入 車両の大型化 積載方法の工夫 輸配送効率を考慮した製品開発
	輸配送の共同化	特定地区内共同輸配送 同業種・異業種による共同化 求貨求車システム
物流センター関連	物流センターでの環境問題対応	センター内作業の騒音・振動等への対応 物流センターの適正立地（周辺環境との調和） 騒音・振動，水質汚濁等への対応 センターの共同利用 センター内の省エネ対応 省エネ型物流機器の導入 冷蔵・冷凍倉庫での代替フロンの利用
包装，梱包材関連	包装，梱包材の見直し	包装，梱包材の3R 包装材料の見直し 包装材の削減，小型化，軽量化 省エネ型の包装用機器の導入 通い箱の導入等の輸送方法の見直し

出典：齊藤ほか［2020］226頁。

輸送関連の代表的な施策を説明します。

　第1に，**自営転換**です。皆さんは，緑のナンバー・プレートを付けたトラックを見たことはありますか。あれは営業用のトラックです。一方で，白いナンバー・プレートは自家用です（ちなみに軽貨物は黒と黄色です）。自家用と営業用の貨物自動車では，輸送効率が異なります。営業用の場合，たくさん荷台に貨物を積載しなければ，赤字になってしまいます。たとえば，A地点からB地点まで貨物を運んだら，今度はB地点からA地点に向かう貨物がないかを探します。帰りが空荷であっても輸送コストはかかるので，多少，安い運賃でも貨物を運べば売上になります。インターネットや第三者を介して，車を求める企業と貨物を求めるトラック運送業者を結び付ける**求車求貨サービス**（☞第12章）も広まっています。営業用の貨物自動車は，必然的に無駄のない輸送を実現しようというインセンティブをもっています。

　一方で，自家用は自社の貨物しか運べない（他者の貨物を有償で運ぶには許可

が必要）ので，積載率も高まりません。納品先から回収する貨物がなければ，空荷で自社に戻ってきます。そのため，営業用の貨物自動車と比較して輸送効率が低くなるのです。2020年度の自動車輸送統計調査によれば，自動車輸送における営業車が占める割合は約87.6%です。**自家用車ではなく営業用車で貨物を輸送する自営転換によって輸送効率が上がれば，CO_2排出量の減少に寄与する**といえるでしょう。

第2に，モーダルシフトです。先ほど述べたように，トラック輸送よりも船舶や鉄道のほうが環境負荷の小さい輸送モードとなります。輸送モードをトラックから環境にやさしい鉄道や船舶へ転換するのはモードを（modal）変更（shift）することになるので，モーダルシフトといいます。トラックドライバーの不足を緩和する手段としても期待されています。日本で全国的な貨物鉄道網を有するJR貨物は，環境負荷低減に効果のあるモーダルシフトをアピールしています。ただし，鉄道や船舶の輸送は，貨物駅や港で積替えなどの作業が発生するため時間がかかります。**短いリードタイムに対する要請が強いとモーダルシフトは進みにくくなる**といえるでしょう。

第3に，**貨客混載**です。今までは旅客輸送と貨物輸送は行政の管轄が分かれていました。そのため，たとえばバスやタクシーは貨物を運んで収入を得ることはできませんでした。しかし，**過疎地域を中心に公共交通機関を維持するために，貨物と旅客の両方を行えるよう規制緩和**がされつつあります。人手不足を解消しつつ環境負荷も下げて，地域の交通インフラを維持する施策です。

第4に，物流共同化です。他社の貨物を混載して，少ない車両でより多くの貨物を輸送できる共同配送は効率を高め，環境負荷を減らします。第12章でも説明したように，共同配送の取組みが広がっています。たとえば，多くのテナントが入る商業施設に個別に納品車両が来れば，殺到するトラックで周辺に渋滞を起こしてしまいます。そこで，宅配業者が商業施設の納品貨物を一括して受け取り，個々のテナントへの納品を請け負う，いわゆる**館内物流**の事例が増えています。

第5に，輸配送頻度の見直しです。第5章で説明したとおり，顧客側の品切れ削減と在庫負担の軽減を両立させようと，多頻度小口配送が行われることが多いです。**その結果，積載効率が低くなる傾向にあります。**多頻度小口配送が当たり前になってしまって，その必要性に疑問すらもたないのが現状です。秋川［2020］は，食品スーパーのアンケート調査で得たデータに基づいた店舗在庫変動のシミュレーション結果から，在庫管理の改善で品切れを増やさずに発

注頻度を減らせる可能性を示しています。発注頻度を抑制できれば，配送回数も削減できるので，環境負荷を下げる可能性も増えます。

こうしてみると，**環境にやさしい＝効率がよい＝人手不足対策にもなるという関係性**がみえてきます。ただし，問題も少なくありません。自営転換に関しては，前述のとおり，営業車の占めるトンキロ数はすでに9割近くに達しています。第1章で説明したように，JR貨物はJR旅客各社に線路使用料を支払って借りる立場にあります。日本の鉄道は旅客優先なので，モーダルシフトで貨物輸送を劇的に増やすのは現実的に難しいでしょう。貨客混載も旅客側と貨物側のニーズがマッチしないと成立しません。旅客人数が増えたら貨物を載せるスペースを確保できなくなりますし，反対に貨物が増えたら旅客と混載せずに，単独で貨物輸送を手配するほうが合理的です。共同配送と輸配送頻度の見直しは荷主が主体となって取り組む必要がありますが，取引条件と関係するため簡単に実行できません。取組み事例は増えているものの，どの策もCO_2削減の決定打とはなっていないのが実情です。

コラム 14-1　EVトラックの導入

このほかにも輸送関連の対応として，自動車の脱炭素化があります。そのなかで最も進んでいるのが電気自動車（EV）の導入でしょう。EVであれば，走行中のCO_2排出はほぼゼロになります。乗用車と比べて遅れていますが，EVトラックの導入が小型車を中心に進んでいます。

しかし，環境負荷軽減の程度について慎重な評価が必要です。なぜなら，発電にはCO_2排出が伴います。とくに，日本における火力発電の依存度は高く，2021年では約7割と先進国のなかでも突出しています。電気のエネルギー効率（投入エネルギーに対する回収エネルギーの割合）が内燃機関のエンジン車よりも高いことは間違いありませんが，異なる走行機構間のCO_2効率を比較する根拠としては不十分です。たとえば，EVで搭載されるバッテリーは非常に重いので，よけいにエネルギーが消費されます。さらに，EVの製造過程に出るCO_2排出量はガソリン車よりも大きいとされています。発電や製造過程も含めたトータルのCO_2排出量が，EVの導入によって本当に減るかどうかを慎重に検証する必要があるでしょう。

トラックの場合，輸送トンキロ当たりのCO_2排出量を比較することになりますが，その計算のためにはEVトラックの実働データが大量に必要です。したがって，確実な検証はまだまだ先のことになりそうです。

選択肢はEVだけではありません。既存のハイブリッド車（HEV）やプラグイン・ハイブリッド車（PHEV）もそうですし，燃料電池自動車（FCV）やカーボン・ニュートラル燃料の活用など，多数の選択肢があります。ヨーロッパでも，EV一辺倒であった自動車の脱炭素化政策を見直す機運が高まってきました。個々

の特性や開発動向を見極めた慎重な選択が必要になります。

---

2. 廃棄物問題と物流

この節では，廃棄物と物流の関係についてお話しましょう。廃棄物の削減も環境負荷における大きなテーマであることは，いうまでもありませんね。持続可能な開発目標としても，目標 12 の「持続可能な消費と生産」に大きく関わるテーマです。同目標では，2030 年までに廃棄物の発生を大幅に削減することが謳われていますが，そこでの物流の立場として，①廃棄物の排出場所である「悪者」としての立場と，②リサイクルの担い手である「正義の味方」としての立場があります（秋川［2022b］）。**物流は，環境を悪化させる存在でありつつ，改善や維持に貢献する存在でもあるという二面性を有するのです。**2 つの立場を順にみていくこととします。

2.1 廃棄物を作り出す存在としての物流

2.1.1 包装資材の廃棄

物流の過程で出る廃棄物は少なくありません。その 1 つが容器も含む包装資材です。第 3 章でお話したとおり，包装には，環境負荷から商品の品質を守る機能や小分けを行う機能などがあります。こうした機能を実際に実現するのに包装資材が使用されるわけですが，包装資材は消費者にとって価値はなく，購入後にはごみとなってしまいます。かつては，包装資材のほとんどがごみとして処分されていましたが，資源としての有効利用を図るために，1995 年に「容器包装リサイクル法」が制定されました。同法の施行（1997 年に一部施行，2000 年に完全施行）により，消費者には分別排出，市町村には分別収集，事業者には再商品化という役割が課せられるようになりました。

包装資材が排出される場面は，家庭と事業所があります。2021 年度の環境省の調査によると，家庭ごみに占める包装資材の割合は重量比で 28.5%，容積比 66.0% でした（環境省［2021］）。15 年前の 2006 年では 20.1% と 58.0% であった（環境省［2006］）ので，残念ながら包装資材のスリム化は進んでいないといえます。

一方，包装資材を利用する事業所側で，最も包装資材の廃棄を生み出す業界

はどこなのでしょうか。それは食品業界です。ガラスびん，PETボトル，紙製，プラスチック製のすべての分野において，最大の廃棄量を生み出しています（経済産業省［2021］）。その理由を推察すると，以下の3点となります。

（1）消費財であることです。消費財であれば，工業包装だけでなく，商業包装（☞第3章）の機能が重要です。また，小分け包装の必要性も高いです。

（2）消費財で最も販売ボリューム（金額ではなく，容積や個数）が大きい業界だからです。1日3食，かつ1食につき複数の食材を消費します。1つひとつの包装規模は小さいですが，個数が圧倒的に多いのです。

（3）食品衛生の観点から高い水準の品質維持が求められます。多数の脅威から食品の安全性を保つためには，密封性，遮光性，耐熱性，衝撃耐性などの複数の保護機能を同時に実現することが包装資材に求められます。そのために，多重包装になってしまうことも少なくありません。一方で，食品の安全性が確保できれば保存期間を延ばすことができ，食品ロスを減らすことができます。このようなトレードオフもあることを含めて，食品包装の環境負荷について評価しなくてはいけません。

食品業界においては，包装も大きなコスト要因です。したがって，従来から容器包装を薄肉化・軽量化するなど，包装資材の削減には取り組んできました。食料品製造業における容器包装廃棄物の排出量をみると，約20年前（2003年度）はPETボトルが12万トン，紙製が26万トン，プラスチック製が48万トンでした（経済産業省［2003］）が，現在（21年度）ではPETボトルが3万トン，紙製が23万トン，プラスチック製が49万トンです（経済産業省［2021］）。再商品化が進んだPETボトル以外はあまり数値が変わっていませんね。大きく削減ができない原因は定かではありませんが，1つには食品に対するニーズ変化があると思います。高齢化社会が進展することで，レトルト食品のように高い加工度の食品や個食向けの食品に対するニーズが高まっています。そうなると，腐敗しやすい高加工度の食品には高機能の包装が必要ですし，個食対応が進めば包装数も増えます。こうしたニーズを優先すれば，包装資材の増加を抑えることは難しいでしょう。このように包装資材の廃棄問題は商品開発と関連しています。**包装ニーズをコントロールすることは困難が伴い，なかなか解決が難しい問題なのです。**

2.1.2　商品の廃棄

物流の関連する廃棄は包装だけではありません。商品本体の廃棄にも大きく関連します。物流過程における汚破損（汚れがついたり，壊れたり，傷んだりす

ること）で，廃棄されることがあります。そうならないために，輸送時の振動を抑えたり，荷役を丁寧に行ったり，倉庫の湿温度に気を遣ったりと，現場は心を砕いて努力しています。しかし，汚破損を気にしすぎた結果，外箱にちょっとした傷や汚れがついただけで納品業者に返品する慣行があります。もともと外箱は商品の汚破損を防ぐためのものですので，本末転倒な話といえます。汚破損の程度にもよりますが，このような慣行はすぐに見直すべきでしょう。

第6章で説明した**在庫の陳腐化も廃棄の理由になります**。日本では，陳腐化のほうが汚破損よりも大きな廃棄理由となっています。では，なぜ日本では陳腐化による廃棄が多いのでしょうか。理由をみていきましょう。

第1に，季節商品が多いことです。ここでの季節商品とは，季節によって需要が大きく異なる商品を意味します。日本の気候は四季が明確なので，自然と季節商品が増えるわけです。したがって，小売店舗では季節の変わり目に大幅な商品の入替え（いわゆる「棚替え」）をします。そこで売れ残った商品の取扱いが問題となります。日用雑貨業界では，3月と9月の棚替えで小売業者からの返品が多く発生しています。来年までコストをかけて保管することを嫌い，廃棄処分に至るケースも少なくありません（製・配・販連携協議会［2017］）。季節商品の売残り対策として，適切な時期に発注を止め，在庫を減らしていく売り減らしを行う必要があります。しかし，商品数が多いと面倒なので，敬遠する流通業者も少なくないようです。

第2に，小売業者が欠品に厳しいという理由があります。注文どおりに納品できずに欠品を発生させると，納品業者が小売業者に対して欠品ペナルティを支払う慣行が存在します。欠品による売上機会の損失に対して補填を行うという意味のようです。消費者のロイヤルティ（忠誠心）を損ねる可能性もあるので，小売業者のほとんどが欠品を嫌っています。納品業者は小売業者の機嫌を損ねないために，在庫を増やして欠品を撲滅しようとします。しかしながら，第6章で述べたように，欠品をゼロに近づけるためには多くの安全在庫が必要となります。在庫が膨れ上がれば，陳腐化しやすくなって廃棄が増えるというわけです。

第3に，食品業界に限った理由ですが，日本の消費者が「鮮度」に敏感だからです。鮮度というと生鮮食品をイメージしますが，製造日からの時間という広い意味でとらえれば，ほぼすべての食品が当てはまります。食品業界には「3分の1ルール」という慣行が存在してきました。たとえば，製造日から賞味期限まで6カ月あるとすると，消費者と小売業者にはそれぞれ3分の1ずつ，

表1　専用センターの VMI における役割の分散

	製造業者	納品業者 （卸売業者）	小売業者
情報保有者			○
管 理 者		○	
リスク負担者	○		

出所：秋川［2015］97 頁を一部修正。

2 カ月ずつの保有が保証されます。したがって，賞味期限が残り 4 カ月を切る
までに卸売業者は，小売業者に納入しなければなりません。それができなかっ
た商品は，賞味期間が半分以上残っているにもかかわらず，店頭に並ぶことが
できなくなり，多くは卸売業者や製造業者に返品されます。食品の場合，返品
された商品は大半が廃棄処分となります。近年，問題視されて，小売業者まで
の納品期限を 2 分の 1 にする「2 分の 1 ルール」を適用する動きがあります。

　第 4 に，需要予測が当たらないことです。第 10 章で述べたように，需要予
測は過去の実績に基づいて計算されることが一般的です。しかし，新商品や特
売品の需要予測は，過去の販売とは前提が異なるため，実績データに基づいた
予測には限界があります。日本では，家庭の商品保管スペースが狭いので，購
買回数が自然と多くなります。したがって，小売業者は消費者に飽きがこない
ように，新商品や特売品を優先的に取り扱うわけです。その結果，需要予測が
当たらず，商品が余って廃棄されることになるのです。

　需要予測が当たらない別の理由として，第 8 章で言及した VMI の問題もあ
ります。とくに専用センター（☞第 7 章）では，納品業者が代わりに在庫を管
理する VMI が導入されることが多いです。VMI の前提として在庫管理（需要
予測も含みます）に必要な情報をベンダーに遅滞なく，かつ正確に伝えなくて
はいけません。そのためには小売業者が保有する販売実績情報や販促情報を共
有する仕組みが必要となるのですが，それなりの手間とコストが必要となるの
で，おざなりになるケースも少なくないようです。一方，納品業者も製造業者
に返品できるのであれば，需要予測の精度を一生懸命に上げて，売残りを抑制
する気にはならないでしょう。余った在庫は製造業者に押し付ければいいので
す。表 1 で整理したように，VMI の精度が上がらないのは，管理者，情報保
有者，リスク負担者の 3 つの役割がバラバラであることが理由となっています
（秋川［2015］）。VMI の精度を上げるためには，このバラバラな状態を是正す
る必要があるのです。

2.2　リサイクルの担い手である物流

　第5章で示した物流の定義のとおり，物流は商品の「還元」にも関わります。再利用やリサイクルのために使用済み製品を回収して輸送・保管する役割も担うのです。こうした物流は通常の物流とは逆方向のモノの流れを対象とするので，**静脈物流**ないしは**リバース・ロジスティクス**と呼ばれています。こうした**物流は法律で規制される場面が多い**ようです。代表的な規制として，家電リサイクル法や食品リサイクル法があります。静脈物流はこうした法規制を順守して実施されることが必要となります。とくにリサイクルにおいては，使用済み製品を回収して手数料をもらったにもかかわらず，そのまま投棄する悪質な業者の存在が問題となってきました。こうした行為を未然に防ぐために，法律で細かく規制する必要があるのです。

　「物流の方向をただ逆にしたもの」と単純に考えてはいけません。確かに，「帰り便で回収すればOK」というケースもなくはありません。しかし，それはまれな話で，**販売経路とリサイクル経路とは異なる場合がほとんど**です。たとえば，家電リサイクル法に基づく静脈物流の場合，購入した販売店に引取りを依頼することもできますが，買い替えた販売店に引取りを依頼することもできますし，専門業者に引取りを依頼することもできます。回収された家電は製造業者や輸入業者が引き取りますが，家電工場に戻されるわけではありません。専用のリサイクル工場に輸送され，そこで解体され，再利用可能な素材を回収するのです。このように静脈物流はまったく異なる経路を通ることが一般的です。

　廃棄物やリサイクル品ならではの物流特性もあります。まず，汚れやにおいが付着している可能性が高く，販売商品と一緒に輸送や保管することが困難です。たいていの場合，リサイクル専用のトラックや倉庫を利用します。また，ロットサイズもピース単位が基本ですし，形状もばらばらなので，積載効率や荷役の生産性は必然的に悪くなります。さらには，リサイクル依頼数は時期によって大きく変動します。たとえば，家電の場合は，引取り数は季節の変わり目やボーナスが出る月などで多くなります。リサイクル工場の稼働能力は変わらないので，リサイクル処理を待つまで保管しておく必要があります。回収する輸送が静脈物流の主役であるイメージがあるかもしれませんが，保管も重要な役割を担っているのです。

　販売商品と比べて，廃棄物やリサイクル品は扱いが難しく，手間もかかります。しかし，手数料や再販売などで収入を得てコストを回収するのは難しいの

で，大きなコストをかけられないというジレンマがあります。コストをどのように手当てするのかが，静脈物流の存続において常に問われる課題となります。

3. 物流の働き方改革

 トラックドライバー不足が社会問題となっていますが，これは最近になって生じた問題ではありません。1980年末から90年にかけてバブル景気に沸くなか，トラック運送業界は深刻なドライバー不足に見舞われました。景気がよくなると，他の産業で採用が増えて，業界に労働者が集まりにくくなる傾向があります。しかしながら，この後バブル崩壊を迎え，日本は再び不況期に突入することでドライバー不足の問題は沈静化します。

その後，2000年代に入ると景気は回復していきます。その結果，再びドライバー不足が問題となり，国土交通省はドライバーの労働環境改善に動き出します。ドライバー不足の影響で，運賃も上昇します。業界誌である『月刊ロジスティクス・ビジネス』2008年9月号でトラック運賃の急騰を受けた緊急調査が行われました。しかし，事態は再び大きく動きます。2008年9月15日リーマン・ショックが発生して，突如，世界同時不況に陥ります。その結果，貨物は急減して，トラックドライバー不足の議論は再び雲散霧消してしまうのです。

2012年にはアベノミクスにより国内景気が刺激され，日本経済が回復をみせると再々度ドライバー不足が問題となります。2014年には，消費税増税前の駆け込み需要が原因で商品配送が遅延するという事態が起きます。年度末の3月に輸送する貨物量が大幅に増加したのですが，需要拡大に対応できる量のトラックをドライバー不足で確保することができなかったのです。需要の変動によって商品が運べない物流危機が顕在化しました。

なぜ，日本ではトラックドライバーのなり手が少ないのでしょう。少子高齢化による労働力人口の減少が背景にありますが，そのほかにも自動車運転免許制度やトラック運送業界の規制緩和が要因として指摘されています。ただし，**最も問題となっているのはドライバーの労働環境や待遇です**。他の職種よりも賃金が安く，労働時間が長くなっているトラックドライバー職に人が集まらないのは当然です。拘束時間の長さをドライバーの離職理由とする傾向は強いです（大下［2022］）。2024年4月からドライバーの時間外労働の上限が年間960

図6 「ホワイト物流」における荷主企業・納品先企業の取組み事例

CASE 01 荷待ち時間の削減に向けて

具体的な方策の例
- 物流の改善提案と協力
- 予約受付システムの導入
- 発荷主からの入出荷情報等の事前提供
- 出荷に合わせた生産・荷造り等　ほか

CASE 02 荷役作業の負担軽減に向けて

具体的な方策の例
- 物流の改善提案と協力
- パレット等の活用
- 運転以外の作業部分の分離
- 荷役作業時の安全対策　ほか

CASE 03 物流の生産性向上に向けて

具体的な方策の例
- 物流の改善提案と協力
- パレット等の活用
- 集荷先や配送先の集約
- 船舶や鉄道へのモーダルシフト　ほか

CASE 04 納品先企業の入荷作業効率化に向けて

具体的な方策の例
- 物流の改善提案と協力
- 予約受付システムの導入
- 納品日の集約　ほか

出所：「『ホワイト物流』推進運動ポータルサイト」(https://white-logistics-movement.jp/outline/#whats's-suishin)。

時間に規制されます。罰則規定もあり，ドライバーの労働時間短縮が期待されています。ただし，ドライバーの労働時間は雇う側の輸送会社だけの意向で決められない側面があります。2021年に行われた調査（国土交通省［2022]）では1運行の平均拘束時間は11時間5分でした。そのうち運転時間が6時間52分（62%）を占めます。残りは，荷役時間が1時間29分（13%），手待ち時間が25分（4%）となっています。荷役は本来ドライバーの仕事ではありません。しかし，立場の弱い中小運送業者では，荷主からの荷役要求を断れない場合も少なくありません。さらに，パレット（☞第3章）を使用せず，貨物を手積みしていては荷役時間が長く，重労働になってしまいます。その結果，運転以外に2時間近く拘束される事態になっているのです。

　これらは運送業者だけでは解決できない問題です。その施策として，国土交通省・経済産業省・農林水産省は2019年から「ホワイト物流」推進運動を展開し，図6にある取組みを推進するよう，荷主に対する働きかけを強めています。また公正取引委員会も荷主と物流事業者の取引に関して調査を行い，問題がある荷主に対して注意喚起文書を送付したり，立ち入り調査を行ったりしています。

　物流は派生需要（他の財の需要から派生して生まれる需要）**のため，輸送会社だけでドライバーの労働時間を決定できない側面があります。**女性や高齢者の働きやすいホワイトな労働環境がめざされていますが，物流業界の働き方改革

を進めるには，社会全体で整合性のある取組みをしていく必要があります。

4. ラストマイル問題

ラストマイルは直訳すれば「最後の1マイル」となります。ここでのラストマイルは，消費者に商品が届く地点からさかのぼる，最終の物流経路ないしは最終の物流接点を意味します。具体的にいえば，宅配サービスや消費者の買い物行動がそうです。**最近では，インターネット通販の急成長や高齢化による移動能力（モビリティ）の低下などによって，ラストマイルに大きな問題が生じています。**すべての人々が持続可能な輸送システムにアクセスできるようにすることを目標の1つとする，SGDs の「持続可能な都市」（目標11）の実現に関わる要因です。

この節では，とくに①宅配クライシス問題と，②買い物弱者問題の2つについて取り上げたいと思います。

4.1　宅配クライシス問題

第11章にあったとおり，インターネット通販市場の拡大を受けて宅配便の利用が増えています。そのため宅配ドライバーの仕事量も増えています。**宅配ドライバーにとって負担になるのが宅配便の再配達です。**単身世帯の増加や共働き世帯の増加によって日中留守になる家が増えました。そのため，荷物を配達に行っても，不在で持ち帰る場合が増えてしまったのです。国土交通省が行った調査では，宅配便の再配達率は新型コロナウイルスが流行する前の2019年4月実績で16.0% でした（国土交通省「宅配便再配達実態調査」19年6月26日発表）。これは100個の荷物を配達するために，116回配達先に訪問している計算になります。実際は，1個の荷物を配達するために3回以上配達している場合もあり，実数はもう少し多いと思われます。こうして宅配ドライバーの労働時間は長くなっていきました。

これらの問題が一気に社会に認知されるきっかけとなったのが，**宅配クライシス**でした。2016年11月17日に，労働基準監督署がヤマト運輸の神奈川の営業所に対して，未払い残業代を認定したという記事が新聞に掲載されました。長時間労働に対する社会的関心が高まっていたなかで，ヤマト運輸は全社的な調査を実施しました。その結果，翌年3月に残業代未払いがある事実とそれに

対する賃金支払いを行う決定を発表しました。経営側と労働組合で行う労使交渉（いわゆる春闘）で，この問題について話し合いがもたれました。もちろん，残業代未払いは問題でしたが，許容量を超える業務の受託や過剰なサービスも残業増の原因とされました。

　その結果，宅急便運賃値上げに加えて，宅急便受託の総量管理が発表されました。私たち消費者が宅急便を出しに行って，荷受けを断られることはありません。しかし，大手通販業者のように，一度に大量の宅急便を発送する企業には事前の発送数量通知が求められ，「急に大量の宅急便を発送したい」といっても，荷受けしてもらえない状況になりました。顧客からの依頼を断るという苦渋の決断を行い，ヤマト運輸は業務過多になるのを避けようとしたのです。

　さらに，配達時の時間帯は午前中指定と午後の2時間おきの指定が可能でしたが，ドライバーの昼食時間に当たる「12〜14時」の時間帯指定が廃止されました。また，再配達の受付時間も地域によっては前倒しされ，夜間帯の配達で労働時間が長くならないように配慮されました。これらの一連の動きが社会に広く報道されることによって，宅配ドライバーの置かれている状況が社会的な問題として認識されるようになったのです。

　不在再配達を減らすために，コンビニ店舗や宅配ロッカーでの受取りサービスも取り組まれています（☞第11章）。インターネット通販で注文した商品を店舗で受け取るのを，クリック＆コレクト（C＆C）やBOPIS（buy online, pickup in store）と呼んだりします。これなら自分の都合のいいときに宅配便を受け取れます。また，街中に設置する宅配ロッカーも普及しつつあります。宅配ロッカーで商品の受取りを指定しておけば，配達完了後に自分の好きな時間に荷物を受け取ることができます。

　アマゾンや日本郵便が独自の宅配ロッカーを展開していますが，パックシティジャパンが展開するPUDOという宅配ロッカーもあります。この会社が特徴的なのは，特定の企業だけが利用するのではなく，複数の企業が利用できるオープン型である点です。ヤマト運輸が出資している企業ですが，ヤマト運輸以外にも，佐川急便，日本郵便，アメリカのDHLと多くの宅配会社の荷物が受け取れます（2023年4月現在）。宅配ロッカーを個々の通販業者や配送業者が設置していくと，街中が各社の宅配ロッカーであふれてしまいます。それでは規模の経済が働かず，宅配ロッカーの稼働率もなかなか高まらないですし，利用者も使いにくいでしょう。そこで，新たなブランドとしてPUDOを立ち上げ，ライバル同士でも相乗りできるオープン・プラットフォームをめざして

いるのです。第12章で説明したように，物流業界では普段はしのぎを削っているライバル同士で協力することがあります。この事例から，労働力不足や再配達問題の危機を協力して乗り切ろうとする各社の熱意がうかがい知れます。

　マンションなどで宅配ボックスが備え付けられてあれば，再配達は発生しにくくなります。しかし，宅配ボックスのない建物や戸建てでは，不在の場合は再配達になってしまいます。それを解決するために考案されたのが置き配（☞第11章）でした。しかし，置き配は商品が盗難されたり，雨で濡れたりするリスクがあります。Yper 株式会社は撥水加工された鍵付きバック OKIPPA を提供しています。宅配業者が自宅の前に設置した OKIPPA に商品を入れてくれることで，安全な置き配を可能にします。

　それ以外にも，ラストマイル問題解決に向けて先述した貨客混載に加え，ドローン物流や自動運転サービスといった取組みが進んでいます。ドローンや自動運転もさまざまな実証実験が重ねられています。ただし，ラストマイル問題を解決する決定打になるかは，現段階では未知数です（☞第1章のコラム1-1）。

　しかしながら，**宅配クライシス問題を根本的に解決するためには，配送業者が負担に見合った収益を獲得できるようにならなければなりません。**消費者が配送コストの負担を嫌うのは仕方のないことかもしれませんが，店舗に行く時間と手間が省かれるという利便性を考えれば消費者が負うべきコストもありそうです。ただし，配送1回当たりに負担すべきコストは，条件によって大きく異なります。1回の巡回配送で回れる件数が多くなると，1回当たりの配送コストは低くなります。人口密度が低い地域は配送先の密度も低くなるので，配送1回当たりのコストは大きくなってしまいます。

　秋川［2023a］は，ラストマイル配送（エリア配送拠点から配送先まで）に関して，人口密度によって異なる直接費（人件費と燃料費）を回収できる料金を地域別に比較しています。その結果の一部が図7です。150円/個と200円/個の2つの料金のケースにおいて，直接費を回収するために確保すべき人口1000人当たりの配送件数を色の濃さで表しています。大手宅配業者が人口1000人当たり20〜50個/日を取り扱うとされるので，白い地域は想定した料金で直接費を回収することが困難である地域となります。

　図7の濃淡差から，ラストマイル配送コストの地域差について理解してもらえると思います。**人口密度の低い地域の宅配コストをどのような形で回収していくのかは，人口減が進んでいく日本においては，今後も頭の痛い問題としてあり続けていくのです。**

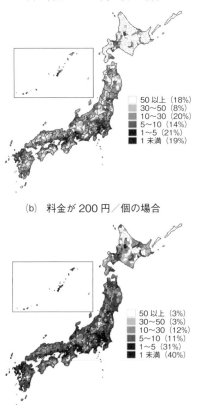

図7　直接費回収のために確保すべき配送件数の地域比較

(a) 料金が150円／個の場合

50 以上 （18%）
30〜50 （8%）
10〜30 （20%）
5〜10 （14%）
1〜5 （21%）
1 未満 （19%）

(b) 料金が200円／個の場合

50 以上 （3%）
30〜50 （3%）
10〜30 （12%）
5〜10 （11%）
1〜5 （31%）
1 未満 （40%）

注：平均的なトラックドライバーの給与額と労働時間を前提としている。ここでの直接費はラスト
　　マイル配送によるものなので，エリア配送拠点までのコストは考慮されていない。また，直接費
　　だけの回収なので，間接費や利益も回収するためには，さらなる料金の上乗せが必要である。
出所：秋川［2023a］142 頁。

コラム 14-2　不在再配達の削減へ

　本来，宅配便は荷物の受取りサインや受領印をもらって完了するサービスです。置き配になると，配達が完了しているかが不明確になります。そのような問題に対応するため，置き配時に撮影した写真を受取人に送ることで配達完了を伝えるサービスが始まっています。

　また，新しい方法も検討されています。佐川急便では，各家庭の電力データをAI で解析して，不在と推定される届け先を避け，在宅と推定される届け先を優先して配達する実証実験を行い，不在配送減少の効果を得ました（「佐川急便プレスリリース」2021 年 3 月 26 日）。一方で，環境省は「COOL CHOICE　できるだけ

1回で受け取りませんかキャンペーン」を行うなど，消費者に向けた啓蒙活動も行っています。最新技術と地道な取組みの両面から不在再配達の削減策が検討されています。

4.2　買い物弱者問題

　最近の報道で「買い物弱者」という単語を耳にした読者も多いのではないでしょうか。**買い物弱者**とは，「流通機能や交通網の弱体化とともに，食料品等の日常の買い物が困難な状況におかれている人々」（経済産業省［2010］）のことです。近年，少子高齢化社会の進展を背景に増加し，その数は700万人（経済産業省［2014］）とも，800万人（農林水産政策研究所［2015］）ともいわれています。いずれにしても，無視できない規模に社会問題化しているといえます。

　買い物弱者の発生メカニズムは図8にあるように複雑なのですが，物流に関連するところでいえば，大規模小売店舗法の廃止と大規模小売店舗立地法の制定（☞第5章）が一因としてあげられます。大規模小売店舗立地法の制定により，大規模の小売店舗が増えることで，昔ながらの個店や商店街が衰退してしまいました。大規模の小売店舗は商圏を広くとり，自動車での来店を前提としています。したがって，高齢者が身体能力の衰えによって運転が難しくなれば，買い物ができなくなる買い物弱者となってしまいます。**商品にアクセスできないという買い物弱者の問題は，消費者に利用可能性**（☞第6章）**を保証する物流の現代的課題ともいえます**（海老原・秋川［2012］）。かつての物流の議論では，「生産者から消費者まで」といいつつも，暗黙的に店舗が最終目的地として考えられてきました。物流の意義を再確認する必要があります。

　買い物弱者問題の対策は一刻の猶予もないといえるでしょう。最大の人口構成を有する「団塊の世代」が70歳を過ぎ，男性72歳，女性75歳といわれる「健康寿命」（橋本［2018］）を今まさに越えようとしているからです。衰えによるモビリティの減少が今後も継続し，加速する可能性も高いのです。実際，高齢運転者による死亡事故が増えています。警察庁の調査では，75歳以上の運転継続者の53.7％が運転理由に「買い物」をあげています（警察庁［2015］）。世論調査の結果から，運転に自信がない人に免許証を返納させるには「買物宅配サービスの充実」が重要である（内閣府［2017］）こともわかっています。買い物環境の悪化は，高齢者に運転を強いることになり，間接的に交通事故の増加要因となっている可能性がある（秋川・中山［2020］）のです。

図8　買い物弱者の発生メカニズム

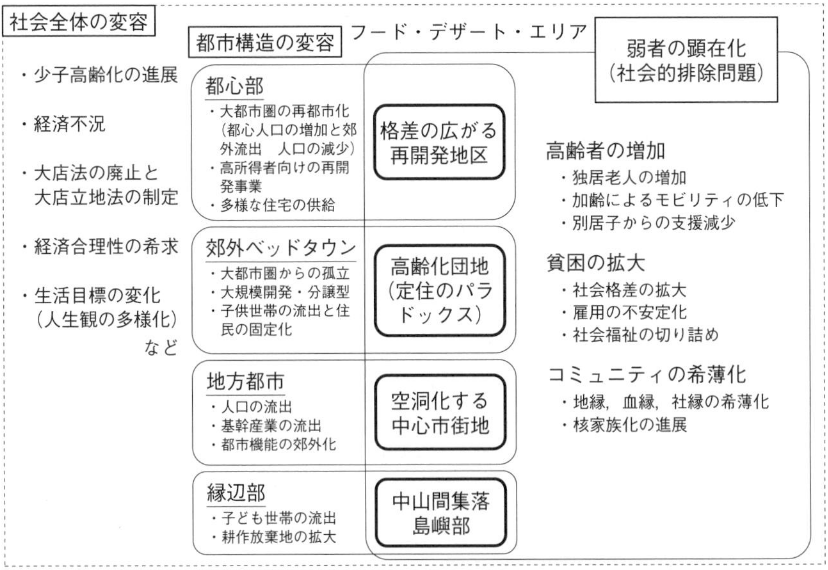

社会全体の変容	都市構造の変容	フード・デザート・エリア	弱者の顕在化（社会的排除問題）
・少子高齢化の進展 ・経済不況 ・大店法の廃止と大店立地法の制定 ・経済合理性の希求 ・生活目標の変化（人生観の多様化）　など	**都心部** ・大都市圏の再都市化（都心人口の増加と郊外流出　人口の減少） ・高所得者向けの再開発事業 ・多様な住宅の供給	格差の広がる再開発地区	**高齢者の増加** ・独居老人の増加 ・加齢によるモビリティの低下 ・別居子からの支援減少
	郊外ベッドタウン ・大都市圏からの孤立 ・大規模開発・分譲型 ・子供世帯の流出と住民の固定化	高齢化団地（定住のパラドックス）	**貧困の拡大** ・社会格差の拡大 ・雇用の不安定化 ・社会福祉の切り詰め
	地方都市 ・人口の流出 ・基幹産業の流出 ・都市機能の郊外化	空洞化する中心市街地	**コミュニティの希薄化** ・地縁，血縁，社縁の希薄化 ・核家族化の進展
	縁辺部 ・子ども世帯の流出 ・耕作放棄地の拡大	中山間集落島嶼部	

出所：岩間［2011］10頁。

　買い物弱者向けのサービスは表2のように多数存在します。状況に応じて使い分けが行われていますが，これがなかなか難しいのです。たとえば，最近話題のネットスーパー（第11章のコラム11-2）がすべてを解決するのでは，という期待もあるでしょう。しかし，そうは問屋が卸しません。確かに有力な手段の1つではありますが，高齢者がパソコンやタブレットの利用が難しいこと，買い物弱者の多い過疎地域では宅配コストが高くつくといった問題があります。さらに，コミュニティ維持の観点からも問題があります。実際に，店舗に足を運び，自分の目で見て，手に取り，人とのコミュニケーションを通して買い物をするという日常的行為は，地域コミュニティ形成の基礎となるはずです（海老原・秋川［2012］）。さらには，近隣に食料品店があることが，認知症の発生率の増加と関連しているとの予防医学における研究結果（Tani et al.［2019］）もあります。食料品の買い物が高齢者の外出動機となり，認知症の予防に貢献する可能性があることが指摘されています。**買い物弱者の解決には，こうした社会的な側面も考慮しなくてはならないのです。**

　地域に買い物弱者サービスを提供する事業者（以下，事業者）は数多く存在します。実施主体は民間企業，行政機関，NPO，社会福祉法人，住民組織，商工会など，多岐にわたりますが，その運営は厳しいようです。約8割の市町

表 2　買い物弱者サービスの類型

類型／サービス	①身近な場所に「店をつくろう」(小さな拠点)	②家まで「商品を届けよう」(商品の移動)		③家から「出かけやすくしよう」(人の移動)	
		移動販売型	宅配型	バス型	タクシー型
概要	自宅から徒歩圏に，生活に必要な商品やサービスを提供できる小規模店舗(小さな拠点)を立地させる。	市街地から小さな拠点を巡回することにより，小さな拠点で提供できない商品やサービスを提供する。	重量物などを小さな拠点から自宅まで宅配する。	小さな拠点を巡回して市街地へ送迎することにより，小さな拠点で提供できない商品やサービスを市街地でできるようにする。	自宅を巡回して小さな拠点まで送迎する。
例	過疎地コンビニ，ミニスーパー，共同店舗	移動販売，出張店舗など	宅配，ネットスーパー，配達サービスなど	コミュニティ・バス，デマンド交通など	デマンド交通，乗合タクシー過疎地有償運送
長所	・利用者が好きなときに利用できる。 ・地域内に拠点ができ，発展性がある。	・複数拠点を回れるので，日販の向上が期待できる。 ・販売箇所を自由に設定できる。	・利用者の移動負担がゼロ。 ・品揃えに限界がない。 ・すでに小売業者が参入済み。	・旅客輸送会社などの協力があれば，比較的導入が容易。 ・利用者のモビリティ向上につながり，買い物弱者対応だけでない汎用性がある。	
短所	・初期投資と維持費が高い。 ・地域衰退とともに規模縮小。 ・仕入と物流の仕組みづくりが必要。	・初期投資が高い。 ・利用者が生活習慣の変更を余儀なくされる。 ・認知度を広げるのが難しい。	・物流コストが大きい。 ・利用者のITリテラシーが障害。 ・高齢者の外出機会を奪う。 ・購買時に現物を見られない。	・利用率が低いため，赤字の補塡(補助金，負担金など)が前提。 ・そもそも利用者が公共交通機関(とくにバス)の利用を望んでいない傾向がある。	

出所：工藤ほか［2011］59 頁の表に一部加筆(「長所」「短所」は筆者の加筆)。

村が何らかの買い物弱者対策が必要と考えており（農林水産省食品産業部食品流通課［2019］），事業者を補助金などで支援する自治体は少なくありません。総務省の調査では，補助を得た事業者のうち，過去 5 年の取組みのうち約 1 割が終了しており，継続中の取組みのうち「黒字又は均衡」は 5 割にすぎないことが指摘されています（総務省［2017］）。しかし，そもそも普通では採算がとれない，一般の小売業者がさじを投げた地域で事業を行っているのです。事業開始後の補助金が事業者の収益性に貢献していることも実証されています（秋川・中山［2020］）。事業継続を疑問視して支援を打ち切るのではなく，継続的な支援で事業を支えていくという姿勢が行政に問われているといえるでしょう。

5. 物流の危機対応

　これまで本書を読んでくれた読者であれば，物流が止まることの恐ろしさについて理解してもらえているのではないでしょうか。物流が止まれば，経済と生活が成り立ちません。突如，自給自足の原始社会にタイムスリップすることになるのです。「安全かつ強靱で持続可能な都市」の実現を謳う，SGDs の目標11「持続可能な都市」を実現するためにも，物流の強靱化は欠かせません。

　物流を止まらせるリスク要因はたくさんあります。大地震や台風などの自然災害，気候変動，感染症のまん延，紛争やテロ，大規模な事故，港湾等でのストライキ，情報通信の途絶，貿易規制の変化など，枚挙にいとまがありません。とはいえ，それは無策の言い訳にはなりません。こうしたリスク要因に対して，事前に対策を打っておく必要があるのです。

5.1　事業継続計画とは

　事業継続計画（business continuity plan：BCP）は，「不測の事態が発生しても，重要な事業を中断させない，または中断しても可能な限り短い期間で復旧させるための方針，体制，手順等を示した計画」（内閣府［2021］3頁）です。防災計画と混同されるのですが，防災計画の目的は生命や財産を守ることにありますが，BCP は図9のように「許容限界以上のレベルで事業を継続させる」ことと「許容される時間内に操業度を復旧させる」ことを目的するという点で異なります（もちろん，BCP が生命を軽視するわけではないので，お間違いなく）。

　BCP は一度策定すれば終わりということではなく，維持や更新をする必要もあります。また，そのための予算や資源の確保，事前対策の実施，取組みを浸透させるための教育・訓練の実施なども必要です。こうした平常時におけるBCP にまつわる管理活動を事業継続マネジメント（business continuity management：BCM）と呼びます（内閣府［2021］）。BCP の維持を確実なものにするために，BCM を経営戦略として位置づけて，組織内に根づかせておく必要があります。本書では物流に関する部分しか言及しませんが，**本来 BCP は事業全体を対象とします。**物流だけでなく，営業，製造，調達など，基幹業務すべてが包括された形で策定されないと意味がありません。したがって，策定には大

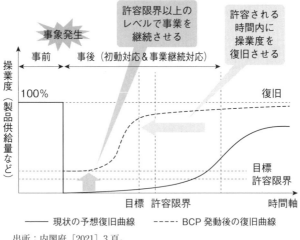

図 9　BCP の概念図

出所：内閣府［2021］3 頁。

きな手間と人手がいりますし，その定着のためにすべての関係者を巻き込む必要があります。そのためには経営者の強いリーダーシップが必要であることはいうまでもありません。

　しかしながら，**BCP の普及は道半ばといえます**。内閣府の 2019 年の調査（内閣府［2019］）では，「策定済み」と回答した企業は大企業で 68.4％，中堅企業では 34.4％ でした。大企業を中心に，BCP の策定は進んでいますが，まだ十分とはいえないでしょう。また，策定率を業種別にみると，製造業 45％，卸売業 42％，小売業 29％，運輸業・郵便業 40％ でした。どの業種も過半数には至っていないことがわかります。BCP 策定にはお金，手間，専門知識が必要なので，二の足を踏む企業が多いようです。補助金支援や専門家派遣などを行う行政の施策はあるのですが，利用は進んでいないようです。普及を進めるためには，BCP の必要性を継続的にアピールしていく必要があるといえます。

5.2　物流 BCP の内容と現状

　BCP の導入が日本で本格化したのは，2011 年の東日本大震災の後です。東日本大震災は 20 世紀以降では世界でも 4 番目の規模といわれる大地震であり，多くの死者や行方不明者を出しました。東日本大震災によって広範囲の経済活動が麻痺しましたが，物流でも被災地を中心に広範囲で機能不全が発生しました。当時の状況を振り返ってみましょう。

　○輸送面——津波に流されたトラックが多数ありました。トラックがあって

も，ドライバーがいない，ガソリンが手に入らないという事態が続きました。多くの道路が，津波で水没する，地震の揺れでひびができる，がれきに埋もれる，橋が落ちる，液状化するなどで通行できなくなりました。被災地外から支援物資を送ろうとしても，緊急通行車両の許可がないと通行規制された道路を通れないので，なかなか被災地に入れません。港や空港（仙台空港）も津波で大きな被害を受けて，営業停止に陥りました。

○ 施設面——倉庫や物流センターなどの物流施設も大きな被害を受けました。津波が浸水したり，揺れで棚が倒れたりしました。停電で荷役機器が動かず，活動を再開できない物流施設が多数でました。とくに，高層の自動倉庫では，余震で商品落下する恐れから人が近づけず，復旧が遅れました。在庫があっても出荷できない状態が続いたのです。

○ 在庫面——被災地以外の在庫もなくなる物不足の問題が広がりました。被災地の工場が止まり，備蓄在庫も多くなかったので，在庫支援が必要となったからです。物不足の不安にかられた消費者が買占めを行ったことがとどめを刺します。ガソリンや日用品が店頭から消える状態が長らく続きました。

○ 人的面——多くの従業員とその家族が亡くなったり，行方不明になったり，怪我をされたりしました。自宅が損壊し，住むところをなくした人も多くいます。連絡手段がないので，互いの安否もわかりません。金融機関も止まったので，手持ちのお金も乏しくなります。家族の安否確認ができ，生活維持の見通しが立たないと，被災者は職場復帰できません。

○ 情報面——電話回線（固定電話と携帯電話の両方）とインターネット回線が長らくつながりにくくなりました。安否確認ができないのはもちろんのこと，被災地の外との連絡もできなくなります。取引先と連絡が取れないので，業務が完全に停止します。また，津波による水没などでコンピューターが破損し，情報システムが使えなくなる事態もありました。大事な取引データがなくなったり，受発注などの基幹業務ができなくなったりして，事業を継続できなくなる企業も少なくありませんでした。

　さて，以上は大地震での被害でしたが，広範囲にリスクが顕在化したという意味で，BCPの具体化において大いに参考になるはずです（というより，同じことを繰り返さないために参考にしなければならないのです）。そのためには事前策の立案がカギとなります。一般にリスクの予防に対しては，以下の4つの戦略があるといわれます（久保・松川編［2015］）。

(1)　回避戦略——リスク自体をなくしてしまう方法です。といっても，1企業に災害や感染症をなくすことはできないので，BCPとして実現が難しい戦略です。リスクの少ない地域に物流拠点を引っ越しするなどに限定される方法でしょう。

(2)　移転戦略——リスクを他の組織と共有してしまう戦略です。具体的にいえば，保険に入ることです。ただし，最近は災害が多いことを反映して，災害保険の料金が高くなっています。

(3)　提携戦略——他の組織と協力し合う戦略です。災害時に機能不全になりそうな資源を補い合う約束をしておきます。災害時に同じ被害を受ける可能性があるので，提携先の選択は慎重に行う必要があります。

(4)　強化戦略——リスクに対する耐性を強化する戦略です。頑強性，復元性，冗長性，柔軟性の強化の4つの視点があります。

　予防機能を確実に具体化するために，BCPの中心はやはり(4)となります。(1)と(2)では限界がありますし，(3)は(4)を実現するためのパートナーづくりと認識すべきでしょう。先の東日本大震災の教訓を生かし，物流のリスク対策を具体化したのが，表3です。

　では，こうした対策の実施度はどうなっているでしょうか。ここでは，筆者が行った国内の食品製造業者に対するアンケート調査（2015年実施）の結果を見てみましょう。図10の数値は各項目に関する予防策が実施済みである割合を示します。結果から，一部の項目を除いて，かなり低い実施率といえるでしょう。グラフ中の「経験あり」は，その企業がBCPを策定した経験のあることを意味しますが，そのような企業であっても低い実施率なのは変わりません。策定したBCPのなかで，物流の施策が抜けているのです。**食品製造業者の事業継続性は，物流面で大きな問題を抱えている**といえそうです。食料自給率の低さから見逃されがちになりますが，日本人が国産食品を嗜好するため，加工食品生産は国内に大きく依存しています。したがって，南海トラフ地震や首都直下型地震のような大災害が起こった際に，食料安全保障が大きく揺らぐことが予想される（秋川[2017]）といえるでしょう。

表3　物流 BCP の具体的な施策

戦　　略	例
頑強性——外力に対する耐性を強化する	物流関連の施設や設備の地震・防火対策 コンピューターの地震対策 物流施設立地の見直し
復元性——ダメージを受けてもすぐに復旧できる	施設・設備の普及手順の確立 取引データのバックアップ 緊急通行車両の事前申請
冗長性——平常時に余剰な資源や活動を保有しておく	在庫の積み増し 輸送手段や輸送ルートの二重化 委託業者の複数化 物流拠点での予備電源の確保 トラック燃料の自前保管 情報システムの二重化
柔軟性——状況に応じて活動や資源を変えられるようにしておく	代用となる物流拠点の確保 応援要員の確保 利用する港や空港の変更

図10　食品メーカーの物流 BCP の実施度

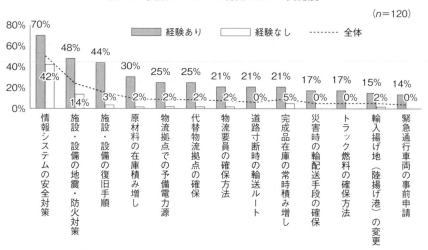

(*n*=120)

出所：秋川［2017］28 頁を一部修正。

6. 女性の活躍と物流

2021年度の労働力調査によれば，「道路貨物運送業」（いわゆる，トラック運送業）の「輸送・機械運転従事者」において，女性が占める割合はわずか3%しかありません（総務省［2022］）。トラックドライバーは日本だけでなく，海外でも「性差のある仕事」（gendered work）（Hopkins and Akyelken, 2022）として認識されているようです。最も女性の活躍が乏しい職業の1つといっても言いすぎではないでしょう。こうした性差が第3節で説明した，トラックドライバー不足の一因になっているのは間違いありません。それと同時に，SDGsの1つとしてあらゆる性差の撤廃を謳う，「ジェンダー平等」（目標5）の達成の視点からも大きな問題となります。SDGsでは，男性に過度に依存した労働力構成に対して速やかな改善を求めています。

とはいっても，女性がトラックドライバーになりたがらないのであれば，どうしようもありません。「理想とする職業のイメージ」と「トラックドライバー職で働くことのイメージ」の間に格差があるうちは，女性がトラックドライバーを職業の選択肢とみなすことはないでしょう。女性にトラック業界を就業の選択肢と考えてもらうには，この差を埋めていく必要があるのです。

このイメージ格差は，さらに2つに切り分けられます。1つは女性ドライバーが経験する「トラックドライバー職の実態」と一般女性が有する「理想とする職業」との差です。この差は女性が求める理想職業像を職業実態がどの程度満たしているかを意味します。この差を「実態を反映した格差」と呼びましょう。この差が大きい場合，実際の就業環境を改善する必要があります。いま1つは，一般女性が有する「トラックドライバー職で働くことのイメージ」と女性ドライバーが経験する「トラックドライバー職の実態」の差です。この差は，女性が抱くトラックドライバーの職業イメージが実態のそれとどの程度離れているかを示します。この差を「実態を反映していない格差」と呼びましょう。この差が大きい場合，女性が有するトラックドライバーのイメージは間違っているといえるので，是正する施策が必要となります。このように，イメージ格差を切り分けて考えると，より効果的なアプローチを選ぶことができそうです。

以上のイメージ格差を明らかにするために，筆者がゼミナール学生とともに一般の若年女性と女性トラックドライバーを別々に対象とした2つのアンケー

表4 女性トラックドライバーに対する2つの職業イメージ格差

実態を反映した格差（実態の改善が必要）

1位	育児・出産と仕事を両立できる	−2.2
2位	残業がほとんどない	−1.8
3位	体力の有無が問われない	−1.7
4位	土日は必ず休める	−1.4
5位	勤務時間に融通がきく	−1.3

実態を反映していない格差（イメージの修正が必要）

1位	職場が地元にある	−1.8
2位	仕事をするなかで自身が成長できる	−1.7
3位	仕事上で人とのつながりが実感できる	−1.5
4位	職場での人間関係が良好である	−1.4
5位	やりがいがある	−1.3

出所：秋川［2023b］3頁。

トを実施しました（2021年と22年に実施）。将来性，待遇，職業環境など，職業のイメージ尺度は多岐に分類されます。産業心理学の研究に基づき，職業イメージを項目化して質問票を作成しました。若年女性を対象に①「理想とする職業のイメージ」と②「トラックドライバー職で働くことのイメージ」の2つに対して，個々のイメージ尺度の該当度を7段階で評価してもらいました。同じく，職業としてトラックドライバーに従事している女性を対象に③「トラックドライバー職の実態イメージ」について同じ方法でお聞きしました。

　アンケート・データに基づき，イメージ尺度ごとに2つの格差を計算しましょう。実態を反映した格差は，③の平均から①の平均を引いたものになります。実態を反映していない格差は，②の平均から③の平均を引いたものになります。計算の結果，大きな格差があったものを表4で示します。

　まず，実態を反映した格差をみていきましょう。この格差が大きくなればなるほど，理想に実態が追い付いていないことを意味します。したがって，**女性から就業希望を得るためには，実態を改善する必要があります**。1位の「育児・出産と仕事を両立できる」の問題は，産前・産後休業や育児休業の制度はもちろんのこと，妊娠中や出産後の体には負担が大きい職業のため，配置転換，勤務時間の短縮，休業期間の延長なども考えなくてはいけないでしょう。表では「両立できる」とあっても，結果は「両立できない」ことを示しているので，

ご注意ください。

2位，4位，5位は労働時間に関わる問題です。第3節の働き方改革の実現で改善されることが期待されるところです。3位「体力の有無が問われない」については，機械荷役の活用による手荷役削減を進めるべきでしょう。そのためには，テールゲート・リフター付きのトラックを増やすとか，パレット積みによるフォークリフト荷役を促進することなどが考えられます。

次に，実態を反映していない格差についてですが，**トラックドライバーの職業イメージが実態より悪く認識されていることを示しているので，格差があるイメージについては，正しく実態を教えて，改善させる必要があります。**実際には，求人広告や就職セミナーなどで，表4で示した項目について具体例を示して，イメージを是正する必要があるでしょう。

2つの格差を比較すると，実態を反映した格差のほうが数値は大きいです。したがって，イメージ改善においては，業界の実態を改善することが優先されます。すでに企業への情報提供を目的とした，国土交通省による「トラガール推進プロジェクト」が発足しています。今後は情報提供だけでなく，環境改善やイメージ改善に関してより踏み込んだ，より積極的な施策が求められます。

さらに学習したい読者に推薦したい図書

首藤若菜 [2018]『物流危機は終わらない──暮らしを支える労働のゆくえ』岩波書店
⇨労使関係論の専門家からみた物流現場の実態が書かれています。物流の労働問題を知るうえで最適な書籍です。

岩間信之編著（2011）『フードデザート問題──無縁社会が生む「食の砂漠」』農林統計協会
⇨買い物弱者問題について理解するうえで最適な書籍です。

内閣府（2023）「事業継続ガイドライン──あらゆる危機的事象を乗り越えるための戦略と対応」（https://www.bousai.go.jp/kyoiku/kigyou/pdf/guideline202303.pdf）
⇨BCPの全容と策定方法を知るうえで読むとよいでしょう。

参考文献一覧

明石芳彦［1993］「取引費用理論と産業組織論——論理構造の検討」『季刊経済論集』15(4)，11-25頁

秋川卓也［2004］『サプライチェーン・マネジメントに関する実証研究——企業間調整行動の視点から』プレアデス出版

秋川卓也［2008a］「SCM 部門と場の展開についての考察——食品メーカーの事例調査から」『経営情報学会誌』16(4)，1-18頁

秋川卓也［2008b］「メタ・マネジメントの視点による SCM の展開に関する考察」『日本物流学会誌』16，81-88頁

秋川卓也［2009a］「活動理論の視座による SCM 部門の需給管理活動とメタ・マネジメント問題に関する試論」『山梨学院大学経営情報学論集』15(15)，109-120頁

秋川卓也［2009b］「活動理論の視座による SCM 部門の需給管理に関する考察」『経営情報学会 2009年春季全国研究発表大会要旨集』1-4頁

秋川卓也［2013］「サプライチェーンとロジスティクスのマネジメント」嶋正・東徹編著『現代マーケティングの基礎知識』創成社，181-195頁

秋川卓也［2014］「広域型の緊急支援物資サプライチェーンにおける上流過程」『日本物流学会誌』22，157-164頁

秋川卓也［2015］「サプライチェーン・マネジメントによる返品削減の可能性」『日本物流学会誌』23，95-102頁

秋川卓也［2017］「災害時における食品メーカーのサプライチェーン事業継続性」『日本物流学会誌』25，23-30頁

秋川卓也［2019］「基礎自治体における緊急支援物資ロジスティクスの準備実態に関する調査研究」『日本物流学会誌』27，123-130頁

秋川卓也［2020］「輸送による二酸化炭素排出量と商慣行の関係についての研究」『2019 年度 物流研究助成 成果報告書』（近日公開予定）

秋川卓也［2021a］「広域型支援物資ロジスティクスにおける初期対応の有効性と課題（特集 災害発生時，物流はどのように対応するか）」『物流問題研究』70，43-46頁

秋川卓也［2021b］「小売業の物流生産性改革——納品回数削減と共同化の視点から」『第 38 回日本物流学会 全国大会研究報告集』日本物流学会全国大会実行委員会，63-66頁

秋川卓也［2022a］「供給関連部門と需要関連部門の間におけるサプライチェーン・プロセスの統合とコンフリクト」『日本物流学会誌』30，163-170頁

秋川卓也［2022b］「物流と環境問題」東伸一・三村優美子・懸田豊・金雲鎬・横山斉理編『流通と商業データブック——理論と現象から考える』有斐閣，77-79頁

秋川卓也［2023a］「ラストマイル配送のコストと価値」『日本物流学会誌』31，137-144頁

秋川卓也［2023b］「若年女性が有する物流業界の就業イメージの調査」『公益財団法人 SBS 鎌田財団2020 年度物流研究助成 成果報告書』1-10頁（未公開）

秋川卓也・久野桂史［2012］「救援物資ロジスティクスにおける PPP（公民連携）」『日本物流学会誌』20，221-228頁

秋川卓也・中山徹郎［2020］「買い物弱者事業における収益性の決定要因に関する実証研究」『日本物流学会誌』28，133-140頁

アサヒビール・キリンビール・サッポロビール・サントリー食品インターナショナル・日本酒類販売［2018］「ビール 4 社『配送効率化』取組み事例」『製・配・販連携協議会 2017 年度「配送効率化」取組事例報告』（https://www.gs1jp.org/forum/pdf/2018_beergroup.pdf）

東伸一・三村優美子・懸田豊・金雲鎬・横山斉理編［2022］『流通と商業データブック——理論と現

　　象から考える』有斐閣

阿保栄司 [1983]『物流の基礎』税務経理協会

阿保栄司 [1990]『物流サービスの戦略的展開』白桃書房

阿保栄司 [1992]『ロジスティクス——物的流通・製造・調達の総合管理』中央経済社

阿保栄司 [1993]『ロジスティクス革新戦略』日刊工業新聞社

阿保栄司 [1996]『成功する共同物流システム——グリーン・ロジスティクスへの挑戦』生産性出版

阿保栄司 [1998]『サプライチェーンの時代——現代ロジスティクスの発展』同友館

阿保栄司編 [1998]『ロジスティクスの基礎』税務経理協会

阿保栄司・矢澤秀雄 [2000]『サプライチェーン・コストダウン』中央経済社

安藤顕 [2019]『SDGsとは何か？——世界を変える17のSDGs目標』三和書籍

伊倉義郎・高井英造 [2020]『物流アルゴで世が変わる——サプライチェーンの最適化』日本評論社

石川和幸 [2014]『在庫マネジメントの基本——この1冊ですべてわかる』日本実業出版社

石川和幸 [2021]『エンジニアが学ぶ物流システムの「知識」と「技術」（第2版）』翔泳社

石坂昭雄・壽永欣三郎・諸田實・山下幸夫 [1980]『商業史』有斐閣

井上芳枝 [1967]『輸送・荷役・保管——物的流通費合理化の事例研究』実業之日本社

猪俣哲史 [2019]『グローバル・バリューチェーン——新・南北問題へのまなざし』日本経済新聞出版社

岩間信之編 [2011]『フードデザート問題——無縁社会が生む「食の砂漠」』農林統計協会

ウィリアムソン, O. E.（浅沼萬里・岩崎晃訳）[1980]『市場と企業組織』日本評論社

運輸省 [1964]『昭和39年度 運輸白書』大蔵省印刷局

運輸省 [1965]『昭和40年度 運輸白書』大蔵省印刷局

海老原航・秋川卓也 [2012]「都市部における買い物弱者問題の実態と提案」『日本物流学会誌』20, 277-284頁

大下剛 [2018]「海外における3PL研究動向に関する考察——文献レビュー」『明大商学論叢』100(2), 63-81頁

大下剛 [2022]「トラック輸送産業におけるトラックドライバー職選択理由に関する考察」『日本物流学会誌』30, 75-82頁

大下剛・秋川卓也 [2015]「3PL事業者へのアウトソーシングにおける組織間連携に関する研究」『日本物流学会誌』23, 87-94頁

大野勝久 [2011]『Excelによる生産管理——需要予測，在庫管理からJITまで』朝倉書店

大野耐一 [1978]『トヨタ生産方式——脱規模の経営をめざして』ダイヤモンド社

大村平 [2015]『ORのはなし（改訂版）』日科技連

梶田ひかる [2020a]「ビジキャリ ロジスティクス管理2級 対策講座（第18回）物流原価計算」『月刊ロジスティクス・ビジネス』20(6), 76-79頁

梶田ひかる [2020b]「ビジキャリ ロジスティクス管理2級 対策講座（第20回）物流ABC」『月刊ロジスティクス・ビジネス』20(8), 54-59頁

神山惣次郎 [1967]『物的流通管理——流通の組織・技術・コスト革新』日本経営出版会

川辺信雄 [2003]『セブン-イレブンの経営史——日本型情報企業への挑戦（新版）』有斐閣

川辺信雄 [2007][2008]「コンビニ全史 第4部 情報＆物流システム」第26回〜第30回『コンビニ』2007年11月号〜2008年5月号

環境省 [2006]「容器包装廃棄物の使用・排出実態調査の概要（平成18年度）」(https://www.env.go.jp/recycle/yoki/c_2_research/research_H18.html)

環境省 [2021]「容器包装廃棄物の使用・排出実態調査の概要（令和3年度）」(https://www.env.go.jp/recycle/yoki/c_2_research/research_R03.html)

環境省・国立環境研究所 [2022a]「2020年度の温室効果ガス排出量（確報値）について」

環境省・国立環境研究所 [2022b]「2020年度（令和2年度）の温室効果ガス排出量（確報値）につ

いて」（https://www.nies.go.jp/whatsnew/GHG2020_Final_Main（J）.pdf）

北岡正敏［1990］『物流システム設計のすすめ方』中央経済社

苦瀬博仁［1999］『付加価値創造のロジスティクス』税務経理協会

苦瀬博仁編著［2014］『ロジスティクス概論――基礎から学ぶシステムと経営』白桃書房

苦瀬博仁［2016］『ロジスティクスの歴史物語――江戸から平成まで』白桃書房

苦瀬博仁編著［2021］『ロジスティクス概論――基礎から学ぶシステムと経営（増補改訂版）』白桃書房

苦瀬博仁・梶田ひかる監修，中央職業能力開発協会編著［2017］『ロジスティクス管理3級（第3版）』社会保険研究所

苦瀬博仁・久保幹雄・二階堂亮・菅智彦［1996］「配送コストと施設コストにもとづく物流施設の最適数と最適位置のモデル分析」『日本物流学会誌』5，12-20頁

苦瀬博仁・坂直登監修，中央職業能力開発協会編著［2017］『ロジスティクス・オペレーション2級（第3版）』中央職業能力開発協会

工藤憲一・木村淳・野崎洋之［2011］「買い物弱者を応援するサービス事例から得られる継続可能な協働への示唆」『流通情報』43(4)，56-70頁

久保幹雄・松川弘明編［2015］『サプライチェーンリスク管理と人道支援ロジスティクス』近代科学社

久保田精一・浜崎章洋・上村聖［2021］『物流コストの算定・管理のすべて――コスト激増時代必須のマネジメント手法』創成社

黒田勝彦・小林ハッサル柔子［2021］『文明の物流史観』成山堂書店

経済企画庁編［1965］『中期経済計画』大蔵省印刷局

経済産業省［2003］「再商品化義務量の算定に係る量，比率等について」（https://www.meti.go.jp/statistics/kan/recycle/result/pdf/kekka.pdf）

経済産業省［2010］「地域生活インフラを支える流通のあり方研究会報告書概要――地域社会とともに生きる流通」経済産業省安心生活創造事業推進検討会（https://www.mhlw.go.jp/shingi/2010/07/dl/s0720-2f.pdf）

経済産業省［2014］「買物弱者・フードデザート問題等の現状及び今後の対策のあり方に関する調査報告書」Arthur D. Little（Japan）．（https://www.meti.go.jp/policy/economy/distribution/150427_report_2.pdf）

経済産業省［2021］「容器包装利用・製造等実態調査の結果について」（https://www.meti.go.jp/statistics/kan/recycle/result/pdf/yourikekka_tyosa_r3.pdf）

経済産業省［2022］「令和3年度 電子商取引に関する市場調査報告書」

経済産業省・国土交通省・農林水産省［2022］「我が国の物流を取り巻く現状と取組状況」（https://www.meti.go.jp/shingikai/mono_info_service/sustainable_logistics/pdf/001_02_00.pdf）

経済審議会流通研究委員会［1972］「これからの流通――経済審議会流通研究委員会報告」日本経済新聞社

警察庁［2015］「運転免許証の自主返納に関するアンケート調査結果」（https://www.npa.go.jp/koutsuu/kikaku/koureiunten/kaigi/3/siryoh/shiryo4.pdf）

国土交通省［2021］「R3年度トラック輸送状況の実態調査結果（全体版）」（https://www.mlit.go.jp/jidosha/content/001490115.pdf）

国土交通省［2022］「令和3年度 宅配便等取扱実績関係資料」

国際連合広報センター［2019］「SDGsのポスター・ロゴ・アイコンおよびガイドライン」（https://www.unic.or.jp/activities/economic_social_development/sustainable_development/2030agenda/sdgs_logo/）

小林潔司・古市正彦編著［2017］『グローバルロジスティクスと貿易』ウェイツ

小林健吾［1992］『利益計画・予算のための販売予測』中央経済社

小林哲 ［2000］「分析装置としての『延期＝投機の原理』」『經營研究』51 (3)，67-83 頁

ゴールドラット，E. （三本木亮訳）［2001］『ザ・ゴール――企業の究極の目的とは何か』ダイヤモンド社

齊藤実 ［1999］『アメリカ物流改革の構造――トラック輸送産業の規制緩和』白桃書房

齊藤実編著 ［2005］『3PL ビジネスとロジスティクス戦略』白桃書房

齊藤実 ［2016］『物流ビジネス最前線――ネット通信，宅配便，ラストマイルの攻防』光文社

齊藤実・矢野裕児・林克彦 ［2020］『物流論 （第 2 版）』中央経済社

櫻井通晴 ［1998］『間接費の管理――ABC/ABM による効果性重視の経営』中央経済社

佐藤信夫 ［2004］『古代法解釈――ハンムラビ法典楔形文字原文の翻訳と解釈』慶應義塾大学出版会

佐藤良明 ［1993］『物流・配送センター――設置と効率化のポイント』日刊工業新聞社

産業構造審議会流通部会 ［1966］『物的流通の改善について』産業構造審議会流通部会

シガフーズ，R. A. （上之郷利昭訳）［1986］『空とぶ宅配便 フェデラルエクスプレス――世界の物流革命をリードする燃える集団』TBS ブリタニカ

信田洋二 ［2013］『セブン‐イレブンの「物流」研究――国内最大の店舗網を結ぶ世界最強ロジスティクスのすべて』商業界

柴田悦子 ［2008］「戦後経済の流れと港湾政策の検討 （前編・1982 年まで）」『海事交通研究』57，81-92 頁

清水博 ［1996］『生命知としての場の論理――柳生新陰流に見る共創の理』中央公論新社

清水博 ［1999］『生命と場所――創造する生命の原理 （新版）』NTT 出版

首藤若菜 ［2018］『物流危機は終わらない――暮らしを支える労働のゆくえ』岩波書店

鈴木暁編著 ［2017］『国際物流の理論と実務 （6 訂版）』成山堂出版

鈴木震 ［1997］『配送センターシステム――オーダーピッキングのポイント』成山堂書店

鈴木震・秋川卓也・黒川久幸 ［2009］「EIQ 法による物流センター・システム設計」『第 26 回日本物流学会 全国大会予稿集』121-124 頁

製・配・販連携協議会 ［2017］「日用品における返品削減の進め方手引書」（https://www.gs1jp.org/forum/pdf/2017_nichiyohin5.pdf）

セブン＆アイ・ホールディングス ［2022］「コーポレートアウトライン （2021 年度版）」（https://www.7andi.com/ir/file/library/co/pdf/2022_all_a.pdf）

セブン‐イレブン・ジャパン ［2000］「環境報告書 2000」（https://www.sej.co.jp/library/contents/csr/library/pdf/2000/env_repo.pdf）

総務省 ［2017］「買物弱者対策に関する実態調査 結果報告書 （PDF）」総務省行政評価局 （http://www.soumu.go.jp/menu_news/s-news/107317_0719.html#kekkahoukoku）

総務省 ［2022］「労働力調査」（https://www.stat.go.jp/data/roudou/sokuhou/4hanki/dt/index.html）

高田富夫 ［2017］『ロジスティクス管理の方法』山縣記念財団

高橋輝男 ［1990］『ワークデザインによる物流システム設計』白桃書房

田邉勝巳 ［2017］『交通経済のエッセンス』有斐閣

谷口吉彦 ［1935］『配給組織論』千倉書房

谷本谷一 ［1969］『大都市における物的流通の諸問題――流通革新をはばむ病根の解明と打開策』交通日本社

谷本谷一 ［1980］『現代日本の物流問題』新評論

玉木俊明 ［2018］『物流は世界史をどう変えたのか』PHP 研究所

通商産業省企業局編 ［1968］『流通近代化の展望と課題――産業構造審議会中間答申』大蔵印刷局

通商産業省産業政策局商政課編 ［1991］『物流ビジョン――物流等検討分科会報告書』通商産業調査会

通商産業省産業政策局流通産業課編 ［1992］『90 年代の物流効率化ビジョン――社会システムとして

の物流の構築に向けて』通商産業調査会

Daily Cargo 編集部編［2020］『ビギナーのための新・航空貨物 100 問 100 答』海事プレス社

出牛正芳［1968］『マーケティング機能論』同文舘出版

出牛正芳［1990］『演習商品知識の基礎（改訂版）』同友館

統計審議会［1965］「物資流通消費に関する統計の整備について」行政管理庁統計基準局

東洋経済新報社編［2022］『会社四季報業界地図 2023 年版』東洋経済新報社

内閣府［2017］「『運転免許証の自主返納制度等に関する世論調査』の概要」内閣府政府広報室
（https://survey.gov-online.go.jp/tokubetu/h29/h29-jishuhennog.pdf）

内閣府［2020］「令和元年度 企業の事業継続及び防災の取組に関する実態調査」内閣府防災担当
（https://www.bousai.go.jp/kyoiku/kigyou/topics/pdf/r2_jittaichousa.pdf）

内閣府［2021］「事業継続ガイドライン——あらゆる危機的事象を乗り越えるための戦略と対応」内
閣府防災担当（https://www.bousai.go.jp/kyoiku/kigyou/keizoku/pdf/guideline202104.pdf）

中西睦［1967］『港湾流通経済の分析』成文堂

中田信哉［1973］『物流の新しい技術』日本工業新聞社

中田信哉［1976］「企業経営から見た物流問題」林周二・中西睦編『現代の物的流通（第 2 版）』日本
経済新聞社，53-71 頁

中田信哉［1987］『戦略的物流の構図』日通総合研究所

中田信哉［1998］『物流政策と物流拠点』白桃書房

中田信哉［2001a］『物流論の講義（改訂版）』白桃書房

中田信哉［2001b］『ロジスティクス・ネットワークシステム』白桃書房

中田信哉・橋本雅隆・嘉瀬英昭編著［2007］『ロジスティクス概論』実教出版

中田信哉・湯浅和夫・橋本雅隆・長峰太郎［2003］『現代物流システム論』有斐閣

波形克彦［2008］『物流効率化の新常識』PHP 研究所

西澤脩［1970］『流通費——知られざる"第三の利潤源"』光文社

西澤脩［1971］『物的流通費の管理』日本生産性本部

西澤脩［1994］「リストラ時代の物流コストの管理」『管理会計学——日本管理会計学会誌』3(1)，3-
19 頁

西澤脩［2003］『物流活動の会計と管理——物流の ABC から SCM まで』白桃書房

西澤脩［2007］「わが国戦後管理会計発達史（後編）」『LEC 会計大学院紀要』2，13-30 頁

西沢脩・神山惣次郎・向野元生・宮野武雄・梁瀬仁［1967］『物的流通コスト低減の進め方』日刊工
業新聞社

西本真敏［2017］「自動車メーカー戦略分析・市場編（第 4 回）欧州 企業の枠超えた合従連衡が進む
英国は EU 離脱で大打撃の恐れ残る」『日経 automotive』(77)，84-87 頁

日経コンピュータ［2018］「特集 1 半数が「失敗」——三千万円未満が半数 鬼門は CRM と SCM」
『日経コンピュータ』959，36-39 頁

日本貨物鉄道［2022］「JR 貨物グループレポート 2022」（https://www.jrfreight.co.jp/files/私たちに
ついて/CSR・IR 情報/csr_jr_rep2022_H.pdf）

日本規格協会編［2022］『JIS ハンドブック物流 2022』日本規格協会

日本生産性本部［1966］『物的流通管理専門視察団報告書』日本生産性本部

日本生産性本部流通技術専門視察団［1958］『流通技術——流通技術専門視察団報告書』日本生産性
本部

日本能率協会産業研究所編［1968］『物的流通システムに関する実態調査』日本能率協会産業研究所

日本貿易実務検定協会編［2017］『図解貿易実務ハンドブック——「貿易実務検定」C 級オフィシャ
ルテキスト（ベーシック版）』日本能率協会マネジメントセンター

日本包装学会［2014］「包装アーカイブス プラスチック通い箱廃棄品を原料とするプラスチックパレ
ット」『日本包装学会誌』23(1)，62-73 頁

日本ロジスティクスシステム協会 [2022]『物流コスト調査報告書』日本ロジスティクスシステム協会

農林水産省食料産業部食料流通課 [2019]「『食料品アクセス問題』に関する全国市町村アンケート調査結果」農林水産省（http://www.maff.go.jp/j/shokusan/eat/attach/pdf/access_genjo-3.pdf）

農林水産政策研究所 [2015]「表 1 食料品アクセス困難人口（2015 年）」農林水産政策研究所企画広報室広報資料課（http://www.maff.go.jp/primaff/seika/fsc/faccess/table01.html）

野尻亘 [2005]『日本の物流——流通近代化と空間構造』古今書院

橋本修二・川戸美由紀・尾島俊之 [2018]「健康寿命の全国推移の算定・評価に関する研究——全国と都道府県の推移」『厚生労働科学研究費補助金（循環器疾患・糖尿病等生活習慣病対策総合研究事業）分担研究報告書』（http://toukei.umin.jp/kenkoujyumyou/houkoku/H29.pdf）

橋本雅隆 [2007]「ロジスティクスとビジネス・プロセス」中田信哉・橋本雅隆・嘉瀬英昭編著『ロジスティクス概論』実教出版，50-73 頁

橋本雅隆 [2015]「グローバルロジスティクスネットワークの運用」圓川隆夫編『戦略的 SCM——新しい日本型グローバルサプライチェーンマネジメントに向けて』日科技連出版社，285-298 頁

バーニー，J. B.（岡田正大訳）[2003]『企業戦略論——競争優位の構築と持続 基本編』上，ダイヤモンド社

浜崎章洋 [2015]『ロジスティクスの基礎知識（改訂版）』海事プレス社

浜崎章洋・上村聖・富計かおり・大北勝久・大西康晴 [2014]『通販物流——ビジネス成功への必要条件』海事プレス社

林克彦 [2022]『現代物流産業論——ロジスティクス・プラットフォーム革新』流通経済大学出版会

林周二 [1968]「物的流通の概念」林周二・中西睦編『現代の物的流通』日本経済新聞社，3-25 頁

林周二 [1971]「流通のシステム化」『運輸と経済』31(1)，28-36 頁

林周二 [1976]「物流の概念と問題状況」林周二・中西睦編『現代の物的流通（第 2 版）』日本経済新聞社，3-28 頁

林周二 [1977]『流通革命——製品・経路および消費者（増訂版）』中央公論社

林周二・田島義博編 [1970]『流通システム』日本経済新聞社

林周二・中西睦編 [1968]『現代の物的流通』日本経済新聞社

林周二・中西睦編 [1976]『現代の物的流通（第 2 版）』日本経済新聞社

日高正信 [1976]「消費財の物流」林周二・中西睦編『現代の物的流通（第 2 版）』日本経済新聞社，171-188 頁

平原直 [1956]「日本的荷役の特質と伝統」『荷役と機械』3(5)，1-9 頁

平原直 [1958]「戦後における雑貨荷役の変貌とその方向」『荷役と機械』5(12)，2-15 頁

平原直 [1999]「物流史談（40）物流（物的流通）が世に出るまで」『マテリアルフロー』40(9)，89-94 頁

廣田幹浩 [2015]『図解 物流センターのすべて——「儲けを生み出す」しくみと運営のしかた』日本実業出版社

深見義一ほか編集代表 [1966]『マーケティング講座 3 流通問題』有斐閣

福島和伸 [2001]『物流 IE の基礎——コストダウンのための標準時間設定と改善（増訂版）』同友館

藤本隆宏 [2001]『生産マネジメント入門 1 生産システム編』日本経済新聞社

武城正長・國領英雄 [2005]『現代物流——理論と実際』晃洋書房

松木洋三編 [1969]『物流革命——大消費時代のフロンティア』日本能率協会

丸山雅祥 [2005]『経営の経済学』有斐閣

水谷淳 [2008]「道路貨物輸送産業における規制緩和効果の要因分析」『日本物流学会誌』16，59-66 頁

光澤滋朗 [1987]『マーケティング管理発展史——アメリカ事例の分析』同文舘出版

美藤信也・藤原廣三・新谷眞瑜・館林良樹 [2020]「2008・2012・2018 日本物流学会物流共同化実態

調査報告書の比較研究」『日本物流学会誌』28，213-220 頁

南川利雄［1973］『実務物流システムのたて方──社内外をむすぶ物的流通改善策のすすめ』経林書房

南川利雄［1977］『やさしい物的流通の知識』ダイヤモンド社

宮下國生［2011］『日本経済のロジスティクス革新力』千倉書房

宮下正房・中田信哉［1984］『物流の知識』日本経済新聞社

向井鹿松［1963］『流通総論──マーケティングの原理』中央経済社

森隆行［2007］『現代物流の基礎』同文舘出版

森下二次也［1960］『現代商業経済論──商業資本の基礎理論』有斐閣

矢作敏行［1994］『コンビニエンス・ストア・システムの革新性』日本経済新聞社

矢作敏行［1996］『現代流通──理論とケースで学ぶ』有斐閣

矢作敏行・小川孔輔・吉田健二［1993］『生・販統合マーケティング・システム』白桃書房

山口雄大［2018］『品切れ，過剰在庫を防ぐ技術──実践・ビジネス需要予測』光文社

山口雄大［2021］『需要予測の基本──この 1 冊ですべてわかる（新版）』日本実業出版社

山口雄大・行本顕・泉啓介・小橋重信［2021］『図解メーカーの仕事』ダイヤモンド社

山倉健嗣［2001］「アライアンス論・アウトソーシング論の現在──90 年代以降の文献展望」『組織科学』35(1)，81-95 頁

ヤマトホールディングス編［2020］『ヤマトグループ 100 年史──1919-2019』ヤマトホールディングス

山本裕・男澤智治編［2020］『物流を学ぶ──基礎から実務まで』中央経済社

湯浅和夫［2007］『「物流管理」の常識・非常識──今度こそ本当にコストが下がる！』PHP 研究所

湯浅和夫，中小企業庁監修［2003］『「物流 ABC」導入の手順──究極のローコスト物流を実現！：原価計算の知識がなくてもできる！』かんき出版

百合本茂・片山直登・増田悦夫［2015］『ロジスティクスの計画技法──ロジスティクスの分析・設計で用いられる手法』流通経済大学出版会

吉田民人［1990］『情報と自己組織性の理論』東京大学出版会

吉田勉［2020］『19 世紀「鉄と蒸気の時代」における帆船』渓水社

吉田富義［1988］『現代商品論』同友館

流通システム開発センター編［1985］『多品種少量物流の実際──その効率化のポイントと成功事例』流通システム開発センター

流通システム開発センター編［1992］『多品種少量物流への挑戦──先進企業 15 社の成功事例』流通システム開発センター

ロジスティクス・ビジネス［2008］「緊急調査 トラック運賃急騰！」『月刊ロジスティクス・ビジネス』8(6)，4-23 頁

ロジスティクス・ビジネス［2021］「特集 物流不動産 2021」『月刊ロジスティクス・ビジネス』21(7)，18-57 頁

ロジスティクス・ビジネス［2022］「『物流コストインフレ』で市場規模が膨張」『月刊ロジスティクス・ビジネス』22(6)，21-27

Alderson, W.［1957］*Marketing Behavior and Executive Action: A Functionalist Approach to Marketing Theory*, Richard D. Irwin.（石原武政・風呂勉・光澤滋朗・田村正紀訳『マーケティング行動と経営者行為──マーケティング理論への機能主義的接近』千倉書房，1984 年）

Alderson, W.［1965］*Dynamic Marketing Behavior: A Functionalist Theory of Marketing*, Richard D. Irwin.（田村正紀・堀田一善・小島健司・池尾恭一訳『動態的マーケティング行動──マーケティングの機能主義理論』千倉書房，1981 年）

American Management Association［1960］*Management of the Physical-distribution Func-*

tion: Guides for Reducing Industry's Third-largest Cost, American Management Association.

American Marketing Association [1948] "Report of the definitions committee," *Journal of Marketing*, 13(2), pp. 202-217.

American Marketing Association [1960] *Marketing Definitions: A Glossary of Marketing Terms*, American Marketing Association.

Arbury, J. N. and others [1967] *A New Approach to Physical Distribution*, American Management Association.

Aulet, B. [2013] *Disciplined Entrepreneurship: 24 Steps to a Successful Startup*, John Wiley & Sons. (月沢李歌子訳『ビジネス・クリエーション！──アイデアや技術から新しい製品・サービスを創る24ステップ』ダイヤモンド社，2014年)

Aylott, D. J. and D. Brindle-Wood-Williams [1970] *Physical Distribution in Industrial and Consumer Marketing*, Hutchinson.

Ballou, R. H. [1999] *Business Logistics Management: Planning, Organizing, and Controlling the Supply Chain*, 4th ed., Prentice Hall.

Bernstein, W. J. [2008] *A Splendid Exchange: How Trade Shaped the World*, Atlantic Monthly Press. (鬼澤忍訳『交易の世界史──シュメールから現代まで』上・下，筑摩書房，2019年)

Bowersox, D. J. [1969] "Physical distribution development, current status, and potential," *Journal of Marketing*, 33(1), pp. 63-70.

Bowersox, D. J., D. J. Closs, and M. B. Cooper [2002] *Supply Chain Logistics Management*, McGraw-Hill. (松浦春樹・島津誠訳者代表『サプライチェーン・ロジスティクス』朝倉書店，2004年)

Bucklin, L. P. [1966] *A Theory of Distribution Channel Structure*, Institute of Business and Economic Research, University of California. (田村正紀訳『流通経路構造論』千倉書房，1977年)

Chopra, S. and P. Meindl [2007] *Supply Chain Management: Strategy, Planning, and Operation*, 3rd ed., Pearson/Prentice Hall.

Christopher, M. [1985] *The Strategy of Distribution Management*, Gower. (阿保栄司訳『ロジスティックス時代の物流戦略──利益拡大の計画と実践』日本物的流通協会，1986年)

Clark, F. E. [1922] *Principles of Marketing*, Macmillan. (緒方清・緒方豊喜訳『賣買組織論──貨物配給の原理』上・下，丸善，1930〜32年)

Converse, P. D. [1921] *Marketing: Methods and Policies*, Prentice Hall.

Converse, P. D. [1958] "The other half of marketing, marketing," in *Transition*, edited by A. L. Seelye, Harper & Brothers.

David, P. A. and R. D. Stewart [2008] *International Logistics: The Management of International Trade Operations*, 2nd ed., Thomson Custom Solutions.

Drucker, P. F. [1962] "The economy's dark continent," *Fortune*, 65(103), pp. 265-270. (田島義博訳「経済の暗黒大陸」『中央公論』77(9)，114-123頁，1962年)

Drucker, P. F. [1974] *Management: Tasks, Responsibilities, Practices*, Harper & Row. (上田惇生訳『ドラッカー名著集14 マネジメント──課題，責任，実践』中，ダイヤモンド社，2008年)

Ellram, L. M. and M. C. Cooper [2014] "Supply chain management: It's all about the journey, not the destination," *Journal of Supply Chain Management*, 50(1), pp. 8-20.

Hall, M. [1947] *Distributive Trading: An Economic Analysis*, Hutchinson University Library. (片岡一郎訳『商業の経済理論──商業の経済学的分析』東洋経済新報社，1957年)

Harrison, A. and R. V. Hoek [2002] *Logistics Management and Strategy*, Prentice Hall. (水嶋康雅・浦上忠之訳『ロジスティクス経営と戦略』ダイヤモンド社，2005年)

Heskett, J. L. [1962] "Ferment in marketing's oldest area," *Journal of Marketing*, 26(4), pp. 40-45.

Heskett, J. L., R. M. Ivie, and N. A. Glaskowsky, Jr. [1964] *Business Logistics: Management of Physi-*

cal Supply and Distribution, Ronald Press.

Hoekstra, S. and J. Romme [1992] Integral Logistic Structures, Industial Press.

Hopkins, D. and N. Akyelken [2022] "Mother truckers? The gendered work of freight and logistics," Women, Work and Transport, 16, pp. 71-86.

Lambert, D. M., J. F. Robeson, and J. R. Stock [1978] "An appraisal of the integrated physical distribution management concept," International Journal of Physical Distribution & Materials Management, 9(1), pp. 74-88.

Lavery B. [2013] The Conquest of the Ocean: The Illustrated History of Seafaring, Dorling Kindersley. (千葉喜久枝訳『航海の歴史——探検・海戦・貿易の四千年史』創元社, 2015 年)

Lawrence, P. R. and J. W. Lorsch [1967] "Differentiation and integration in complex organizations," Administrative Science Quarterly, 12(1), pp. 1-47.

Lee, H. L. [1998] "Postponement for mass customization: Satisfying customer demands for tailor-made product," in Strategic Supply Chain Management, edited by J. Gattorna, Gower, pp. 77-91. (前田健三・田村誠一訳『サプライチェーン戦略』東洋経済新報社, 1999 年, 73-88 頁)

Lee, H. L., V. Padmanabhan, and S. Whang [1997] "The bullwhip effect in supply chains," Sloan Management Review, 38(3), pp. 93-102.

Levinson, M. [2016] The Box: How the Shipping Container Made the WORLD Smaller and the World Economy Bigger, 2nd ed., Princeton University Press. (村井章子訳『コンテナ物語——世界を変えたのは「箱」の発明だった（増補改訂版）』日経BP, 2019 年)

Levinson, M. [2020] Outside the Box: How Globalization Changed from Moving Stuff to Spreading Ideas, Princeton University Press. (田辺希久子訳『物流の世界史——グローバル化の主役は、どのように「モノ」から「情報」になったのか？』ダイヤモンド社, 2022 年)

Lewis, H. T., J. W. Culliton, and J. D. Steele [1956] The Role of Air Freight in Physical Distribution, Division of Research, Graduate School of Business Administration, Harvard University.

Magee, J. F. [1968] Industrial Logistics: Analysis and Management of Physical Supply and Distribution Systems, McGraw-Hill. (中西睦・中村清訳『物流システム設計——ロジスティックス入門』日本経済新聞社, 1976 年)

Mangan, J. and C. Lalwani [2016] Global Logistics and Supply Chain Management, 3rd ed. J. Wiley.

March, J. G. and H. A. Simon [1958] Organizations, Wiley. (土屋守章訳『オーガニゼーションズ』ダイヤモンド社, 1977 年)

Matsumoto, N. and N. Watanabe [2020] "iPhone 12 teardown showcases South Korean parts makers," Nikkei Asia November 24, 2020 (https://asia.nikkei.com/Business/Technology/iPhone-12-teardown-showcases-South-Korean-parts-makers)

Murphy, P. R. and R. F. Poist [2000] "Third-party logistics: Some user versus provider perspectives," Journal of Business Logistics, 21(1), pp. 121-133.

Porter, M. E. [1985] Competitive Advantage: Creating and Sustaining Superior Performance, Free Press. (土岐坤・中辻萬治・小野寺武夫訳『競争優位の戦略——いかに高業績を持続させるか』ダイヤモンド社, 1992 年)

Pyke, D. F., M. E. Johnson, and P. Desmond [2001] "E-fulfillment: It's harder than it looks," Supply Chain Management Review, 5(1), pp. 26-32.

Ricardo, D. [1817] On the Principles of Political Economy and Taxation, John Murray. (羽鳥卓也・吉澤芳樹訳『経済学および課税の原理』岩波書店, 1987 年)

Shapiro, B. P. [1977] "Can marketing and manufacturing coexist?" Harvard Business Review, 55(5), pp. 104-114.

Shaw, A. W. [1912] "Some problems in market distribution," The Quarterly Journal of Economics, 26(4), pp. 703-765.

Shaw, A. W. [1915] *Some Problems in Market Distribution: Illustrating the Applicationof a Basic Philosophy of Business*, Harvard University Press. (丹下博文訳・論説『市場流通に関する諸問題——基本的な企業経営原理の応用について（新訂版）』白桃書房，2018 年)

Smith, A. [1776 = 1976] *An Inquiry Into the Nature and Causes of the Wealth of Nations*, vol. 1, reprint, general ed., R. H. Campbell and A. S. Skinner; textual ed., W. B. Toddvol., Liberty Classics. (杉山忠平訳『国富論』1，岩波書店，2000 年)

Smykay, E. W., D. J. Bowersox, and F. H. Mossman [1961] *Physical Distribution Management: Logistics Problems of the Firm*, Macmillan.

Smykay, E. W. and B. J. La Londe [1967] *Physical Distribution: The New and Profitable Science of Business Logistics*, Dartnell.

Stock, J. R. and D. M. Lamber [2001] *Strategic Logistics Management*, 4th ed., McGraw-Hill/Irwin.

Tani, Y., N. Suzuki, T. Fujiwara, M. Hanazato, and K. Kondo [2019] "Neighborhood food environment and dementia incidence: The Japan gerontological evaluation study cohort survey," *American Journal of Preventive Medicine*, 56(3), pp. 383-392.

Von Hippel, E. [1994] "'Sticky information'and the locus of problem solving: implications for innovation," *Management Science*, 40(4), pp. 429-439.

Waller, M. M., E. Johnson, and T. Davis [1999] "Vendor-managed inventory in the retail supply chain," *Journal of Business Logistics*, 20(1), pp. 183-203.

Winters, P. R. [1960] "Forecasting sales by exponentially weighted moving averages," *Management Science*, 6(3), pp. 324-342.

索　引

◎ アルファベット

ABC　→活動基準原価計算
ABC 分析　218, 246
AEO 制度　295
AMR　251
API 連携　249
BCM　→事業継続マネジメント
BCP　→事業継続計画
B/L　→船荷証券
　——危機　290
BOPIS　311
C&C　→クリック&コレクト
CFR　287
CFS　→コンテナ・フレート・ステーション
CIF　287
CIP　287
CO_2 問題　297
CPT　287
CY　→コンテナ・ヤード
DAS　→デジタル・アソート・システム
DC　→在庫型センター
DFL　63, 200
D to C　204
EAN コード　170
EC　→インターネット通販
EDI　→電子データ交換
EIQ 分析　223
EXW　286
FAS　287
FCL　290
FOB　287
GTIN-8　170
GTIN-13　170
GTIN-14　170
GTP　250
ITF コード　63, 170
JAN コード　170
KKD（経験・勘・度胸）　214
KPI　229
L/C　→信用状
LCL　27, 290
L/G　→保証状
LOLO 船　19
NACCS　294
NCPDM　→全米物的流通管理協議会

NVOCC　293
PC　→プロセス・センター
physical distribution（PD）　11, 82-84, 87-89, 98
POS　237
PSI 計画　197
RFID　170, 251
RORO 船　19, 27
SCM　→サプライチェーン・マネジメント
SDGs　296
SKU　165, 214
SQL　172
SSCC　170
TC　→通過型センター
TMS　→輸送管理システム
VMI　148, 183, 233, 282, 306
WMS　→倉庫管理システム

◎ あ 行

アイドル・コスト　132
アウトソーシング　133, 233, 243, 261
アクティビティ　227
アクティビティ・コスト　228
アベイラビリティ　→利用可能性
阿保栄司　117
暗黒大陸論　83
安全在庫　120, 127, 135, 218, 285
委託物流費　226
移動平均法　215
移動ラック　56
イノベーション　207, 231, 232
インコタームズ　203, 286
インターネット EDI　173
インターネット通販（EC）　241
インテグレーター　261
インランド・デポ　291
ウォルマート　205
運行管理者　224
運　送　15
運送人　26
運　搬　15
運　輸　15
営業拠点　189
営業倉庫　267, 271
営業輸送　26, 224, 271
エシェロン在庫　182
延期の原理　144

応答性　135, 137, 236
置き配　248, 312
置場渡し　135
汚破損　136, 184, 304
オペレーションズ・リサーチ　84
卸売業者　104
卸中抜き　205

◎　か　行

海貨業者　294
外航海運　20
海上運送状　290
海上保険　79, 188
カイゼン活動　229
外　装　62
外部化　194
買い物弱者　9, 41, 314
貨客混載　301
貸切輸送　26
活　動　110, 111, 115
活動基準原価計算（ABC）　227
カテゴリー納品　151, 236
家電リサイクル法　307
カーボン・ニュートラル　299
貨物運送取扱事業法　102
貨物駅　18
貨物機（フレーター）　21, 291
貨物自動車運送事業法　102
貨物ターミナル駅　18
貨物追跡　170
貨物輸送トンキロ数　28, 29
貨物輸送トン数　28, 29
貨物利用運送事業　256
空　荷　300
間接費　227
ガントリー・クレーン　60
館内物流　301
管理活動　111
管理可能性　132
機会損失　132
企業個別的な視点　110, 111
規制緩和　102, 194, 255, 256
季節在庫　119
寄　託　46
機　能　115
規模の経済性　272
キャリア　256, 261, 292
求車求貨サービス　270, 300
業種別物流　149, 151

業態別物流　150
共同配送　151, 239
共同輸送　148
業務の標準化　165, 166, 175
業務プロセス　198
許容注文リードタイム　140, 141
距離制　27
クイック・コマース　247
空間的ギャップ　15, 75, 82, 110, 117, 213
クラウド・サービス　172
クラーク，F.E.　82
クリック＆コレクト（C&C）　311
クロスドッキング・センター　38
グローバル生産拠点　100
計画系　175
計画による調整　196
軽量ラック　55
欠品ペナルティ　305
欠品率　236
検品作業　221
コア・コンピタンス　258
航海の安全性　80
工業包装　62
航空運送状　292
航空輸送　20, 147, 148
貢献利益　229
交通渋滞　92
国際物流　100
コスト　130
コスト・トレードオフ　133
コスト要因　130
個　装　62
個建て運賃　27
固定ロケーション　222
コード化　165
ゴトコン　60
個別企業的な視点　91, 95, 98, 105, 139
コモン・キャリア　26
コールド・チェーン　131
混載輸送　26, 40, 52, 267
コンサルティング　258
コンテナ　19, 65, 93, 282
コンテナ船　19, 27
コンテナ・フレート・ステーション（CFS）　40, 291
コンテナ・ヤード（CY）　40, 290
コンテナ輸送　18
コンテナリゼーション　65, 293
コンバース，P.D.　83

◎ さ　行

サイクル在庫　218
在　庫　118
　　──のコスト　121
　　──のリスク　121, 281
在庫型センター（DC）　37
在庫管理　161, 216
在庫機能　118, 154
在庫形成の延期化　144
在庫形成の投機化　120
在庫プール効果　127, 146, 147, 179, 190, 221, 246
サイモン，H. A.　196
先入れ先出し　55
サードパーティ・ロジスティクス（3PL）　194,
　　233, 243, 255
サービス　95, 110, 130, 134
サービス・ミックス　134
サービス要因　130, 134
サービス率　120, 135
サプライチェーン　98, 276
　　──のグローバル化　213
サプライチェーン・マネジメント（SCM）　98,
　　278
サプライチェーン・リスク　285
サレンダーB/L　290
三期制　47
3分の1ルール　305
自営転換　300
支援物資の物流　2, 158
自家倉庫　45
自家物流費　226
自家輸送　25, 224
時間制　27
時間的機能　117, 118, 154
時間的ギャップ　34, 75, 82, 110, 117, 119, 213
時間的効用　82
事業継続計画（BCP）　44, 317
事業継続マネジメント（BCM）　317
時系列分析　215
自己構築に基づくシステム観　117, 210
指示情報　158
自社船　25
指数平滑法　215
システム　2, 4, 84, 89, 95, 111, 114-116, 161, 164,
　　174
システムズ・アプローチ　84, 91, 110, 114
事前出荷通知　184
実行系　175

実地棚卸　162, 166
自動倉庫　56
品揃え　104, 110, 135, 137, 149, 155, 236
品揃え位置　149, 150, 152
　　──の投機化　150, 285
品揃え形成　54, 63
品揃え効果　122
品揃え物　122, 150
支払物流費　226
資本コスト　121
車扱い　18
社会経済的な視点　90, 98, 105, 110, 111
社会的流通費　90
ジャストインケース　286
ジャストインタイム　285
ジャストインタイム配送　96
集　荷　52
集散機能　118, 122, 154
柔軟性　23, 92, 135, 137, 236
重量ラック　54
需給コスト　132, 145
受注管理　162
需要予測　162, 178, 213, 214, 306
巡回セールスマン問題　225
ショー，A. W.　82
商業包装　63
商的流通　74, 186
商　人　73, 187
消費者　3
商　品　73, 76
　　──の完全性　136, 137, 237
商品コード　166
商品特性　199, 278
商品マスター　166
情物一致　166
商物分離　81, 92, 186, 188, 234
情物分離　160, 234
情　報　111, 157
　　──の種類　67
　　──の粘着性　161, 164
情報活動　158
情報システム　167, 237
静脈物流　107, 307
商　流　74, 78, 186
職能分化　194
食品リサイクル法　307
食品ロス　9
女性トラックドライバー　322
シングル・ピッキング　223

信用状（L/C）289
信頼性　136, 138, 237
水平的分業　284
スミス，アダム　74, 75, 193, 194
3PL　→サードパーティ・ロジスティクス
　　　——事業者　194, 233, 243
生　産　3
生産加工　66
生産者　73
生産地　275, 276
製販在計画　197
製品ライフサイクル　200
積載効率　301
セクショナリズム　195
セミトレーラー　16
センター・フィー　152, 241
センター前センター　152
専売制　206
船舶史の3つの大変革　78
船舶輸送　18
全米物的流通管理協議会（NCPDM）84
専用センター　150, 233, 306
戦　略　96
倉　庫　35, 46
総合物流施策大綱　104, 256
倉庫管理　161
倉庫管理システム（WMS）68, 175, 176, 233,
　　　249, 259
倉庫業　46
創　発　128

◎た　行

大気汚染　92
大規模小売店舗法　103, 314
大規模小売店舗立地法　104, 314
第三の利潤源　94
ダイナミック・プライシング　204
ダークストア　41
宅配クライシス　310
宅配便　27, 53, 262
　　　——の再配達　310
宅配ロッカー　311
他者構築に基づくシステム観　117
多層プル型物流　180
棚卸し　221
種まき方式　57, 223, 239, 245
多頻度小口配送　96, 99, 301
ダブルビン方式　220
ダブル連結トラック　16

ターミナル　39, 54, 57, 126
多様性　131, 279
チェーン別物流　150, 151, 184, 240
地政学　10
チャネル　204
中間財　284
中間在庫　141, 216
注文処理　147
注文リードタイム　23, 135, 140
中量ラック　55
調達物流　284
直接費　227
直　販　204
貯　蔵　54
陳腐化　121, 279, 305
通過型センター（TC）37
通　関　293
通信販売　266
摘取り方式　57, 223, 245
定期船（ライナー）19, 27
定期定量方式　219
定期不定量方式　219
デカップリング・ポイント　142, 143, 145, 146,
　　　154, 217, 243
適正在庫　218
デジタル・アソート・システム（DAS）60
デジタル化　167, 175
デジタル・ピッキング　60, 238
データベース技術　172
データ要件の定義　173
鉄道輸送　17
デパレタイズ　56
電子データ交換（EDI）173, 249
投機在庫　119
投機の原理　144
統　合　84, 110, 164, 195
特別積合せ　27, 148, 262
トータルコスト・アプローチ　83, 133
トータル・ピッキング　245
ドミナント出店　43, 53, 153, 239
トヨタ生産方式　229
ドラッカー，P.F.　83, 195
トラック・ターミナル　264
トラックドライバー不足　45, 224, 308, 322
トラック輸送　16, 92
トランパー　→不定期船
取引コスト　271, 283
トレーサビリティ　170
トレードオフ　70

ドロップ・シッピング 243
ドローン 21
トンキロ 28

◎ な 行

内航海運 19
内 装 62
荷合わせ 52, 54, 132
荷合わせ効果 125, 150
荷受人 26
荷送人 26
西澤脩 94
荷 姿 40, 50
2分の1ルール 306
荷 役 15, 35, 56, 117, 147
　——の機械化 36, 88
認知情報 158
ネスティング・ラック 55
ネットスーパー 247
ネットワーク 5
納品リードタイム 23
軒下渡し 135
ノックダウン生産 100, 280
ノード 52

◎ は 行

場 208, 209
廃棄物問題 303
配車計画 167
配車問題 225
配 送 53
配送可能距離 140, 177
配 賦 227
バイヤーズ・コンソリデーション 155, 284
バーコード技術 169
場所的機能 117
場所的効用 82
派生需要 309
働き方改革 308
バッチ処理 178, 233, 245
バッチ・ピッキング 223
発注点方式 219
バッファー在庫 120
ハブ・アンド・スポーク 53, 125, 266
パフォーマンス 111, 130
ハブ港 101
ばら貨物（バルクカーゴ） 19
ばら積み船（バルカー，バルクキャリア） 19
バリューチェーン 96, 97

バルカー　→ばら積み船
バルクカーゴ　→ばら貨物
バルクキャリア　→ばら積み船
パレタイズ 56
パレット 54, 65, 93
パレット・ラック 54
パレートの法則 218
パレート分析 218, 245, 246
パワーソクス，D. J. 195
ハンディ・ターミナル 169
販売促進加工 66
非居住者在庫 282
ピース・ピッキング 61, 124
ピッキング 57
評価情報 158
フィードバックによる調整 196
フォークリフト 58
フォワーダー 256, 261, 290, 292
不確実性 121, 127, 132, 279
複合一貫輸送 22, 91
プッシュ型物流 143, 145, 147, 178, 216, 281
物資流動 95
物的流通 1, 11, 74, 77, 82, 89, 186
物理的特性 131
物 流 2, 3, 6, 74, 77, 95, 107, 158, 186
　——のグローバル段階 282
　——の定義 107, 108
物流 ABC 227
物流 REIT 36
物流会計 94
物流共同化 267, 301
物流拠点 189
物流原価計算 226
物流子会社 194
物流コスト 4, 8, 94
物流コスト管理 226
物流施設 23, 33, 52, 57
物流情報システム 259
物流政策 102
物流センター 4, 35, 54, 57, 149, 243, 259
物流二法 102, 256
物流ネットワーク 52
物流部 94, 193
物流不動産 36
不定期船（トランパー） 19, 27
不定期定量方式 219
不定期不定量方式 219
船荷証券（B/L） 288, 290
部門間の対立 195

プライベート・キャリア　25
フリー・ロケーション　222
ブルウィップ効果　181, 202
プル型物流　143, 145-147, 177, 216, 281
フルフィルメント　243
フルフィルメント・センター　38, 126, 244
フレーター　→貨物機
ブローカー　256
プロセス・センター（PC）　38, 67
プロモーション　206
フロー・ラック　55
分　業　74, 81, 101, 193
ベリー　21, 27, 291, 292
変動性　132
返品　153
貿易実務　275
包　装　36, 62, 118, 303
包装資材　303
保　管　35, 54, 75, 82, 117
保管機器　223
保証状（L/G）　290
保　税　294
ポーター, M. E.　96
ホルト・ウィンタース法　215
ホワイト物流　309

◎　ま　行

埋没原価　229
マーケティング　82
マス・カスタマイゼーション　281
マスター　166
マーチ, J. G.　196
マテハン機器　58
マテリアル・ハンドリング　58
窓口問屋制　104
見える化　162
見越在庫　119
ミニ・マックス　219
ミルクラン　52, 155, 183
メタ・マネジメント　210
モジュラー生産方式　101
モーダルシフト　31, 301
モノの流れ　4, 77, 95

◎　や　行

輸　送　15, 52, 75, 82, 117
　狭義の――　53
輸送管理　162, 223
輸送管理システム（TMS）　225, 259

輸送コスト　24
輸送スピード　23
輸送トリップ　126
輸送トンキロ　88, 89, 92
輸送モード　16, 23, 52
輸送問題　224
ユニットロード　23, 40, 65, 88, 166, 223, 246
ユニットロード化　118, 132
ユニットロード・システム　93
容器包装リサイクル法　303
要件定義　168
備　船　25
横持ち輸送　147
4P　198

◎　ら　行

ライナー　→定期船
ラストマイル　5, 41, 244, 310
ラック　221
リアルタイム処理　178
リカード, D.　283
リスト・ピッキング　239
リバース・ロジスティクス　107, 307
流　通　74
流通革命　103
流通加工　36, 66, 118
流通活動　90
流通技術　88
流通技術専門視察団　87
流通技術専門視察団報告書　83
流通業務市街地の整備に関する法律　92, 191
流通系列化　206
利用可能性（アベイラビリティ）　3, 110, 115, 134,
　137, 213, 214, 236, 314
ルイス, H. T.　83
ルート配送　53
レジリエンス　136
ロケーション管理　221
ロケーション番地　166
ロジスティクス　97, 106
ローシュ, J. W.　195
路線便　27
ロット　119
ロットサイズ　123
ロットサイズ在庫　119, 127
ロビンソン・パットマン法　99
ローレンス, P. R.　195
ロングテール　246

【有斐閣ブックス】

はじめて学ぶ物流
Fundamentals of Logistics

2023 年 10 月 10 日 初版第 1 刷発行

著　者	秋川卓也, 大下　剛
発行者	江草貞治
発行所	株式会社有斐閣
	〒101-0051 東京都千代田区神田神保町 2-17
	https://www.yuhikaku.co.jp/
装　丁	宮川和夫
印　刷	大日本法令印刷株式会社
製　本	大口製本印刷株式会社
装丁印刷	株式会社亨有堂印刷所

落丁・乱丁本はお取替えいたします。定価はカバーに表示してあります。